应用型本科高等院校“十二五”规划教材

简明有机化学

范望喜　董元彦　王　旭　周淑晶　主编

科学出版社

北　京

内 容 简 介

为了适应学科发展和教学改革的需要，体现“应用型”、“技术型”人才的培养目标，本书的编写突出简明、实用的特点，努力使教材具有可读性、通用性、趣味性。本书共14章，包括脂肪烃、芳香烃、卤代烃、醇、酚、醚及醛、酮、醌、羧酸及其衍生物、含氮有机化合物、杂环化合物与生物碱、对映异构等内容，介绍有机化合物的命名、组成、结构与性质之间的关系，适当涉及反应机理。每章配有阅读材料和习题，便于学生自学。

本书可作为高等学校大生物专业类（含生物、食品、制药、化学、轻化工、环境、园林等）等专业少学时有机化学课程的教材，也可供其他对有机化学感兴趣的读者阅读。

图书在版编目（CIP）数据

简明有机化学/范望喜等主编．—北京：科学出版社，2014.1
应用型本科高等院校“十二五”规划教材
ISBN 978-7-03-039501-6

Ⅰ.①简… Ⅱ.①范… Ⅲ.①有机化学-高等学校-教材 Ⅳ.①O62

中国版本图书馆CIP数据核字（2013）第315863号

责任编辑：赵晓霞 / 责任校对：郑金红
责任印制：赵　博 / 封面设计：迷底书装

科学出版社出版
北京东黄城根北街16号
邮政编码：100717
http://www.sciencep.com
固安县铭成印刷有限公司印刷

科学出版社发行　各地新华书店经销
*
2014年1月第　一　版　开本：787×1092　1/16
2025年1月第七次印刷　印张：15 1/2
字数：404 000

定价：49.00元

（如有印装质量问题，我社负责调换）

《简明有机化学》编写委员会

主　编　范望喜　董元彦　王　旭　周淑晶

副主编　秦中立　何　睿　张　舟

编　委（按姓名汉语拼音排序）

董元彦　范望喜　何　睿　黄晓琴　黄中梅

李文明　秦中立　宋美荣　王　旭　王桂艳

张　莉　张　舟　张瑞仁　周淑晶

前　言

有机化学是研究有机化合物来源、制备、结构、性质、应用及有关理论的科学，是碳氢化合物及其衍生物的化学。它包括有机合成化学、天然有机化学、生物有机化学、材料有机化学、元素有机化学、金属有机化学、物理有机化学、有机分析化学及应用有机化学等分支。

今天的有机化学正处于富有活力的发展时期，其趋势和特点与生命科学、材料科学及环境科学密切相关。分子识别与分子设计正渗透到有机化学的各个领域；选择性反应，尤其是不对称合成，已成为有机化学的热点和前沿领域。有机化学作为理工科大学的重要基础课，将为深入学习生物、材料、环保、医药卫生、食品、交通、化工、航天等专业课程打下坚实的基础。“千里之行始于足下”，扎实的基础知识是思维能力的源泉。有机化学中的每个反应、每一种实验现象的获得，几乎都浸透了前人辛勤劳动的汗水。有人为之奋斗一生，甚至献出了生命，这些通过实践总结出来的经验是人类的宝贵财富。一些基本知识至今仍具有十分重要的价值，选择性地学习、继承这些宝贵的知识和经验是非常必要的，它们是创新思维的基础和源泉。只有熟练掌握有机化合物的性质与结构之间的关系，并在脑中形成有效的积累，才有可能利用这些总结出来的规律去分析问题、解决问题。

随着化学学科的迅猛发展，其内容越来越多，使得化学教学体系中有限的课堂时间与不断膨胀的课程内容之间的矛盾日益突出。为了解决这个矛盾，体现“应用型”、“技术型”人才的培养目标，结合我校本科教学改革取得的成果，联合中国农业大学、佳木斯大学、河南农业大学等经验丰富的一线教师编写了这本面向本科院校大生物专业类（含生物、食品、制药、化学、轻化工、环境、园林等）的《简明有机化学》。

本书编写主要突出以下两点：

(1) 突出简明和实用的特点，体现“必需、够用”原则。本书内容紧密结合大生物专业类要求，强化与后续课程的衔接及专业需要；适当淡化了一些理论性较深和适用性不强的内容，降低了起点和难度，使学生容易理解和掌握。例如，对于一些化学反应的机理，本书并没有深入讨论，但对一些常识性的基础知识，与专业密切相关的内容则浓墨重彩，真正体现“实用为主，够用为度，应用为本”的要求。

(2) 条理性强，便于教学。本书在内容编排上符合教学规律，条理清晰、层次分明，便于教师组织教学和学生巩固复习。每章编写了适量的习题，方便学生复习与自学。

参加本书编写的有：武汉生物工程学院董元彦、秦中立（第1、6、14章）、范望喜（第2、7、8章）；佳木斯大学的王旭、周淑晶、王桂艳、张瑞仁（第3、4、9章）；中国农业大学的张莉（第13章）；河南农业大学的何睿、宋美荣、李文明（第5、9、10章）；湖北职业技术学院的张舟（第12章）；武汉生物工程学院的黄晓琴、黄中梅两位老师参与了本书的校对工作。全书由范望喜统稿。

在本书编写过程中，参考了其他相关教材、论文的研究成果，在此向参考文献的作者表示感谢！鉴于编者水平，书中难免有疏漏和不足之处，敬请读者赐教指正。

编　者

2013年9月

目　　录

第1章　绪　　论

1.1　有机化学的产生和发展

自然界的物质一般划分为无机化合物(inorganic compound)和有机化合物(organic compound)两大类。化学史上人们将那些从动植物体(有机体)内所获得的物质称为有机化合物，即在一种神秘的“生命力”支配下才能产生的、与无机化合物性质截然不同的一类物质，如酒、醋、尿素、吗啡等。在19世纪初以前，人们一直认为有机化合物是不可能用人工合成的方法制备出来的，这种“生命力学说”使有机化合物的人工合成在当时成为禁区。

1828年，德国化学家韦勒(Wöhler)在实验室用无机化合物氰酸铵合成了有机化合物尿素，冲破了“生命力学说”对有机化学发展的束缚。

$$NH_4CNO \xrightarrow{\triangle} NH_2CONH_2$$

这一事实证明了有机化合物的合成不需要“生命力”的作用，有机化合物与无机化合物之间没有不可逾越的鸿沟。随后，其他科学家相继合成了乙酸、油脂等多种有机化合物，从此“生命力学说”被彻底否定，有机化学得到了迅速发展，成千上万的药物、染料、结构十分复杂的蛋白质、核酸都被人工合成出来，开辟了人工合成有机化合物的时代。

有机化学是研究有机化合物的组成、结构、性质及其变化规律的科学。有机化合物主要包括烃及其衍生物。有机化学的发展促进了石油化学、基本有机合成、高分子科学、生命科学、环境科学、能源科学和医学等众多学科领域的发展，从而使人类拥有现代的物质文明。

有机化学是有机化工、生命科学的基础，有机化合物是构成生物体的主要物质。例如，植物细胞壁的纤维素、半纤维素和木质素，动物结构组织中的蛋白质、核酸、酶，动植物体内储藏的油脂、糖类，植物的花、果实的颜色和气味等物质，中草药的药用成分，昆虫信息素等。生命现象中的遗传、新陈代谢、能量转换和神经活动等都是生物体内一系列有目的的有机化学反应。由于分子生物学是从分子水平上解释生命现象，揭示生命运动的规律，人们必须从有机化合物分子的结构、性质和相互转换来研究探索，因此有机化学是分子生物学的基础。

1.2　有机化合物的特点

有机化学作为化学学科的一个重要分支，是由有机化合物自身的结构和性质所决定的。

1. 数量庞大，结构复杂

我们知道，构成无机化合物的元素超过100种，但是无机化合物仅有十几万种。构成有机化合物的元素主要有C、H、O、N、S、P、X(卤素)等10余种，但是有机化合物的数量却非常庞大。据估计，目前有机化合物已超过2500万种，而且数量与日俱增。有机化合物存在的数量与其结构的复杂性有密切的关系。构成有机化合物主体的碳原子不但数目很多，而且相互结合能力很强，可以连接成不同形式的链或环，从而形成同分异构现象。

同系列(homologous series)和同分异构现象是有机化学中的普遍现象，也是造成有机化合物数量庞大的主要原因之一。

具有相同的分子通式，结构相似，化学性质也相似，物理性质随着碳原子数的增加而有规律地变化的化合物系列称为同系列。同系列中的化合物互称为同系物(homolog)。在同系列化合物中，相邻两个同系物之间的结构式相差的一个结构单元称为系差。例如，甲烷(CH_4)、乙烷(CH_3CH_3)、丙烷($CH_3CH_2CH_3$)互为同系物，系差为—CH_2—。

有机化学中，一个分子式可以代表许多不同的有机化合物。例如，分子式 C_2H_6O 可代表乙醇(CH_3CH_2OH)或二甲醚(CH_3OCH_3)，它们的结构和性质各不相同。这种分子式相同而结构不同，其性质也各异的不同化合物称为同分异构体(isomer)。乙醇和二甲醚就是一对同分异构体。同分异构现象在有机化学中普遍存在。

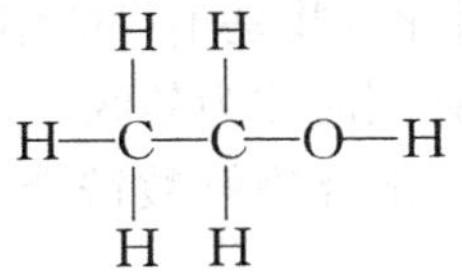

乙醇

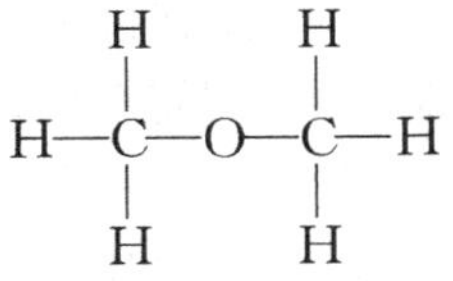

二甲醚

显然，一个有机化合物含有的碳原子数和原子种类越多，分子中原子间的可能排列方式也越多，它的同分异构体也越多。例如，分子式为 C_4H_{10} 的同分异构体只有 2 个(丁烷和异丁烷)，而分子式为 $C_{10}H_{22}$ 的同分异构体可达 75 个。丁烷和异丁烷的异构现象是由分子中各原子间相互结合的顺序不同而引起的，这种异构现象称为构造异构(constitutional isomer)。

2. 物理特性

大多数有机化合物分子间只存在着微弱的范德华(van der Waals)力，所以熔点、沸点比较低。有机化合物的熔点一般在 400℃以下，而且它们的熔点和沸点随着相对分子质量增加而逐渐升高。一般来说，纯粹的有机化合物都有熔点、沸点。因此，熔点和沸点是有机化合物非常重要的物理常数。

有机化合物的极性都比较小，有的甚至等于零。因此，大多数有机化合物在水中的溶解度都很小(或不溶于水)，但它们易溶于与自身极性相似或结构相近的溶剂中(如乙醚、苯、烃类或油脂等)。这就是“相似相溶”规律。

大多数有机化合物是非电解质，不能导电。

3. 化学特性

除少数例外，大多数有机化合物都能燃烧，而大多数无机化合物则不能。人们常利用这个性质来初步区别有机化合物和无机化合物。

大多数有机化合物之间的反应要经历旧共价键断裂和新共价键形成的过程，所以有机化合物反应速率通常很慢，有的甚至需要几十小时或更长时间才能完成。因此，常采用催化剂、光照射和加热等措施以加速反应。

有机化合物分子大多是由多个原子组成的，所以在有机化学反应中，反应中心往往不局限于分子的某一固定部位，常可以在几个部位同时发生反应，得到多种产物，而且生成的初级产物还可能继续发生反应，得到进一步的产物。因此，在有机化学反应中，除了生成主要产物外，通常还有副产物生成。

1.3 有机分子构造式的表示方法

表示有机化合物分子中原子的排列次序和成键方式的结构式称为有机化合物的构造式(constitutional formula)。除特别说明或需表示立体结构外，一般用构造式表示化合物的结构。构造式有以下三种表示形式。

1. 电子式

将有机化合物中原子之间共用的价电子(共用电子对)用“·”或“×”表示的式子称为电子式，又称路易斯(Lewis)式。例如

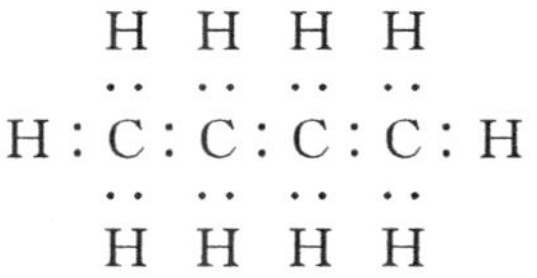

丁烷

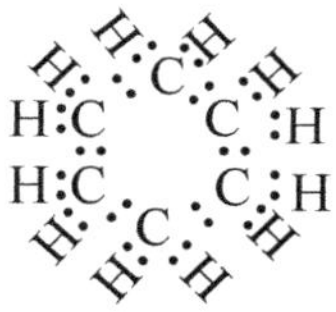

环己烷

电子式的优点是能直观地反映分子中各成键原子的价电子情况，缺点是书写比较困难。

2. 蛛网式

将有机化合物中原子之间的共用电子对用短线表示的式子称为蛛网式，又称凯库勒(Kekulé)式。一条短线表示一对共用电子。蛛网式是有机化学中最常用的表示有机化合物结构的方法，短线有时可省略。例如

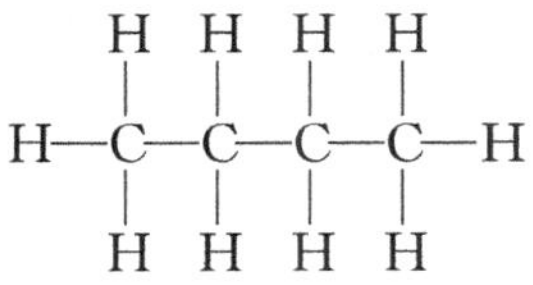

或 $CH_3CH_2CH_2CH_3$

丁烷

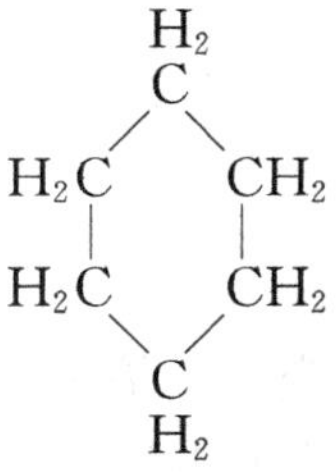

环己烷

3. 键线式

将有机化合物中碳原子和氢原子及碳氢键省略不写，仅用短线表示碳碳键的式子称为键线式。例如

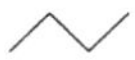

丁烷

环己烷

丙醇

键线式或蛛网式表示有机化合物的构造式比较简单、直观、方便。

1.4　有机化合物的分类

有机化合物结构复杂，种类繁多，一般可按以下两种方式分类。

1. 按碳架分类

按碳架分类，可以将有机化合物分为三类：开链化合物、碳环化合物和杂环化合物。

(1) 开链化合物。在开链化合物中碳原子互相结合形成链状。例如

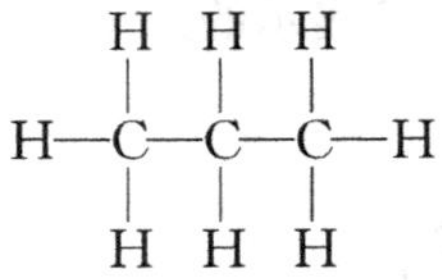
丙烷

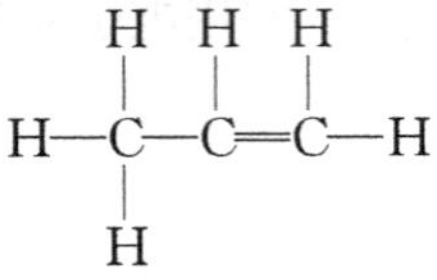
丙烯

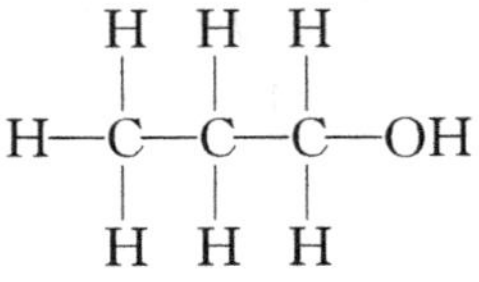
丙醇

(2) 碳环化合物。在碳环化合物中碳原子互相结合形成环状。根据是否具有芳香性(aromaticity)，碳环化合物又可分为脂环化合物和芳香化合物。

脂环化合物：

环己烷

环戊烯

环己炔

芳香化合物：

苯

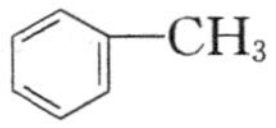

甲苯

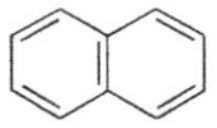
萘

(3) 杂环化合物。在杂环化合物中环上除了碳原子还有其他原子。例如

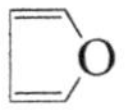

呋喃

噻吩

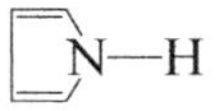

吡咯

这种分类方法是从有机化合物的母体(或碳骨架)结构形式出发，即按链状和环状来分，但并不反映化合物的性质特征，也不反映结构的本质。

2. 按官能团分类

官能团又称功能团(functional group)，是指有机化合物分子中主要发生化学反应的原子或原子团。含有相同官能团的化合物在化学性质上基本是相同的。一些常见官能团列于表 1-1。

表 1-1　有机化合物类别与常见官能团

有机化合物类别	官能团		有机化合物类别	官能团	
烯烃	>C=C<	双键	醇和酚	—OH	羟基
炔烃	—C≡C—	叁键	醚	C—O—C	醚键
卤代烃	—X(F,Cl,Br,I)	卤素	醛和酮	>C=O	羰基

续表

有机化合物类别	官能团		有机化合物类别	官能团	
羧酸	—COOH	羧基	腈	—CN	氰基
羧酸酯	$-\overset{O}{\overset{\parallel}{O}}-OR$	酯基	偶氮化合物	—N═N—	偶氮基
胺	$-NH_2$	氨基	硫醇和硫酚	—SH	巯基
硝基化合物	$-NO_2$	硝基	磺酸	$-SO_3H$	磺酸基

1.5　共价键的基本理论

有机化合物分子中的原子都是以共价键结合起来的，从本质上讲，有机化学是研究共价键化合物的化学。因此，要学习有机化学应先了解有机化学中普遍存在的共价键。

对共价键本质的解释，常用的是价键理论、杂化轨道理论和分子轨道理论。本书对分子轨道理论不作阐述。

1.5.1　价键理论

1. 共价键的形成

共价键的形成是原子轨道的重叠或电子配对的结果，如果两个原子都有未成键电子（又称单电子），并且自旋方向相反，就能配对形成共价键。

例如，一个氢原子可与一个氯原子形成一个 H—Cl 键而生成氯化氢。

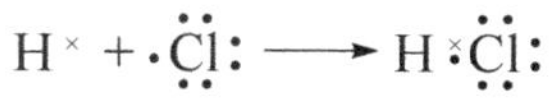

由一对电子形成的共价键称为单键（single bond），用一条短直线表示。如果两个原子各用两个或三个未成键电子构成共价键，则称为双键（double bond）或叁键（triple bond）。

双键　　　　叁键

2. 共价键的特点

在形成共价键时，一个单电子只能和另一个单电子配对成键，称为共价键的饱和性（saturability）。

成键时，两个单电子所在的原子轨道发生重叠。以氢原子与氯原子的成键为例，氢原子的 s 轨道和氯原子的 p 轨道重叠成键时可按图 1-1 所示的三种情况进行。其中，按（1）所示进行时轨道重叠程度最大，形成的共价键最牢固；按（2）所示进行时轨道重叠程度较小，形成的共价键不够牢固，易断裂；按（3）所示进行时轨道重叠程度几乎为零，不能形成共价键。由此可见，两个成键轨道只有沿着一定的方向进行重叠时，才能有最大的重叠度，形成稳定的共价键，称为共价键的方向性（orientation）。

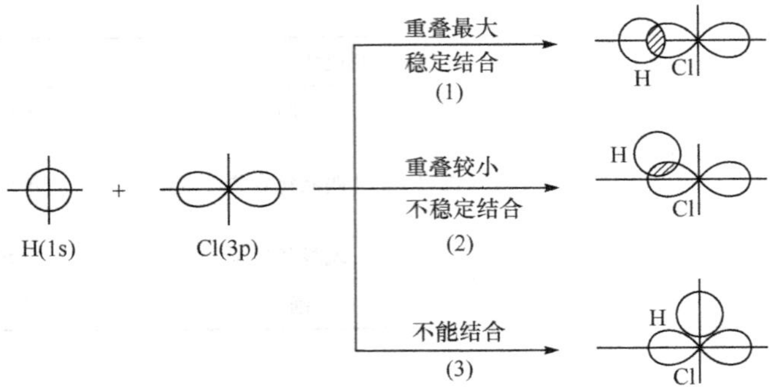

图 1-1　s 轨道和 p 轨道的三种重叠情况

1.5.2　杂化轨道理论

基态碳原子的电子构型为 $1s^2 2s^2 2p^2$，如图 1-2 所示。碳原子的价电子层上有 2 个单电子。按照价键理论，1 个碳原子与其他原子(如 H)只能形成 2 个共价键，即形成分子式为 CH_2 的化合物，而这与实际不相符。所以，鲍林(Pauling)于 1931 年在前人研究的基础上提出了杂化轨道理论(hybrid orbital theory)。

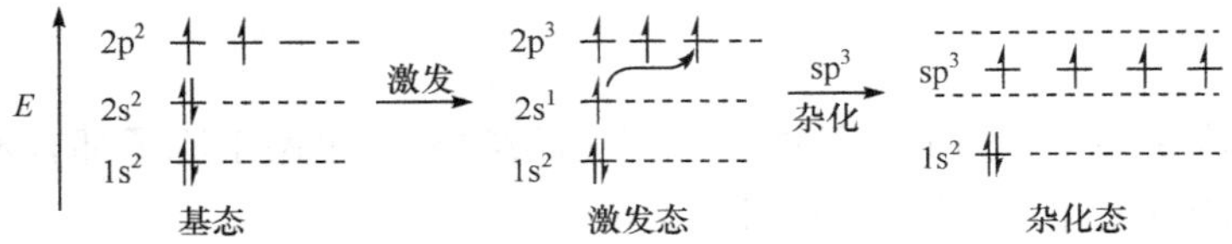

图 1-2　碳原子的 sp^3 杂化过程

在分子的形成过程中，成键原子中几种能量相近的原子轨道相互影响，混合后重新组合成新的原子轨道的过程称为轨道杂化，杂化后形成的轨道称为杂化轨道。

轨道的杂化一般先是基态原子的价层电子跃迁至能量相近的空轨道，从而形成激发态，随后能量相近的原子轨道重新组合形成杂化轨道。现以碳原子为例予以说明。

由图 1-2 可知，基态碳原子的 1 个 2s 电子跃迁到空的 2p 轨道，形成激发态。随后具有单电子的 2s 轨道和能量相近的 3 个 2p 轨道重新组合形成 4 个相同的杂化轨道。由图中的能量线(虚线)可以看出，新的杂化轨道的能量比 2s 轨道高，而比 2p 轨道低。这种由 1 个 s 轨道和 3 个 p 轨道进行的杂化称为 sp^3 杂化，可简单表示为

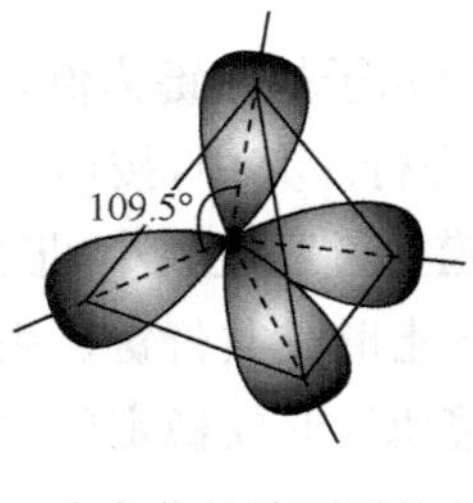

图 1-3　sp^3 杂化的碳原子的空间构型

从电子云的形状来看，球形的 s 轨道与哑铃形的 p 轨道杂化后形成了“一头较大一头较小”的杂化轨道。这种特殊的电子云形状与其他原子成键时可有更大的重叠度。

4 个 sp^3 杂化轨道由于相互之间的排斥力自然地形成了正四面体结构，如图 1-3 所示。碳原子位于体心，2 个轨道间的夹角为 109.5°。

杂化过程中若是 1 个 s 轨道和 2 个 p 轨道进行杂化，则形成 3 个杂化轨道，称为 sp^2 杂化，可简单表示为

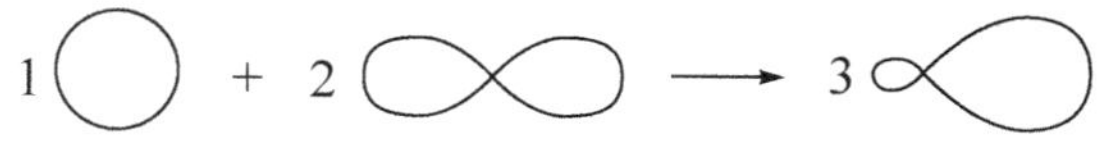

3 个 sp^2 杂化轨道由于相互之间的排斥力自然地形成了平面正三角形结构，如图 1-4 所示。碳原子位于中心位置，2 个轨道间的夹角为 120°，没有参与杂化的 2p 轨道与 3 个杂化轨道所在的平面垂直且仍为哑铃形。

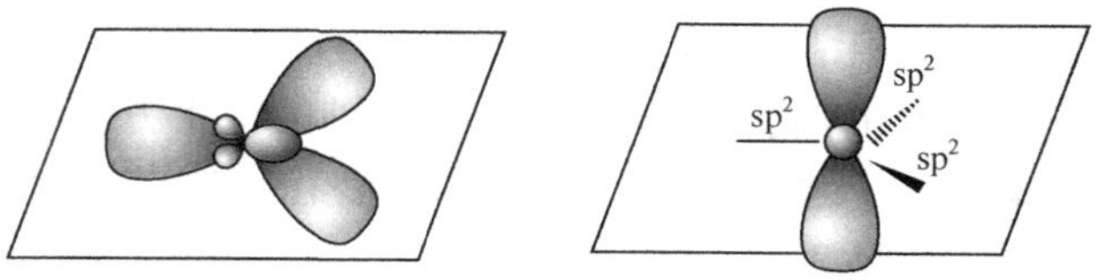

(a) 3个sp^2杂化轨道　　(b) 未杂化的p轨道

图 1-4　sp^2 杂化的碳原子的空间构型

杂化过程中若是 1 个 s 轨道和 1 个 p 轨道进行杂化，则形成 2 个杂化轨道，称为 sp 杂化，可简单表示为

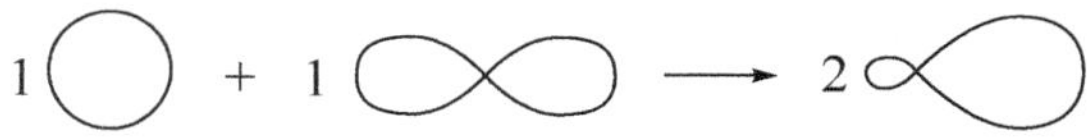

2 个 sp 杂化轨道由于相互之间的排斥力自然地形成了直线形结构，如图 1-5 所示。2 个轨道间的夹角为 180°，没有参与杂化的 2 个 p 轨道与 sp 杂化轨道两两垂直。

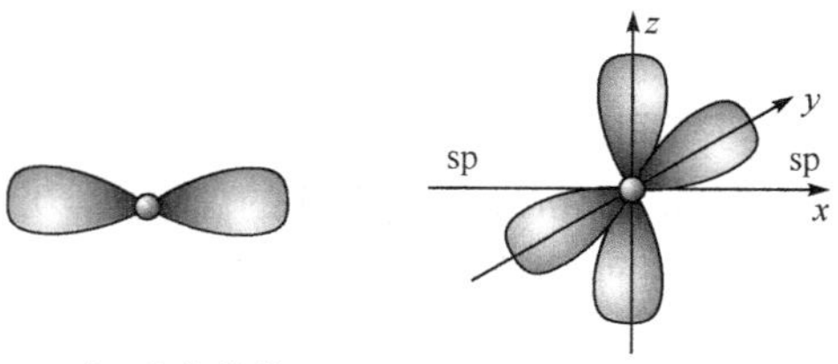

(a) 2个sp杂化轨道　　(b) 2个未杂化的p轨道

图 1-5　sp 杂化的碳原子的空间构型

1.5.3　共价键及其性质

1. σ 键和 π 键

共价键按其共用电子对的数目不同可以分为单键和重键(multiple bond)；按成键原子轨道的重叠方式不同又可分为 σ 键和 π 键。

1) σ 键

两个成键的原子轨道沿着其对称轴的方向相互重叠(又称“头碰头”重叠)而形成的共价键称为 σ 键。在 σ 键中成键电子云沿键轴成圆柱形分布，因此以 σ 键连接的两个原子或基团可以绕键轴“自由”旋转。同时由于成键原子轨道是在轴线上相互重叠，重叠程度较大，因此 σ 键比较牢固，在化学反应中不易断裂。例如，甲烷分子中的 C—H 键和乙烷分子中的 C—H 键及 C—C 键都属于 σ 键，如图 1-6 所示。

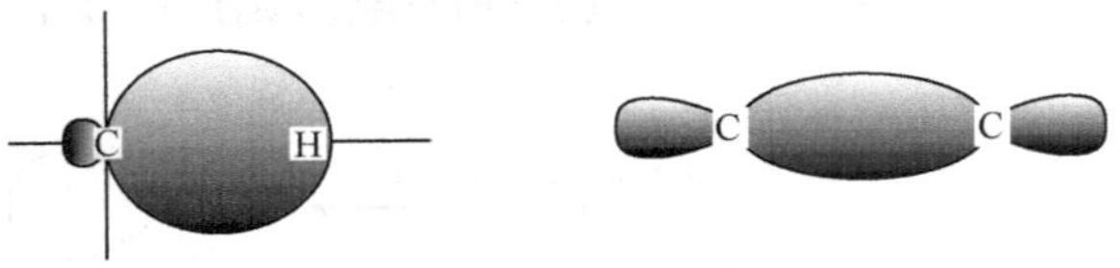

(a) s轨道和sp^3杂化轨道形成的σ键　　(b) 2个sp^3杂化轨道形成的σ键

图 1-6　σ键的形成

2) π 键

如果成键原子除了以 σ 键相结合外，其 p 轨道又相互平行重叠（又称“肩并肩”重叠）而形成的共价键称为 π 键。在 π 键中，成键电子云分布在键轴的上下方，而且有一个对称面，在该平面上的电子云密度为零。与 σ 键相比，两个 p 轨道重叠程度较小。因此，π 键的强度一般不如 σ 键，在化学反应中容易断裂。由于碳原子有形成较牢固 σ 键的倾向，因此含有 π 键的化合物容易发生 π 键断裂的反应。例如，在乙烯中的 C═C 键就是由一个 σ 键和一个 π 键组成的，如图 1-7 所示。

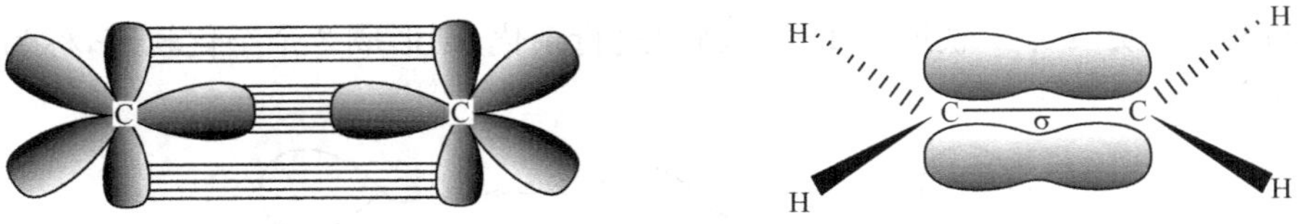

(a) σ键和π键分布图　　(b) π电子云的形状和分布

图 1-7　π 键的形成

2. 键长

键长是指成键两原子的平均核间距。一定的共价键其键长是一定的，如 C—C 键的键长为 0.154nm，C═C 键的键长为 0.134nm，C≡C 键的键长为 0.120nm，C—H 键的键长为 0.109nm。在不同的化合物中，同一种共价键的键长差别较小，如 C—C 键，在丙烷中键长为 0.154nm，在环丙烷中为 0.153nm。一般来说，键长越短，共价键就越牢固。

3. 键角

键角是指两个共价键之间的平均夹角。分子结构不同，键角有所变化。键长和键角决定了化合物的空间构型。例如

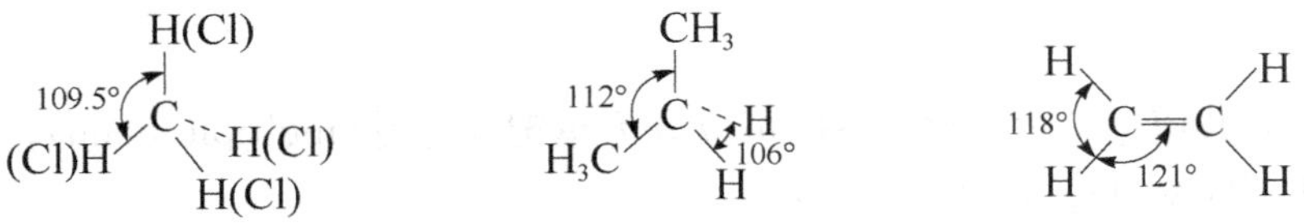

甲烷(或四氯化碳)　　丙烷　　乙烯

4. 键能

键能是指由 1mol 气态双原子分子解离为中性基态原子时所需要吸收的能量，其单位为 kJ/mol。例如

$$Cl_2 \longrightarrow Cl\cdot + Cl\cdot \qquad \Delta H = 242.5\text{kJ/mol}$$

应该注意键能与解离能(dissociation energy)在概念上的区别。多原子分子中共价键的键能是指同一类共价键的解离能的平均值。例如,甲烷的四个 C—H 键的解离能是不同的:

$$CH_4 \longrightarrow \cdot CH_3 + \cdot H \qquad \Delta H_1 = 435.1\,kJ/mol$$

$$\cdot CH_3 \longrightarrow \cdot\dot{C}H_2 + \cdot H \qquad \Delta H_2 = 439.3\,kJ/mol$$

$$\cdot\dot{C}H_2 \longrightarrow \cdot\dot{\underset{\cdot}{C}}H + \cdot H \qquad \Delta H_3 = 447.7\,kJ/mol$$

$$\cdot\dot{\underset{\cdot}{C}}H \longrightarrow \cdot\dot{\underset{\cdot}{C}}\cdot + \cdot H \qquad \Delta H_4 = 338.9\,kJ/mol$$

$$\begin{aligned}\Delta H &= (\Delta H_1 + \Delta H_2 + \Delta H_3 + \Delta H_4)/4 \\ &= (435.1 + 439.3 + 447.7 + 338.9)/4 \\ &= 415.3(kJ/mol)\end{aligned}$$

键能是化学键强度的主要标志之一,它在一定程度上反映了键的稳定性。

5. 键的极性

当两个不同原子结合成共价键时,由于两原子的电负性不同,成键电子在电负性强的原子周围出现概率较大(共用电子对偏向电负性大的原子),这种由于电子云不完全对称而呈极性的共价键称为极性共价键(polarized covalent bond),键的极性可用偶极矩(dipole moment)μ表示。偶极矩是矢量,单位为 C · m 或 deb(德拜,1deb=3.33564×10^{-30} C · m),有方向性,通常规定其方向由正到负,用箭头$+\!\!\longrightarrow$表示。例如,HCl 的极性可表示为

$$H \;{+\!\!\!\longrightarrow}\; Cl \quad 或 \quad \mu = 3.43 \times 10^{-30}\,C \cdot m$$

常见共价键的偶极矩见表 1-2。

表 1-2 常见共价键的偶极矩

共价键	偶极矩/deb	共价键	偶极矩/deb
+ −		+ −	
H—C	0.30	H—I	0.38
H—N	1.31	C—N	0.40
H—O	1.53	C—O	0.86
H—S	0.68	C—Cl	1.56
H—Cl	1.03	C—Br	1.48
H—Br	0.78	C—I	1.29

分子的极性取决于分子中正、负电荷的中心是否重合,这与分子的空间构型有关。对于双原子分子,其极性与共价键的极性相似。对于多原子分子,其极性为分子内各共价键的矢量和。

1.6 有机化学反应类型

1. 按共价键断裂方式分类

有机化合物发生化学反应时,总是伴随着某些化学键的断裂和新共价键的形成。共价键

的断裂有两种断裂方式。

成键的一对电子平均分给两个原子或原子团，生成两个自由基，这种断裂方式称为均裂(homolysis)。

$$\mathrm{C:X} \longrightarrow \mathrm{C\cdot} + \mathrm{X\cdot}$$

在有机反应中，由共价键均裂产生的自由基引发的反应称为自由基反应(free radical reaction)，又称链反应(chain reaction)。例如，在光照条件下甲烷与氯气的反应就属于自由基反应。一般来说，光照、高温、辐射、过氧化物存在及非极性溶剂等条件有利于共价键的均裂。

成键的一对电子在断裂时分给某一原子或原子团，生成正、负离子，这种断裂方式称为异裂(heterolysis)。

$$\mathrm{C:X} \longrightarrow \mathrm{C^{+}} + \mathrm{X^{-}}$$

碳正离子

$$\mathrm{C:X} \longrightarrow \mathrm{C^{-}} + \mathrm{X^{+}}$$

碳负离子

由共价键异裂产生的正、负离子进行的反应，称为离子型反应。它与无机化合物的离子反应不同。共价键异裂产生的正、负离子称为活性中间体，化学性质非常活泼，往往在生成的瞬间就参与反应。

此外，还有一种有机化学反应，在进行时共价键的断裂和生成同时进行，通过环状过渡态而生成最终产物。这样的反应称为协同反应(concerted reaction)。例如

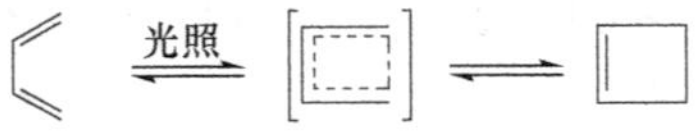

过渡态

2. 按反应物与产物之间的关系分类

(1) 取代反应(substitution reaction)，指反应物分子中的原子或基团被另一个原子或基团取代的反应。

(2) 加成反应(addition reaction)，指反应物分子中的不饱和键(π 键)断开生成饱和单键的反应。

(3) 消除反应(elimination reaction)，指反应物分子中脱去两个或几个原子(或基团)的反应。

(4) 重排反应(rearrangement reaction)，指反应物分子中碳链结构发生重新组合或官能团位置发生变化的反应。

(5) 氧化还原反应(oxidation-reduction reaction)，指反应物分子被氧化或还原的反应。

1.7 有机化学中的酸碱理论

有机化学中的酸碱理论是理解有机化学反应的最基本的概念之一。目前广泛应用于有机化学的酸碱理论有布朗斯台德(Brönsted)酸碱质子理论和路易斯(Lewis)酸碱电子理论。

1. 酸碱质子理论(proton theory of acids and bases)

布朗斯台德认为,在反应中给出质子的物质是酸(又称布朗斯台德酸),结合质子的物质是碱(又称布朗斯台德碱)。酸失去质子后剩余的基团就是该酸的共轭碱,碱得到质子生成的物质就是该碱的共轭酸。例如,乙酸溶于水的反应可表示为

$$CH_3COOH + H_2O \rightleftharpoons CH_3COO^- + H_3O^+$$

在正反应中,CH_3COOH 是酸,CH_3COO^- 是它的共轭碱;H_2O 是碱,H_3O^+ 是它的共轭酸。对逆反应来说,H_3O^+ 是酸,H_2O 是它的共轭碱;CH_3COO^- 是碱,CH_3COOH 是它的共轭酸。

在共轭酸碱中,酸的酸性越强,其共轭碱的碱性就越弱。此性质可以用来判断酸碱性的强弱。另外,一种物质的酸碱属性与其所处的化学反应有关。例如,H_2O 对 CH_3COO^- 来说是酸,而对 NH_4^+ 来说则是碱。

$$NH_4^+ + H_2O \rightleftharpoons NH_3 + H_3O^+$$

酸的强度通常用解离平衡常数 K_a 或 pK_a 表示;碱的强度则用 K_b 或 pK_b 表示。在酸碱反应中,总是较强的酸将质子传递给较强的碱。例如

$$RONa + H_2O \rightleftharpoons ROH + NaOH$$

(强碱) (强酸) (弱酸) (弱碱)

2. 酸碱电子理论(electron theory of acids and bases)

布朗斯台德酸碱理论基于质子的转移,而路易斯酸碱理论是基于电子对的转移。路易斯认为,在反应中接受电子对的物质是酸,给出电子对的物质是碱。因此,酸碱反应可表示为

$$A + :B \rightleftharpoons A:B$$

上式中,A 是酸(又称路易斯酸),具有接受电子对的能力,B 是碱(又称路易斯碱),具有给予电子对的能力。

路易斯碱与布朗斯台德碱两者没有多大区别,但路易斯酸要比布朗斯台德酸概念广泛得多。例如,在 BF_3 分子中,B 的外层电子只有 6 个,它还可以接受另一对电子而体现酸性:

$$BF_3 + F^- \rightleftharpoons BF_4^-$$

路易斯酸在反应中接受电子,它本身缺电子或具有空轨道,又称亲电试剂(electrophilic reagent)。亲电试剂具有与带负电荷或有孤对电子的物质结合的性质,这种性质称为亲电性(eletrophilicity)。例如,H^+、$AlCl_3$ 都是亲电试剂,具有亲电性。

路易斯碱在反应中提供电子,它本身多电子或具有孤对电子,又称亲核试剂(nucleophilic reagent)。亲核试剂具有与带正电荷或有空轨道的物质结合的性质,这种性质称为亲核性(nucleophilicity)。例如,OH^-、NH_3 都是亲核试剂,具有亲核性。

由亲电试剂先进攻反应物而引发的反应称为亲电反应。例如

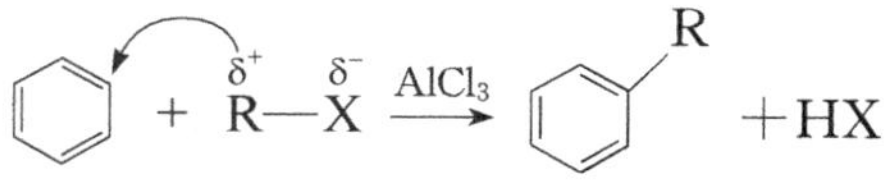

由亲核试剂先进攻反应物而引起的反应称为亲核反应。例如

$$R{-}X + OH^- \longrightarrow R{-}OH + X^-$$

1.8　有机化合物的研究方法

有机化合物通常来自人工合成或天然有机体的提取。对有机化合物的研究一般需经过下列步骤。

1. 分离提纯

纯度是研究的前提。为了达到应有的纯度，必须将它进行分离提纯。分离提纯的方法很多，常用的有重结晶、升华、蒸馏、萃取、色谱、离子交换等。

2. 纯度的检定

纯有机化合物具有固定的物理常数，如沸点、熔点、密度、折光率等。利用这些物理常数的测定可以检定有机化合物的纯度。也可采用高效液相色谱、气相色谱等技术检定。

3. 实验式和分子式的确定

利用元素分析、质谱等手段可以确定该化合物的元素组成，根据分析结果求出各元素的质量比，得出它的实验式，确定分子式。

4. 确定构造式和结构式

利用化学方法和现代物理方法确定它的构造式和结构式。例如，紫外光谱、红外光谱、核磁共振谱、质谱、X 射线衍射等都可以帮助确定分子的精细结构。它们将在后续课程中学习。

阅读材料

诺贝尔与诺贝尔奖

诺贝尔出生于瑞典。他没有接受正规的学校教育，只在学校学习过一年，受过几年家庭教育。诺贝尔童年时，在父亲劳作的工厂里打杂，接触到一点化学知识。16 岁时，父亲送他到美国一家工厂当学徒，在那里他艰苦学习了 5 年。

诺贝尔目睹了劳工开山凿矿、修筑公路和铁路都是手工进行的，体力劳动强度大，效率低。年轻的诺贝尔想：要是有一种威力很大的东西，一下子能劈开山岭，减轻工人繁重的体力劳动那该多好啊！于是他开始研究炸药。

刚开始时，一切研究都比较顺利，他和父亲、弟弟一起发明了“诺贝尔爆发油”。带着这种样品，他们打算到欧洲继续研究。可人们都认为“危险”，没有人愿意出资合作。后来，法国皇帝——拿破仑三世路易·波拿巴出资建了一个实验室，他们父子才得到新的机会。在一次实验中，不幸的事件发生了，实验室和工厂全部被炸毁，还炸死了 5 个人，诺贝尔的弟弟当场被炸死，父亲被炸成重伤，从此半身不遂，再也不能陪伴诺贝尔进行实验。在沉重的打击下，诺贝尔并未灰心丧气，决心制服“爆发油”的易爆性，造福人类。为了避免伤害实验周围的人，他把个人的生死置之度外，在朋友的资助下，租了一只大船在梅拉伦湖上，经过 4 年几百次的艰苦而危险的实验，就在硅藻甘油炸药试爆的最后一次，他亲自点燃导火剂，仔细观察各种变化，当炸药爆炸发出巨响之后，人们惊吼：“诺贝尔完了！”……可他顽强地从弥漫的烟雾中爬起来，满身伤痕累累，他忘掉了疼痛，振臂高呼："我成功了！我成功了！"在 1876 年的秋天，他成功研制出硅藻甘油炸药。之后。诺贝尔又经过 13 年的研究，终于在 1880 年发明了无烟炸药——三硝基甲苯(又称 TNT)，对工业、交通运输作出了巨大的贡献。

诺贝尔的一生是光荣而伟大的一生，是不疲倦、勇于奉献、努力学习和工作的一生。他终身未娶，把毕生的精力都献给了科学事业。他不仅在化学方面研究发明了硝化甘油引爆剂、雷管、硝化甘油固体炸药和胶水炸药而被世人誉为"炸药大王"，而且在光学、电学、枪炮学、机械学、生物学和生理学等方面也都很有研究。他一生共获得 200 多项技术发明专利。他在欧洲、北美洲和南美洲等 20 多个国家建立了 100 多个公司和工厂，积累了 3500 万瑞典克朗的资金，是赫赫有名的大工业家。

诺贝尔研制炸药原本是为和平建设服务，为民造福。可是，统治者把它用作屠杀人民的武器，加重了战争的灾难。因此，诺贝尔深感痛心，在他去世的前一年，即 1895 年 11 月 27 日，他本着科学造福人类的思想立下遗嘱，将他的所有财产存入银行，把每年得来的利息平均分成五份，奖励世界上在物理学、化学、生理学或医学、文学与和平事业给人类造福最大的个人和机构，不管这些人属于哪个国家，哪个民族。他还注明，物理学奖和化学奖由瑞典皇家科学院颁发；文学奖由瑞典文学院颁发；生理学或医学奖由瑞典斯德哥尔摩加罗林医学院颁发；和平奖委托挪威议会颁发。

诺贝尔的基金和评选全部由瑞典皇家科学院诺贝尔基金会负责管理，下设五个诺贝尔委员会，负责五个诺贝尔奖的具体事宜。每年九十月间，各诺贝尔委员会开始为筛选下一年度诺贝尔奖获得者做准备工作。此时，他们向世界各地有名望的学者、教授及前诺贝尔奖获得者发出几千封信函，请他们推荐诺贝尔奖候选人。推荐信不得迟于次年 1 月 31 日。如迟于这个日期收到，只能把被推荐者列入再下一年的候选人名单。

接着对候选人进行筛选。获奖者往往连续多年同时受到很多专家的提名，最后被列入候选人名单的已经过好几年了。这是因为需要时间来调查和检验候选人的成就。经诺贝尔委员会筛选出的候选人名单再递交给诺贝尔奖评议委员会审定，一般在 10 月份作出最后的决定。诺贝尔奖从提名、筛选到最后评议表决，都是秘密进行的，任何人不得擅自公布和私下向候选人透露消息，获奖者一经决定，就立即宣布，并在当年的 12 月 10 日(诺贝尔逝世的日子)举行隆重的颁奖仪式。可以说，在科学领域内，没有一种奖能像诺贝尔奖这样得到世界的高度重视和广泛的声誉。

习　题

1-1　指出下列化合物中哪些互为同分异构体。

(1) 丙酮　$CH_3—\overset{\overset{\large O}{\|}}{C}—CH_3$

(2) 环己醇　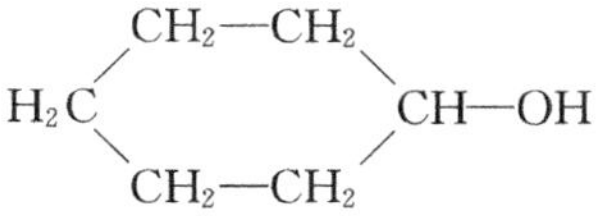

(3) 2-溴己烷　$CH_3\underset{\underset{\large Br}{|}}{C}HCH_2CH_2CH_2CH_3$

(4) 2-戊烯　$CH_3CH{=}CHCH_2CH_3$

(5) 5-己烯-2-醇　$CH_2{=}CH(CH_2)_2\underset{\underset{\large OH}{|}}{C}HCH_3$

(6) 丙醛　$CH_3CH_2\overset{\overset{\large O}{\|}}{C}—H$

(7) 1-溴己烷　$BrCH_2CH_2CH_2CH_2CH_2CH_3$

(8) 环戊烷　

1-2　试用杂化轨道理论解释甲烷的形成过程。

1-3　π 键是怎样形成的？它有哪些特点？

1-4　假设下列化合物均为共价化合物，试写出下列物质价电子层的路易斯结构式。

(1) $CH_2=CH_2$　(2) $HClO$　(3) H_2S　(4) HNO_3　(5) CH_3OH

1-5　下列物质中，可作为亲电试剂的有(　　)，可作为亲核试剂的有(　　)。

(1) H^+　(2) $FeCl_3$　(3) NH_3　(4) H_2O　(5) Br^+

(6) Br^-　(7) CN^-　(8) $^+CH_3$　(9) $C_2H_5O^-$　(10) $AlCl_3$

1-6　甲烷、水可以溶于三氯甲烷，而甲烷不溶于水。试用所学理论解释。

1-7　试判断下列化合物中标“*”原子的杂化类型。

(1) $CH_3\overset{*}{C}H=CH_2$　(2) $CH_3C\equiv\overset{*}{C}H$　(3) $CH_3\overset{+}{\underset{*}{C}}HCH_3$

(4) $CH_3\overset{\cdot}{\underset{*}{C}}H_2$　(5) $H-C\equiv\overset{*}{N}$　(6) 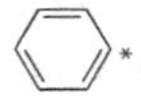

1-8　下列物质中，是极性分子的有(　　)，是非极性分子的有(　　)。

(1) $CH_2=CH_2$　(2) $CHCl_3$　(3) H_2O　(4) CCl_4　(5) CH_3OH

第 2 章 饱 和 烃

只含有碳和氢两种元素的有机物称为碳氢化合物，又称烃(hydrocarbon)。烃是最简单的一类有机物。一般认为烃是有机物的母体，其他有机物可以看作烃的衍生物。根据分子中碳原子的连接方式，烃可分为开链烃(又称脂肪烃)和闭链烃(又称环烃)。根据分子中是否含有不饱和键(双键或叁键)，烃又可分为饱和烃和不饱和烃。

饱和的开链烃称为烷烃(alkane)，其分子中碳原子均以单键相互连接，其余的键与氢原子相连，分子式都符合通式 C_nH_{2n+2}。烷烃的天然来源主要是石油和天然气。从油田开采出来的原油是黄褐色、暗绿色或棕黑色的黏稠液体，其主要成分是各类烷烃的复杂混合物，也含有一些环烷烃和芳香烃。天然气是蕴藏在地层内的可燃气体，主要成分是甲烷。

2.1 烷 基

按照所连碳原子数目的不同，烷烃分子中的碳原子可分为 4 类。其中仅与 1 个碳原子相连的碳原子称为伯碳，也常用“1° C”表示，与 2 个碳原子相连的碳原子称为仲碳，常用“2° C”表示，依此类推分别为叔碳(3° C)和季碳(4° C)。与伯、仲、叔碳原子相连的氢原子分别称为伯氢(1° H)、仲氢(2° H)、叔氢(3° H)。例如

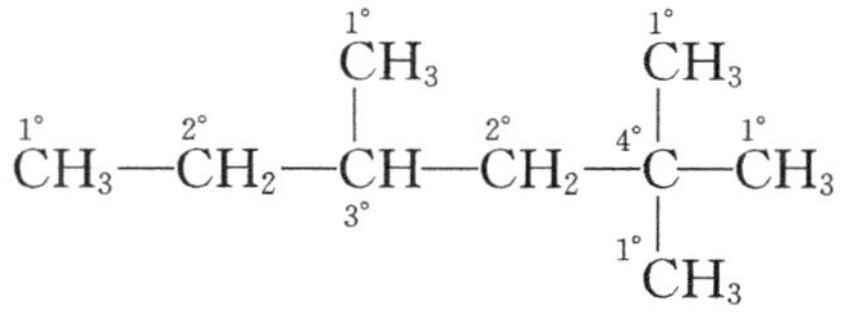

烃分子中失去一个或多个氢原子剩下的部分称为烃基(alkyl)，烷烃分子失去一个氢原子后称为烷基，常用—R 表示。例如，甲烷失去一个氢原子后称为甲基，乙烷去掉一个氢原子后称为乙基，丙烷分子中含有 1° H 和 2° H 两种氢原子，所以可以得到正丙基和异丙基。一些烷基的名称与结构见表 2-1。

表 2-1 一些烷基的名称与结构

烷基	名称	英文缩写	烷基	名称	英文缩写
CH_3—	甲基	Me	$CH_3CH_2CH_2CH_2$—	正丁基	*n*-Bu
CH_3CH_2—	乙基	Et	$CH_3CH_2CHCH_3$ |	仲丁基	*s*-Bu
$CH_3CH_2CH_2$—	正丙基	*n*-Pr	CH_3CHCH_2— | CH_3	异丁基	*i*-Bu
CH_3CH— | CH_3	异丙基	*i*-Pr	CH_3 | CH_3C— | CH_3	叔丁基	*t*-Bu

烷烃分子失去 2 个氢原子后称为亚烷基。例如

亚甲基　　亚乙基　　亚异丙基　　1,2-亚乙基

2.2　烷烃的命名

1. 普通命名法

普通命名法适用于结构比较简单的烷烃的命名。它根据碳原子的数目称为“某烷”，C_{10}（表示分子中含有 10 个碳原子，余同）及以下的烷烃用甲、乙、丙、丁、戊、己、庚、辛、壬、癸顺序命名，C_{11}及以上的烷烃用中文数字十一、十二、……命名。例如，C_8H_{18}命名为辛烷，$C_{13}H_{28}$命名为十三烷等。

没有支链的烷烃（直链烷烃），在名称前冠以“正”字；链端第 2 个碳原子连有一个甲基的，在名称前冠以“异”字；链端第 2 个碳原子连有两个甲基的，在名称前冠以“新”字。例如

$CH_3CH_2CH_2CH_2CH_3$

正戊烷

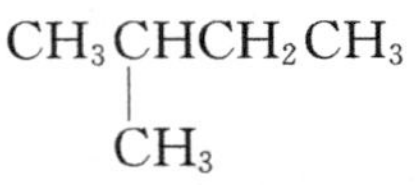

异戊烷

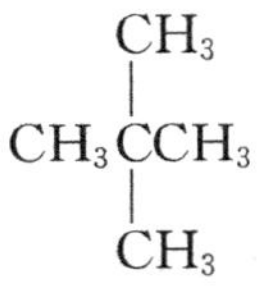

新戊烷

2. 系统命名法

系统命名法是根据 IUPAC（International Union of Pure and Applied Chemistry，国际纯粹与应用化学联合会）制定的命名原则，结合我国文字特点对有机物进行命名，所以也称为 IUPAC 法。

在系统命名法中，直链烷烃的命名与普通命名法相同，但不加“正”字。例如

$CH_3CH_2CH_2CH_2CH_3$　　$CH_3(CH_2)_{10}CH_3$

戊烷　　十二烷

对带有支链的烷烃可按下列步骤命名。

（1）选主链。在分子中选择含有最多碳原子的碳链作主链，根据主链上碳原子个数命名为“某烷”。主链以外的支链作为取代基。当有几个等长碳链可供选择时，应选择支链较多的碳链作为主链。

（2）编碳号。现在普遍采用“最低系列”编号法，即从靠近支链最近的一端开始依次给主链碳原子编号。当不同取代基距离主链两端相等时，应按“次序规则”将取代基进行排序，编号时尽量使小基团编号较小。

“次序规则”是命名或立体化学中用来排列原子或基团先后次序的规则。主要有两条：

a. 比较取代基中与母体相连的原子的原子序数，原子序数大的为较优基团（或称为大基团）。例如，Cl>S>O>C>D>H。

b. 若取代基中与母体相连的第一个原子相同，则比较与该第一个原子相连的第二个原子的原子序数，若第二个也相同，则比较第三个，依此类推。

例如，比较—CH_2CH_3 与—CH_3 的优先次序。两个基团中与母体相连的第一个原子均为 C，

故必须比较与碳相连基团的大小。$—CH_3$ 中与碳相连的是 H、H、H，$—CH_2CH_3$ 中与碳相连的是 C、H、H，所以$—CH_2CH_3$ 优先(大)。

同理，$—C(CH_3)_3>—CH(CH_3)_2>—CH_2CH(CH_3)_2>—CH_2CH_2CH_2CH_3$。

(3) 写名称。写名称时按取代基的位置、短横线、取代基的数目与名称、主链名称的顺序书写。相同的取代基的数目合并，不同的取代基小基团在前，大基团在后，位置序号之间用逗号分开。例如

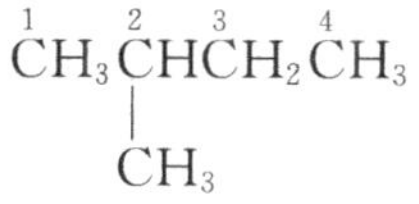

2-甲基丁烷

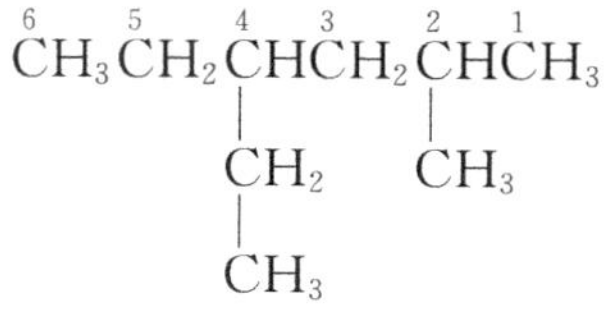

2-甲基-4-乙基己烷

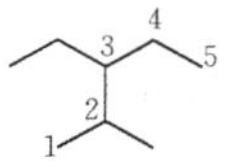

2-甲基-3-乙基戊烷

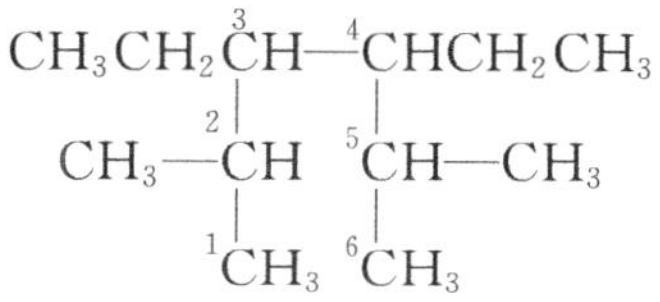

2,5-二甲基-3,4-二乙基己烷

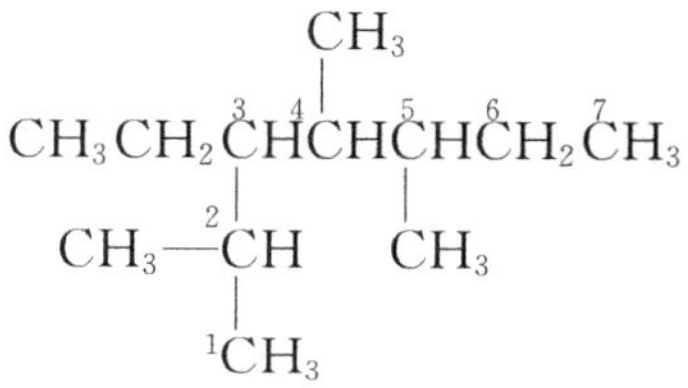

2,4,5-三甲基-3-乙基庚烷

对于更复杂的烷烃，还可以对支链进行编号。例如

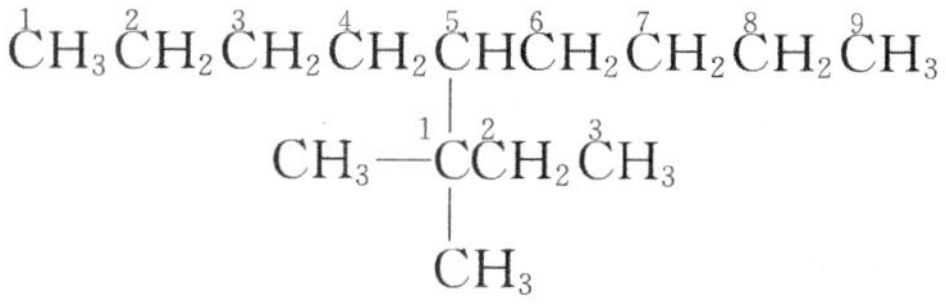

5-(1,1-二甲基丙基)壬烷

对支链烷烃的命名还可以采用衍生物命名法，即以甲烷作为母体，将支链烷烃都看作甲烷的衍生物。选择连有烷基最多的碳原子作为甲烷的母体原子，所连接的烷基按支链结构的相对分子质量和复杂程度由小至大，由简单至复杂的顺序列出。例如

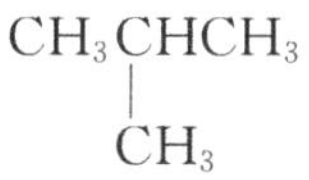

三甲基甲烷

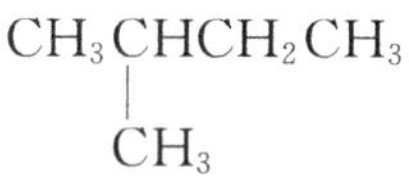

二甲基乙基甲烷

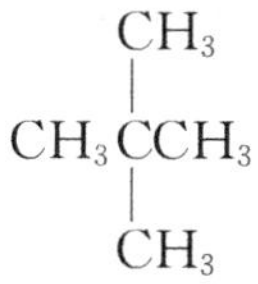

四甲基甲烷

还有根据来源和性质命名的。例如，甲烷最初是从沼气池内植物腐烂产生的气体中得到，所以称为沼气。

2.3　烷烃的结构

如前所述，构型(configuration)是指具有一定构造的分子中原子在空间的排列分布。

甲烷分子是碳原子经 sp^3 杂化后与氢原子成键形成的，是正四面体结构，其结构可用凯库勒模型(又称球棍模型)和斯陶特(Stuart)模型(又称比例模型)表示，如图 2-1 所示。

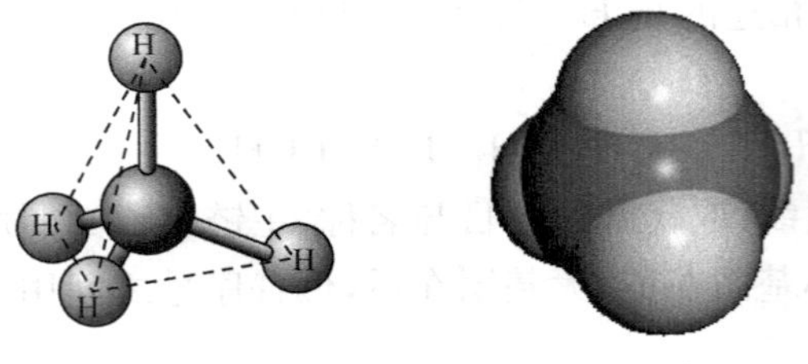

(a) 球棍模型　　(b) 比例模型

图 2-1　甲烷分子的球棍模型和比例模型

球棍模型制作容易、使用方便、观察直观，但与分子的真实结构差别较大，不能准确地表示出原子的大小和键长。比例模型是分子的真实结构按比例放大制作而成，符合分子结构形状，但不能给出键角等要素。故常用透视式来表示烷烃的立体空间构型。

透视式中，伸向纸面前方的化学键用实楔形表示，伸向纸面后方的化学键用虚楔形表示，在纸面上的化学键用细实线表示。例如，甲烷的透视式为

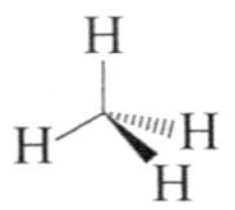

由于碳原子是 sp^3 杂化，键角为 109.5°，故烷烃的碳链不是直线形的。例如，戊烷在气态时显曲折形：

固态时显锯齿形：

烷烃的异构现象比较简单。甲烷、乙烷、丙烷没有异构体，从丁烷开始出现同分异构现象，C_4H_{10}有正丁烷和异丁烷 2 个异构体，C_5H_{12}有 3 个异构体，C_6H_{14}有 5 个异构体，均属于碳链异构(或骨架异构)。随着碳原子数的增加，异构体数目也迅速增加。例如，$C_{10}H_{22}$有 75 个异构体，$C_{20}H_{42}$有 366 319 个异构体。

2.4　烷烃的构象

构象(conformation)是指在分子中 σ 键绕轴“自由”旋转而导致分子中的各原子或基团在空间的不同排布。不同的构象之间互称构象异构(conformational isomer)。

2.4.1　乙烷的构象

乙烷分子中 σ_{C-C}键可以绕轴自由旋转，其旋转的角度称为扭转角。在旋转过程中，由于两个甲基中氢原子的相对位置不断发生变化，这就形成了许多不同的空间排列方式，即构象。乙烷的构象有无数种，其中一种是一个甲基上的氢原子正好处在另一个甲基的两个氢原子之间的中线上，这种排布方式称为交叉式构象(staggered conformation)。还有一种是两个甲基上的各个氢原子，正好处在相互重叠的位置上，这种排布方式称为重叠式构象(eclipsed conformation)。交叉式构象和重叠式构象是乙烷无数构象中的两种特殊情况(图 2-2)。用球棍模型很容易看清楚乙烷分子中各原子在空间的不同排布。

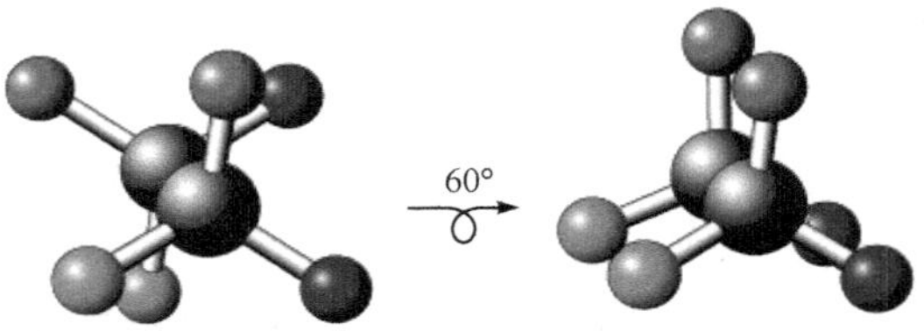

(a) 交叉式　　(b) 重叠式

图 2-2　乙烷的两种特殊构象

1. 构象的表示方法

简单分子的构象可以用透视式、透析式（又称锯架式）和纽曼（Newman）投影式表示，如图 2-3 所示。

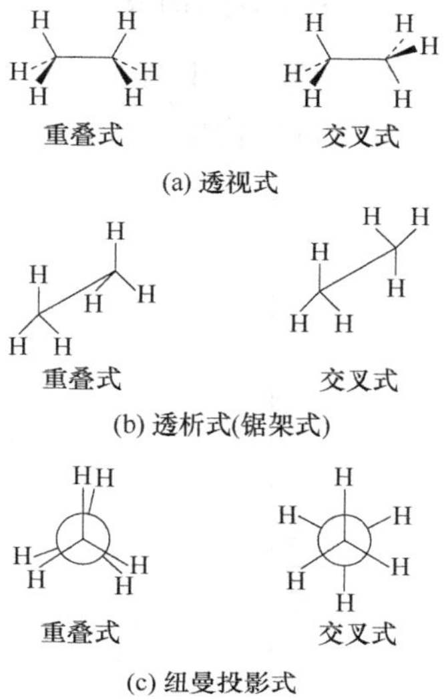

图 2-3 乙烷分子的构象

透析式是从斜侧面观察分子球棍模型而得到的表示式，它可以清晰地表示出分子中的所有化学键，但是不能清晰地表示出氢原子的相对位置，如图 2-3(b)所示。

纽曼投影式是从 σ_{C-C} 键键轴的延长线上观察分子球棍模型而得到的表示式。投影时以圆圈表示 σ_{C-C} 键上的碳原子。由于前后两个碳原子重叠，纸面上只能画出一个圆圈，所以前面碳原子上的 3 个 σ_{C-H} 键可以从圆心出发（圆心代表前面的碳原子），彼此以 120°夹角向外伸展的三条线代表；后面碳原子上的 3 个 σ_{C-H} 键则用从圆周出发彼此以 120°夹角向外伸展的三条线来表示，如图 2-3(c)所示。

2. 构象的稳定性

由图 2-3 可知，重叠式构象中，前后两碳原子上的氢原子相互重叠，彼此之间距离最近，排斥力最大，热力学能最高，所以最不稳定；交叉式构象中，氢原子处于交叉位置，彼此之间距离最远，排斥力最小，热力学能最低，所以最稳定。所有构象中最稳定的构象称为优势构象（preferential conformation）。

在通常情况下，乙烷分子是处于交叉式、重叠式及介于两者之间的无数构象的动态平衡混合体系。

3. 乙烷的扭转角与能量关系图

以能量为纵坐标，σ_{C-C} 键的扭转角为横坐标，随着扭转角的改变其能量呈现规律性变化，如图 2-4 所示。

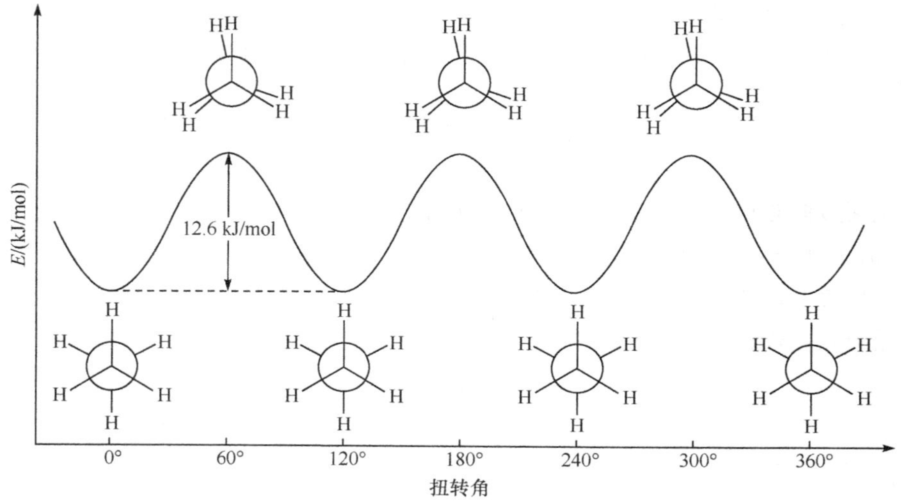

图 2-4 乙烷构象的扭转角与能量的关系

从交叉式构象旋转到重叠式构象需吸收 12.6kJ/mol 的能量，该能量称为扭转能。由此可见，σ_{C-C}键的旋转并不是完全自由的。室温下，分子的动能为 84kJ/mol，降低温度，分子的动能减小。当温度接近乙烷的熔点(−183℃)时，可得单一的交叉式构象。

2.4.2 正丁烷的构象

将乙烷分子中两个碳原子上某个氢原子以一个甲基取代后就得到丁烷。所以丁烷的构象可以在乙烷的构象上进行演化，如图 2-5 所示。

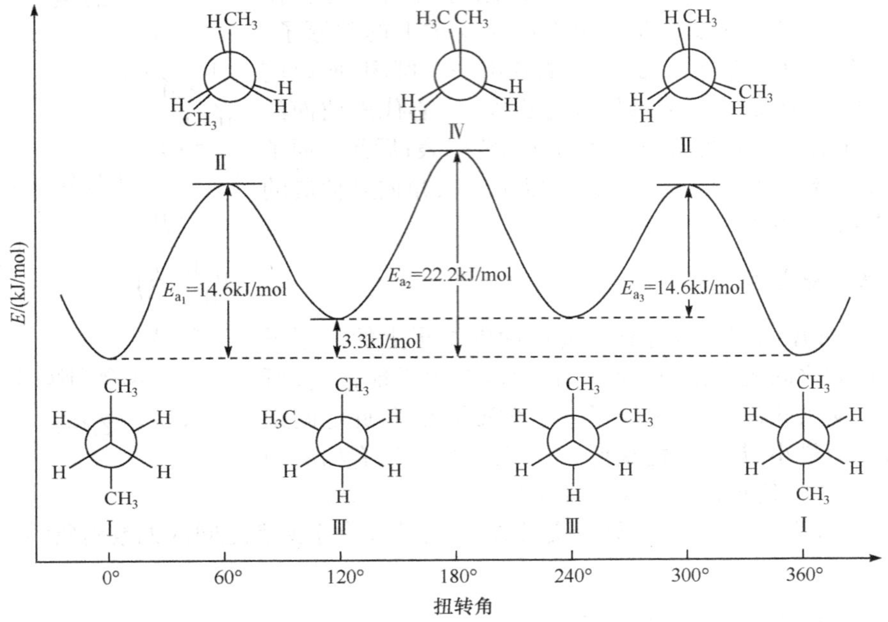

图 2-5 丁烷构象的扭转角与能量的关系

由图 2-5 可知，丁烷四种特殊构象的稳定性顺序为：对位交叉式(Ⅰ)>邻位交叉式(Ⅲ)>部分重叠式(Ⅱ)>全重叠式(Ⅳ)。常温时，对位交叉式约占 63%，邻位交叉式约占 37%，优势构象为对位交叉式。这可以说明固态时烷烃碳链为什么呈现平面锯齿形。

2.5 烷烃的物理性质

烷烃的物理性质随着碳原子数的增加而呈现规律性变化。在常温常压(25℃，101.325kPa)下，C_1～C_4 的直链烷烃是气体，C_5～C_{17} 的直链烷烃是液体，C_{18} 及以上的直链烷烃是固体。从表 2-2 可看出，直链烷烃的沸点随着分子中碳原子数的增加而逐渐升高，碳原子数少的烷烃沸点差较大，随着碳原子数的增加，沸点差逐渐减小。

表 2-2 一些烷烃的物理常数

分子式	中文名称	英文名称	沸点/℃	熔点/℃	相对密度(d_4^{20})
CH_4	甲烷	methane	−161.7	−182.7	0.424
C_2H_6	乙烷	ethane	−88.6	−183.6	0.456
C_3H_8	丙烷	propane	−42.1	−187.1	0.501

续表

分子式	中文名称	英文名称	沸点/℃	熔点/℃	相对密度(d_4^{20})
C_4H_{10}	丁烷	butane	−0.5	−138.5	0.579
C_5H_{12}	戊烷	pentane	36.1	−129.8	0.626
C_6H_{14}	己烷	hexane	68.1	−95.3	0.659
C_7H_{16}	庚烷	heptane	98.4	−90.6	0.684
C_8H_{18}	辛烷	octane	125.7	−56.8	0.703
C_9H_{20}	壬烷	nonane	150.8	−53.7	0.718
$C_{10}H_{22}$	癸烷	decane	174.0	−29.7	0.730
$C_{11}H_{24}$	十一烷	undecane	195.8	−25.6	0.740
$C_{12}H_{26}$	十二烷	dodecane	216.3	−9.6	0.749
$C_{13}H_{28}$	十三烷	tridecane	235.4	−5.5	0.756
$C_{14}H_{30}$	十四烷	tetradecane	263.7	5.9	0.763
$C_{15}H_{32}$	十五烷	pentadecane	270.6	10.0	0.769
$C_{16}H_{34}$	十六烷	hexadecane	287.0	18.2	0.773
$C_{17}H_{36}$	十七烷	heptadecane	301.8	22.0	0.778
$C_{18}H_{38}$	十八烷	octadecane	316.1	28.2	0.777

烷烃的分子间力主要是色散力。色散力随着相对分子质量的增加而增加,因此,烷烃的沸点随相对分子质量的增加而升高。相对分子质量相同的烷烃,如戊烷、2-甲基丁烷和 2,2-二甲基丙烷的沸点,随支链的增多而逐渐降低,这是由于支链多,分子间距离大,分子间力减弱。

烷烃的熔点也随相对分子质量的增加而升高。但与沸点不同,偶数碳原子的烷烃熔点比奇数碳原子的烷烃升高更多,支链烷烃的熔点比直链烷烃的熔点低。可见,熔点的高低除与相对分子质量有关外,还与分子的对称性有关。偶数碳原子烷烃分子对称性高,晶体中分子排列紧密,分子间距离小,分子间力大,因此熔点高。

烷烃的密度也随碳原子数增加、分子间力的增大而增加,但随碳原子数增多,密度增加的量逐渐变小。

烷烃是非极性或弱极性化合物,易溶于弱极性的有机溶剂而难溶于水。利用烷烃比水轻而又难溶于水的性质,在开采石油时可采取注水的方法增加出油量。

2.6 烷烃的化学性质

烷烃分子中的共价键都是比较牢固的 σ 键,因此烷烃的化学性质比较稳定。一般情况下,与强酸(如浓 H_2SO_4、浓 HNO_3)、强碱(如 NaOH)、强氧化剂(如 $KMnO_4$)、强还原剂等不发生反应或反应速率极慢。但在一定温度、压力和催化剂存在下,σ 键可以断裂而发生某些化学反应。

2.6.1 氧化

烷烃在常温常压下,不与氧化剂反应,也不与空气中的氧反应,但可在氧气或空气中燃烧,生成二氧化碳和水,并放出大量的热量。因此,烷烃是重要的能源物质。

$$CH_4+O_2 \longrightarrow CO_2+H_2O+890.1kJ/mol$$

在一定条件下，烷烃也可以氧化为醇、醛、羧酸等有机物。例如

$$CH_4+O_2 \xrightarrow[600℃]{NO} HCHO+H_2O$$

$$R—CH_2—CH_2—R'+O_2 \xrightarrow[107\sim110℃]{MnO_2} RCOOH+R'COOH+\text{其他羧酸}$$

甲烷等低级烷烃($C_1\sim C_4$)的蒸气与空气混合至一定比例时，遇到明火或火花就会燃烧甚至爆炸，这就是煤矿中发生瓦斯爆炸的原因。甲烷的爆炸极限为5.53%～14%。

2.6.2 裂化与裂解

在高温高压下使烷烃分子链状结构断裂成小分子的过程称为裂化(cracking)。裂化是一个相当复杂的过程，其产物与烷烃中碳原子数目、烷烃的结构及反应条件有关。在裂化过程中，发生σ_{C-H}键和σ_{C-C}键的断裂，生成相对分子质量较小的烷烃、烯烃等。例如

$$CH_3CH_2CH_2CH_3 \longrightarrow \begin{cases} CH_4+CH_3CH{=}CH_2 \\ CH_2{=}CH_2+CH_3CH_3 \\ CH_3CH_2CH{=}CH_2+H_2 \end{cases}$$

温度在400℃以上隔绝空气时发生的裂化称为热裂化(简称热裂)，在催化剂作用下发生的裂化称为催化裂化。催化裂化过程中，除发生σ_{C-H}键和σ_{C-C}键的断裂外，还发生异构化、环化、脱氢等反应，生成带支链的烷烃、烯烃、芳香烃等。裂化反应主要用于提高汽油的产量和质量。

温度高于700℃时的裂化反应称为裂解(splitting decomposition)，主要用来提高烯烃(如乙烯)的产量。

2.6.3 异构化

异构化(isomerization)反应是指将化合物转变成它的异构体的反应。例如

$$\underset{20\%}{CH_3CH_2CH_2CH_3} \xrightleftharpoons[95\sim150℃,1\sim2MPa]{AlCl_3,HCl} \underset{80\%}{CH_3\overset{\overset{\large CH_3}{|}}{C}HCH_3}$$

通过上述反应可将直链烷烃转变成支链烷烃，从而提高汽油质量。

2.6.4 卤代

有机分子中的氢原子被其他原子(或原子团)所取代的反应称为取代反应。若被卤原子取代称为卤代(halogenating)反应。

在室温黑暗处，烷烃与氯气混合并不发生反应，但在光照、紫外线或加热的条件下，氯与烷烃可发生取代反应，氢原子被逐渐取代而生成氯代烷和氯化氢。

$$CH_4+Cl_2 \xrightarrow{h\nu} CH_3Cl+HCl$$

$$CH_3Cl+Cl_2 \xrightarrow{h\nu} CH_2Cl_2+HCl$$

$$CH_2Cl_2+Cl_2 \xrightarrow{h\nu} CHCl_3+HCl$$

$$CHCl_3+Cl_2 \xrightarrow{h\nu} CCl_4+HCl$$

烷烃的卤代反应机理经过多年研究，现在已经很成熟。反应机理(reaction mechanism，又

称反应历程）是根据大量反应事实，对反应的具体过程做出的理论推导。研究反应机理是为了认清反应的本质，掌握反应的规律，从而达到控制和利用反应的目的。

事实证明，甲烷的卤代反应是按自由基机理进行的取代反应，称为自由基取代（free radical substitution）。

链反应可分为三个阶段。

（1）链引发：氯气在光照或加热的条件下共价键均裂产生自由基。

$$Cl:Cl \xrightarrow{h\nu} Cl\cdot + Cl\cdot \qquad \Delta H = +242.4\text{kJ/mol}$$

（2）链增长：$\cdot Cl$ 很活泼，最外层有 7 个电子，它有得到 1 个电子形成八隅体稳定结构的趋势。所以，$\cdot Cl$ 容易与 CH_4 发生有效碰撞而抢走 CH_4 的 H 原子，生成 HCl 和 $\cdot CH_3$，生成的 $\cdot CH_3$ 又与 Cl_2 发生有效碰撞而生成 CH_3Cl 和 $\cdot Cl$。反应反复进行直至生成 CCl_4。

$$CH_4 + \cdot Cl \longrightarrow \cdot CH_3 + HCl$$

$$Cl_2 + \cdot CH_3 \longrightarrow CH_3Cl + \cdot Cl$$

$$\begin{cases} CH_3Cl + \cdot Cl \longrightarrow \cdot CH_2Cl + HCl \\ Cl_2 + \cdot CH_2Cl \longrightarrow CH_2Cl_2 + \cdot Cl \end{cases}$$

$$\begin{cases} CH_2Cl_2 + \cdot Cl \longrightarrow \cdot CHCl_2 + HCl \\ Cl_2 + \cdot CHCl_2 \longrightarrow CHCl_3 + \cdot Cl \end{cases}$$

$$\begin{cases} CHCl_3 + \cdot Cl \longrightarrow \cdot CCl_3 + HCl \\ Cl_2 + \cdot CCl_3 \longrightarrow CCl_4 + \cdot Cl \end{cases}$$

（3）链终止：自由基相互结合而消失，因而反应终止。

$$\cdot Cl + \cdot Cl \longrightarrow Cl_2$$

$$\cdot CH_3 + \cdot CH_3 \longrightarrow CH_3CH_3$$

$$\cdot Cl + \cdot CH_3 \longrightarrow CH_3Cl$$

$$\cdot CH_2Cl + \cdot CH_2Cl \longrightarrow ClCH_2CH_2Cl$$

从该机理可知，若减少 Cl_2 用量，控制反应在较短时间内进行，得到的产物以 CH_3Cl 为主；若使 Cl_2 过量，控制反应在较长时间内进行，得到的产物以 CCl_4 为主。

在光、热、催化剂的影响下，烷烃还能与氟、溴发生反应。烷烃与氟反应剧烈，生成炭黑和氟化氢，并有大量热放出，反应不易控制，有时会引起爆炸，所以烷烃氟代并无实际价值。烷烃与溴的反应比较缓慢，活性比氯小，但溴更具有选择性，溴总是尽量取代烷烃分子中的叔氢原子或仲氢原子，因此溴代反应在有机合成中更有用。烷烃与碘作用不能得到碘代烷，碘代烷必须用其他方法来制备。因此，有实际价值的卤代反应只是氯代和溴代反应。

氢原子类型不同，卤代反应的难易程度也不同。例如

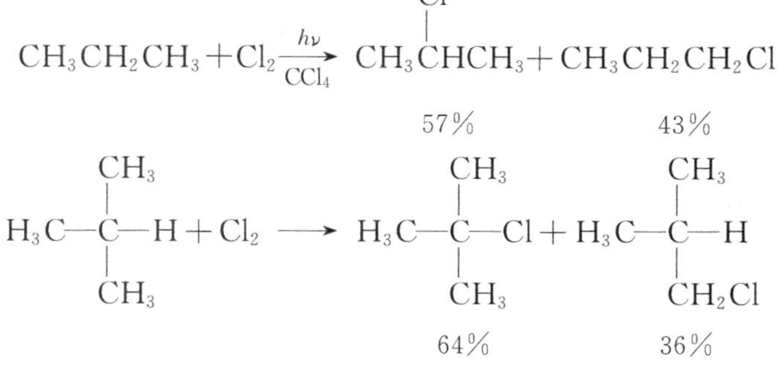

丙烷分子中有 6 个 1° H、2 个 2° H，1° H 被取代的产物应该是 2° H 被取代的产物的 3 倍。但实际产物中 2° H 被取代的产物反而更多，说明 2° H 比 1° H 更容易被取代。氯代反应中，2° H 和 1° H 的相对反应活性为

$$\frac{2^\circ\ \mathrm{H}}{1^\circ\ \mathrm{H}}=\frac{57/2}{43/6}\approx\frac{4}{1}$$

同理，3° H 和 1° H 的相对反应活性为

$$\frac{3^\circ\ \mathrm{H}}{1^\circ\ \mathrm{H}}=\frac{36/1}{64/9}\approx\frac{5}{1}$$

因此，三种氢原子的相对反应活性为：叔氢＞仲氢＞伯氢。这和反应中产生的自由基的稳定性有关，自由基中碳原子上连接的烷基越多越稳定。

几种自由基的相对稳定性为

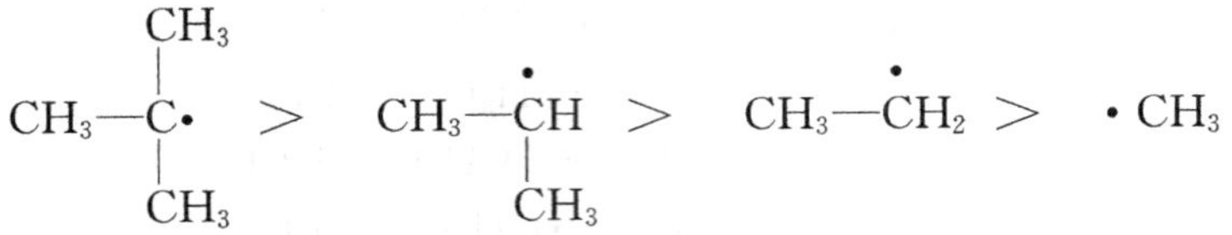

烷烃分子中伯、仲、叔氢原子活泼性的不同，也可用解离能的不同来解释。

伯氢	$CH_3CH_2CH_2—H$	$\Delta H=+410\mathrm{kJ/mol}$
仲氢	$(CH_3)_2CH—H$	$\Delta H=+395\mathrm{kJ/mol}$
叔氢	$(CH_3)_3C—H$	$\Delta H=+380\mathrm{kJ/mol}$

3° H 的 σ_{C-H} 键的解离能最小，最易断裂，所以叔氢原子的反应活性最高，因而 3°自由基最容易生成，也最稳定。

2.7　烷烃的来源及用途

石油是古代的动植物受细菌、地热、压力、无机化合物的催化作用而生成的，其主要成分是各种烷烃的复杂混合物，也有某些产区的石油是以环烷烃或芳香烃为主的。

石油的初步加工是分级蒸馏。将烷烃混合物按不同沸程分成若干馏分，便可得到各种石油产品。根据它们的不同性质有不同的用途。

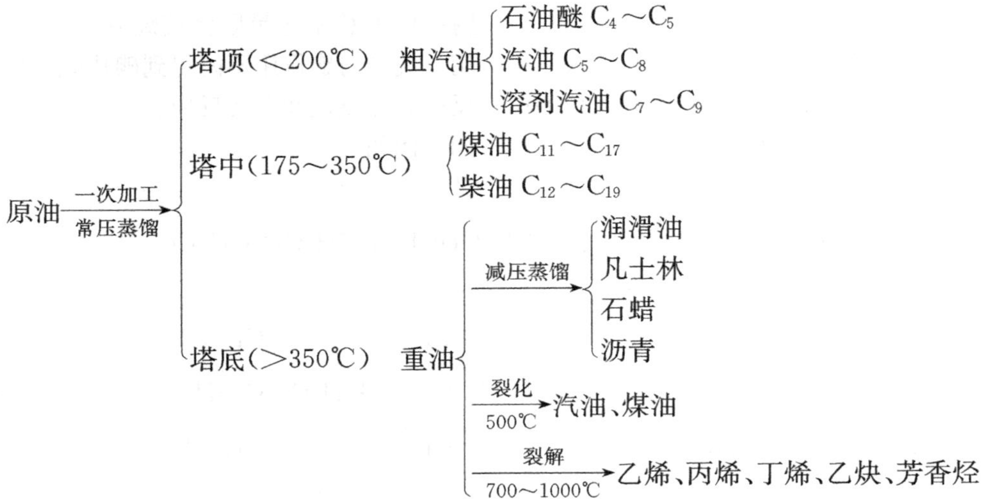

近年来发现一些微生物能在石油或某些石油成分中生存，它们在生活过程中会产生一些有机酸、氨基酸、糖、蛋白质、维生素等有机化合物。以石油产品为原料，通过微生物发酵法制取这些有机化合物，是一项颇为诱人的研究课题。

天然气也是甲烷的主要来源之一。甲烷是腐烂的植物体在厌氧环境中通过微生物的作用而分解生成的气体，又称沼气。动物体内，大肠杆菌作用于纤维质时产生甲烷。甲烷是无色、无味、无臭的气体，易溶于有机溶剂，微溶于水。它易燃烧并放出大量的热，因此作为家庭、汽车和工业燃料被广泛使用。甲烷还是重要的化工原料。我国许多农村利用作物秸秆、牲畜粪便等进行沼气发酵，生成的沼气甲烷含量在50%以上，可用于照明、做饭和发电。发酵后的残液有较高的肥效。

动植物体内也有某些特殊烷烃存在，并以含奇数碳原子的烷烃为主。有些植物的叶面、果皮上的蜡中含有少量高级烷烃。例如，卷心菜的蜡质中含有 $C_{29}H_{60}$，苹果皮蜡质中含 $C_{27}H_{56}$ 和 $C_{29}H_{60}$ 等。某些昆虫的分泌物中也含有烷烃，如蜂蜡中含有 $C_{27}H_{56}$ 及 $C_{31}H_{64}$。有的昆虫能分泌出传递信息的化学物质，称为“昆虫外激素”。例如，某种蚂蚁的信息素中含有 $C_{11}H_{24}$ 和 $C_{13}H_{28}$；虎娥的性激素被证实为2-甲基十七烷；雌蘑菇蝇分泌出可引诱雄蝇的物质，起主要作用的是 $C_{17}H_{36}$。据此，我们可以人工合成某些高级烷烃来影响害虫嗅觉中枢的变化，以达到诱杀的目的，这就是新兴代农药，有着广阔的发展前景。

阅读材料

液化天然气——天然气的工业革命

天然气的液化是指将含90%以上甲烷的天然气，经过脱水、脱烃和脱酸性气体等净化处理后，再采用先进的膨胀制冷工艺，使甲烷在−126℃变为液体的过程。

国外的液化天然气产业发展很快，技术装备也比较先进。其中阿尔及利亚、印度尼西亚、马来西亚、文莱、澳大利亚等国液化天然气的出口量已占国际天然气贸易量的25%以上。许多专家认为，液化天然气工业的发展是当代天然气的工业革命，具有左右国际燃料贸易的能力。目前，我国的液化天然气产业正处于起步阶段，还只有一些小型的实验装置，但是发展的潜力很大。

作为优质的化工原料及工业、民用燃料，液化天然气具有下列优点。

1）便于储存

天然气液化后，其体积是气态时的1/625，储存时占地少，投资省。据有关资料统计，建成一座1MPa、100m^3 的天然气储罐，要比建成0.5MPa、100m^3 液化天然气储罐的投资高80多倍。

2）便于运输

液化天然气便于远距离运输。可利用专用槽车、轮船运送，在相同条件下，往往比地下管道输送气体节省开支，而且方便可靠，容易适应运输量变化的需要，风险性较小。

3）辛烷值高

与汽油相比，液化天然气的辛烷值（衡量汽油质量的重要指标）较高，抗爆性好，燃烧完全，体积小、质量轻，续程远，可延长发动机的使用寿命，是优质的车用燃料。

4）使用安全

液化天然气气化后的燃点为650℃，比汽油高230℃；爆炸极限为4.7%～15%，其范围比汽油小；相对密度为0.47，比空气轻，少量泄漏可随即挥发扩散，不致引起爆炸，因此安全性较高。

5）有利环保

根据美国的一份测试资料表明，汽车使用液化天然气与汽油相比，尾气排放物中，一氧化碳由8.35%降为0.03%，氧化氮由1.92%降为1.23%，氧化硫由0.71%降为0，铅由0.08%降为0。

我国如果按800万辆汽车计算，每天要排放一氧化碳2550t，氧化氮1275t，苯、铅、粉尘等0.225t，平均每辆汽车年排放有害物质为325kg，造成严重的空气污染。但若采用液化天然气，则污染情况就会大有改观。我国已于近年开始在全国范围内逐步推广使用液化天然气、乙醇汽油、甲醇汽油代替汽油的工作。

习　题

2-1　命名下列化合物或写出结构式，并指出其中的伯、仲、叔、季碳原子。

(1) $(CH_3)_3CCH_2C(CH_3)_3$　　(2) $(CH_3)_2CHC(C_2H_5)_2CH_2CH_2CH_3$

(3) 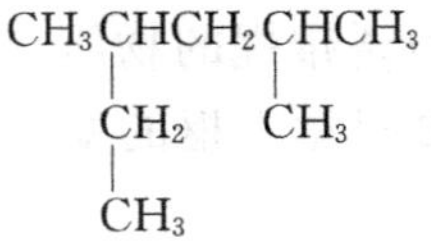　　(4) 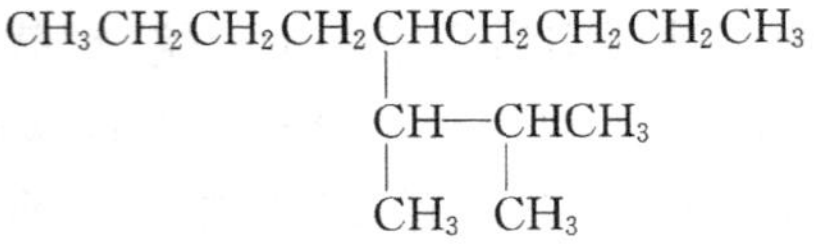

(5) 2,2,3,3-四甲基戊烷　　(6) 2,4-二甲基-4-乙基庚烷

(7) 2,3,4-三甲基-3-乙基戊烷　　(8) 2-甲基-3-乙基庚烷

2-2　将下列各组化合物按指定要求排序。

(1) 沸点高低：

a. 正庚烷　b. 正己烷　c. 2-甲基戊烷　d. 正癸烷　e. 2,2-二甲基丁烷

(2) 稳定性：

a. $\cdot CH_2CH_2CH_2CH_3$　b. $\cdot CH(CH_3)CH_2CH_3$　c. $\cdot C(CH_3)_3$

2-3　下列哪一对化合物是等同的（假定式中所表示的 σ_{C-C} 键可旋转）？

(1) 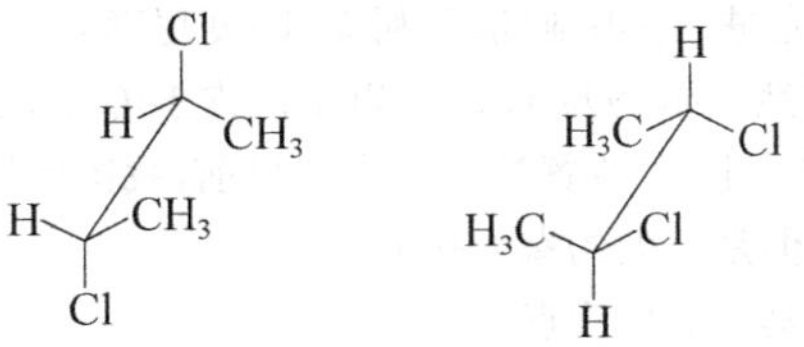　　(2) 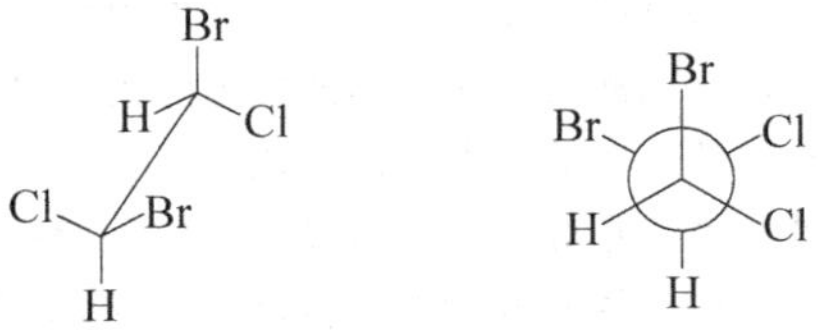

2-4　下列烷烃中属于同分异构体的是（　　）；属于同种物质的是（　　）；属于同系物的是（　　）。

(1) $CH_3CH_2CH_2CH_3$　　(2) $CH_3CH(CH_3)CH_2CH_3$

(3) $CH_3CH(CH_3)CH_2CH_2CH_3$　　(4) $CH_3CH_2CH(CH_3)CH_2CH_3$

(5) $(CH_3)_2CHCH_2CH_2CH_3$

2-5　试解释以下现象。

(1) 在甲烷卤代反应机理中的链引发阶段，为什么是氯气分子中的σ键均裂，而不是甲烷中的σ键均裂？

(2) 将氯气用光照射后在黑暗中放一段时间，再与甲烷混合，不发生氯代反应。

2-6　写出 C_5H_{12} 的一氯取代产物的结构式。

第3章　不饱和烃

分子中含有碳碳双键(C═C,carbon carbon double bond)或碳碳叁键(C≡C,carbon carbon triple bond)的烃称为不饱和烃(unsaturated hydrocarbon)。“不饱和”意味着能够再与其他原子结合生成饱和的化合物。分子中含有C═C键的不饱和烃称为烯烃(alkene);分子中含有C≡C键的不饱和烃称为炔烃(alkyne);分子中同时含有C═C键和C≡C键的不饱和烃称为烯炔。

3.1　烯　　烃

分子中只含有一个C═C键的不饱和烃称为单烯烃,简称为烯烃,C═C键是烯烃的官能团。由于烯烃分子中含有一个C═C键,比相应的烷烃少两个氢原子,所以烯烃的通式是C_nH_{2n}。乙烯($CH_2═CH_2$)是最简单的烯烃。

3.1.1　烯烃的结构

烯烃的官能团C═C键中,碳原子采取sp^2杂化方式,3个sp^2杂化轨道的轴在一个平面上,键角都是120°,未参与杂化的p轨道保持原来的形状,其轴垂直于3个sp^2杂化轨道所在的平面。

两个碳原子结合成乙烯时,彼此各用一个sp^2杂化轨道互相以“头碰头”方式结合形成一个$\sigma_{C—C}$键,每个碳上剩余的两个sp^2杂化轨道分别与氢的1s轨道以“头碰头”方式结合形成$\sigma_{C—H}$键。两个碳原子上未参与杂化的p轨道以“肩并肩”方式重叠形成一个π键。乙烯分子中的σ键和电子云分布如图3-1所示。

乙烯分子中所有的原子在一个平面上,如图3-2所示。分子中的键角接近于120°,C═C键的键长为0.134nm,键能为610kJ/mol,比$\sigma_{C—C}$键的键能大,但比两倍碳碳单键的键能691.2kJ/mol要小,这也说明C═C键不等于两个$\sigma_{C—C}$键。

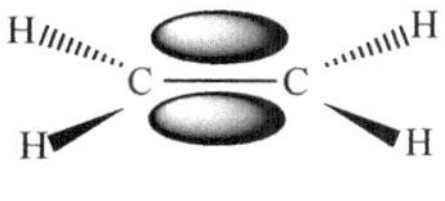

图3-1　乙烯分子的电子云分布

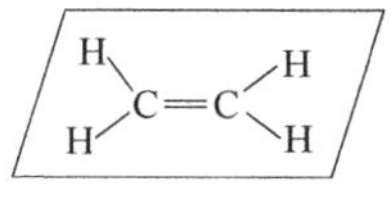

图3-2　乙烯分子中各原子在空间的分布

烯烃的同分异构主要有构造异构和顺反异构两种。

1. 构造异构

由于烯烃分子中含有C═C键,因此烯烃的构造异构要比烷烃复杂,它不仅存在碳架(链)异构,而且存在由于双键在碳架上位置的不同而产生的官能团位置异构。例如,丁烯存在三种构造异构体,1-丁烯和2-丁烯互为官能团位置异构,它们与2-甲基丙烯(异丁烯)互为碳架异构体。同时，丁烯与环丁烷、甲基环丙烷互为官能团异构。

1-丁烯

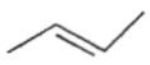
2-丁烯

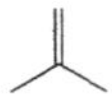
2-甲基丙烯

环丁烷

甲基环丙烷

2. 顺反异构

由于 π 键不能绕轴“自由”旋转导致的分子中的各原子或基团在空间的不同排布，称为顺反异构(cis-trans isomerism)。顺反异构属于立体异构中的构型异构。当两个双键碳原子分别连接两个不同的原子或基团时，可产生顺反异构体。例如，2-丁烯双键碳原子上的四个基团在空间就可以有两种不同的排列方式，存在两种构型：

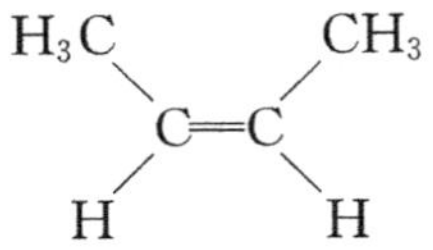
顺-2-丁烯(沸点 3.7℃)

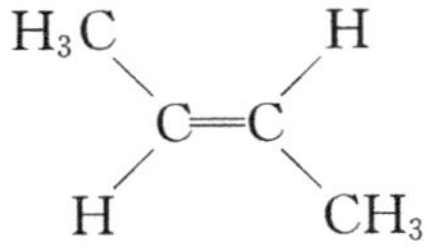
反-2-丁烯(沸点 0.9℃)

2-丁烯的两个异构体在原子或基团的连接顺序及官能团的位置上均无区别，但是在前一个化合物中，相同的基团(两个甲基或两个氢原子)在双键的同侧，称为顺式(*cis-*)构型，而后者的两个甲基(或两个氢)则在双键的异侧，称为反式(*trans-*)构型。顺反异构体是不同的化合物，物理性质不同，化学性质基本相同。

产生顺反异构体必须具备以下两个条件：①分子中存在着限制碳原子自由旋转的因素，如双键或环(如脂环)；②不能自由旋转的碳原子上各连接两个不相同的原子或基团。例如

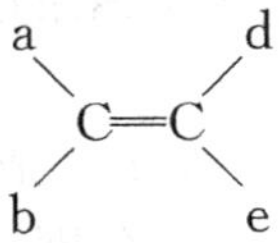

只有 a≠b 且 d≠e 时，才有顺反异构。

值得注意的是：“构型”与“构象”都是用来描述分子中各原子或基团在空间的不同排列，但其含义不同。构象可以通过单键的旋转而相互转化。例如，重叠式乙烷和交叉式乙烷是乙烷的两种不同构象，它们之间的转化通过单键的旋转就可以实现，不需要很高的能量。构型之间的相互转化必须通过键的断裂和再形成才能实现。例如，顺-2-丁烯与反-2-丁烯是 2-丁烯的两种不同的构型异构体，它们之间的转化需要相当高的活化能，因此不同构型的分子是可以稳定存在的。

3.1.2　烯烃的命名

普通命名法仅用于结构简单的烯烃的命名，烯烃的命名一般采用系统命名法，按照以下三个步骤进行。

(1) 选主链：选择含有 C═C 键的最长碳链作为主链，按其碳原子数称为“某烯”。

(2) 编碳号：在主链上，从靠近双键一端开始，依次将主链的碳原子进行编号，使双键碳原子的编号较小。例如

$$\overset{4}{C}H_3\overset{3}{C}H_2\overset{2}{C}H=\overset{1}{C}H_2$$

1-丁烯

$$\overset{5}{C}H_3\overset{4}{C}H_2\overset{3}{C}H=\overset{2}{C}H\overset{1}{C}H_3$$

2-戊烯

(3) 写名称：把双键碳原子的最小编号写在烯烃的名称之前，编号数字与烯烃名称之间用半字线相连。取代基名称和位置等的表示方法与烷烃类似。例如

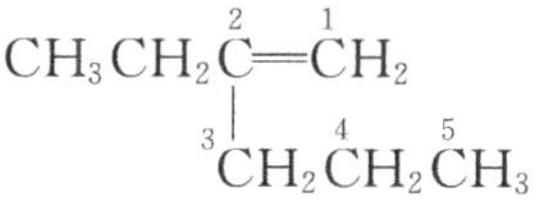

2-乙基-1-戊烯

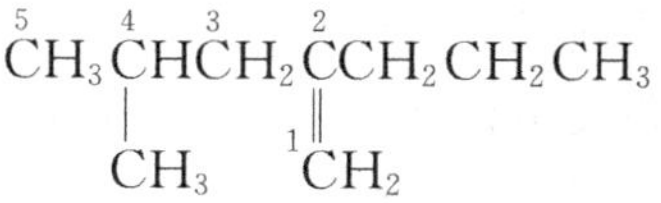

4-甲基-2-丙基-1-戊烯

当烯烃主链上的碳原子多于10个时，命名时在烯字之前加一个碳字。例如

$$CH_3(CH_2)_{15}CH=CH_2$$

1-十八碳烯

环烯烃的命名与开链烯烃相似，只需在名称前冠以“环”字，编号时尽可能使双键位次最小。在此前提下，再使取代基位次编号尽可能小。例如

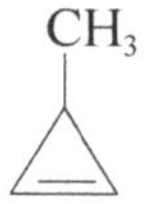

3-甲基环丙烯

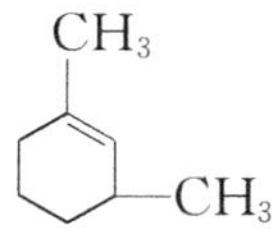

1,3-二甲基环己烯

烯烃顺反异构体的普通命名法采用顺/反标记法。顺/反标记法只适用于两个C=C键碳原子上连有相同的原子或基团的情况。

烯烃顺反异构体的系统命名法采用 *Z*/*E* 标记法。命名时先依据次序规则将每个C=C键碳原子上的两个原子或基团排序，较优基团在双键的同侧者以字母 *Z* 表示，反之，则以字母 *E* 表示。

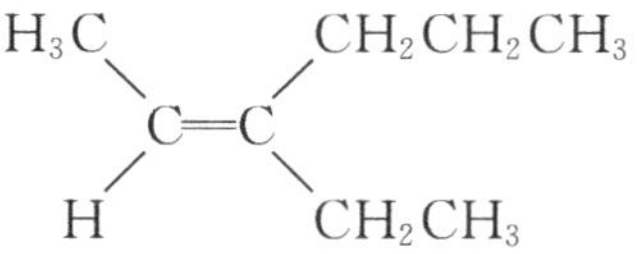

(*Z*)-3-乙基-2-己烯

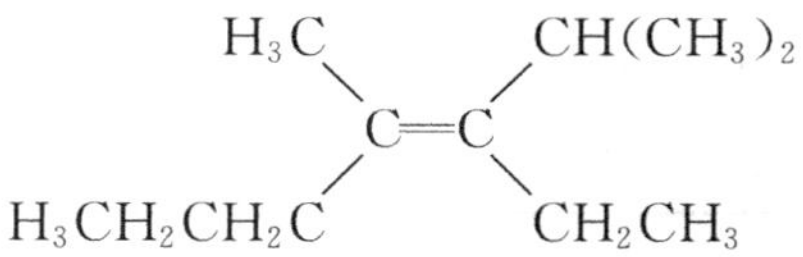

(*E*)-2,4-二甲基-3-乙基-3-庚烯

按照次序规则，在(*Z*)-3-乙基-2-己烯中，$—CH_3>—H$，$—CH_2CH_2CH_3>—CH_2CH_3$，两个较优基团在双键同侧，故为 *Z* 型。在(*E*)-2,4-二甲基-3-乙基-3-庚烯中，$—CH_2CH_2CH_3>—CH_3$，$—CH(CH_3)_2>—CH_2CH_3$，两个较优基团在双键反侧，故为 *E* 型。

需要指出的是，顺/反标记法和 *Z*/*E* 标记法之间没有必要联系。例如

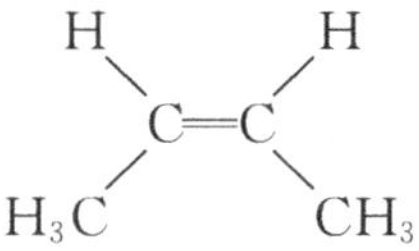

(*Z*)-2-丁烯(顺-2-丁烯)

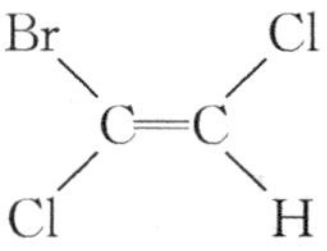

(*Z*)-1,2-二氯溴乙烯(反-1,2-二氯溴乙烯)

烯烃分子失去一个氢原子后剩余的基团称为烯基，常见的烯基有

$CH_2=CH—$	$CH_3CH=CH—$	$CH_2=CHCH_2—$
乙烯基(ethenyl)	丙烯基(propenyl)	烯丙基(allyl)

3.1.3 烯烃的物理性质

烯烃的物理性质和烷烃很相似，C_4 以下的烯烃在常温下是气体，$C_5\sim C_{18}$ 的烯烃为液体，高

级烯烃是固体。烯烃比水轻，不对称的烯烃有微弱的极性。烯烃难溶于水，而易溶于非极性或弱极性有机溶剂，如苯、乙醚、氯仿。

对于烯烃的顺反异构体来说，反式异构体的沸点比顺式异构体的沸点略低，这是由于反式异构体的键的偶极矩相互抵消，分子的偶极矩为零，而顺式异构体为弱极性分子。对于熔点来说则相反，反式异构体的分子在晶格中可以排得较紧，故熔点比顺式异构体高。表 3-1 列出了一些烯烃的物理常数。

表 3-1　一些烯烃的物理常数

结构式	中文名称	英文名称	沸点/℃	熔点/℃	相对密度(d_4^{20})
$CH_2{=}CH_2$	乙烯	ethylene	−103.7	−169	0.566^{-102}
$CH_3CH{=}CH_2$	丙烯	propene	−47.4	−185.2	0.5193
$CH_3CH_2CH{=}CH_2$	1-丁烯	1-butene	−6.3	−185.3	0.5951
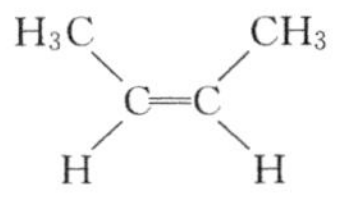	顺-2-丁烯	*cis*-2-butene	3.7	−138.9	0.6213
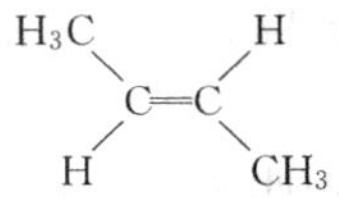	反-2-丁烯	*trans*-2-butene	0.9	−105.5	0.6042
$(CH_3)_2C{=}CH_2$	异丁烯	isobutene	−6.9	−140.3	0.5942
$CH_3(CH_2)_2CH{=}CH_2$	1-戊烯	1-pentene	29.9	−138	0.6405
$CH_3(CH_2)_3CH{=}CH_2$	1-己烯	1-hexene	63.3	−139.8	0.6731
$CH_3(CH_2)_4CH{=}CH_2$	1-庚烯	1-heptene	93.6	−119	0.6970

3.1.4　烯烃的化学性质

烯烃的化学性质比烷烃活泼。由于 π 键的电子(又称 π 电子)受原子核的束缚力较弱，所以流动性较大，容易发生极化。烯烃的化学性质主要发生在碳碳双键上，可以发生加成反应、氧化反应和 α-H 的反应。

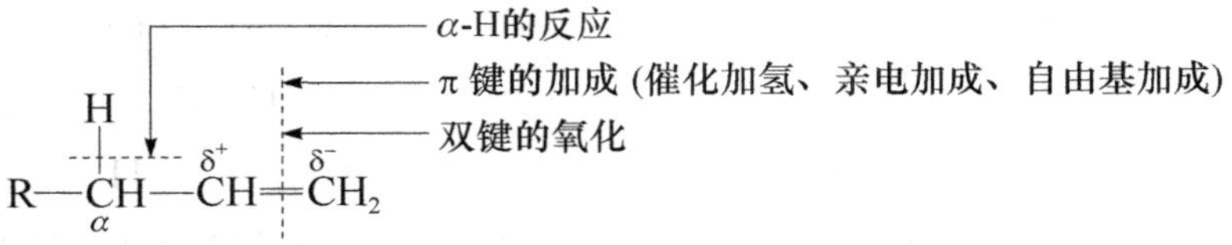

1. 加成反应

1) 催化加氢

在催化剂存在下，烯烃与氢气发生加成反应生成相应的烷烃。例如

$$CH_3CH{=}CH_2 + H_2 \xrightarrow{Pt} CH_3CH_2CH_3$$

有机物与氢气在催化剂存在下发生的加成反应称为催化加氢(catalytic hydrogenation)反

应，常用的催化剂有铂、镍、钯等金属。

一般认为，催化加氢的反应机理是氢分子首先被吸附在催化剂细颗粒的表面上，使 σ_{H-H} 键均裂生成活泼的氢原子，同时烯烃的 π 键也被削弱，然后活泼氢原子从烯烃双键的同一侧加到双键上生成烷烃。由于催化剂的表面对烷烃的吸附能力小于烯烃，烷烃生成后立即从催化剂表面解吸出来。因此，烯烃的催化加氢主要生成顺式加成产物。例如

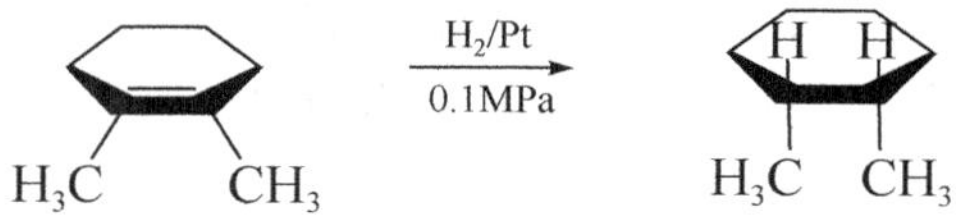

1,2-二甲基环己烯　　　　顺-1,2-二甲基环己烷

另外，随着双键碳原子上取代基增多，空间位阻加大，催化加氢的速率降低。

2）亲电加成

当烯烃的 π 电子受到亲电试剂进攻时，π 键很容易发生断裂，双键碳原子上加两个原子或基团，生成两个较稳定的 σ 键。这种由亲电试剂先进攻而引发的加成反应称为亲电加成（electrophilic addition）反应。烯烃可与 X_2、HX、H_2SO_4 和 H_2O 等试剂发生亲电加成反应。

（1）与卤素加成。烯烃与氯、溴等很容易发生加成反应，生成邻二卤代烷。例如，将乙烯或丙烯通入溴的四氯化碳溶液中，生成无色的二溴代烷而使溴的红棕色褪去。

$$CH_3-CH=CH_2 + Br_2 \xrightarrow{CCl_4} CH_3-\underset{\displaystyle Br}{\underset{|}{CH}}-\underset{\displaystyle Br}{\underset{|}{CH_2}}$$

1,2-二溴丙烷

其他烯烃也能使溴的四氯化碳溶液褪色，该性质常用来鉴别烯烃。

烯烃与氟的反应太剧烈，反应过程中放出大量的热，容易使烯烃分解，因此烯烃与氟的加成需要在特殊的条件下才能稳步进行；而碘的活泼性太低，通常烯烃不能直接与其进行加成反应。

烯烃与溴或氯的加成反应通常生成反式产物。例如，环己烯与溴发生加成反应，生成反-1,2-二溴环己烷：

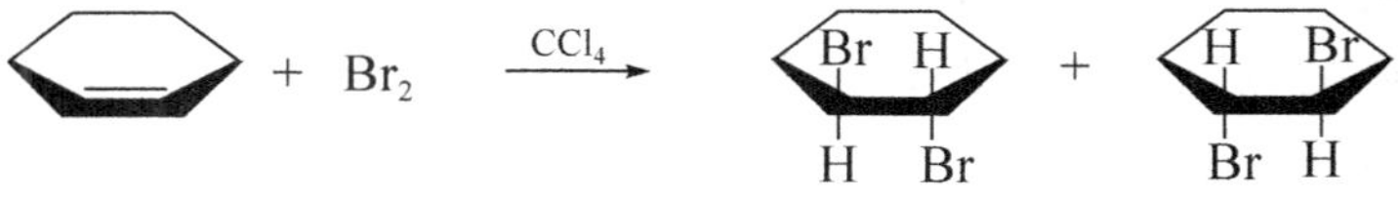

实验表明，烯烃与溴的加成反应是分两步进行的。以溴与乙烯反应为例说明如下。

第一步，当溴与烯烃接近时，Br—Br 间的电子受烯烃 π 电子的作用而极化，同时 Br—Br 键异裂，与烯烃反应生成一个三元环的溴鎓离子中间体。

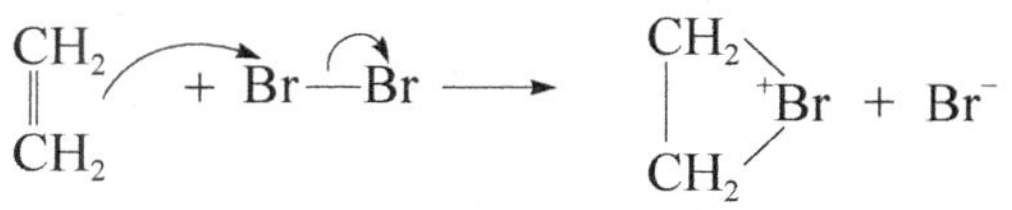

溴鎓离子（bromonium ion）

第二步，溴负离子从背面进攻溴鎓离子中的一个碳原子，生成反式加成产物。

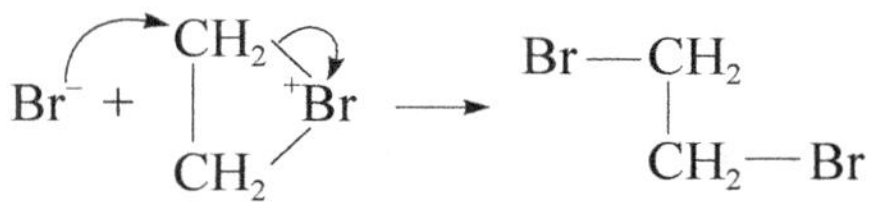

第二步是正、负离子之间的反应，反应速率较快，而第一步反应是整个反应中速率最慢的一步反应，所以第一步决定了整个反应的速率，称为决速步。

决速步中，带部分正电荷(δ^+)的溴进攻 π 电子云，属于亲电加成反应，通常称为溴鎓离子亲电加成。

(2) 与卤化氢加成。实验证明，烯烃与卤化氢加成时，H^+ 首先加到 C═C 键中的一个碳原子上，从而使 C═C 中的另一个碳原子带有正电荷，形成碳正离子(C^+，carbocation)中间体，然后 C^+ 中间体再与 X^- 结合形成卤代烷，通常称为碳正离子亲电加成。例如

$$HX \rightleftharpoons H^+ + X^-$$

$$CH_2{=}CH_2 + H^+ \longrightarrow \underset{\text{乙基正离子}}{CH_3{-}\overset{+}{C}H_2} \xrightarrow{X^-} \underset{\text{卤代乙烷}}{CH_3{-}CH_2{-}X}$$

HI 和 HBr 很容易与烯烃加成，HCl 与烯烃反应的速率较慢，HF 一般不直接与烯烃加成。所以卤化氢的加成反应活性顺序为：HI＞HBr＞HCl＞HF。

不对称烯烃与卤化氢加成时，可能形成两种不同的产物，如丙烯：

$$\overset{3}{C}H_3{-}\overset{2}{C}H{=}\overset{1}{C}H_2 + HX \longrightarrow \begin{cases} CH_3{-}\underset{\displaystyle X}{\underset{|}{C}H}{-}CH_3 & (\text{Ⅰ}) \\ CH_3{-}CH_2{-}CH_2{-}X & (\text{Ⅱ}) \end{cases}$$

实际上得到的产物主要是(Ⅰ)。马尔科夫尼科夫(Markovnikov)经过大量实验证明，当不对称烯烃和卤化氢加成时，氢原子主要加到含氢较多的双键碳原子上。这个经验规律称为马尔科夫尼科夫加成规则，简称马氏加成规则。

马氏加成规则可以从以下两方面来加以解释。

(i) 诱导效应(inductive effect)。

在有机分子中引入电负性不同的原子或基团，使分子中电子云密度的分布发生变化的现象，称为诱导效应，用 I 表示。比较各种原子或基团的诱导效应时，常以氢原子为标准。电负性比氢原子强的原子或基团(称为吸电子基)产生吸电子诱导效应，用－I 表示，电负性比氢原子弱的原子或基团(称为供电子基)产生供电子诱导效应，用＋I 表示。

常见原子基团的吸电子能力强弱次序为：F＞Cl＞Br＞—COOH＞—CHO＞—OH＞—C_6H_5＞C≡C＞C═C＞H。

烷基为供电子基，其供电子能力强弱次序为：—CH_3＜—CH_2CH_3＜—$CH(CH_3)_2$＜—$C(CH_3)_3$。

诱导效应只改变键内电子云密度分布，而不改变键的本性。诱导效应是一种短程的电子效应，一般间隔 3 个化学键影响就很小了。

在丙烯分子中，甲基将双键电子云斥向箭头所指的一方：

$$\overset{3}{C}H_3{-}\overset{2}{C}H{=}\overset{1}{C}H_2$$

从而使得 C(1)上电子密度增大而带部分负电荷(δ^-)，C(2)上电子密度减小而带部分正电荷(δ^+)，所以和卤化氢加成时，H^+ 必然加到电子密度较高的 C(1)上，产物即符合马氏加成规则。

(ii) C^+ 中间体的稳定性。

C^+ 是某些化学反应过程中产生的活泼中间体，它是携带正电荷的碳的化学质点。与烷基自由基相似，烷基 C^+ 可分为伯(1°)、仲(2°)、叔(3°)和甲基 C^+。C^+ 中碳原子为 sp^2 杂化，未参

与杂化的 p 轨道为空轨道，如图 3-3 所示。

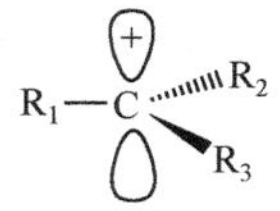

图 3-3　碳正离子构型

经典的静电力学认为：带电粒子的电荷分散程度越高就越稳定。与 C^+ 相连的烃基具有供电子作用，可以使 C^+ 上的正电荷得到分散，其分散程度与该 C 原子上所连接的烃基多少有关。3° C^+ 中，正电荷可以分散到 3 个烃基上去，2° C^+ 中，正电荷只能分散到 2 个烃基上去，依此类推可知 C^+ 的稳定性次序为

$$R_3\overset{+}{C} > R_2\overset{+}{C}H > R\overset{+}{C}H_2 > \overset{+}{C}H_3$$

在产生 C^+ 中间体的反应中，C^+ 越稳定反应越容易进行。

烯烃的亲电加成过程中，当 H^+ 加到 C(1) 上时，形成的 C^+ 为（Ⅰ），而加到 C(2) 上，则形成的 C^+ 为（Ⅱ）：

$$\overset{3}{C}H_3-\overset{2}{C}H=\overset{1}{C}H_2 + H^+ \longrightarrow \begin{cases} CH_3-\overset{+}{C}H-CH_3 & (\text{Ⅰ}) \\ CH_3-CH_2-\overset{+}{C}H_2 & (\text{Ⅱ}) \end{cases}$$

由于（Ⅰ）比（Ⅱ）更稳定，所以生成（Ⅰ）比较有利，也就是氢加到含氢较多的碳原子上，即反应符合马氏加成规则。

在一般情况下，烯烃与不对称试剂的加成都遵守马氏加成规则。

需要指出的是，烯烃的亲电加成反应是按鎓离子机理进行还是按碳正离子机理进行，取决于这两种中间体的相对稳定性。由于质子的半径较小，不易形成稳定的环状鎓离子，因此，烯烃与卤化氢的亲电加成按碳正离子机理进行。

另外，不稳定的 C^+ 还有重排成稳定的 C^+ 的性质。例如

$$\underset{\substack{|\\CH_3}}{CH_3CH}CH=CH_2 + HBr \longrightarrow \underset{20\%}{\underset{\substack{|\\CH_3}}{CH_3CH}-\underset{\substack{|\\Br}}{CH}CH_3} + \underset{80\%}{CH_3\overset{\substack{Br\\|}}{\underset{\substack{|\\CH_3}}{C}}-CH_2CH_3}$$

反应过程中，H^+ 加到 C═C 键上后先生成 $\underset{\substack{|\\CH_3}}{CH_3CH}-\overset{+}{C}HCH_3$（2° C^+）。由于 2° C^+ 不如 3° C^+ 稳定，所以发生分子内重排形成 $CH_3\underset{\substack{|\\CH_3}}{\overset{+}{C}}-CH_2CH_3$（3° C^+），最终 Br^- 主要加到 3° C^+ 上形成加成产物。

(3) 与水加成。在酸（H_2SO_4、H_3PO_4）催化下，烯烃也可以和水加成生成醇，这个反应也称为烯烃的水合（hydration），在工业上常用此法制备低相对分子质量的醇。

$$CH_2=CH_2 + H_2O \xrightarrow[300℃]{H_3PO_4} CH_3CH_2OH$$

不对称烯烃与水加成同样遵循马氏加成规则，是碳正离子机理的亲电加成反应。除乙烯外，其他烯烃的水合产物均为仲醇和叔醇。

$$(CH_3)_2C=CH_2 + H_2O \xrightarrow{H_3PO_4} (CH_3)_3COH$$

(4) 与硫酸加成。烯烃能和 H_2SO_4 加成，生成可以溶于 H_2SO_4 的烷基硫酸氢酯。

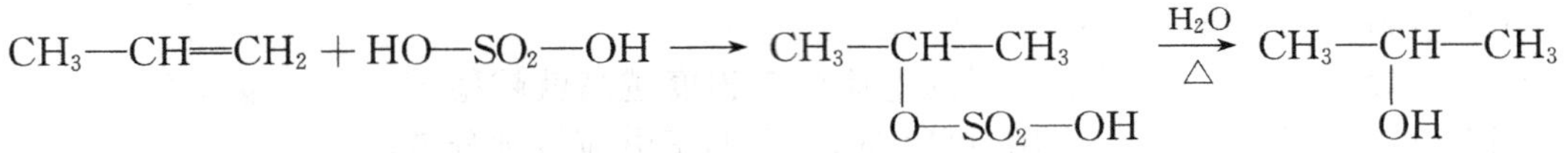

硫酸氢异丙酯　　异丙醇

烷基硫酸氢酯和水一起加热，则水解为相应的醇。对于某些不易直接与水加成的烯烃，则可通过与 H_2SO_4 加成后再水解而得到醇。这是制备醇的方法之一，称为间接水合法。由于生成的烷基硫酸氢酯溶于 H_2SO_4，实验室中可以用此法除去烷烃（卤代烃）等化合物中少量烯烃杂质。例如，可将含有少量烯烃的烷烃与适量浓 H_2SO_4 一起振荡，烯烃由于发生反应生成烷基硫酸氢酯而溶于 H_2SO_4 中，而烷烃不溶则分层，可利用分液除去。

（5）与次卤酸加成。烯烃与溴（或氯）的加成在水溶液中进行时，可以得到副产物溴醇（或氯醇）。在适当情况下，溴醇（或氯醇）可以作为主要生成产物。

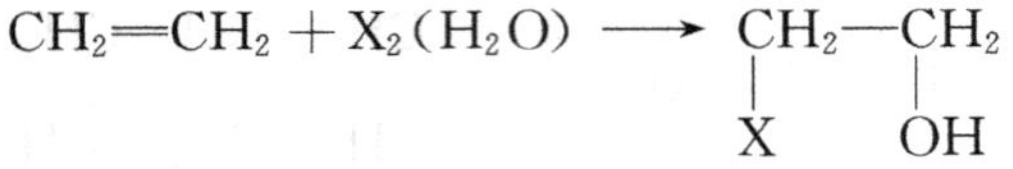

卤醇

从产物来看，该反应可认为是烯烃与次卤酸的加成，同样遵守马氏加成规则。

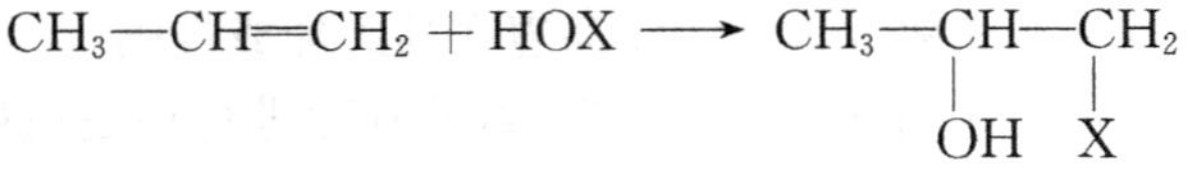

（6）聚合反应。由相对分子质量小的化合物通过加成或缩合反应生成相对分子质量大的化合物的反应，称为聚合反应（polymerization）。烯烃在一定条件下可发生分子间的自身加成，生成相对分子质量很大的聚合物，称为加聚反应（addition polymerization）。其中参与反应的烯烃分子称为单体（monomer）。乙烯、丙烯等在一定条件下，可发生加聚反应分别生成聚乙烯、聚丙烯。

$$n\mathrm{CH_2{=}CH_2} \xrightarrow[\text{温度·压力}]{\mathrm{TiCl_4\text{-}Al(CH_2CH_3)_3}} \mathrm{\{CH_2{-}CH_2\}_{\mathit{n}}}$$

聚乙烯

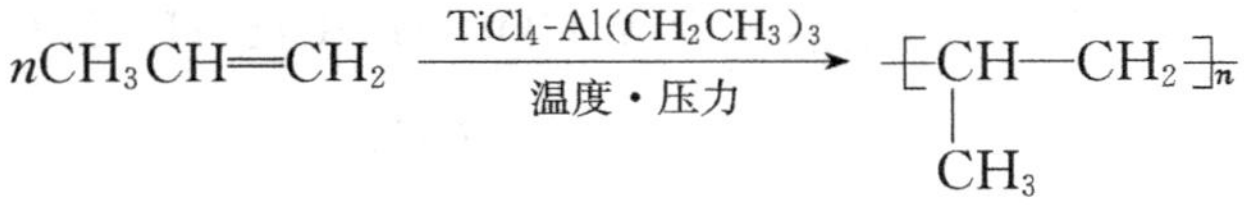

聚丙烯

聚乙烯无毒、稳定性好、耐低温，具有绝缘和防辐射性能，易于加工，可用于制成食品袋、塑料日常用品，在工业上可制管件、电工部件的绝缘材料、防辐射保护衣等。聚丙烯的透明度比聚乙烯好，并有耐热及耐磨性，除可作日用品外，还可制汽车部件、纤维等。

3）自由基加成

有过氧化物（R—O—O—R）存在时，不对称烯烃与 HBr 加成不符合马氏加成规则，即加成取向与马氏加成规则“相反”，因此常称为反马氏加成规则。例如

$$\mathrm{CH_3CH{=}CH_2 + HBr \xrightarrow{ROOR} CH_3CH_2CH_2Br}$$

这是因为过氧化物存在时，溴化氢中的 σ_{H-Br} 键均裂生成自由基，从而引发加成反应。此类反应称为自由基加成（free radical addition）反应。如前所述，自由基反应一般分为 3 个阶段进行。

链引发：

$$RO{-}OR \longrightarrow RO\cdot + RO\cdot$$

$$RO\cdot + H{-}Br \longrightarrow ROH + Br\cdot$$

链增长：

$$CH_3\overset{2}{C}H{=}\overset{1}{C}H_2 + Br\cdot \longrightarrow CH_3\dot{C}HCH_2Br + CH_3CH(Br)\dot{C}H_2$$

2°自由基　　　1°自由基

$$CH_3\dot{C}HCH_2Br + H{-}Br \longrightarrow CH_3CH_2CH_2Br + Br\cdot$$

链终止：

$$Br\cdot + Br\cdot \longrightarrow Br_2$$

$$CH_3\dot{C}HCH_2Br + Br\cdot \longrightarrow CH_3CHBrCH_2Br$$

在链增长阶段，溴加到 C═C 键的 C(1)上，产生 2°自由基；加到 C(2)上则产生 1°自由基。由自由基的稳定性可知，生成 2°自由基的速率较快。因此主要得反马氏加成产物。

在卤化氢中，HF 和 HCl 的键较牢固，不能形成自由基，HI 虽然可以形成自由基，但其活性较低，难以与 C═C 键发生自由基加成反应。

4) 硼氢化(hydroboration)-氧化

烯烃可以和甲硼烷发生加成反应生成三烷基硼，随后在碱性溶液中可被过氧化氢氧化成醇。

$$3CH_3CH{=}CH_2 + \underset{\text{甲硼烷}}{BH_3} \longrightarrow \underset{\text{三烷基硼}}{(CH_3CH_2CH_2)_3B}$$

$$(CH_3CH_2CH_2)_3B + 3H_2O_2 \xrightarrow{OH^-} 3CH_3CH_2CH_2OH + B(OH)_3$$

实际应用中所用的试剂是乙硼烷(B_2H_6)的醚溶液，乙硼烷是甲硼烷的二聚体：

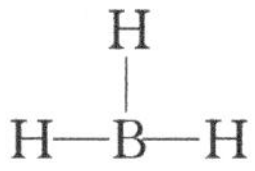

甲硼烷

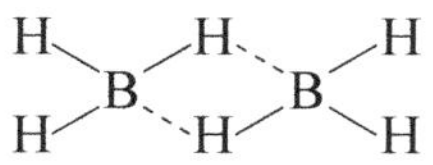

乙硼烷

在醚溶液中，试剂以甲硼烷形式参与反应，甲硼烷中三个氢可分别加到三分子的烯烃上，得到三烷基硼。三烷基硼经氧化后，羟基取代硼原子的位置而得醇。

在硼氢化-氧化反应中，空间位阻是影响反应产物的主要因素，硼原子较易加到位阻较小的双键碳原子上。烯烃的硼氢化-氧化反应结果是在烯烃中引入一分子水，—OH 加在连接较多氢原子的双键碳原子上，而氢原子则加在连接较少氢原子的双键碳原子上，生成的醇是反马氏加成产物，在有机合成中常用来制备伯醇。

2. 氧化

烯烃的 C═C 键易被氧化。例如，$KMnO_4$、过氧化物、O_3、空气中的氧等可使烯烃氧化。

1）高锰酸钾氧化

烯烃与中性或碱性 $KMnO_4$ 的冷溶液反应，C ═C 键被氧化生成邻二醇，$KMnO_4$ 的紫红色褪去，生成褐色的 MnO_2 沉淀。

$$RCH{=}CHR' + KMnO_4 \longrightarrow \underset{\substack{|\\OH}}{RCH}{-}\underset{\substack{|\\OH}}{CHR'} + MnO_2\downarrow$$

该反应经环状锰酸酯中间体而完成。因此，两个羟基是在双键的同侧生成。

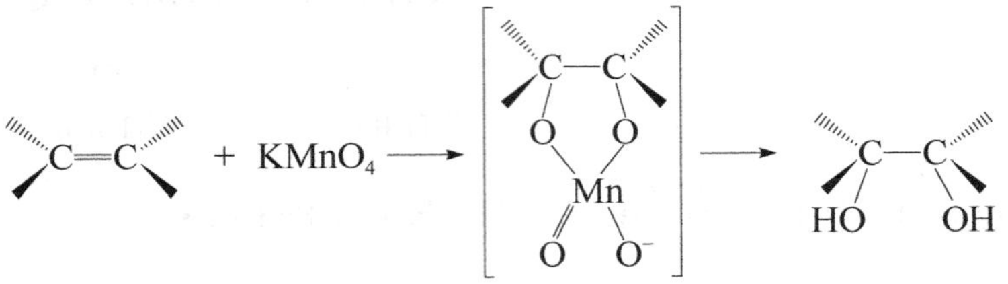

用酸性 $KMnO_4$ 溶液或在加热条件下氧化烯烃时，则 C ═C 键断裂，生成酮、酸或 CO_2。

$$CH_3CH_2CH{=}CH_2 \xrightarrow[H_3O^+]{KMnO_4} CH_3CH_2COOH + CO_2 + H_2O$$

$$CH_3CH_2\underset{\substack{|\\CH_3}}{C}{=}CHCH_3 \xrightarrow[H_3O^+]{KMnO_4} CH_3CH_2\underset{\substack{|\\CH_3}}{C}{=}O + CH_3COOH$$

氧化反应的产物取决于烯烃的结构。双键碳原子上连接两个烷基（R_2C ═）时，被氧化为酮（R_2C ═O）；双键碳原子上连有一个烷基（RCH ═）时，被氧化为羧酸（RCOOH）；双键碳原子上连接两个氢原子（CH_2 ═）时，被氧化为 CO_2 和 H_2O。因此，根据烯烃的氧化产物，可以推测烯烃的结构。

烯烃能使酸性 $KMnO_4$ 溶液褪色，是鉴别不饱和键的常用方法之一。但必须注意，除不饱和烃外，某些有机化合物如醇、醛等也能被 $KMnO_4$ 氧化。

2）臭氧化

将含有 6%～8%臭氧的氧气通入烯烃或烯烃的溶液中，很快能生成臭氧化物（ozonide），反应可定量地完成，此反应称为臭氧化（ozonization）反应。臭氧化物极易爆炸，所以一般不分离出臭氧化物而直接进行下一步反应。通常臭氧化物在还原剂存在下，与水作用分解为醛或酮。例如

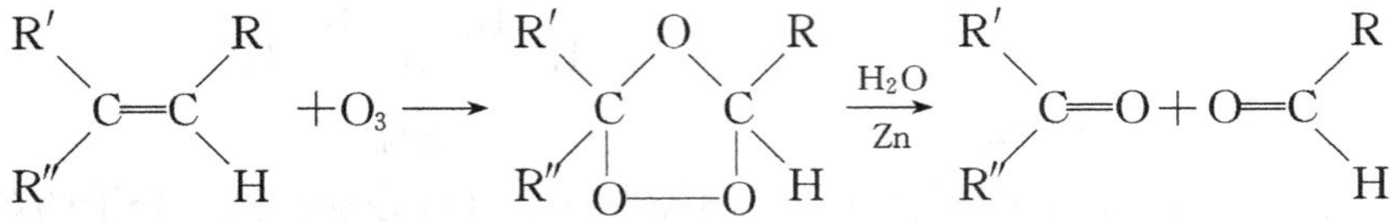

臭氧化物

还原剂（如锌粉）的作用是防止水解中生成过氧化氢而将易被氧化的醛氧化为羧酸。该反应可以用于从烯烃制备某些醛或酮。例如

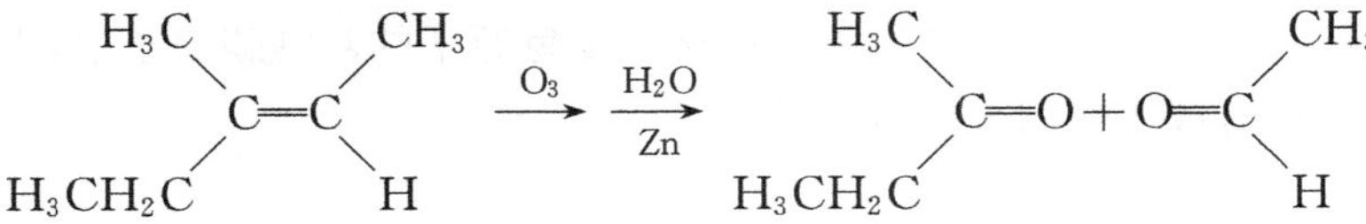

烯烃的构造不同，臭氧化反应产物也不同。反应物中 R_2C ═部分变为酮（R_2C ═O）；RCH ═部分变为醛（RCHO）；CH_2 ═部分变为甲醛（HCHO）。因此，也可以根据臭氧化还原

水解的产物来推断烯烃的结构。

3）环氧化

烯烃被过氧酸氧化生成环氧化合物（epoxide）的反应称为环氧化反应（epoxidation）。例如

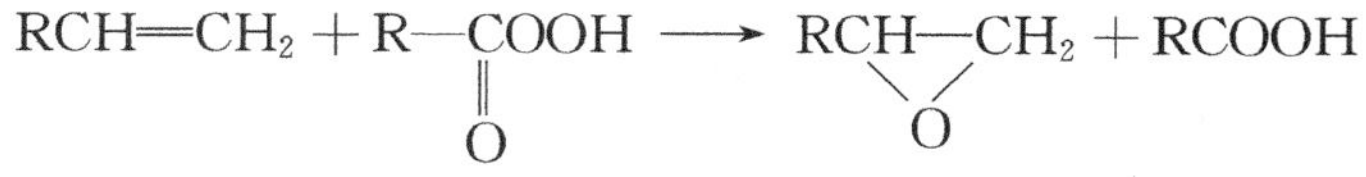

过氧酸　　环氧化合物

常用的有机过氧酸有过氧甲酸、过氧乙酸、过氧三氟乙酸、过氧苯甲酸等。

在银的催化下，乙烯可被空气中的氧气氧化为环氧乙烷（epoxyethane）：

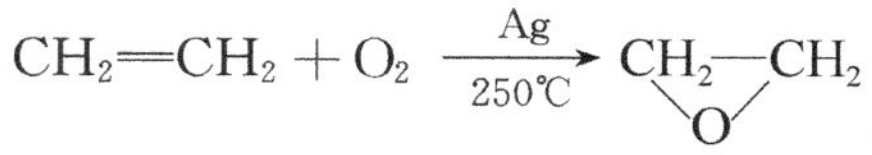

环氧乙烷是有机合成中非常有用的物质，可用来制备多种有机化合物。

3. α-H 的卤代

在烯烃分子中，与 C═C 键直接相连的碳原子称为 α-C，α-C 上的氢原子称为 α-H。受 C═C键的影响，烯烃中 α-H 的活性较大，容易发生卤代反应。

高温或光照下，烯烃中的 α-H 可被卤原子取代，生成 α-卤代烯烃。例如

$$CH_3CH{=}CH_2 \xrightarrow[500\sim600^\circ C]{Cl_2} ClCH_2CH{=}CH_2$$

该反应属于自由基取代反应，很难控制在一元取代阶段，只有控制反应物用量和反应时间才可能得到较多的所需产物。

α-H 的溴代反应可用单质溴，也常用 *N*-溴代丁二酰亚胺（NBS）。在光照或过氧化物存在下，低温时与烯烃反应，得到 α-溴代烯烃，且该溴代反应可以停留在一元取代阶段。例如

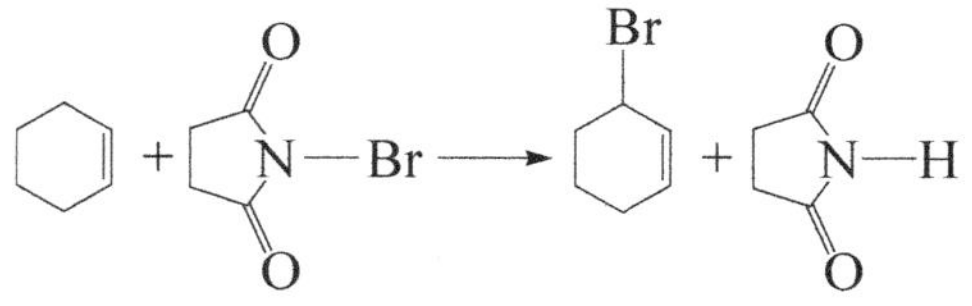

NBS

3.1.5　自然界的烯烃

烯烃在某些生物中有很重要的作用。例如，乙烯可以加速树叶的死亡与脱落，从而使新叶得以生长，乙烯还可以使摘下来时未成熟的果实加速成熟。因此，乙烯属于一种植物激素即能控制或调节植物生长、代谢的物质（也称植物生长调节剂，plant growth regulator）。又如，顺-9-二十三碳烯是雌家蝇的性信息素。此外，自然界还存在许多结构较为复杂的烯烃，如天然橡胶、植物中的某些色素以及香精油中的某些组分等。

3.2　炔　　烃

炔烃是含有 C≡C 键的不饱和烃，C≡C 键是炔烃的官能团。炔烃比相应的烯烃少两个氢原子，其通式是 C_nH_{2n-2}。乙炔是最简单的炔烃。

3.2.1　炔烃的结构

乙炔的分子式为C_2H_2，分子中的碳原子为 sp 杂化，两个杂化轨道的轴在一条直线上，即键角为 180°。

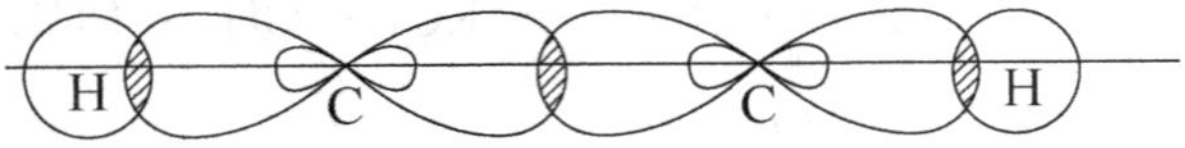

每个 sp 杂化的碳原子还各有两个未参与杂化且相互垂直的 p 轨道，彼此分别以“肩并肩”方式结合成两个互相垂直的 π 键，其电子云围绕两个碳原子之间的 σ 键呈圆柱状分布。乙炔分子中的 σ 键和 π 键如图 3-4 所示。

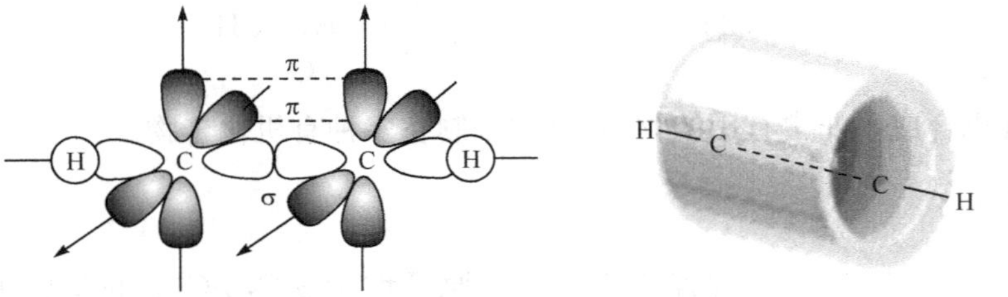

图 3-4　乙炔分子中的 σ 键和 π 键

乙炔分子为直线形分子。测定结果表明，C≡C 键的键长为 0.120nm，比 C═C 键短；C≡C 键的键能为 835kJ/mol，大于 C—C 键的键能(346kJ/mol)和 C═C 键的键能(610kJ/mol)。

炔烃的同分异构主要为碳链异构和官能团位置异构，不存在顺反异构现象。

官能团位置异构：　$CH_3CH_2C{\equiv}CH$（1-丁炔）　$CH_3C{\equiv}CCH_3$（2-丁炔）

碳链异构：　$CH_3CH_2CH_2C{\equiv}CH$（1-戊炔）　$(CH_3)_2CHC{\equiv}CH$（3-甲基-1-丁炔）

3.2.2　炔烃的命名

炔烃的系统命名原则与烯烃相同，即选择包含 C≡C 键的最长碳链作主链，从靠近 C≡C 键的一端开始编号，将 C≡C 键的位置注于炔名之前。例如

$CH_3C{\equiv}CCH_2CH_3$（2-戊炔）　$CH_3C{\equiv}C{-}CH(CH_3)CH_2CH_3$（4-甲基-2-己炔）

如果分子中同时含有 C═C 键和 C≡C 键时，选择含有 C═C 键和 C≡C 键在内的最长碳链为主链，编号时从靠近不饱和键的一端开始，书写名称时先烯后炔。若两个不饱和键的编号相同，应使 C═C 键的位次较小。例如

$CH_3CH{=}CH{-}C{\equiv}CH$（3-戊烯-1-炔）　$CH_3CH{=}CHCH_2C{\equiv}CCH_3$（2-庚烯-5-炔）

炔烃分子中去掉一个氢原子即为炔基。例如

$HC{\equiv}C{-}$（乙炔基）　$CH_3C{\equiv}C{-}$（丙炔基）　$HC{\equiv}CCH_2{-}$（炔丙基）

3.2.3　炔烃的物理性质

炔烃的物理性质与烷烃、烯烃相似。它们都是弱极性化合物，比水轻，不溶水，易溶于弱极性或非极性有机溶剂，如石油醚、乙醚、丙酮、苯、四氯化碳等。常温下乙炔、丙炔和 1-丁炔为气体。炔烃中 π 电子较多，且分子结构呈直线形，分子间较易靠近，分子间的范德华力较强，因此炔烃的沸点、熔点、相对密度等都比相应的烷烃、烯烃略高些。表 3-2 列出了一些炔烃的物理常数。

表 3-2　一些炔烃的物理常数

结构式	中文名称	英文名称	沸点/℃	熔点/℃	相对密度(d_4^{20})
$CH\equiv CH$	乙炔	ethyne，acetylene	—	−81(升华)	0.6208^{-82}
$CH_3C\equiv CH$	丙炔	propyne	−23.2	−101.5	0.7062^{-50}
$CH_3CH_2C\equiv CH$	1-丁炔	1-butyne	8.1	−125.7	0.6784^{0}
$CH_3C\equiv CCH_2$	2-丁炔	2-butyne	27.0	−32.2	0.6910
$CH_3(CH_2)_2C\equiv CH$	1-戊炔	1-pentyne	40.2	−90.0	0.6901
$CH_3CH_2C\equiv CCH_3$	2-戊炔	2-pentyne	56.0	−101.0	0.7107
$(CH_3)_2CHC\equiv CH$	3-甲基-1-丁炔	3-methyl-1-butyne	29.5	−89.7	0.6660

3.2.4　炔烃的化学性质

炔烃和烯烃一样，分子中都含有不饱和键，可以进行与烯烃相似的反应，如氢、卤素、卤化氢、水等都能和炔烃发生亲电加成反应，C≡C 键也可被氧化断裂生成羧酸。由于炔烃含有两个 π 键，加成反应可逐步进行，在适当的条件下，可以得到与一分子试剂加成的产物，即烯烃或其衍生物。与两分子试剂作用的产物则为烷烃或其衍生物。但与 C═C 键相比，C≡C 键中 sp 杂化的碳原子电负性更强，所以 C≡C 键中碳原子上的氢(称为炔氢)具有弱酸性。

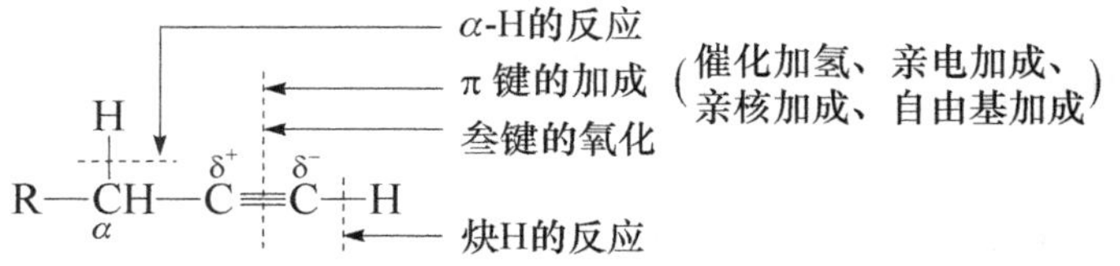

1. 酸性

含有炔氢的炔烃称为端炔(RC≡CH)，可与金属钠作用放出氢气并生成炔钠。

$$2HC\equiv CH + 2Na \xrightarrow{110℃} 2HC\equiv CNa + H_2\uparrow$$

乙炔与过量的钠可生成乙炔二钠。

$$HC\equiv CH + 2Na \xrightarrow{190\sim200℃} NaC\equiv CNa + H_2\uparrow$$

反应类似于酸或水与金属的反应，证明了乙炔的酸性。乙炔是一个很弱的酸(pK_a 约为 25)，不能使石蕊试纸变红，它的酸性比水和醇小得多。

$$\text{酸性：}\quad HC\equiv CH > H_2C=CH_2 > CH_3CH_3$$

$$pK_a:\quad \sim25 \qquad \sim45 \qquad \sim50$$

由以上 pK_a 值可知乙炔的酸性最大，乙烷的酸性最小，这与分子中碳原子的杂化类型有关。乙炔中的碳原子为 sp 杂化，s 成分占 1/2；乙烯中的碳原子为 sp^2 杂化，s 成分占 1/3；乙烷中的碳原子为 sp^3 杂化，s 成分占 1/4。s 成分越多，则轨道离核越近，原子核对杂化轨道中的电子约束力越大，故这三种杂化状态的碳原子电负性顺序为 $sp > sp^2 > sp^3$。由于 sp 杂化碳原子的电负性最强，乙炔中碳原子上的氢原子离去倾向相对最大，所以乙炔的酸性最强。

端炔可与强碱氨基钠反应生成炔钠。

$$RC{\equiv}CH + NaNH_2 \longrightarrow RC{\equiv}CNa + NH_3$$

端炔与 $AgNO_3$ 或 CuCl 的氨溶液反应，可生成白色的炔化银沉淀及红棕色的炔化亚铜沉淀。反应的灵敏度很高，常用于端炔的鉴别。

$$HC{\equiv}CH + [Ag(NH_3)_2]^+NO_3^- \longrightarrow \underset{\text{乙炔银(白色)}}{AgC{\equiv}CAg\downarrow}$$

$$HC{\equiv}CH + [Cu(NH_3)_2]^+Cl^- \longrightarrow \underset{\text{乙炔亚铜(棕红色)}}{CuC{\equiv}CCu\downarrow}$$

$$RC{\equiv}CH + [Ag(NH_3)_2]^+NO_3^- \longrightarrow RC{\equiv}CAg\downarrow$$

干燥的金属炔化物在受热或受震动时易发生爆炸，因此，实验结束后应及时加入稀 HNO_3 将其分解。

2. 加成

1）催化加氢

由于 C≡C 键比 C═C 键更容易被金属催化剂表面吸附，因此炔烃比烯烃容易发生催化加氢反应。在催化活性较强的催化剂如铂、镍、钯等催化下，炔烃与氢气发生的加成反应通常不能停留在生成烯烃的一步，而直接生成烷烃。

$$RC{\equiv}CH + H_2 \xrightarrow{Pt} RCH{=}CH_2 \xrightarrow[H_2]{Pt} RCH_2{-}CH_3$$

若使用催化活性较低的林德拉(Lindlar)催化剂，反应则可以停留在生成烯烃的阶段，并且产物为顺式烯烃。例如

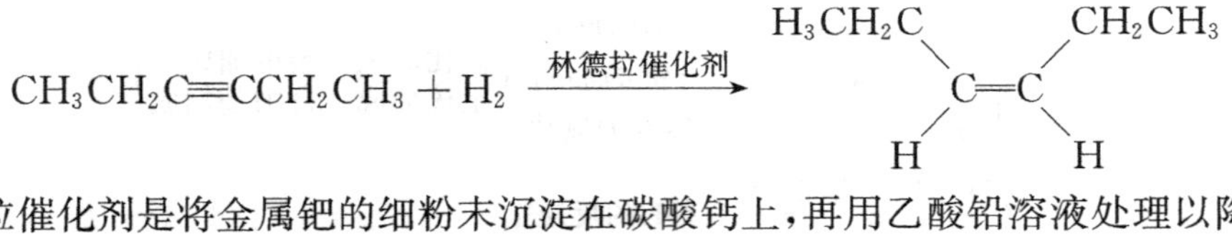

林德拉催化剂是将金属钯的细粉末沉淀在碳酸钙上，再用乙酸铅溶液处理以降低其催化活性。

在液氨(−33℃)中用钠或锂催化，炔烃加氢反应主要得到反式烯烃。例如

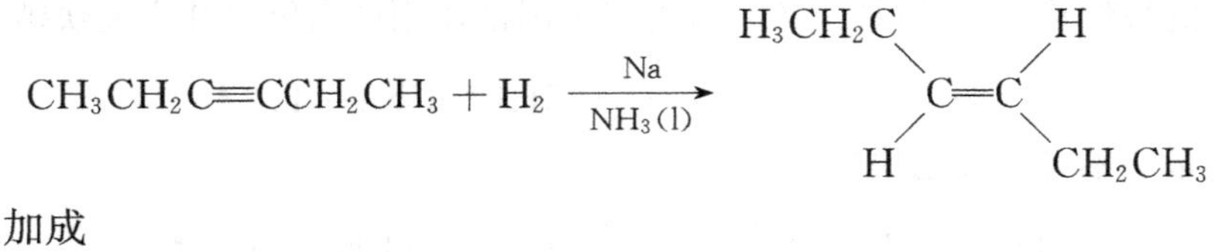

2）亲电加成

(1) 与卤素加成。炔烃与烯烃一样，也可以和卤素(Br_2 或 Cl_2)发生亲电加成反应，但是反应速率比烯烃略慢些。若有足够量的卤素，可直接得到四取代烷烃的加成产物。

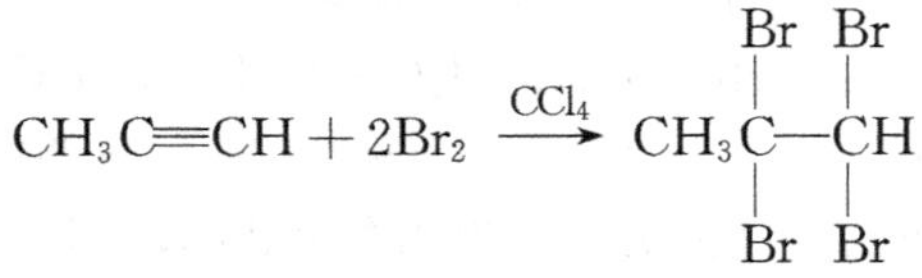

炔烃与溴的四氯化碳或溴水反应，可使溴的红棕色褪去，常用于鉴别炔烃或其他含有 C≡C 键的化合物。炔烃与氟的加成反应过于剧烈而难于控制，而与碘的反应较难进行。

当分子内同时存在 C═C 键和 C≡C 键时，控制卤素用量，一般可使 C═C 键优先加成，这是因为炔烃的亲电加成反应活性比烯烃弱。

$$CH{\equiv}CCH_2CH{=}CH_2 + Br_2(1mol) \longrightarrow CH{\equiv}CCH_2\underset{\displaystyle Br}{\underset{|}{C}H}{-}\underset{\displaystyle Br}{\underset{|}{C}H_2}$$

(2) 与卤化氢加成。炔烃与过量的卤化氢（HCl、HBr、HI）加成生成相应的卤代烷。反应中先加一分子卤化氢生成卤代烯烃，继续加卤化氢生成同碳二卤代烷，加成反应也遵循马氏加成规则。例如

$$RC{\equiv}CH + HCl \longrightarrow R\underset{\displaystyle Cl}{\underset{|}{C}}{=}CH_2 \xrightarrow{HCl} RCCl_2CH_3$$

如果控制卤化氢的量也可以得到卤代烯烃。

(3) 与水加成。与烯烃不同，炔烃在酸性条件下加成是很困难的。在 $HgSO_4$ 作催化剂的 H_2SO_4 溶液中，炔烃与水发生加成反应生成乙醛，这是工业上制备乙醛的方法之一。

$$CH{\equiv}CH + H_2O \xrightarrow[HgSO_4]{H_2SO_4} \left[CH_2{=}\overset{\displaystyle OH}{\overset{|}{C}H} \right] \longrightarrow CH_3{-}\overset{\displaystyle O}{\overset{\|}{C}}{-}H$$

乙烯醇　　　　乙醛

此反应过程中，水先与 C≡C 键加成，产物中羟基与 C═C 键碳原子直接相连，称为烯醇式（enol form）。烯醇式一般不稳定，很快发生烯醇-醛酮互变异构（tautomerism）形成醛或酮。

不对称炔烃与水的加成反应也遵循马氏加成规则。例如

$$RC{\equiv}CH + H_2O \xrightarrow[HgSO_4]{H_2SO_4} \left[R\overset{\displaystyle OH}{\overset{|}{C}}{=}CH_2 \right] \longrightarrow R{-}\overset{\displaystyle O}{\overset{\|}{C}}{-}CH_3$$

(4) 聚合反应。在不同的反应条件下，乙炔可有选择地聚合生成链状或环状化合物。与烯烃不同，乙炔一般不能聚合成高聚物。例如

$$2HC{\equiv}CH \xrightarrow{CuCl\text{-}NH_4Cl} CH_2{=}CH{-}C{\equiv}CH$$

乙炔在高温下可发生三聚作用，生成苯。

3) 亲核加成

炔烃还可以与 HCN、ROH 等亲核试剂作用发生亲核加成反应，这是与烯烃的不同之处。由亲核试剂先进攻而引起的加成反应称为亲核加成（nucleophilic addition）反应。亲核试剂是能提供电子的负离子或带有孤对电子的分子，反应一般需要催化剂。

在氯化亚铜及氯化铵的催化下，乙炔可与氢氰酸发生加成反应生成丙烯腈，这是一般 C═C 键不能进行的反应。

$$CH{\equiv}CH + HCN \xrightarrow[NH_4Cl]{CuCl} H_2C{=}CHCN$$

含有—CN（氰基）的化合物称为腈（nitrile），丙烯腈是合成纤维腈纶的单体。

4）自由基加成

在过氧化物存在下，炔烃与溴化氢的反应是自由基加成，生成符合反马氏加成规则的产物。例如

$$RC\equiv CH + HBr \xrightarrow{ROOR} RCH{=}CHBr \xrightarrow[ROOR]{HBr} RCH_2CHBr_2$$

5）硼氢化-氧化

炔烃与烯烃类似，也可发生硼氢化反应，将硼氢化反应产物用过氧化氢的 NaOH 溶液氧化后水解，则生成醛或酮。

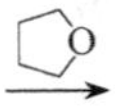

$$RC\equiv CH + B_2H_6 \longrightarrow (RCH{=}CH)_3B \xrightarrow[NaOH]{H_2O_2} RCH_2CHO$$

乙炔和端基炔烃发生硼氢化-氧化反应后，得到的产物是醛，实验室采用这种方法制备醛。

3. 氧化

炔烃与烯烃类似，也可发生氧化反应，炔烃中的 C≡C 键在 $KMnO_4$ 等氧化剂的作用下可发生断裂，生成羧酸、二氧化碳等产物。

$$RC\equiv CH \xrightarrow[H_2SO_4]{KMnO_4} RCOOH + CO_2$$

$$RC\equiv CR' \xrightarrow[H_2SO_4]{KMnO_4} RCOOH + R'COOH$$

根据生成产物的种类和结构可推断炔烃的结构。另外，与烯烃一样，炔烃的氧化反应使 $KMnO_4$溶液颜色褪去，也可作为炔烃的鉴定方法。

3.2.5 几种常见的炔烃

1. 乙炔

乙炔俗称风煤、电石气，是最简单的炔烃。室温下乙炔是一种无色、极易燃的气体。纯乙炔是无臭的，但工业用乙炔由于含有 H_2S、PH_3 等杂质，而有一股大蒜的气味。乙炔在液态和固态下有猛烈爆炸的危险，受热、震动、电火花等因素都可以引发爆炸，因此不能在加压液化后储存或运输。微溶于水，溶于乙醇、苯、丙酮。在 15℃和 1.5MPa 时，乙炔在丙酮中的溶解度为 237g/L，溶液是稳定的。乙炔燃烧时发出明亮的火焰，温度可高达 3500℃，所以可用于熔融及焊接金属。

2. 丙炔

室温下丙炔是一种无色气体，沸点为－23.3℃，微溶于水，溶于乙醇、乙醚等多数有机溶剂；与空气混合能形成爆炸性混合物；遇热源和明火有燃烧爆炸的危险；气体比空气重，能在较低处扩散到相当远的地方，遇火源会着火回燃；主要用于制备丙酮等。

3.3 二烯烃

分子中含有两个 C═C 键的烃称为二烯烃或双烯烃(diene)。开链二烯烃与含相同碳原子数的炔烃是同分异构体，属于官能团异构，其分子组成通式为 C_nH_{2n-2}。

3.3.1　二烯烃的分类

二烯烃中，根据分子中两个 C ═C 键的相对位置不同，可分为 3 类。

1. 聚集二烯烃

两个 C ═C 键连在同一个碳原子的二烯烃称为聚集二烯烃(cumulative diene)，如丙二烯(CH_2═C ═CH_2)。聚集二烯烃很不稳定，容易重排为相应的炔烃。

2. 共轭二烯烃

两个 C ═C 键被一个单键隔开的二烯烃称为共轭二烯烃(conjugated diene)，如 1，3-丁二烯(CH_2═CH—CH ═CH_2)。共轭二烯烃由于两个 C ═C 键的相互影响而具有特殊的反应性能。

3. 隔离二烯烃

两个 C ═C 键被两个或两个以上单键隔开的二烯烃称为隔离二烯烃(isolated diene)，如 1，4-戊二烯(CH_2═CH—CH_2—CH ═CH_2)。隔离二烯烃由于分子中两个 C ═C 键距离较远，相互影响较小，其化学性质与一般烯烃相似。

3.3.2　二烯烃的命名

二烯烃的系统命名与烯烃相似，只是选择主链时要含有两个双键，称为“某二烯”，其编号及命名原则与单烯烃相同。例如

CH_2═CH—CH═CH_2
1，3-丁二烯

$$\begin{array}{c} \qquad\qquad\quad CH_3 \\ \qquad\qquad\quad | \\ CH_2{=}CHCH_2C{=}CH_2 \end{array}$$
2-甲基-1，4-戊二烯

具有顺反异构体的二烯烃需要标明构型，如

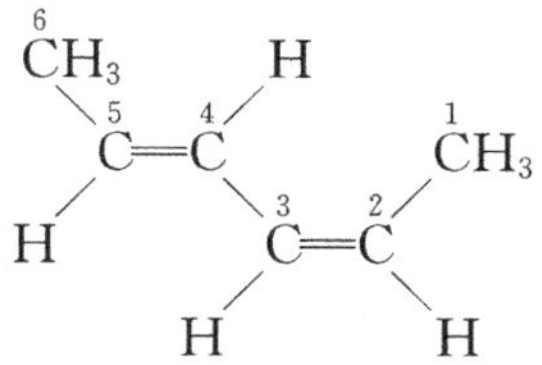

(2*Z*，4*E*)-2，4-己二烯

二烯烃主链的编号除遵循“使双键的编号尽可能小”的原则外，若有选择时，则规定编号由 *Z* 构型双键一端开始。例如，上面化合物不能命名为(2*E*，4*Z*)-2，4-己二烯。

3.3.3　1，3-丁二烯的结构

最简单的共轭二烯是 1，3-丁二烯。在 1，3-丁二烯分子中，4 个碳原子都是 sp^2 杂化状态，它们彼此各以一个 sp^2 杂化轨道结合形成 σ_{C-C} 键，其余的 sp^2 杂化轨道分别与氢原子的 1s 轨道结合形成 6 个 σ_{C-H} 键。由于 sp^2 杂化轨道是平面分布的，所以分子中所有的原子就有可能都处于同一平面上，每个碳原子上未参与杂化的 p 轨道则相互平行，如图 3-5 所示。

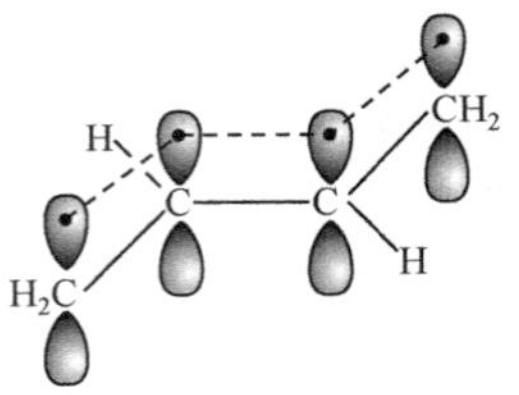

图 3-5　1,3-丁二烯分子中 p 轨道重叠示意图

不仅 C(1)与 C(2)间及 C(3)与 C(4)间的 p 轨道由于相互重叠而形成 π 键,而且 C(2)与 C(3)间的 p 轨道由于相邻且相互平行,也可以部分重叠,从而可以认为 C(2)—C(3)也具有部分双键的性质。这种相邻的 p 轨道相互重叠会导致分子一端受到的影响可以传递到另一端的现象称为共轭效应(conjugative effect),用 C 表示。具有共轭效应的体系称为共轭体系(conjugated system)。对于 1,3-丁二烯来说,是由两个 π 键相邻形成的共轭体系,称为 π-π 共轭体系,是共轭体系的一种形式。

C(2)与 C(3)的 p 轨道重叠的结果是共轭双烯中 4 个 p 电子的运动范围不再两两局限于 C(1)—C(2)或 C(3)—C(4)间,而是运动于 4 个碳原子核的外围,形成一个"共轭 π 键"(或称为大 Π 键,表示为 Π_4^4),这种现象称为电子的离域(delocalized)。

在 1,3-丁二烯分子中,C═C 键长(0.137nm)比单烯烃中的 C═C 键长(0.134nm)略长;而 $\sigma_{C—C}$ 键长(0.146nm)比烷烃中的 $\sigma_{C—C}$ 键长(0.154nm)略短。这种现象称为键长平均化,即共轭体系中单键与双键的键长有平均化的倾向,单、双键键长的差别缩小。共轭体系中电子的离域作用使得 4 个 p 电子平均分布在 4 个碳原子上,这种现象称为电子云密度平均化。同时,电子可以在更大的空间运动,这样可以降低体系的热力学能,使分子更加稳定。

共轭体系上能降低体系 π 电子云密度的基团产生的共轭效应称为吸电子的共轭效应,用 −C 表示,反之为供电子的共轭效应,用 +C 表示。共轭效应只能在共轭体系中传递,但无论共轭体系有多大,共轭效应能以交替极化的形式贯穿于整个共轭体系中。例如,乙基的 +I 效应使得 1,3-己二烯共轭体系(Π_4^4)中电子云呈现如下分布:

$$CH_3CH_2—\overset{\delta^+}{C}H═\overset{\delta^-}{C}H—\overset{\delta^+}{C}H═\overset{\delta^-}{C}H_2$$

共轭效应可分为 π-π 共轭、p-π 共轭和超共轭等几种形式。

1,3-丁二烯分子中围绕 C(2)—C(3)单键旋转,可以产生不同的构象异构体,但其中只有两种构象中所有原子都在一个平面上,即保持能量最低的共轭体系,这两种构象称为 s-顺式与 s-反式。

s-顺式

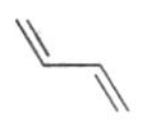

s-反式

这两种构象间的能量差不大,室温下即能相互转化。

"s"表示单键(single bond),s-顺式表示两个 C═C 键分别在 C(2)—C(3)单键的同侧,而 s-反式则表示两个双键分别在 C(2)—C(3)单键的两侧。必须注意它们不是双键的顺反异构,而是围绕单键旋转的构象异构。s-顺式分子内原子的排斥作用较大,热力学能较高,因此,s-反式是优势构象。

3.3.4　1,3-丁二烯的化学性质

1. 加成

1,3-丁二烯具有单烯烃的所有化学性质,如发生加成反应、氧化反应和聚合反应等,但共轭烯烃还有其特殊的性质,如 1,3-丁二烯在与一分子试剂加成时,按照孤立烯烃的加成情况,

应该只得到1,2-加成产物,但实际得到的还有1,4-加成产物。例如,与溴加成时,试剂加到分子两端的碳原子上,而在C(2)、C(3)间形成新的双键,就得到1,4-加成产物,这种加成称为1,4-加成,这是共轭烯烃的特殊反应性能。

$$CH_2{=}CH{-}CH{=}CH_2 + Br_2 \longrightarrow \underset{1,4\text{-加成产物}}{\underset{Br}{CH_2}{-}CH{=}CH{-}\underset{Br}{CH_2}} + \underset{1,2\text{-加成产物}}{\underset{Br}{CH_2}{-}\underset{Br}{CH}{-}CH{=}CH_2}$$

反应的过程是Br^+首先与C(1)或C(4)的一对电子结合形成碳正离子中间体:

$$Br^+ + CH_2{=}CH{-}CH{=}CH_2 \longrightarrow \underset{Br}{CH_2}{-}\overset{+}{C}H{-}CH{=}CH_2$$

碳正离子为sp^2杂化状态,但它的p轨道中没有电子,由于它与C═C键相邻,这个空p轨道与π键上的p轨道可以形成共轭体系,这种共轭体系称为p-π共轭体系,是共轭体系的又一种形式。该p-π共轭体系中C(2)上的正电荷可分散于C(2)、C(3)、C(4)等3个碳原子上,但并非均匀分布,而是C(2)及C(4)上带有部分正电荷,以δ^+表示:

$$\left[\underset{Br}{CH_2}{-}\overset{+}{C}H{-}CH{=}CH_2 \longrightarrow \underset{Br}{CH_2}{-}\overset{\delta^+}{C}H{\cdots}CH{\cdots}\overset{\delta^+}{C}H_2\right]$$

所以Br^-便可以与C(2)或C(4)结合,分别生成1,2-加成产物或1,4-加成产物。1,2-加成产物与1,4-加成产物的比例取决于共轭烯烃的结构、试剂的性质、产物的稳定性及反应条件。在一般情况下,低温有利于1,2-加成,而高温或使用催化剂则有利于1,4-加成。

2. 双烯合成

共轭二烯烃及其衍生物能与某些具有C═C键或C≡C键的不饱和化合物进行1,4-加成,生成环状化合物。例如

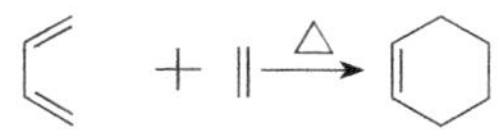

此反应称为双烯合成(diene synthesis)反应或第尔斯-阿尔德(Diels-Alder)反应,简称第-阿(D-A)反应。

双烯合成反应是共轭双烯的特征反应,共轭双烯及其衍生物称为双烯体(diene),与共轭双烯发生加成反应的不饱和化合物称为亲双烯体(dienophile)。当亲双烯体上连接—CHO、—COOH、—CN等吸电子基团时,双烯合成反应更容易进行。

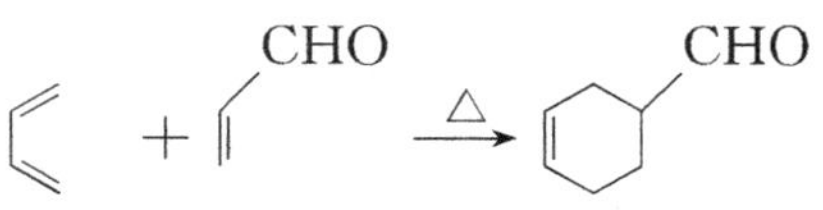

许多双烯合成反应非常容易进行,常将两种反应物混合在一起便立刻反应。此反应在有机合成上可将链状化合物转变成为环状化合物。

阅读材料

β-胡萝卜素

β-胡萝卜素(β-carotene)是胡萝卜素的一种异构体，其结构中存在着多个共轭双键，是天然存在的共轭多烯烃化合物。在人体内可转变为维生素 A。

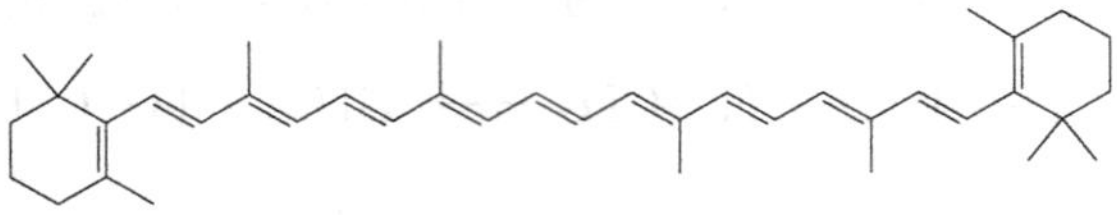

β-胡萝卜素

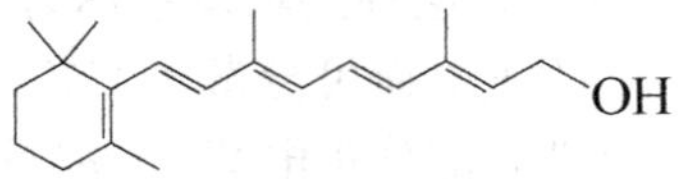

维生素 A

β-胡萝卜素是人体所必需的维生素之一。β-胡萝卜素最丰富的来源是绿叶蔬菜和黄色的、橘色的水果(如胡萝卜、菠菜、生菜、马铃薯、番薯、西兰花、哈密瓜和冬瓜)。一般而言，越是颜色强烈的水果或蔬菜，越是富含β-胡萝卜素。随着对天然胡萝卜素需求的增加，人们开始从海藻中提取β-胡萝卜素。

1989 年，世界卫生组织(WHO)经过充分论证认为：β-胡萝卜素是最有希望的抗氧化剂之一。它可以防止和消除体内生理代谢过程中产生的"自由基"，尤其是氧自由基的最强克星。β-胡萝卜素的防癌、抗癌、防衰老、防治白内障和抗射线对人体损伤等功效已得到人们的普遍认可。

习　　题

3-1　命名下列化合物或写出结构式。

(1) $CH_3CH_2CHCH_2CH_3$（CH 上连 $CH{=}CH_2$）

(2) $CH{\equiv}C{-}C{=}CH_2$（C 上连 CH_3）

(3) H_3CH_2C、H_3C 在左侧碳上，CH_2CH_3、H 在右侧碳上的 C=C：

$$\begin{matrix} H_3CH_2C & & CH_2CH_3 \\ & C{=}C & \\ H_3C & & H \end{matrix}$$

(4)

$$\begin{matrix} H_3CH_2C & & CH_3 \\ & C{=}C & \\ H & & CH(CH_3)_2 \end{matrix}$$

(5) 3-甲基-1-戊炔

(6) 1-苯基丙烯

(7) 异戊二烯

(8) 异丁烯

(9) (*Z*)-3-甲基-2-戊烯

3-2　将下列各组化合物按指定要求排序。

(1) C^+的稳定性：

a. $(CH_3CH_2)_2\overset{+}{C}CH_3$　　b. $CH_3CH_2\overset{+}{C}HCH_3$　　c. $CH_3CH_2\overset{+}{C}H_2$

(2) 亲电加成反应活性：

a. 2-丁烯　b. 2-甲基-2-丁烯　c. 丙烯

3-3　试用恰当的方法除去下列各组化合物中的少量杂质，括号中的物质为杂质。

(1) 1-己烯(1-己炔)　　(2) 庚烷(庚烯)

3-4 写出下列各反应的主要产物。

(1) 

(2) $(CH_3)_2C{=}CH_2 + HBr \xrightarrow{H_2O_2}$

(3) 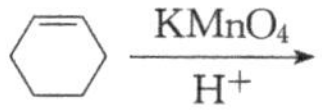

(4) 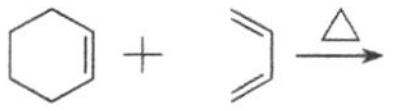

(5) $CH_3CH_2C{\equiv}CH \xrightarrow[H_2SO_4]{HgSO_4}$

(6) $CH_3CH_2CH{=}CH_2 \xrightarrow[H_2O]{Cl_2}$

(7) 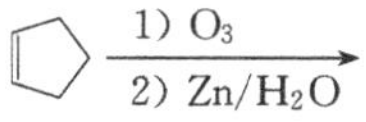

(8) 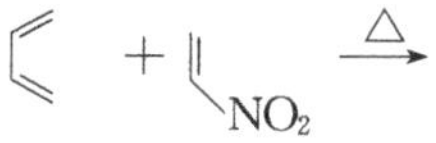

(9) 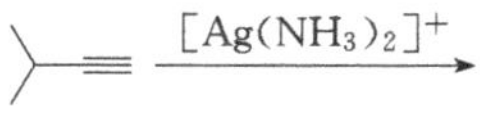

(10) $CH_2{=}C(CH_3){-}CH{=}CH_2 + HBr \longrightarrow$

3-5 用化学方法区别下列各组化合物。

(1) 2-戊烯、1-戊炔、甲基环丙烷、2-甲基戊烷

(2) 1-戊烯、1-戊炔、戊烷

3-6 合成题(无机试剂任选)。

(1) 由丙烯合成 1-溴-1-丙烯

(2) 由 1-溴丙烷合成 4-甲基-1-戊烯

(3) 由丙烯合成 1,5-己二烯

(4) 由丙炔合成 1,2,3-三氯丙烷

3-7 某化合物 A 的分子式为 C_5H_{10},与 1 分子氢作用得到化合物 B(C_5H_{12})。A 在酸性溶液中与高锰酸钾作用得到含有 4 个碳原子的羧酸 C。A 经臭氧氧化并还原水解,得到两种不同的醛。试推测 A、B、C 的可能结构。

3-8 某化合物 A 的分子式为 C_6H_{10},经催化氢化得 2-甲基戊烷。A 在汞盐催化下与水作用得到 $(CH_3)_2CHCH_2COCH_3$,与 $AgNO_3$ 的氨溶液作用能生成灰白色沉淀。试推测 A 的结构式。

3-9 化合物 A、B 的分子式均为 C_6H_{10},均能使溴的四氯化碳溶液褪色,并且经催化氢化得到相同的产物正己烷。A 可与氯化亚铜的氨溶液作用产生红棕色沉淀,而 B 不能。B 经臭氧氧化后再还原水解,得到 CH_3CHO 及 OHC—CHO(乙二醛)。试推测 A、B 的结构。

3-10 用合理的机理解释以下反应。

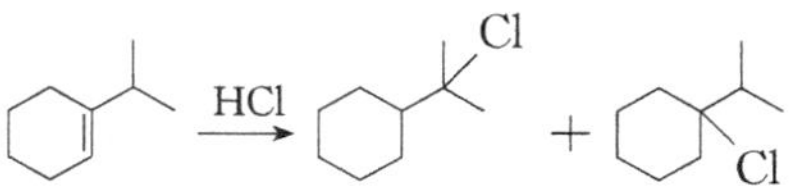

第 4 章 环 烃

分子中含有碳环结构的烃称为环烃(cyclic hydrocarbon)。环烃根据碳环是否具有芳香性,可分为脂环烃(alicyclic hydrocarbon)和芳香烃(aromatic hydrocarbon)。脂环烃根据饱和程度分为饱和脂环烃和不饱和脂环烃。饱和脂环烃又称环烷烃(cyclane)。

环烃及其衍生物在自然界分布广泛。例如,石油中含有的环戊烷、环己烷衍生物,植物挥发油和色素中富含的萜类化合物,动物体内的甾体激素等。在合成药物中,含有芳香结构的化合物占有很大的比例。

4.1 环 烷 烃

4.1.1 环烷烃的分类与命名

1. 环烷烃的分类

环烷烃根据碳环的数目分为单环、双环和多环环烷烃。单环环烷烃又根据成环碳原子数分为小环(3～4 元环)、普通环(5～7 元环)、中环(8～11 元环)和大环(12 元环以上)环烷烃。在多环环烷烃中,两环共用 1 个碳原子的环烷烃称为螺环烷烃(screw naphthene),共用的碳原子称螺碳原子(spiro carbon atom);共用 2 个或 2 个以上碳原子的多环环烷烃称为桥环烷烃(bridge naphthene),共用的碳原子称桥头碳原子(简称桥原子,bridge carbon atom)。此外还有一些特殊结构的环状化合物,如立方烷(cubane)等。

2. 环烷烃的命名

单环环烷烃的命名与开链烃相似,只是在烷烃名称前加"环"字。例如

环丙烷

环丁烷

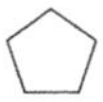
环戊烷

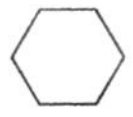
环己烷

当环上有取代基时,按"最低系列编号法"对环上碳原子进行编号;当取代基不同时,按照次序规则使小基团编号较小。例如

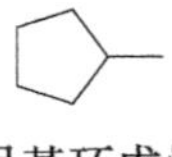
甲基环戊烷

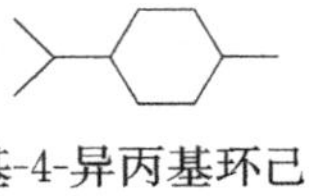
1-甲基-4-异丙基环己烷

对于取代基较复杂的环烷烃,命名时可将碳环作为取代基。例如

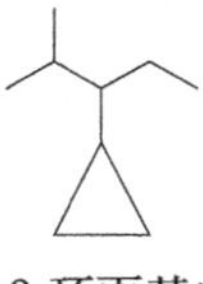
2-甲基-3-环丙基戊烷

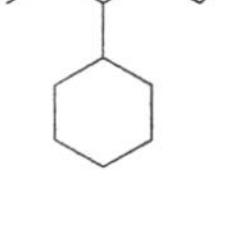
3-环己基己烷

螺环烷烃命名时,依据环中所含碳原子的总数称为"螺[*. *]某烷";在方括号中用阿拉伯数字表示每个环中碳原子的数目(螺原子除外),数字间在右下角用圆点隔开,并按由小到大

的顺序排列。若环上有取代基，则编号从螺原子旁的一个碳原子开始，首先沿较小的环编号，然后通过螺原子循第二个环编号。在此编号规则基础上使官能团及取代基的位次较小。例如

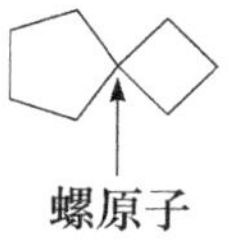

螺[3.4]辛烷

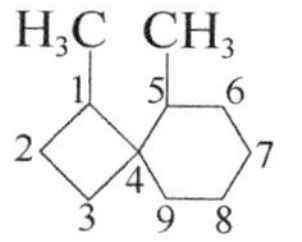

1,5-二甲基螺[3.5]壬烷

双环烷烃命名时，依据环中所含碳原子的总数称为“双环[*. *. *]某烷”，词头双环(bicyclo)有时也称二环。两个桥头碳之间可以是碳链，也可以是一个键，称为桥。在方括号中用阿拉伯数字表示每个桥中碳原子的数目(桥头碳原子除外)，数字由大到小排列，数字间在右下角用圆点隔开。若环上有取代基，则编号从一桥头碳开始沿最长的桥编到另一桥头碳，再沿次长的桥到第一桥头碳，最短的桥最后编。

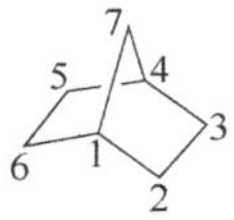

双环[2.2.1]庚烷
(降冰片烷)

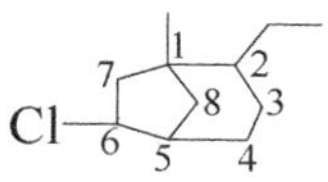

1-甲基-2-乙基-6-氯双环[3.2.1]辛烷

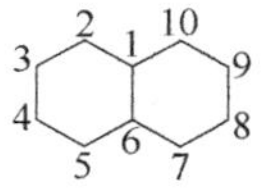

双环[4.4.0]癸烷
(十氢萘)

环烯烃、环炔烃的命名与环烷烃类似，在上述规则基础上遵循官能团优先和取代基较小原则。例如

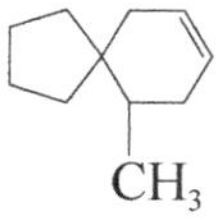

10-甲基螺[4.5]-7-癸烯

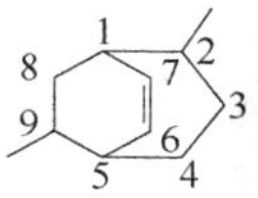

2,9-二甲基双环[3.2.2]-6-壬烯

4.1.2　环烷烃的结构

1. 环烷烃的构象

环丙烷的 3 个碳原子在同一平面上。按几何学的要求，碳原子核连线之间的夹角是 60°，但 sp^3 杂化碳原子沿键轴方向重叠成键时，要求键角为 109.5°。因此，如图 4-1 所示，环丙烷中的 sp^3 杂化轨道偏离键轴，形成一个弯曲键(又称香蕉键)，使得分子中存在角张力(由于键角的偏差而引起的张力)。同时，由于弯曲键中电子云的重叠度较正常 σ_{C-C} 键小，故环丙烷容

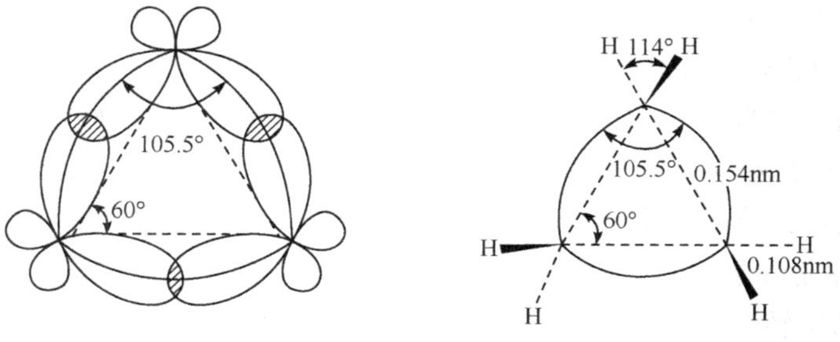

图 4-1　环丙烷的结构

易发生开环反应，以便形成更稳定的 σ 键。实际上环丙烷分子中 σ_{C-C} 键的角为 105.5°，H—C—H 的键角为 114°。

环丁烷分子中原子轨道的重叠也偏离键轴。研究表明，环丁烷的 4 个碳原子不在同一平面内，为折叠式排列，可形象化地称为蝶式构象，“两翼”上下摆动，两个构象迅速变换，如图 4-2 所示。环丁烷的角张力比环丙烷小，因此比环丙烷稳定。

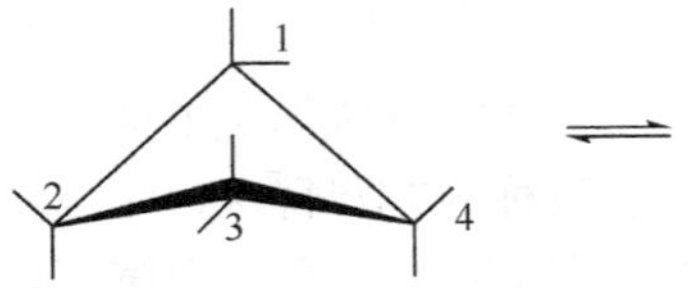

图 4-2　环丁烷的构象

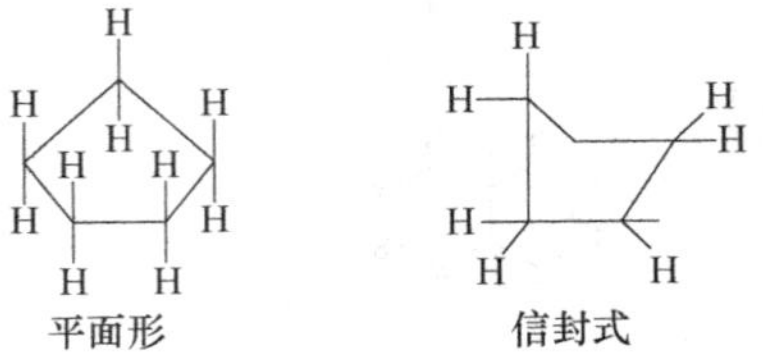

图 4-3　环戊烷的构象

环戊烷较稳定的构象是一角略上翘(约 0.05nm)的信封式。在信封式构象中，离开平面的 CH_2 上的 σ_{C-H} 键与相邻碳原子上的 σ_{C-H} 键接近交叉式，而如果为平面结构，相邻碳原子上的 σ_{C-H} 键为重叠式，因此部分解除了环张力，如图 4-3 所示。

环己烷若为平面结构会有很大的角张力。通过环上 σ_{C-H} 键的扭转可以形成无数种构象，其中无角张力的两种曲折碳环称为椅式构象和船式构象，如图 4-4 所示。

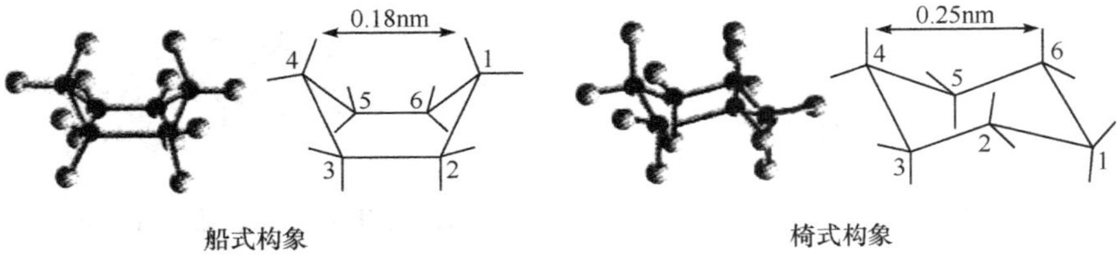

图 4-4　环己烷的构象

环己烷的船式构象中，环上 σ_{C-C} 键的键角为 109.5°，C(2)与 C(3)或 C(5)与 C(6)上的 σ_{C-H} 键都处于重叠式位置，基团之间较近，相互排斥。C(1)与 C(4)上的氢原子相距为 0.18nm，小于它们的范德华半径之和 0.24nm，两个氢原子之间有排斥力，分子能量高。

环己烷的椅式构象中，环上 σ_{C-C} 键的键角也是 109.5°，6 个碳原子排列在 2 个平行平面上。若 C(1)、C(3)、C(5)排列在上平面，则 C(2)、C(4)、C(6)排列在下平面，2 个平面之间的距离为 0.05nm。C(1)、C(3)、C(5)上的氢原子和 C(2)、C(4)、C(6)上的氢原子两两最近距离约为 0.25nm，大于氢原子的范德华半径之和，几乎没有排斥力，分子能量低。

与两平行平面相垂直的 6 个 σ_{C-H} 键称为直立键(axial bond)，又称 a 键。其余 6 个 σ_{C-H} 键伸出环外，称为平伏键(equatorial bond)，又称 e 键，6 个 e 键交替呈现向上、向下方向。同一个碳原子上的 a 键在分子平面上，则 e 键必然在分子平面下，如图 4-5 所示。

可见，椅式构象是环己烷的优势构象。根据计算，船式构象能量较椅式构象高 29.7kJ/mol，尽管通过 σ_{C-C} 键的旋转，容易克服这个能量差而呈现动态平衡，但在室温下环己烷绝大部分以椅式构象存在。

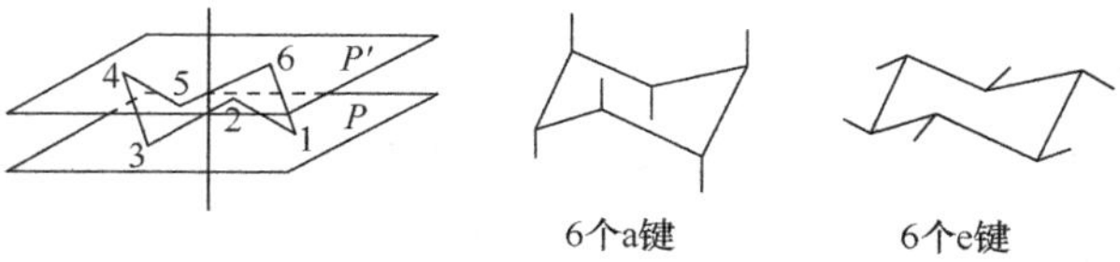

图 4-5 椅式环己烷的 a 键和 e 键

环己烷通过环上 σ_{C-C} 键的旋转不仅可以实现船式构象和椅式构象的相互转化，还能从一种椅式构象翻转成另一种椅式构象。翻转后，键的相对位置不变，原来的 a 键变成 e 键，原来的 e 键变成 a 键。

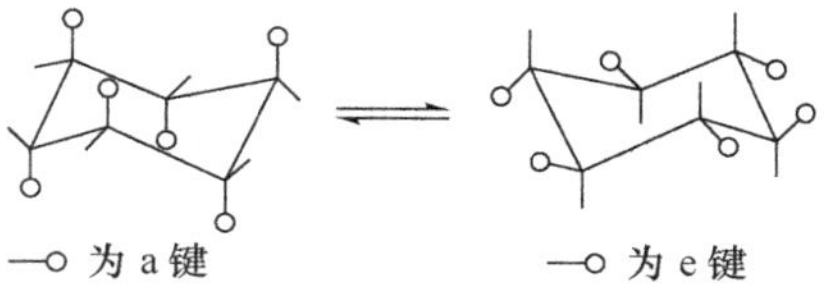

2. 取代环烷烃的构象

由于环丙烷中的 σ_{C-C} 键不能自由旋转，当成环的两个碳原子各连有一个取代基时，可产生两种异构体。两个取代基位于环平面同侧的，称为顺式异构体；位于环平面异侧的，则称为反式异构体。例如

顺-1,2-二甲基环丙烷　　反-1,2-二甲基环丙烷

取代环己烷的构象中以取代基尤其是大基团在 e 键上的构象稳定。例如，甲基环己烷分子中，甲基可以处于 a 键，也可以处于 e 键。这两种构象可以通过翻环互相转变，形成动态平衡。取代基在 e 键上的构象中，取代基与碳架处于反交叉式，而在 a 键上的处于顺交叉式。研究表明，取代基处于 e 键的构象约占 95%。

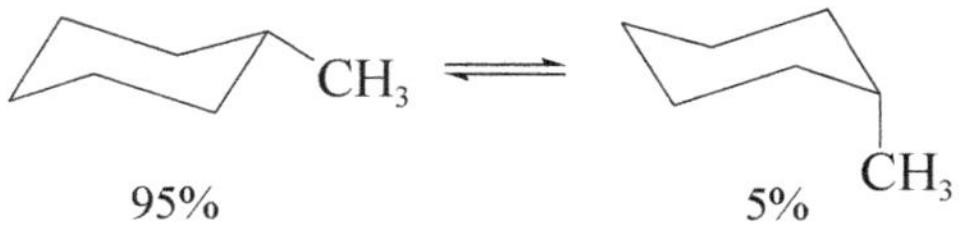

随着烷基体积的增大，取代基在 e 键上的一元取代环己烷在平衡混合物中的比例将增加。例如，叔丁基环己烷中，叔丁基在 e 键上的构象约占 99.99%。

对于多元取代环己烷，根据取代基在环面的同侧或两侧可分为顺式和反式，如 1,2-二甲基环己烷就有顺式和反式两种异构体。顺式中一个甲基在 a 键，另一个在 e 键，即 ea 型或 ae 型，反式中两个甲基都在 a 键或 e 键，即 ee 型或 aa 型。aa 型构象极不稳定。三种构象的稳定性如下：

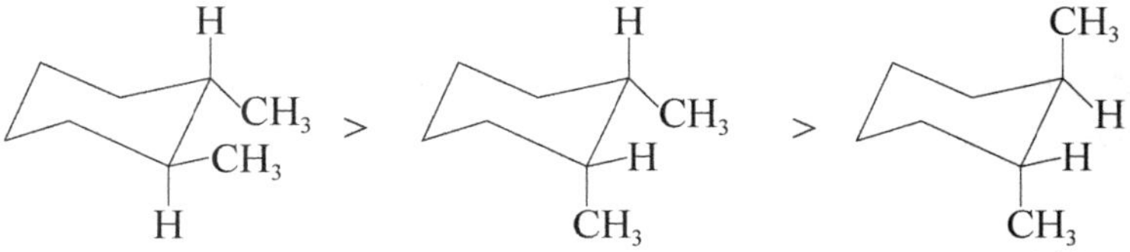

ee > ea > aa(少)
反式　顺式　反式

4.1.3 环烷烃的物理性质

常温下，小环为气体，普通环为液体，中环及大环为固体。环烷烃的单键旋转受到一定的限制，因此环烷烃分子具有一定的对称性和刚性，沸点、熔点和相对密度都比相同碳原子数的开链烷烃高。环烷烃都不溶于水，而溶于苯、四氯化碳、氯仿等有机溶剂。一些环烷烃的物理性质见表4-1。

表4-1 一些环烷烃的物理常数

分子式	中文名称	英文名称	熔点/℃	沸点/℃	相对密度(d_4^{20})
C_3H_6	环丙烷	cyclopropane	−126.6	−33	0.7201
C_4H_8	环丁烷	cyclobutane	−90.7	12.5	0.7025
C_5H_{10}	环戊烷	cyclopentane	−93.9	49.3	0.7457
C_6H_{12}	环己烷	cyclohexane	6.6	80.7	0.7786

4.1.4 环烷烃的化学性质

如前所述，小环烷烃容易发生开环反应。同时，弯曲键中电子云的重叠度较正常σ_{C-C}键小，具有π键的部分性质如加成反应。所以小环烷烃的性质主要体现为开环加成。较大的环烷烃化学性质与烷烃相似，可以发生取代反应。

1. 开环加成

1）与氢气反应

在催化剂存在下，环丙烷和环丁烷均可以和氢气发生反应生成相应的开链烃。

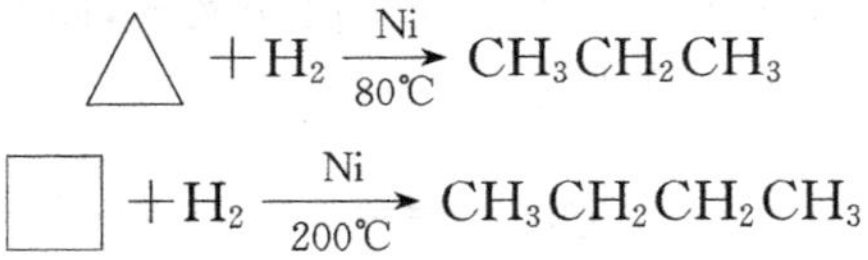

2）与卤素反应

环丙烷和环丁烷可与卤素发生开环加成反应生成相应的开链化合物。例如，环丙烷和环丁烷都可以使溴水褪色。

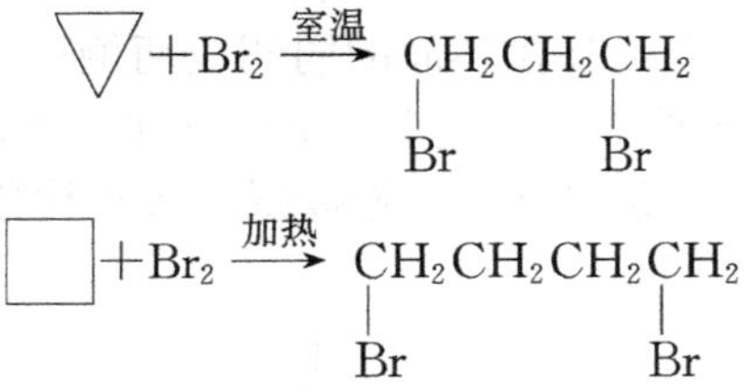

3）与卤化氢反应

环丙烷与卤化氢发生开环加成反应生成1-卤丙烷。例如

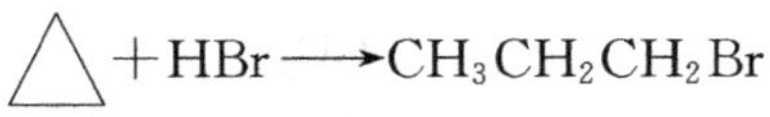

环丙烷的烷基衍生物与氢卤酸发生开环反应时，遵循马氏加成规则。例如

2. 取代

五元环和六元环等在光照、高温加热或过氧化物存在下，可与卤素发生取代反应。例如

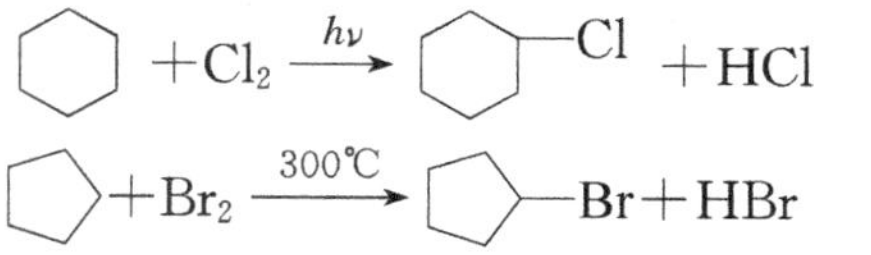

需要说明的是，环烷烃对氧化剂是很稳定的。例如，环丙烷、环丁烷等常温下都不能被 $KMnO_4$ 氧化。此性质可区别于烯烃、炔烃。

4.2 芳 香 烃

芳香烃(aromatic hydrocarbon)是指具有芳香性(由特殊结构决定的一类化学性质)的碳氢化合物，是芳香族化合物(aromatic compound)的母体。芳香族化合物最初是指从天然产物中得到的一些具有香味的化合物，它们往往都含有苯环结构单元，于是人们将苯及含有苯环结构的化合物称为芳香族化合物。实际上，大多数芳香族化合物并没有香味，甚至有的有难闻的气味，只是“芳香”两字被沿用下来。

4.2.1 芳香烃的分类与命名

1. 芳香烃的分类

芳香烃根据分子中是否含有苯环，可分为苯系芳烃(benzenoid hydrocarbon)和非苯系芳烃(non benzenoid hydrocarbon)。

苯系芳烃根据分子中含苯环的数目，可分为单环、多环和稠环芳烃。多环芳烃又可分为多苯代脂肪烃、联苯和联多苯。例如

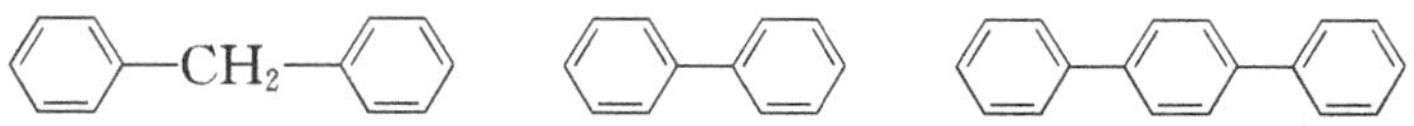

二苯甲烷　　联苯　　对三联苯

2. 单环芳烃的命名

当苯环上的取代基较简单时，将苯作为母体来命名。例如

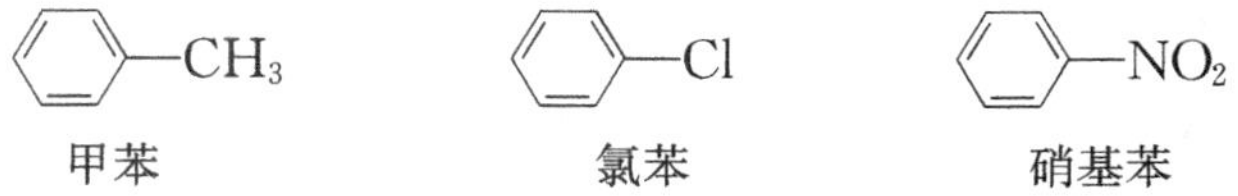

甲苯　　氯苯　　硝基苯

当苯环上的取代基结构较复杂时，如取代基为不饱和基团、多碳原子的烷基或多苯基取代芳烃等，则将苯作为取代基来命名。

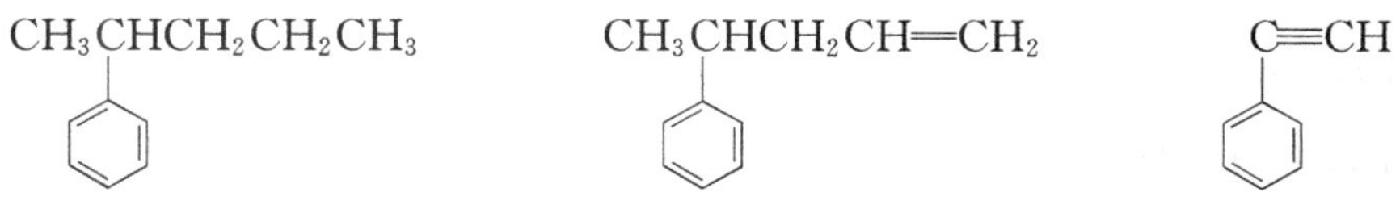

2-苯基戊烷　　4-苯基-1-戊烯　　苯乙炔

苯分子失去一个氢原子后剩下的基团称为苯基(phenyl)，可简写成 Ph—；甲苯分子中甲基上失去一个氢原子后剩下的基团称为苯甲基(benzyl)，又称苄基。

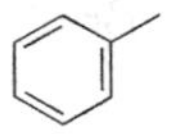
(C_6H_5—)
苯基

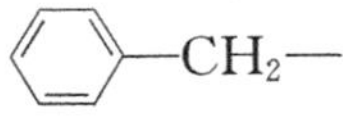
($C_6H_5CH_2$—)
苯甲基

苯的二元取代物命名时，分别用邻(ortho，简写为 *o*-)、间(meta，简写 *m*-)、对(para，简写 *p*-)来表示取代基的相对位置，也可用编号表示位次。例如

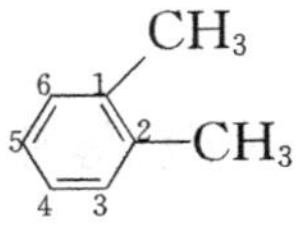
1,2-二甲苯
邻二甲苯(*o*-二甲苯)

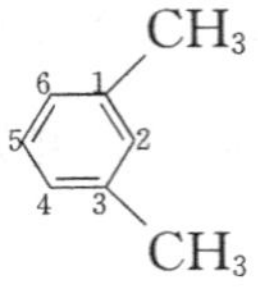
1,3-二甲苯
间二甲苯(*m*-二甲苯)

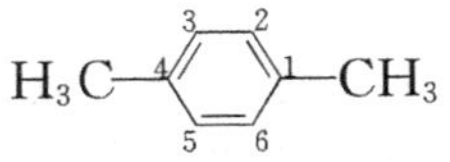
1,4-二甲苯
对二甲苯(*p*-二甲苯)

若苯环上的三个取代基相同，命名时分别用连(vicinal，简写为 *vic*-)、偏(unsymmetrical，简写为 *unsym*-)、均(symmetrical，简写为 *sym*-)表示取代基的相对位置，也可用编号表示位次。例如

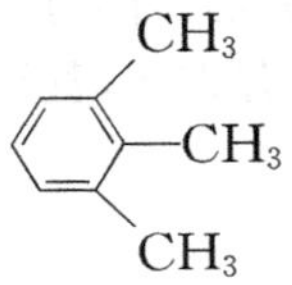
1,2,3-三甲苯
(连三甲苯)

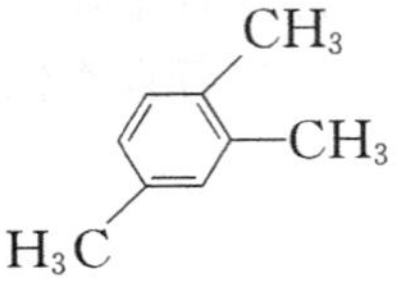
1,2,4-三甲苯
(偏三甲苯)

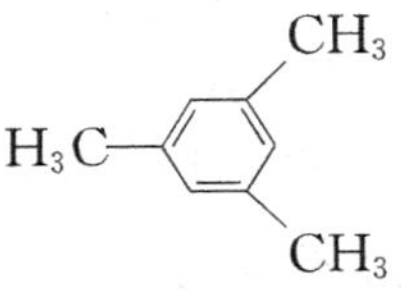
1,3,5-三甲苯
(均三甲苯)

芳香烃衍生物的命名一般采用系统命名法。首先选恰当的母体官能团。一般来说，常见的母体官能团选择优先次序为：—COOH＞—SO_3H＞—CN＞—CHO＞—OH(醇)＞—OH(酚)＞—NH_2＞—R(越靠前越宜选为母体，卤素原子和硝基一般不选为母体，故未在次序中列出)。然后给苯环上的碳原子编号，与母体官能团相连的碳原子编号为 1，其余依据最低系列编号法编号。

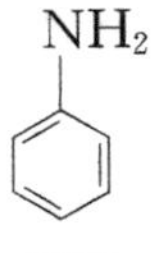
苯胺

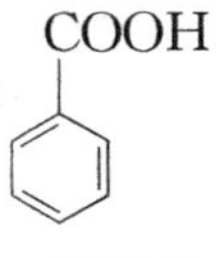
苯甲酸

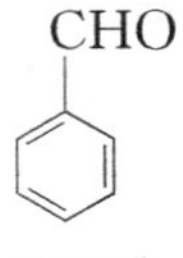
苯甲醛

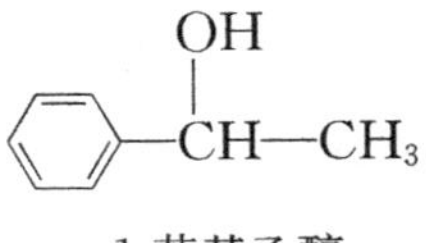
1-苯基乙醇

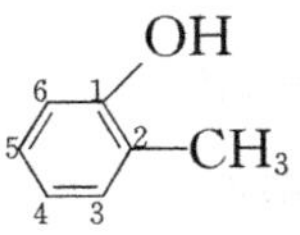
2-甲基苯酚

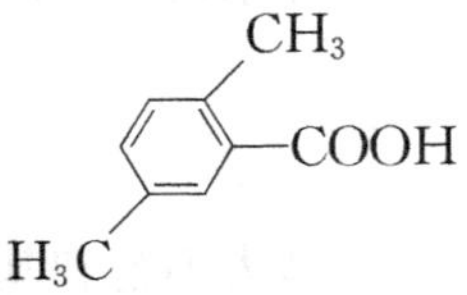
2,5-二甲基苯甲酸

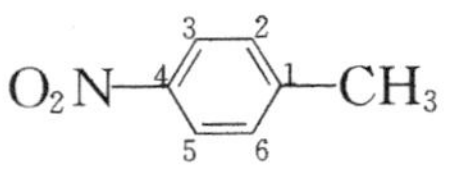
4-硝基甲苯

4.2.2　苯的结构

1825 年英国物理学家和化学家法拉第(Faraday)首先从照明气中分离出苯，测定实验式为 CH。1833 年确定苯的分子式为 C_6H_6。科学家对苯的结构进行了大量研究，提出许多种假

想结构。其中被化学家普遍接受的苯环结构是苯环结构的创始人——德国有机化学家凯库勒提出的。

1．凯库勒结构式

根据大量的事实和科学研究，1865 年凯库勒提出了设想：苯分子具有环状结构，认为苯的结构是一个对称的六元碳环，每个碳原子上都连有一个氢原子，环上存在三个间隔的双键，以满足碳原子的四价要求，这个结构式称为苯的凯库勒结构式。

凯库勒提出的环状结构是有机化学结构理论研究史上的一个重要假设，促进了对芳香族化合物的研究和开发。利用凯库勒结构式，可以说明苯的一些实验事实。例如，苯的一元取代物只有一种、苯完全氢化后得到环己烷等。但是，也有一些已知的实验事实和此结构不相符合。

(1) 依据凯库勒结构式，苯的邻位二元取代物应有两种异构体存在：

（Ⅰ）　　　　（Ⅱ）

但是，众多实验事实证明邻位二元取代物只有一种。为解决这一问题，凯库勒提出摆动双键学说，假定苯环中的双键位置是不固定的，而是以很快速度往返移动。

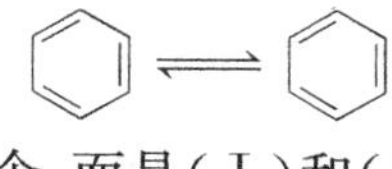

于是苯的邻位二元取代物不是一个，而是（Ⅰ）和（Ⅱ）两个互变很快的互变平衡体系。由于两者转变得很快，在单位时间内，就分辨不出单双键的区别了。

(2) 按凯库勒结构式，可把苯视为环己三烯。这样，就无法解释苯表现出的难氧化而易于取代的性质。

可见，凯库勒结构式并不能完全反映出苯的真实结构。

2．芳香六隅体

利用现代物理方法（如 X 射线衍射法、光谱法、电子衍射法等）测定苯的结构表明：苯是平面正六边形分子，6 个碳原子和 6 个氢原子处于同一平面上。6 个 σ_{C-C} 键的键长等长，均为 140pm，处于 σ_{C-C} 键的 154pm 和 C═C 键的 134pm 之间；6 个 σ_{C-H} 键的键长均为 108pm。键角均为 120°，如图 4-6(a)所示。

杂化轨道理论认为：苯分子中 6 个碳原子都为 sp^2 杂化，相邻碳原子之间以 sp^2 杂化轨道互相重叠，形成 6 个均等的 σ_{C-C} 键，每个碳原子又各用 1 个 sp^2 杂化轨道与氢原子的 1s 轨道重叠，形成 σ_{C-H} 键。由于碳原子的 3 个 sp^2 杂化轨道处在同一平面内，夹角为 120°，所以苯的 6 个碳原子和 6 个氢原子共平面，6 个碳原子形成 1 个正六边形。每个碳原子除以 sp^2 杂化轨道形成 2 个 σ_{C-C} 键和 1 个 σ_{C-H} 键外，还有 1 个没有参与杂化的 p 轨道。6 个 p 轨道均垂直于苯平面而相互平行。这样,6 个 p 轨道之间相互重叠,形成 1 个包含 6 个碳原子的环状闭合的大 π 键(可表示为 Π_6^6),称为芳香六隅体或芳香大 π 键,如图 4-6(b)所示。

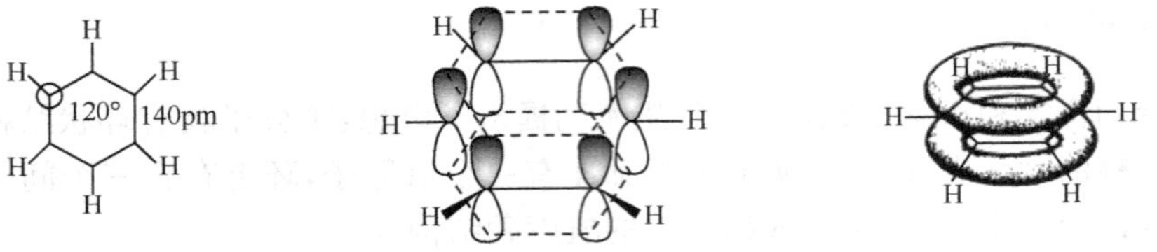

(a) 苯分子中 σ 键　　(b) p轨道形成大π键　　(c) 苯分子中π电子云分布

图 4-6　苯的分子结构

大 π 键的形成,使得苯环中的 6 个 π 电子为 6 个碳原子所共享,π 电子云均匀地分布在环平面的上下方,电子云密度平均化,如图 4-6(c)所示。因此,苯环中没有单双键区别,键长趋于一致。π 电子在整个环状体系中的高度离域化,使体系能量降低,共轭能为 151kJ/mol,带来了特殊的稳定性。

因此,苯的结构式也常表示为

4.2.3　苯的物理性质

苯及其同系物多数为液体,具有特殊的气味。沸点随着相对分子质量的增加而升高,一般每增加一个 CH_2 单位,沸点升高 20～30℃。含同数碳原子的各种异构体中,结构对称的异构体熔点较高。苯及其同系物的相对密度和折光率比相同碳原子数的链烃和环烃高。苯及其同系物不溶于水,易溶于有机溶剂,如乙醚、四氯化碳、石油醚等溶剂。一些苯及其同系物的物理常数列于表 4-2。

表 4-2　苯及其同系物的物理常数

结构式	中文名称	英文名称	熔点/℃	沸点/℃	相对密度(d_4^{20})
C_6H_6	苯	benzene	5.5	80.1	0.8765
$C_6H_5CH_3$	甲苯	methylbenzene	−95.0	110.8	0.8669
$C_6H_4(CH_3)_2$	邻二甲苯	*o*-dimethylbenzene	−25.2	144.4	0.8802^{10}
$C_6H_4(CH_3)_2$	间二甲苯	*m*-dimethylbenzene	−47.8	139.3	0.8642
$C_6H_4(CH_3)_2$	对二甲苯	*p*-dimethylbenzene	13.3	138.5	0.8611
$C_6H_3(CH_3)_3$	1,2,3-三甲苯	*vic*-trimethylbenzene	−25.5	176.1	0.8942
$C_6H_3(CH_3)_3$	1,2,4-三甲苯	*unsym*-trimethylbenzene	−57.4	168.2	0.8758
$C_6H_3(CH_3)_3$	1,3,5-三甲苯	*sym*-trimethylbenzene	−44.0	164.8	0.8651
$C_6H_5C_2H_5$	乙苯	ethylbenzene	−94.9	136.2	0.8670
$C_6H_5CH_2CH_2CH_3$	正丙苯	propylbenzene	−99.2	159.5	0.8620
$C_6H_5CH(CH_3)_2$	异丙苯	isopropylbenzene	−96.9	152.4	0.8618
$C_6H_5CH{=}CH_2$	苯乙烯	phenylethene	−30.6	145.2	0.9074

苯是一种较好的溶剂,但毒性较大,苯的蒸气可以通过呼吸道对人体产生损害。高浓度的

苯蒸气主要作用于中枢神经，引起急性中毒，长期接触低浓度的苯蒸气损害造血器官。由于其毒性大，现在工业上已不用或尽量避免使用，常用甲苯来代替它，因为甲苯中的甲基能在体内转化为无毒的产物苄醇类代谢物（$ArCH_2OH$），然后可通过与葡萄糖醛酸（葡萄糖氧化的产物）反应，转变为极性和水溶性很大的葡萄糖醛酸苷而排出体外。

4.2.4　苯的化学性质

从苯的结构可知，苯环属于一个高度不饱和体系，但它具有特殊的稳定性。苯容易发生亲电取代反应，可以发生加成反应，很难发生氧化反应，这种不同于不饱和化合物（烯、炔）的特殊性质称为芳香性（aromaticity）。芳香性是芳香族化合物的共性。另外，由于苯环的影响，侧链中的 α-H 表现出一定的活性。

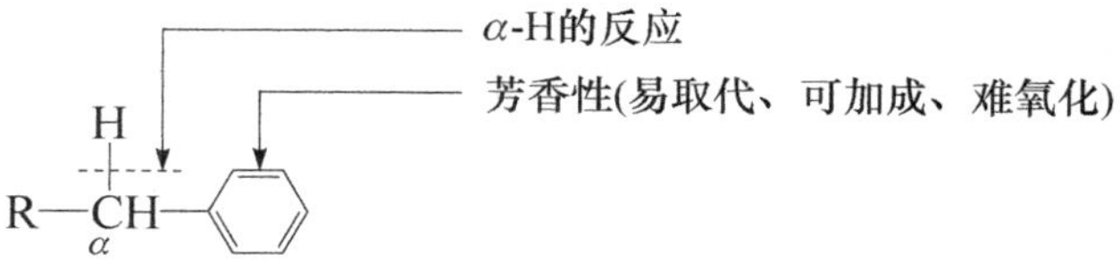

1. 亲电取代反应

由亲电试剂先进攻而引发的取代反应称为亲电取代（electrophilic substitution）反应。芳环上的取代反应就属于亲电取代，主要包括卤代反应、硝化反应（nitration）、磺化反应（sulfonation）、傅瑞德尔-克拉夫茨（Friedel-Crafts）烷基化和酰基化反应等。

一般认为，在催化剂存在下，取代试剂解离为具有亲电性的正离子 E^+，由 E^+ 进攻富电子的苯环，与苯环的 π 电子很快形成 π 络合物。随后 π 络合物中的亲电试剂 E^+ 进一步与苯环中的某个碳原子直接以 σ 键连接，形成具有 Π_4^5 共轭体系的 σ 络合物。很快 σ 络合物失去一个 H^+ 而得到 Π_6^6 的稳定共轭体系，便形成了取代产物。

$$E:E \longrightarrow E^+ + E^-$$

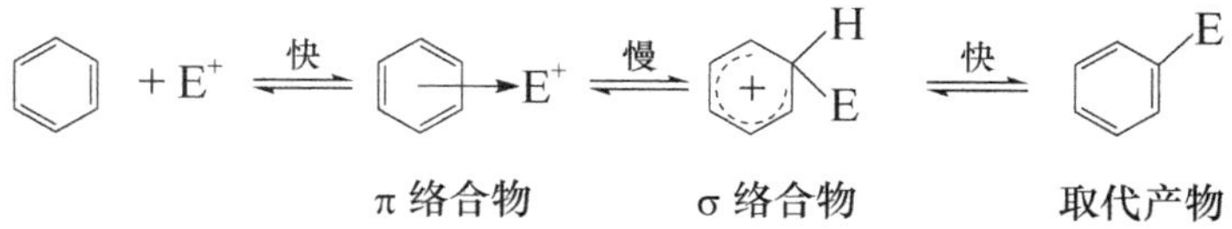

上述 5 种取代反应中亲电试剂分别为卤素正离子（X^+）、硝基正离子（NO_2^+）、三氧化硫（SO_3）、烷基碳正离子（C^+）和酰基碳正离子（ROC^+）。

1）卤代反应

在铁粉或卤化铁等催化剂存在下，苯与卤素反应生成卤代苯，并放出卤化氢。

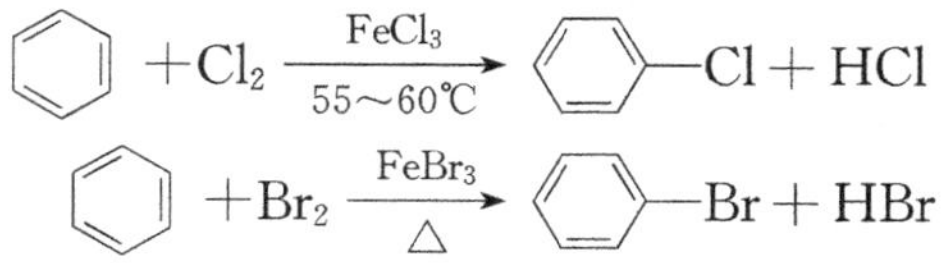

卤代反应可进一步发生，得二元或多元卤代产物。继续卤代比苯困难，且主要得到邻、对位二卤代产物。

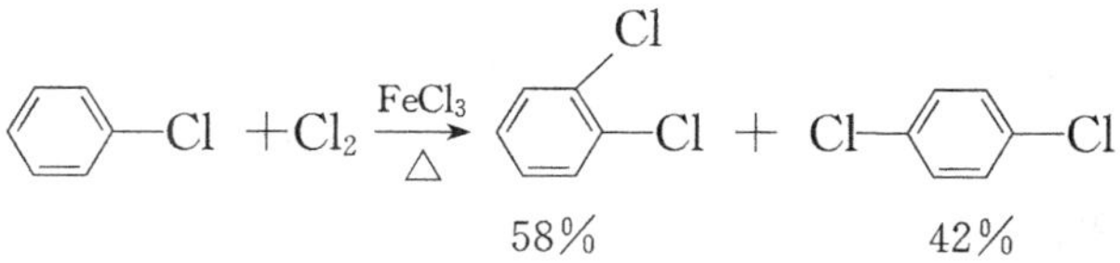

烷基苯的卤代反应较苯容易，且主要生成邻、对位取代产物。

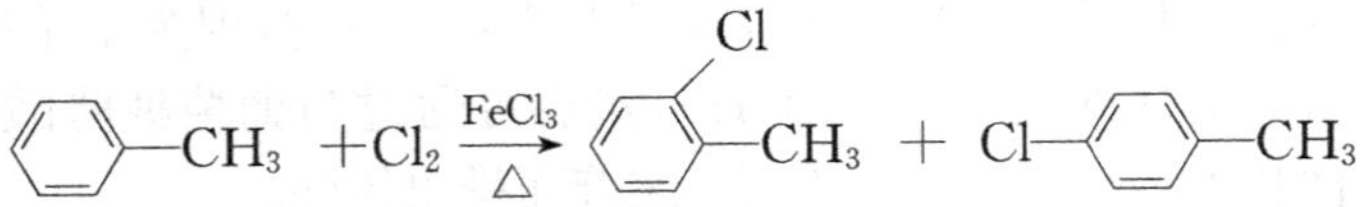

卤代反应常用 $FeCl_3$、$FeBr_3$、$AlCl_3$、$CuCl_2$、$SbCl_5$ 等路易斯酸作催化剂，也可用铁粉（铁可与卤素反应生成卤化铁）来催化反应。

2）硝化反应

芳环上的氢原子被硝基取代的反应，称为硝化反应。常用硝化剂有混酸（浓 HNO_3 和浓 H_2SO_4 的混合物）和浓 HNO_3。

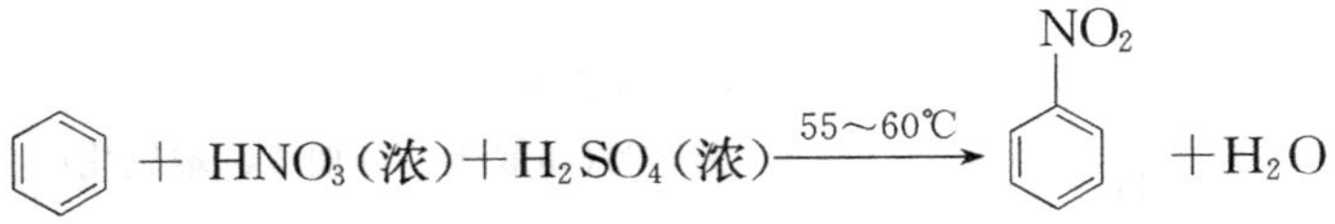

1 ： 2　　　　98%

硝基苯不易继续硝化，要继续硝化，必须提高反应条件，且第二个硝基主要进入第一个硝基的间位。甲苯比苯更易硝化，主要生成邻、对位取代产物。

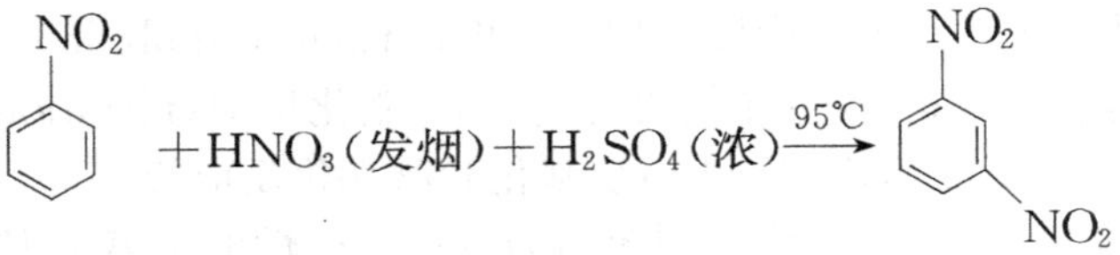

93%

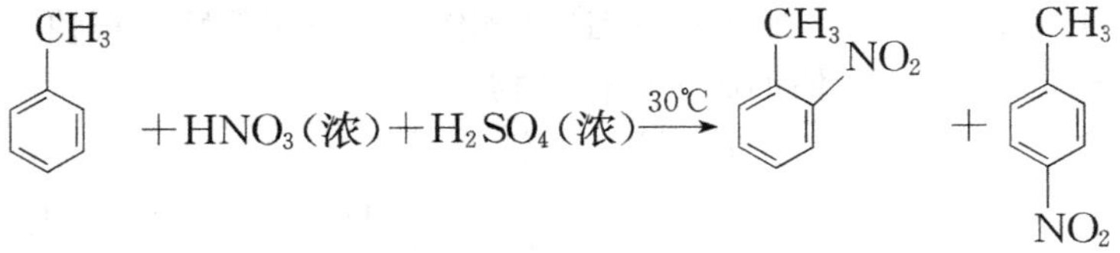

1 ： 1.5　　　　58%　　　　38%

3）磺化反应

苯和浓 H_2SO_4 在常温下难以发生反应，若加热或与发烟硫酸作用时，苯环上的氢原子被磺酸基（—SO_3H）取代生成苯磺酸，该反应称为磺化反应。常用磺化剂有发烟硫酸、浓 H_2SO_4、磺酰氯（$HOSO_2Cl$）等。

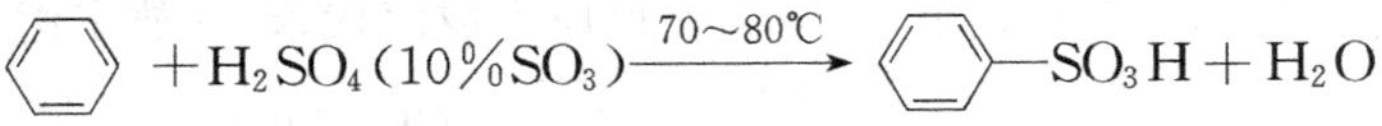

苯磺酸与过热水蒸气作用时，可以发生水解反应，脱去磺酸基又生成苯，磺化反应是一个可逆反应，常用来分离苯。

苯磺酸可进一步磺化，但反应比苯困难，且主要得间位产物。

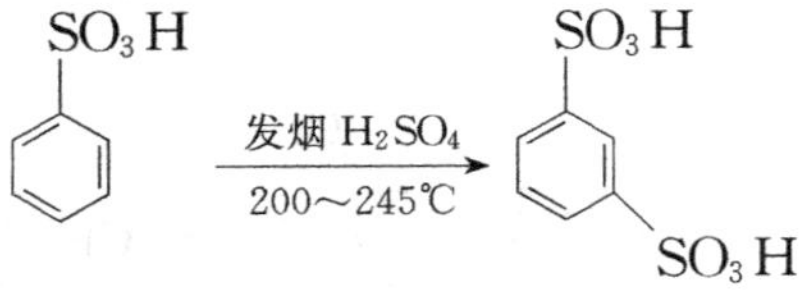

烷基苯的磺化比苯容易，主要得邻、对位产物。

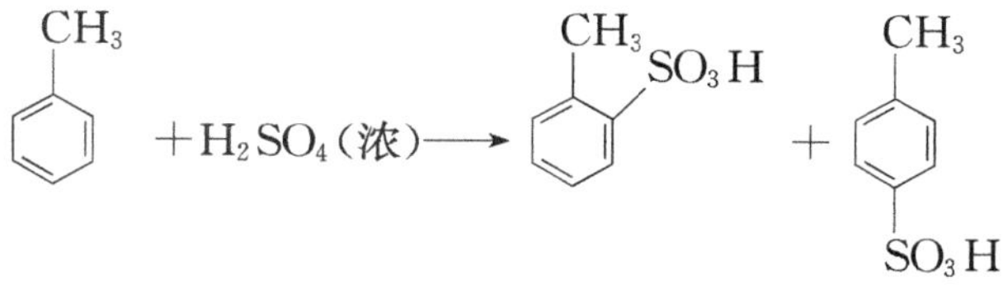

0℃	43%	53%
100℃	13%	79%

磺化反应的可逆性在有机合成上十分有用，常用于基团的定位、导向等；苯磺酸易溶于水，可通过磺酸基的引入增加有机物的水溶性。

4) 傅瑞德尔-克拉夫茨反应

1874～1891 年，法国化学家傅瑞德尔(Friedel)与美国化学家克拉夫茨(Crafts)合作，首先合成硅酸酯。其后发现在无水三氯化铝催化下能使卤代烷与苯反应得到烷基苯。并且经过进一步研究发现，这种反应具有普遍性，故称为傅瑞德尔-克拉夫茨反应，简称傅-克(F-C)反应，包括傅-克烷基化和傅-克酰基化两种类型。

(1) 傅-克烷基化。在无水三氯化铝催化下，苯与卤代烷反应，在芳环上引入烷基的反应称为傅-克烷基化反应(alkylation reaction)。卤代烷在反应中提供烷基，称为烷基化试剂。

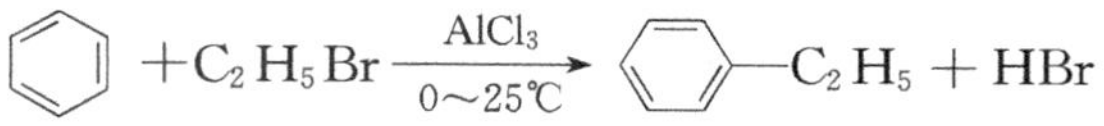

除无水三氯化铝外，许多路易斯酸对傅-克反应都有催化作用，常见路易斯酸催化剂的催化活性顺序是：$AlCl_3 > FeCl_3 > SbCl_5 > SnCl_4 > BF_3 > TiCl_4 > ZnCl_2$。

傅-克烷基化反应经由烷基碳正离子中间体完成。当烷基化试剂中碳原子超过 2 个，傅-克烷基化反应会得到重排产物。例如

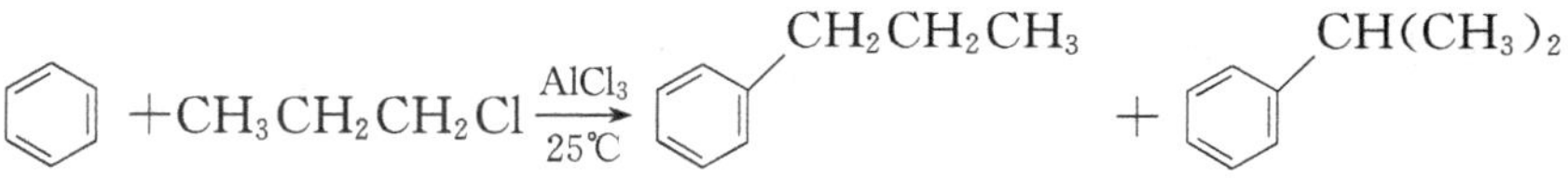

35%～31%　　　　65%～69%(重排产物)

除了用卤代烷外，还可用烯或醇作为烷基化试剂。

(2) 傅-克酰基化。在无水三氯化铝催化下，苯还可以和酰卤或酸酐反应，向芳环引入酰基，该反应称为傅-克酰基化反应(acylation reaction)。酰卤或酸酐在反应中提供酰基，称为酰基化试剂。

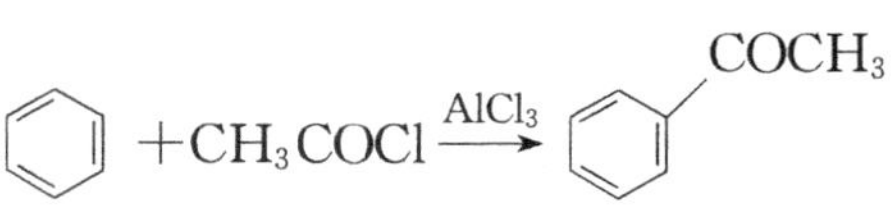

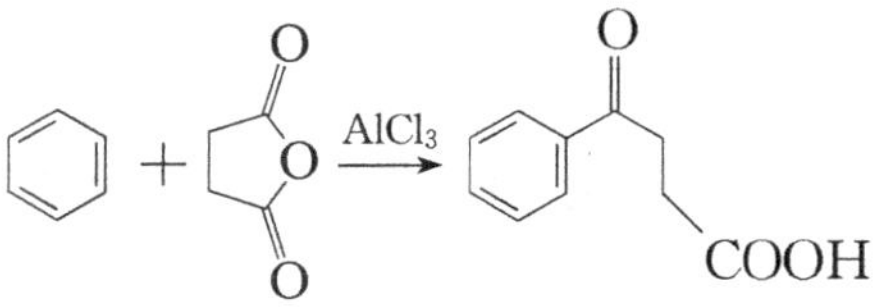

当芳环上有$—NO_2$、$—SO_3H$、—CN、—COR 等强吸电子基时，傅-克酰基化很难发生。傅-克酰基化不存在重排产物，故其产物纯度较高。

此外，苯环上还可以发生氯甲基化反应。在无水氯化锌作用下，芳香族化合物与甲醛和氯化氢作用生成氯甲基芳香化合物的反应称为布兰克(Blanc)氯甲基化反应。该反应在有机合成中有很重要的应用。

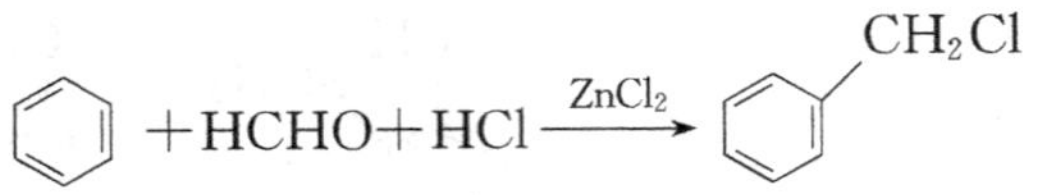

2. 加成反应

与烯相比，苯不易发生加成反应，但在一定条件下苯也可以发生加成反应。

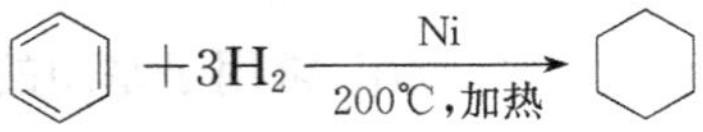

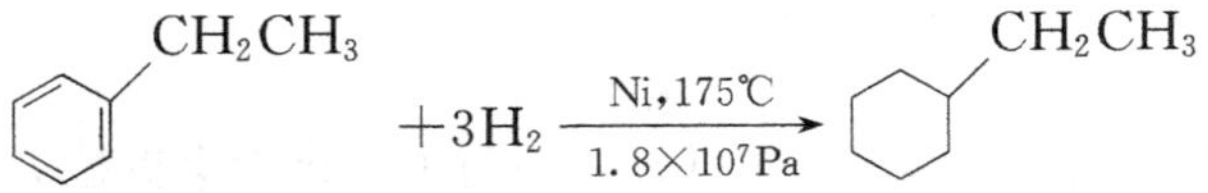

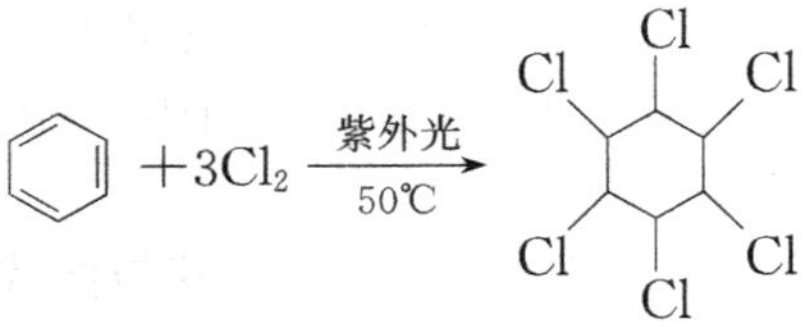

六六六

六六六曾是被大量使用的杀虫剂，但由于它性质稳定、不易降解、易在生物体中蓄积，从20世纪70年代初开始在许多国家被禁用或限用。

3. 氧化反应

苯环具有特殊的稳定性，通常条件下难以被氧化，即使在高温下，苯与 $KMnO_4$、$K_2Cr_2O_7$ 等强氧化剂共热，也不会被氧化。但苯在高温和催化剂存在下，可被 O_2 氧化开环，生成顺丁烯二酸酐。

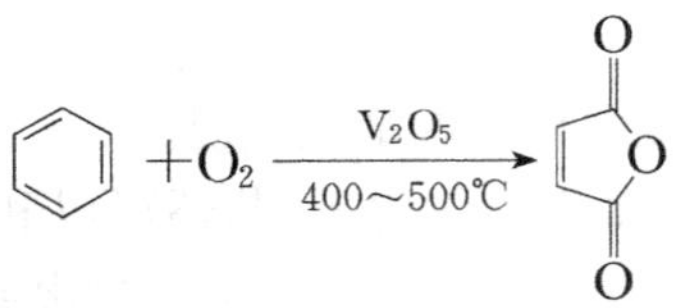

4. 苯环侧链的反应

连接在芳环上的碳链常称为侧链，侧链上直接与苯相连的碳原子称为 α-C。α-C 上的氢原子（α-H）受苯环的影响而被活化，易发生氧化反应和卤代反应。

1）侧链的氧化反应

侧链上有 α-H 的烃基苯易被氧化，且不管侧链多长，最后都氧化成—COOH。

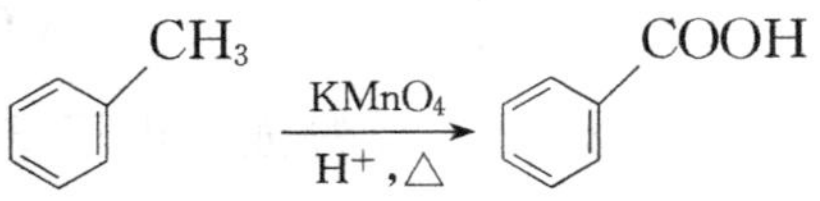

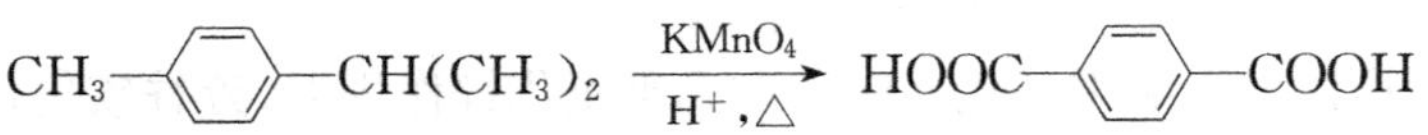

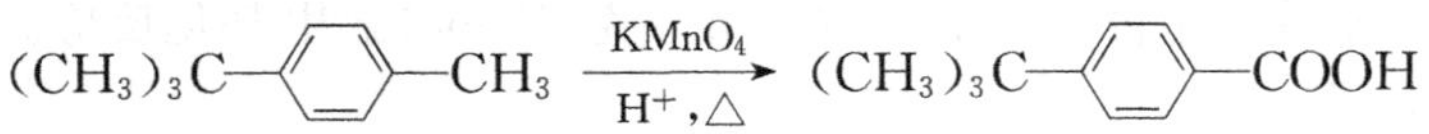

2）侧链的卤代反应

在高温或光照射下，烷基苯与氯或溴主要发生苯环侧链上的 α-H 被氯或溴取代的反应。例如

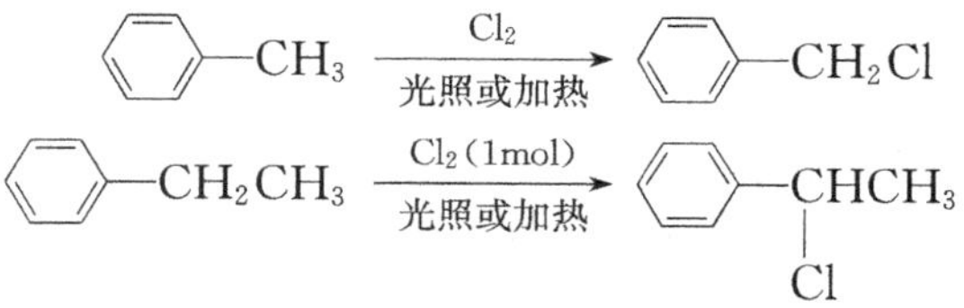

4.2.5 芳环上取代基的定位效应

1. 定位效应

从上面的讨论可知，甲苯发生苯环上的亲电取代时比苯容易且主要得到邻、对位取代物；而硝基苯发生同样的反应时比苯难且主要得到间位取代物。这说明取代苯继续发生亲电取代反应时，新引入基团进入的位置与新引入基团的性质无关，而是由环上原有的取代基决定的，这种现象称为芳环上取代基的定位效应(orienting effect)，环上原有的取代基称为定位基(orienting group)。

定位基大致可分为两类：

第一类定位基(又称邻、对位定位基，ortho and para director)如烷基等，它们使新引入的基团主要进入其邻位和对位(邻、对位产物＞60％)。芳环上有第一类定位基时，亲电取代反应一般更容易进行(与苯相比)，这种现象称为活化。第一类定位基一般使芳环活化(卤素除外)。

第二类定位基(又称间位定位基，meta director)如硝基等，它们使新引入的基团主要进入其间位(间位产物＞40％)。芳环上有第二类定位基时，亲电取代反应的发生更困难(与苯相比)，这种现象称为钝化。第二类定位基使芳环钝化。

一个取代基属于第一类定位基还是第二类定位基，要由实验事实决定。表 4-3 列出了一些常见的邻、对位定位基和间位定位基，以及它们对苯反应活性的影响。

表 4-3 常见的邻、对位定位基和间位定位基及其对苯环活性的影响

邻、对位定位基	对活性的影响	间位定位基	对活性的影响
$—NH_2(R)$，—OH	强活化	$—NO_2$，$—CF_3$，$—N^+R_3$	很强的钝化
—OR，—NHCOR	中等活化	—CHO(R)，—COOH(R)	强钝化
—R，—Ar，$—CH{=}CR_2$	弱活化	—COCl，$—CONH_2$	强钝化
—X，$—CH_2Cl$	弱钝化	$—SO_3H$，—C≡N	强钝化

2. 定位效应的理论依据

定位效应虽然是一条经验规律，但是可以从理论上加以解释。

以甲基为例，其＋I 效应使苯环上的电子云密度增大，所以甲基使苯环活化。同时，甲基将苯环上的 π 电子云推向远端，即甲基的对位碳原子电子云密度增大，带有 δ^-。再由于苯环 π-π 共轭体系的交替极化，甲基的邻位碳原子也带有 δ^-，所以，发生亲电取代时，亲电试剂容易进攻邻对位。

同理可解释间位定位基及其钝化作用。

卤素比较特殊，是一类使苯环钝化的第一类定位基。氯苯中氯原子上的 p 轨道与苯环上的大 π 键形成 p-π 共轭体系，产生供电子的共轭效应（+C），同时氯具有强的吸电子诱导效应（−I），这两种方向相反的电性效应的总的结果是使苯环上的电子云密度降低，且间位电子云密度降低较邻位显著，反应过程中产生的碳正离子中间体的稳定性降低，所以，反应比苯困难，故氯使苯环钝化。

氯对邻、对位的钝化作用小于间位；邻、对位反应速率比间位快，产物的相对比例就多。故卤素为钝化苯环的邻、对位定位基。

3. 定位效应的应用

定位效应不仅可以用来解释某些现象，还可以用来指导取代苯的合成，包括预测取代反应的主要产物及选择合理的合成路线。

苯环上所连定位基的性质、数目等不同，发生的定位效应就不同。总的来说，最终反映出来的定位作用实际上是苯环上已有取代基的共同作用。

当苯环上只有一个定位基时，新引入基团的进入位置由此定位基决定。例如（箭头表示新引入基团进入苯环的位置，下同）

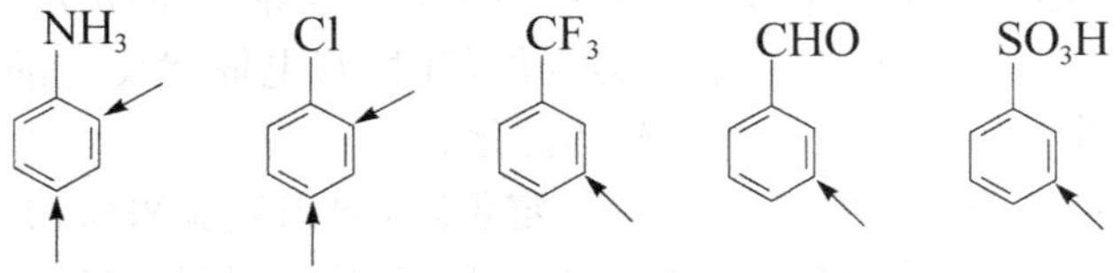

如果苯环上有两个或两个以上定位基，当苯环上原有取代基的定位作用一致时，新引入取代基进入苯环的位置由它们共同决定。例如

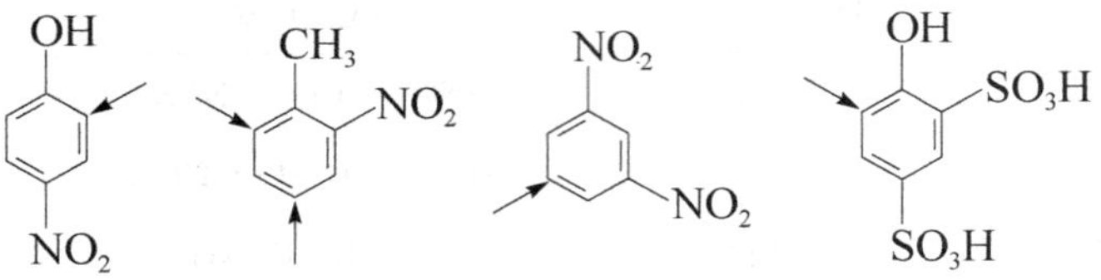

但两个取代基中间的位置，由于空间位阻效应（steric effect）的影响，一般不易进入新基团。

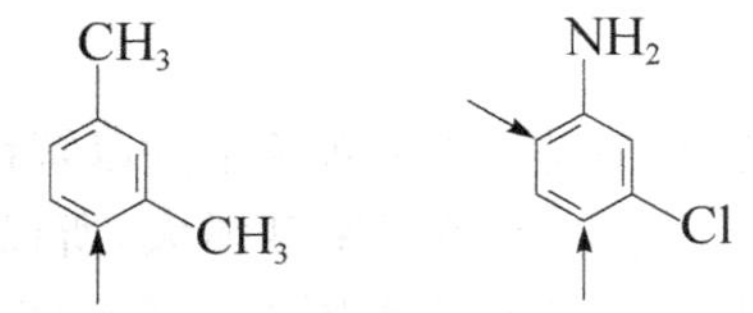

当苯环上原有取代基的定位作用不一致且原有取代基属于同一类定位基时，新引入取代基进入苯环的位置主要由定位效应强的基团决定。

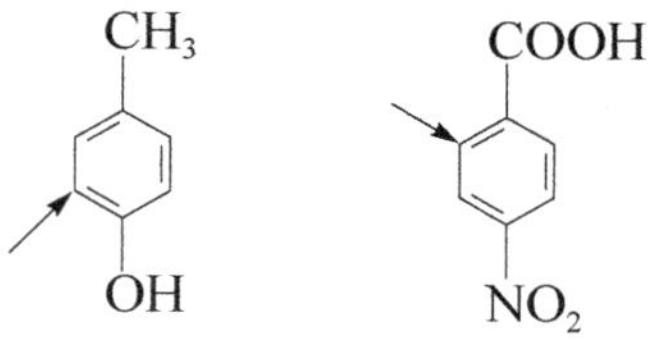

当苯环上原有取代基的定位效应不一致且原有取代基属于不同类定位基时，新引入取代基进入苯环的位置主要由第一类定位基决定。

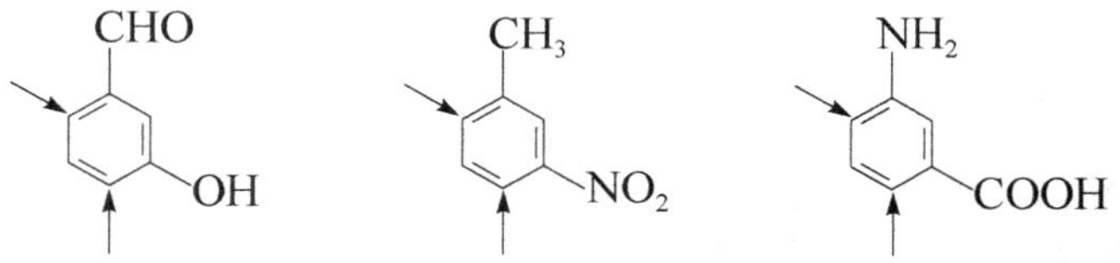

4.2.6 稠环芳香烃

1. 萘

萘的分子式为 $C_{10}H_8$，可大量地从煤焦油中分离得到，为无色片状晶体，熔点为80℃，沸点为218℃，易升华，不溶于水，易溶于热的乙醇等有机溶剂，有特殊气味。

1）萘的命名

萘环的编号是相对固定的，其中1,4,5,8位为 α 位，2,3,6,7位为 β 位。取代萘的命名需编号时，应从靠近取代基的 α 位开始编号，在此基础上遵循最低系列原则。

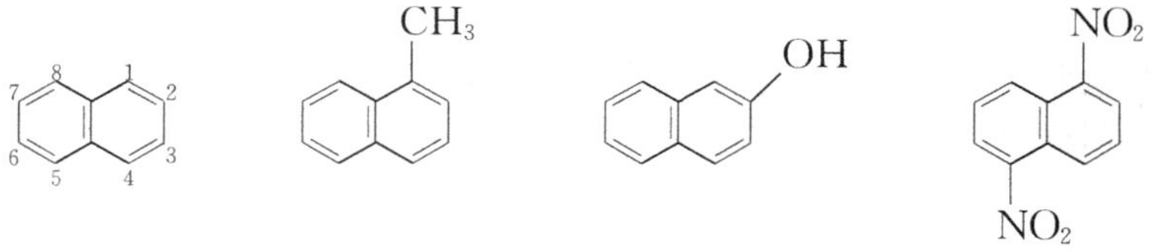

萘　　1-甲基萘（α-甲基萘）　　2-萘酚（β-萘酚）　　1,5-二硝基萘

2）萘的结构

物理方法证明：萘和苯相似，也是平面形分子（所有碳原子均为 sp^2 杂化），所有碳原子上的p轨道彼此侧面重叠形成一个闭合的环状共轭体系，所有参与成键的 π 电子分布在平面的上方和下方，其形状如数字“8”，可看作有两个芳香六隅体，具有芳香性。但萘环中各个p轨道的重叠程度不完全相同，键长及 π 电子云分布没有完全平均化，稳定性比苯差。

3）萘的化学性质

萘环上主要发生亲电取代反应。加成反应和氧化反应比苯更容易进行。

（1）亲电取代反应。

由于 β 位的电子云密度低于 α 位，萘的硝化反应和卤代反应总是发生在 α 位。

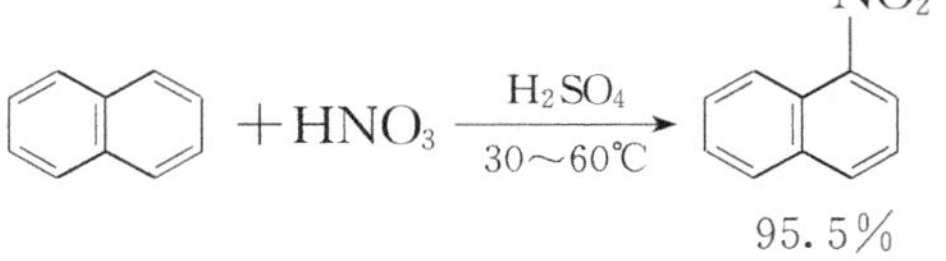

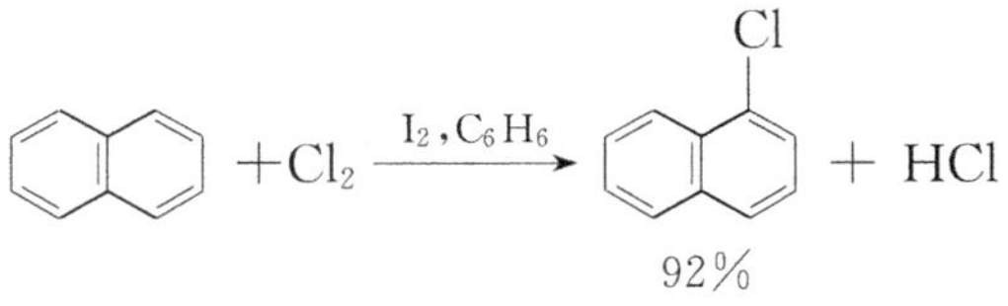

萘的磺化反应在较低温度(60℃)时，主要生成α-萘磺酸；在较高温度(165℃)时，主要生成β-萘磺酸。α-萘磺酸与 H_2SO_4 共热到 165℃时，也转变成β-萘磺酸。

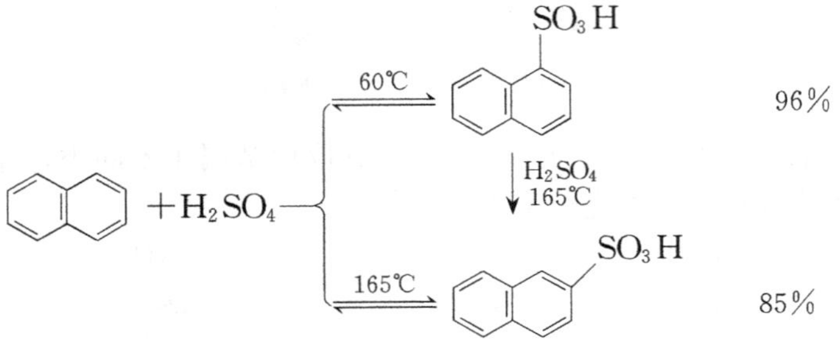

虽然生成α-萘磺酸的速率较快，但在α-萘磺酸中，α位上的磺酸基与8位上的氢原子之间的斥力较大，故其稳定性不如β-萘磺酸。

萘的傅-克酰基化常得到混合产物，产物与反应温度及溶剂的极性有关。

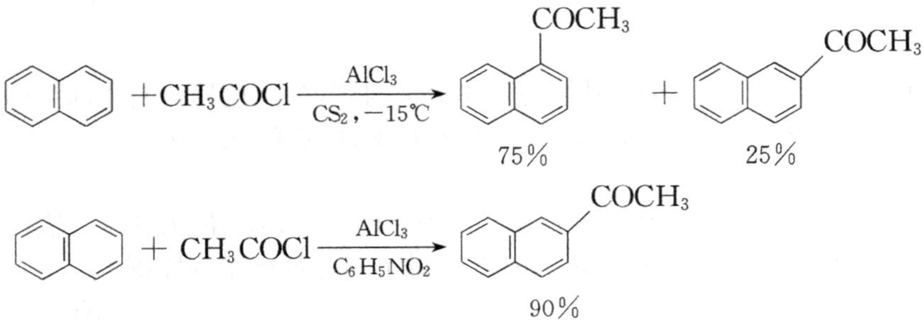

取代萘的亲电取代反应也要考虑定位效应。原取代基为第一类定位基时，第二个取代基进入同环α位；原取代基为第二类定位基时则进入异环α位。

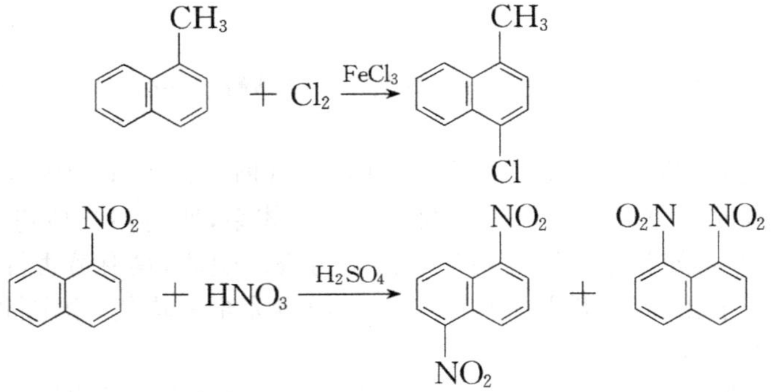

(2) 氧化反应。

萘比苯易被氧化，主要发生在α位上，条件不同时生成不同产物。例如

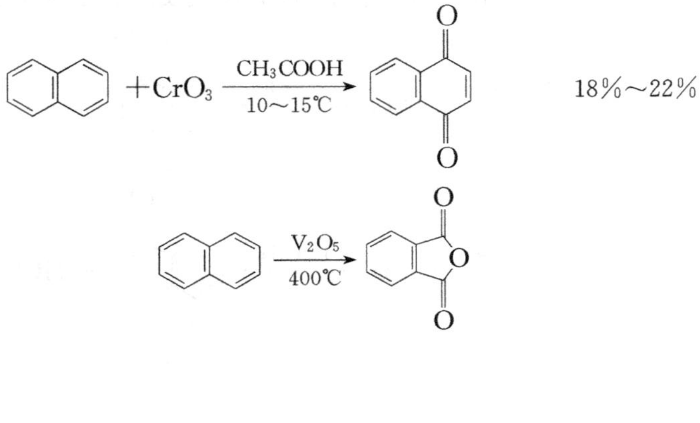

(3) 还原反应。

萘比苯容易被还原,还原产物与试剂及条件有关。

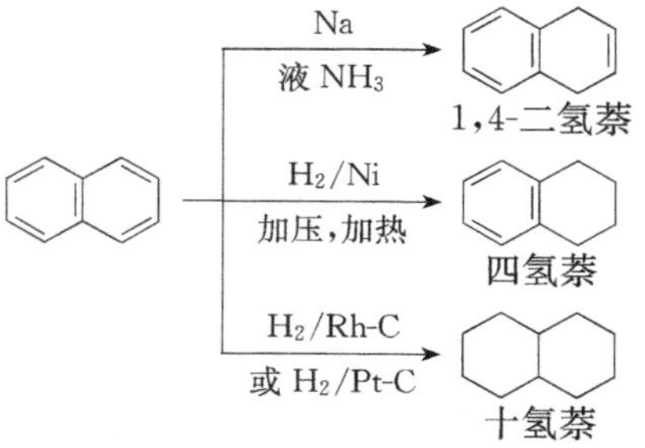

2. 蒽和菲

蒽和菲都存在于煤焦油中,分子式均为 $C_{14}H_{10}$,二者互为同分异构体。蒽和菲均由三个苯环稠合而成,编号也是固定的。

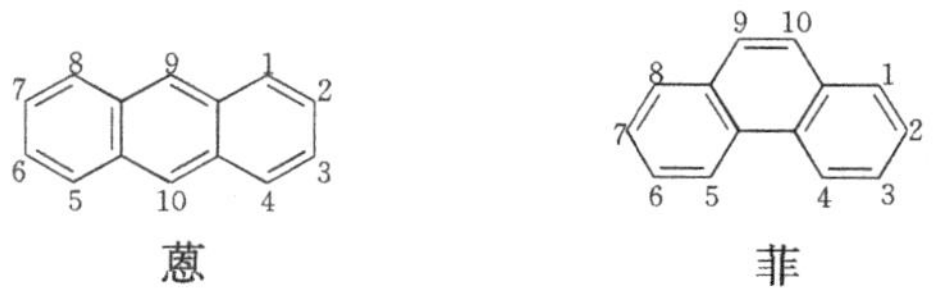

其中 1,4,5,8 为 α 位;2,3,6,7 为 β 位;9 和 10 为 γ 位。

近代物理方法证明:蒽和菲分子中的三个苯环都在一个平面上,都具有芳香大 π 键,具有一定的芳香性,但芳香性比萘差。因此它们比萘更容易发生氧化反应、加成反应及取代反应,反应主要发生在 9,10 位上。

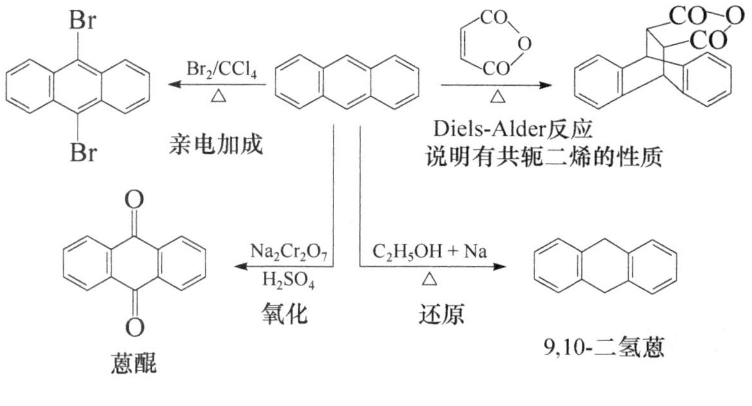

3. 其他稠环芳香烃

芳香烃主要来自煤焦油。其中还可分离出其他稠环芳香烃。例如,茚、芴和苊是芳环与脂环相稠的芳香烃;四苯、五苯、芘等是高级稠环芳香烃。

此外,某些由 4 个或 4 个以上的苯环稠合的稠环芳烃还有显著的致癌作用,常称为致癌芳烃。煤焦油中的 1,2,5,6-二苯并蒽有致皮肤癌的活性。烟草烟雾中 3,4-苯并芘有较强的致癌作用。1,2,3,4-二苯并菲等也有致癌作用。

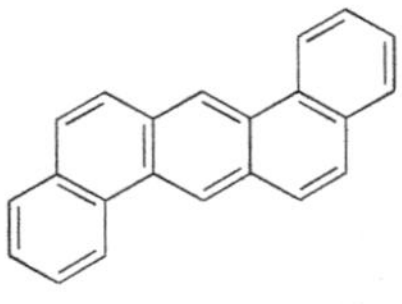
1,2,5,6-二苯并蒽

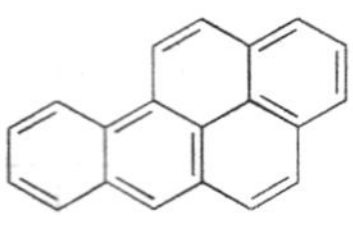
3,4-苯并芘

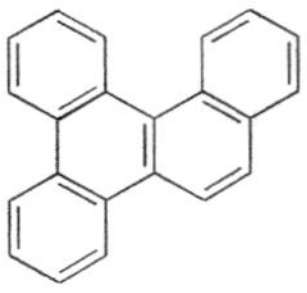
1,2,3,4-二苯并菲

4.2.7 非苯芳香烃

有些不具有苯环结构的环烯烃类化合物，也具有一定的芳香性，这类化合物称为非苯芳香烃。

为了判断一个化合物是否具有芳香性，1931 年德国化学家休克尔(Hückel)用简化的分子轨道法计算了许多单环多烯的 π 电子能级，提出一个判断芳香性的规则，称为休克尔规则(又称 $4n+2$ 规则，Hückel rule)。按此规则，芳香性分子必须具备三个条件：①成环原子共平面；②形成环状闭合共轭体系；③成键 π 电子总数等于 $4n+2$，其中 n 为自然数。

依据休克尔规则，苯($n=1$)、萘($n=2$)、蒽和菲($n=3$)都符合上述三个芳香性的评判标准，它们都有芳香性。

有些环状多烯烃，虽然也具有环内交替的单键和双键，但它们不符合休克尔规则的要求，因而没有芳香性，如环丁二烯和环辛四烯。

环丁二烯

环辛四烯

奇数碳的环状化合物，如果是中性分子，如环戊二烯，必定有一个 sp^3 杂化的碳原子，不可能构成环状共轭体系，但它们转化为正离子或负离子时，就可以构成环状共轭体系。

环丙烯正离子的成键 π 电子数为 2，符合 $4n+2(n=0)$ 规则，具有芳香性。

环戊二烯负离子的成键 π 电子数为 6，符合 $4n+2(n=1)$ 规则，具有芳香性。

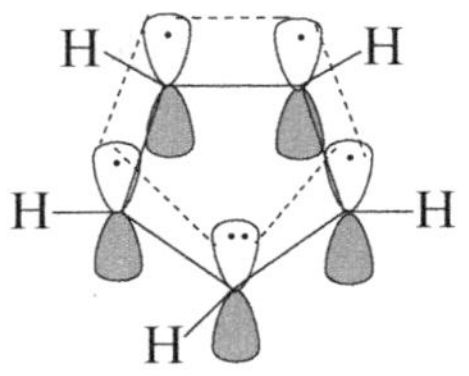

环庚三烯正离子成键 π 电子数为 6，符合 $4n+2$ 规则，具有芳香性。

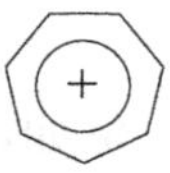

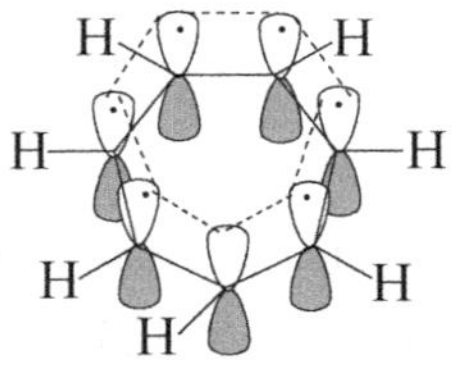

类似的实验表明，下列一些离子也都具有芳香性。

环丁二烯双正离子

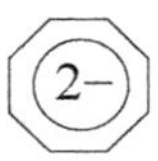
环辛四烯双负离子

薁(azulene)是五元碳环和七元碳环稠合而成的化合物，是萘的异构体，具有平面结构，π电子数为 10，符合 $4n+2(n=2)$ 规则，所以具有芳香性。

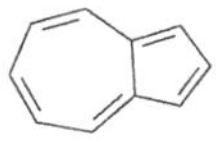

薁为蓝色固体，熔点为 99℃，能进行硝化和傅-克反应，是挥发油的成分，具有抗菌和镇痛等作用。

阅读材料(一)

金　刚　烷

金刚烷(adamantane)分子式为 $C_{10}H_{16}$，化学名为三环[3.3.1.1(3.7)]癸烷。

金刚烷分子中碳原子的排列方式与金刚石晶格中的部分碳原子排列相似，碳原子都以 sp^3 杂化状态互相连接，空间结构是环状四面体，其基本结构是椅形环己烷，它是一种高度对称和非常稳定的化合物，如图 4-7 所示。

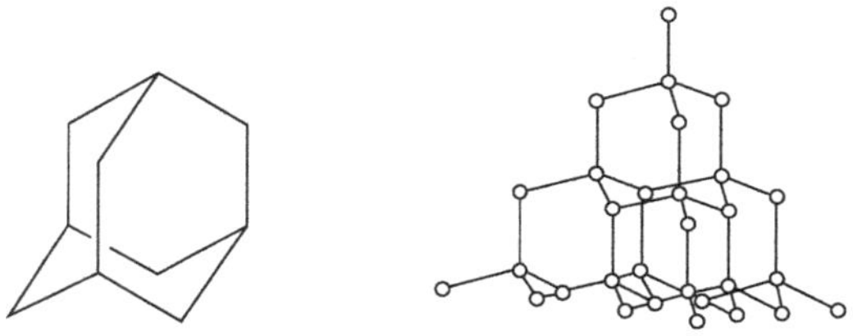

金刚烷　　　　金刚石

图 4-7　金刚烷与金刚石的结构

金刚烷的衍生物可以用作药物，如 1-氨基金刚烷盐酸盐和 1-金刚烷基乙胺盐酸盐能防治由 A2 病毒引起的流行性感冒。金刚烷天然存在于石油中，其含量为万分之四。

阅读材料(二)

C_{60}

C_{60} 是一种碳原子簇。它有确定的组成，60 个碳原子构成像足球一样的 32 面体，包括 20 个六边形，12 个五边形，如图 4-8 所示。由于这个结构的提出是受到建筑学家富勒(Fuller)的启发。富勒曾设计一种用六边形和五边形构成的球形薄壳建筑结构。因此，科学家把 C_{60} 称为足球烯，也称为富勒烯。

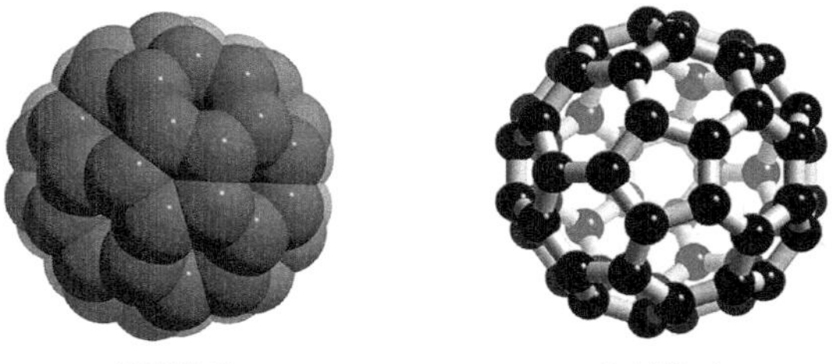

球棒模型　　　　比例模型

图 4-8　C_{60} 的结构

因为 32 面体的每个顶点上的碳原子与其他的三个碳原子相邻，如同苯环上每个碳原子都是 sp^2 杂化，p 轨道在环的上、下形成 π 键一样，足球烯每个顶角上的碳原子也都满足 sp^2 杂化的要求，剩余的 p 轨道在 C_{60} 分子的外围和内腔均形成一层离域的 π 电子云（类似萘环上两个不带氢原子的碳原子）。因此 C_{60} 也是一种烯。

C_{60} 可以进行氧化、还原、加成、卤化、周环（[2+2]和[2+4]等）和聚合或共聚合等反应。C_{60} 不能直接进行取代反应，但其衍生物可进行取代反应。

C_{60} 具有金属光泽，有许多优异性能，如超导、强磁性、耐高压、抗化学腐蚀，在光、电、磁等领域有潜在的应用前景。

习　题

4-1　命名下列化合物或写出结构式。

(1) 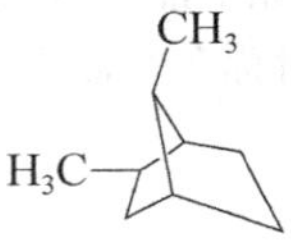
(2) 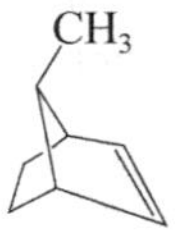
(3) 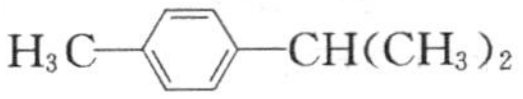

(4) 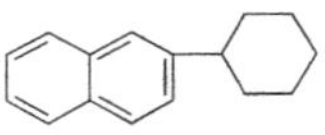
(5) 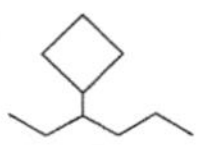
(6) 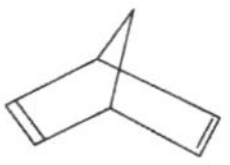

(7) 
(8) 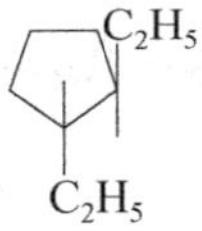
(9) 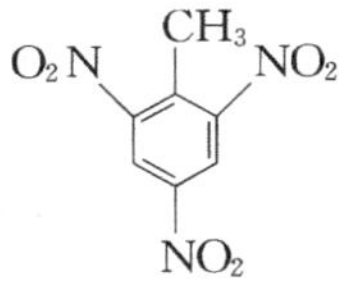

(10) 反-1,2-二甲基环丙烷　　(11) 4-硝基-2-氯甲苯

(12) 环己基环己烷　　(13) 邻溴乙苯

4-2　将下列各组化合物按指定要求排序。

(1) 发生硝化反应的活性：甲苯、苯酚、硝基苯、苯

(2) 基团大小(次序规则)：$—SO_3H$、$—COOH$、$—CONH_2$、$—NHCOCH_3$

4-3　写出反-1-甲基-3-异丙基环己烷及顺-1-甲基-4-异丙基环己烷的可能椅式构象，并指出其占优势的构象。

4-4　完成下列反应。

(1) 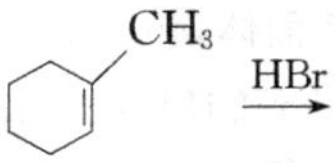

(2) 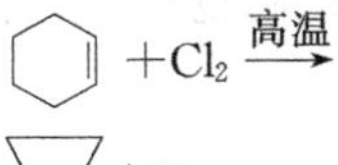

(3) 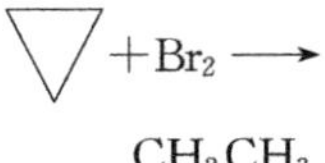

(4) 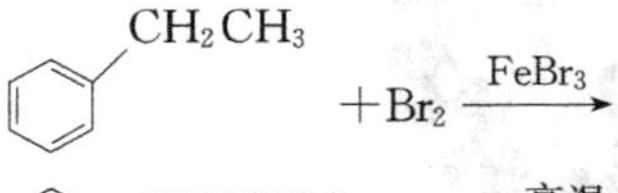

(5) 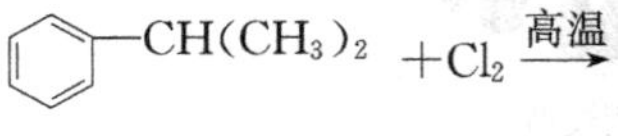

(6) 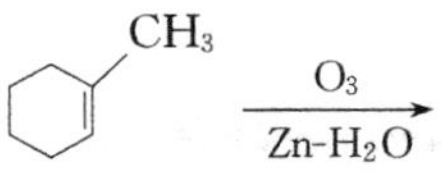

(7) 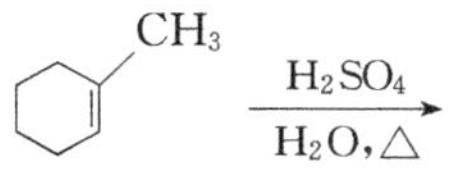

(8) 

(9) 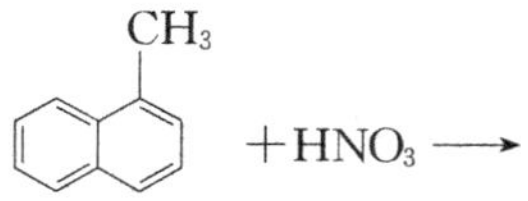

(10) 

(11) 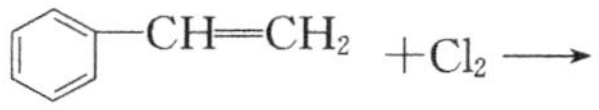

(12) 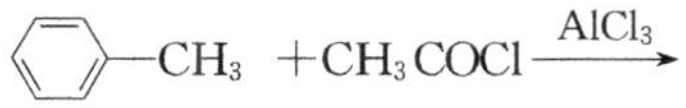

4-5 用简单化学方法鉴别下列各组化合物。

(1) 环丙烷、丙炔、丙烯、丙烷

(2) 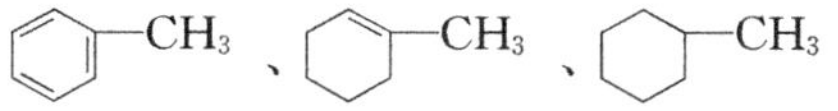

(3) 1,2-二甲基环丙烷、乙烯基环己烷、环戊烷

(4) 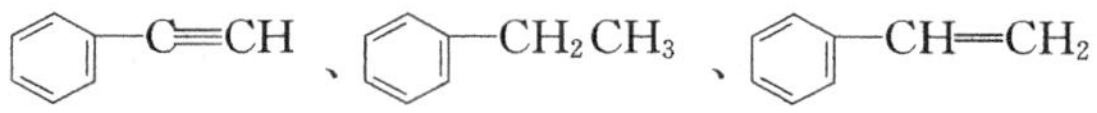

(5) 环己烷、环己烯、1-己烯、1-己炔

4-6 写出下列化合物进行一元卤代的主要产物。

(1) 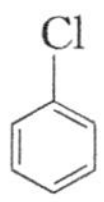 (2) 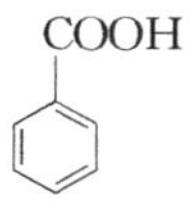 (3) 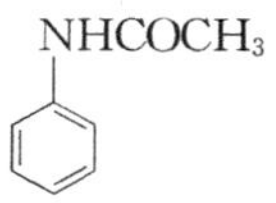

(4) 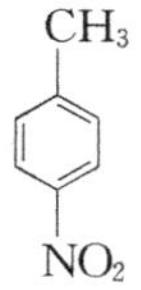 (5) 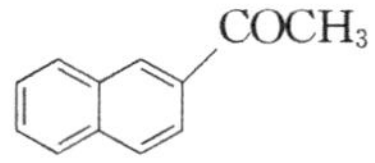 (6) 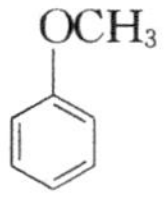

4-7 合成题:由苯或甲苯及其他无机试剂制备下列各化合物。

(1) 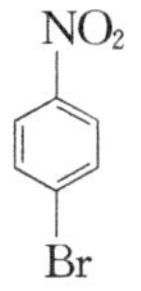 (2) 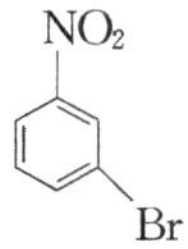 (3) 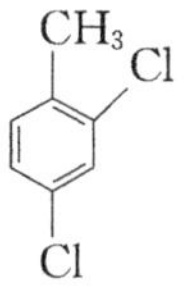 (4) 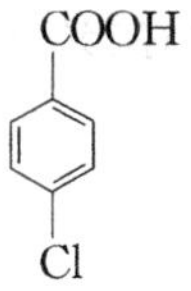

(5) 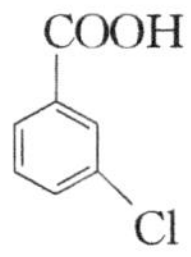 (6) 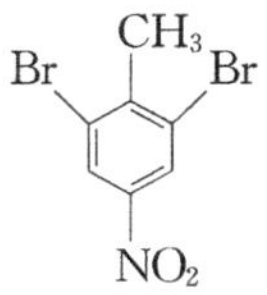 (7) 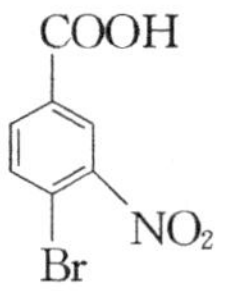 (8) 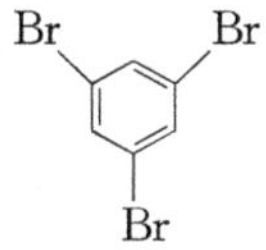

4-8 分子式为 C_9H_{12} 的芳烃 A,以高锰酸钾氧化后得二元羧酸。将 A 进行硝化,只得到两种一硝基产物。试推测 A 的结构。

4-9 分子式为 C_8H_{14} 的 A,能被高锰酸钾氧化,并能使溴的四氯化碳溶液褪色,但在汞盐催化下不与稀 H_2SO_4 作用。A 经臭氧氧化,再还原水解只得到一种分子式为 $C_8H_{14}O_2$ 的不带支链的开链化合物。试推测 A 的结构。

4-10 溴苯氯代后,分离得到两个分子式为 C_6H_4ClBr 的异构体 A 和 B,将 A 溴代得到几种分子式为 $C_6H_3ClBr_2$ 的产物,而 B 经溴代得到两种分子式为 $C_6H_3ClBr_2$ 的产物 C 和 D。A 溴代后所得产物之一与 C 相同,但没有任何一个与 D 相同。试推测 A、B、C、D 的结构式。

第 5 章　对 映 异 构

我们已经知道，有机化合物中普遍存在着同分异构现象。如前所述，烷烃的构象异构和烯烃的顺反异构都是研究分子中原子在空间的不同分布，像这种分子构造相同，而立体结构不同引起的同分异构称为立体异构(stereoisomerism)。同分异构可总结如下：

- 异构现象
  - 构造异构
    - 碳架异构
    - 位置异构
    - 互变异构
    - 官能团异构
  - 立体异构
    - 构象异构
    - 构型异构
      - 顺反异构
      - 旋光异构

需要指出的是，构造异构中的互变异构是一种特殊的官能团异构，主要是指烯醇-醛酮互变异构。立体异构中的构型异构根据产生异构的原因不同又分为顺反异构和旋光异构(optical isomerism)。旋光异构包括对映异构(enantiomer)和非对映异构(diastereomer)。本章将重点讨论对映异构的相关知识。

5.1　偏振光和物质的旋光性

光是一种电磁波。光波的振动方向与传播方向垂直。普通光的光波在各个不同的方向上振动，但如果让它通过一个尼科尔棱镜(Nicol 棱镜，其特点是只允许与其晶轴平行振动的光通过)，则透过棱镜的光就只在一个方向上振动。这种光就称为平面偏振光(plane-polarized light)，简称偏振光或偏光，如图 5-1 所示。

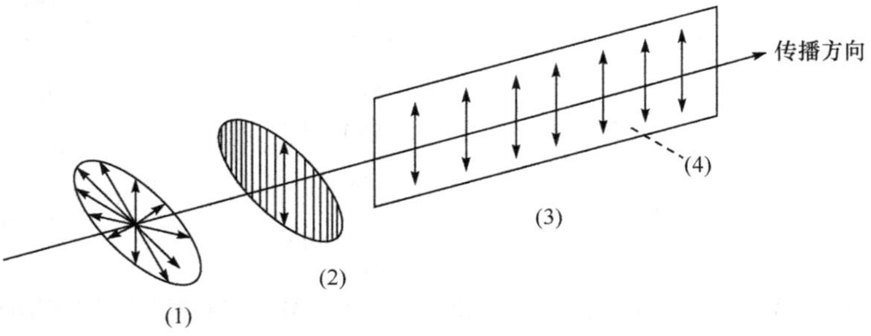

图 5-1　偏振光的形成

(1) 普通光；(2) 尼科尔棱镜；(3) 偏振光；(4) 振动平面

当偏振光通过某种介质时，有的介质对偏振光没有作用，即透过介质的偏振光仍在原方向上振动，而有的介质却能使偏振光的振动方向发生旋转，如图 5-2 所示。例如，当偏振光通过水、乙醇等物质时，偏振光的振动方向不改变，如图 5-2(a)所示，这类物质不能使偏振光的振动平面发生旋转，称为非旋光性物质(non optically active substance)。但当偏振光通过乳酸、葡萄糖等时，偏振光的振动平面旋转了一定的角度，如图 5-2(b)所示，这种能旋转偏振光振动方向的性质称为旋光性(optical activity)，具有旋光性的物质称为旋光性物质或光活性物质(optically active substance)。

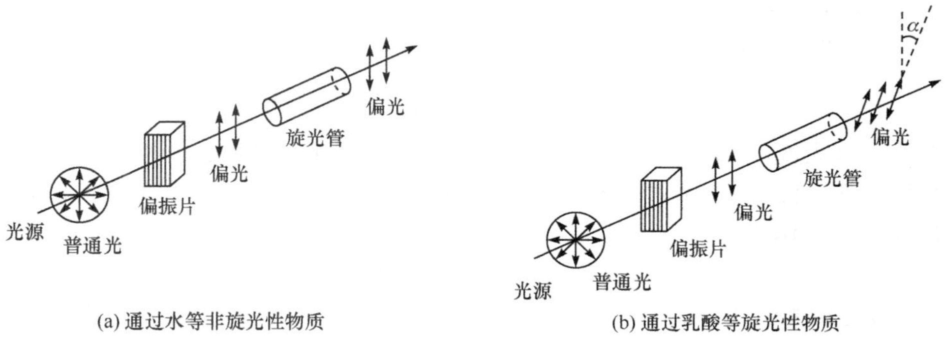

图 5-2　物质的旋光性差异

5.2　旋光度和比旋光度

旋光性物质使偏振光振动平面旋转的角度称为旋光度(optical rotation)，用 α 表示。从面对偏振光传播的方向来看，有些旋光性物质能使偏振光的振动平面向顺时针方向旋转，称为右旋体(dextrorotatory)，用(+)或"*d*"表示。例如，从自然界得到的葡萄糖是右旋体，故又称右旋葡萄糖，表示为(+)-葡萄糖或 *d*-葡萄糖。有些旋光性物质能使偏振光的振动平面向逆时针方向旋转，称为左旋体(levorotatory)，用(－)或"*l*"表示。例如，从自然界得到的果糖是左旋体，又称为左旋果糖，表示为(－)-果糖或 *l*-果糖。

旋光性物质的旋光度大小和旋光方向可用旋光仪进行测定。旋光仪主要由光源(单色光，如钠光灯)、两个尼科尔棱镜(固定的称为起偏镜，可转动的称为检偏镜)、样品管、目镜、刻度盘等组成，如图 5-3 所示。

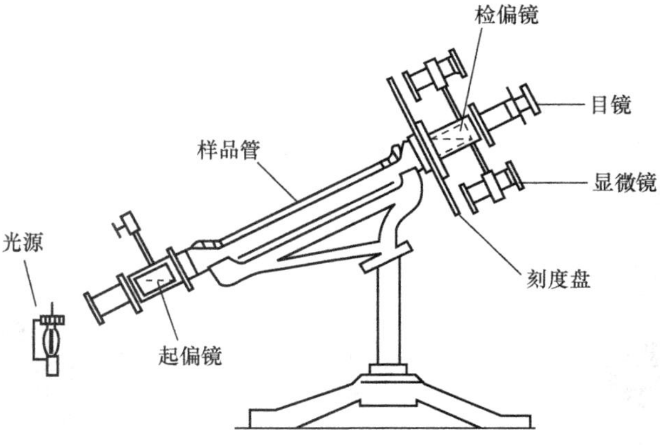

图 5-3　旋光仪的构造

单色光依次通过第一个棱镜(起偏镜)、样品管、第二个棱镜(检偏镜)，最后到达观察者。

使用前样品管是空的，调节检偏镜，令偏振光完全通过（此时两个棱镜的轴平行），使光亮最大。当样品管中装有旋光性物质时，则人们观察到的光亮变暗（这是由于旋光性物质将偏振光平面旋转了一定角度）。然后向左或向右旋转检偏镜，此时旋光仪刻度盘上所示的数值即为旋光度。

旋光度与样品管的长度、溶液的浓度、溶剂以及测定时的温度和光源的波长都有关系。条件不同，不仅可改变旋光的度数，甚至可以改变旋光的方向。在样品管的长度为 1dm，被测物质的浓度为 1g/mL 时测出的旋光度称为比旋光度，通常用$[\alpha]_{\lambda}^{t}$表示：

$$[\alpha]_{\lambda}^{t}=\frac{\alpha}{l\times c}$$

式中，α 为实测旋光度；λ 为测定时光源的波长，当用钠光作光源时，则用 D 代替；t 为测定时的温度；l 为旋光管的长度（dm）；c 为溶液的浓度（g/mL）。例如，天然葡萄糖水溶液是右旋的，在 20℃时用钠光灯作光源（λ=589.3nm），其比旋光度是 52.5°，则表示为

$$[\alpha]_{D}^{20}=+52.5°（水）$$

比旋光度是旋光性物质的物理常数之一，可以用来鉴定旋光性物质，测定其含量及浓度。

5.3　分子的手性和对映异构

5.3.1　分子的手性

我们的手看起来没什么区别，但是将左手的手套戴到右手上是不合适的。如果将左手放在一面镜子前，其镜像恰好是右手的模样，左手和右手具有对映关系，它们互为镜像，但是左右手不能在位置和方向上同时重叠，如图 5-4 所示。

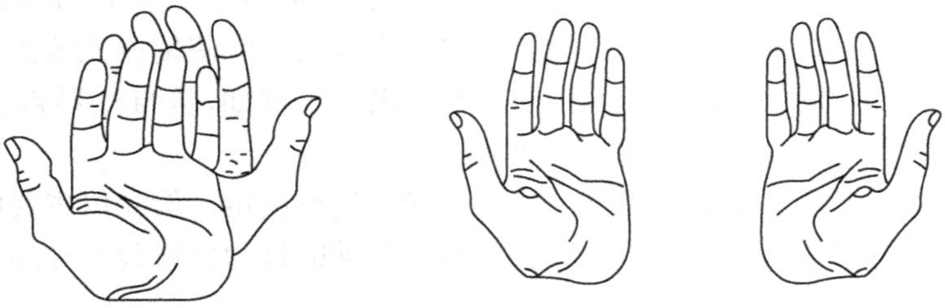

左手和右手不能重叠　　左手和右手互为镜像

图 5-4　左右手的关系

有机分子也有自己的镜像。乳酸分子和它的镜像如图 5-5 所示，其中一个乳酸分子中—OH 在左边，另一个的—OH 在右边，这两个乳酸具有对映关系。同时它们就像左手和右手的关系一样，不能互相重合。

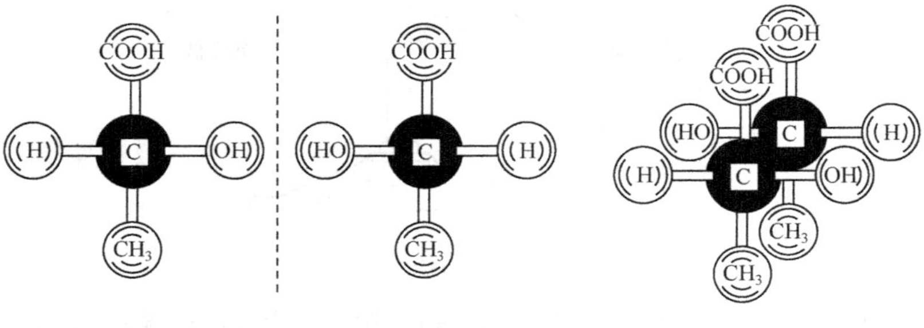

图 5-5　乳酸分子及其镜像

这种具有对映关系而又不能完全重合的一对化合物称为对映异构体(enantiomer),又称旋光异构体(optical isomer),具有旋光性。这一对对映体具有的对映而又不能完全重合的性质与左右手具有的性质一样,称为手性(chirality)。具有手性的分子称为手性分子(chiral molecule)。乳酸分子就是手性分子。相反,如果实物与其镜像能够完全重合,则表示实物与其镜像代表同一种化合物,这样的化合物不具备手性,称为非手性分子(achiral molecule)。

研究乳酸的结构发现,分子中的C(2)原子连有4个互不相同的原子或基团,这种碳原子称为手性碳原子(chiral carbon atom),简称手性碳,常用"*"标记。一般来说,只含有一个手性碳的有机物必有一对对映体,且都具有手性。

需要指出的是,手性碳原子的存在是分子产生手性的原因之一,但不是决定性的原因。也就是说有些分子具有手性,但是结构中却没有手性碳原子。分子具有手性的决定性原因是分子与其镜像不能完全重合。

5.3.2 分子的对称性

在分子结构较复杂时,通过考察分子与其镜像能否重合来判断一个有机物是否具有手性有一定难度。一个分子是否具有手性与自身的对称性有关,只要考察分子的对称性就能判断它是否具有手性。主要从以下三种对称因素着手。

1. 对称面

若某个平面可以把分子分为互为镜像的两半,那么这个平面就是该分子的对称面(plane of symmetry)。例如

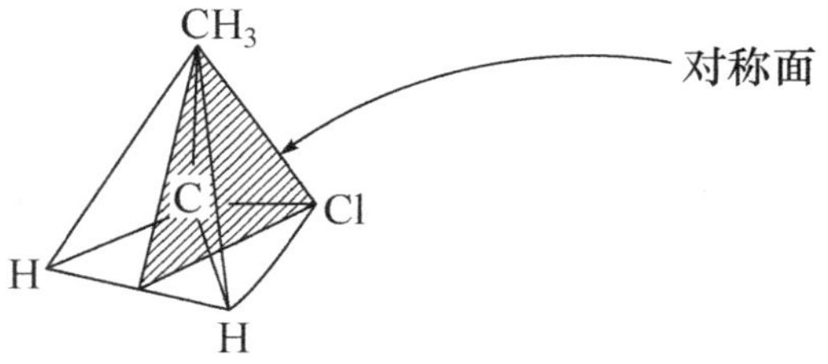

2. 对称中心

若有一个点,从分子中任何一个原子或基团出发,向这个点作直线,再延长至与该点等距离处,可以遇到一个同样的原子或基团,这个点就是该分子的对称中心(center of symmetry)。例如

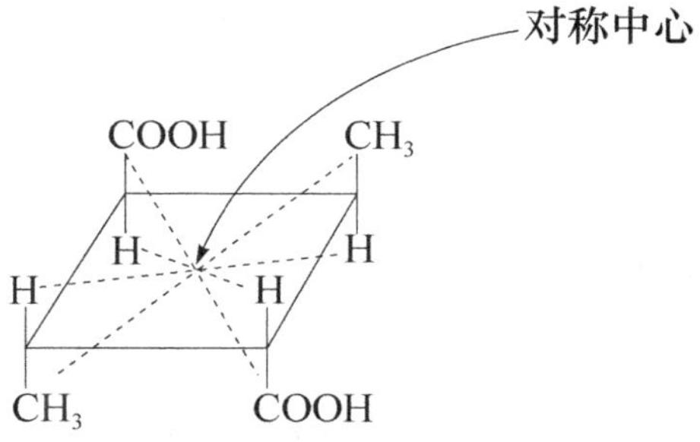

3. 对称轴

若有一条直线，当分子以此直线为轴旋转 $360°/n$(n 为正整数且不为 1)，与原来的结构相同，这条直线即为 n 重对称轴(axis of symmetry)。例如

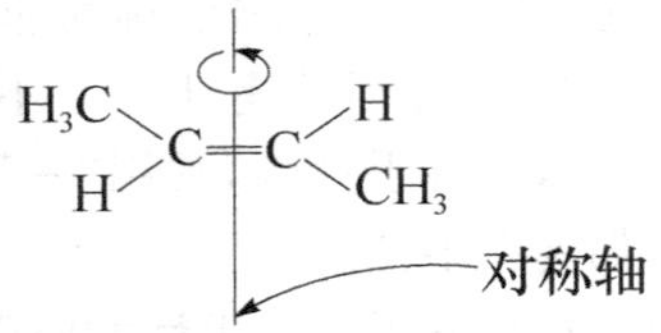

凡具有对称面、对称中心或对称轴的分子，都能与其镜像相叠合，它们都是非手性分子。既没有对称面也没有对称中心的分子一定是手性分子，其具有旋光性，具有对映异构体。在某些手性分子中可能存在对称轴。

5.4　含一个手性碳的化合物的对映异构

乳酸就是含有一个手性碳的化合物，具有一对对映体即(＋)-乳酸和(－)-乳酸。在实验室中合成的乳酸没有旋光性，这是因为得到的是等量的(＋)-乳酸和(－)-乳酸混合物。这种由等量的一对对映体所组成的混合物称为外消旋体(racemate)。由于这对对映体的旋光度大小相同，方向相反，旋光性能恰好互相抵消，所以外消旋体不显旋光性。外消旋体常用符号“±”或“*dl*”表示。外消旋体通常是在合成中得到的，可利用适当的方法拆分为右旋体和左旋体。

5.4.1　构型的表示方法

对映体中的手性碳具有四面体结构，它们的构型一般可采用球棍模型、透视式和费歇尔投影式(Fischer projection)等表示。但是由于用球棍模型、透视式书写麻烦，所以多采用费歇尔投影式表示。

费歇尔投影式是将模型在纸面上投影而得到的表达式。其投影规则如下：

(1) 以手性碳为投影中心，画十字线(＋)，十字线的交叉点代表手性碳。

(2) 将主链放在竖线上，把命名时编号最小的碳原子放在上端，编号最大的碳原子放在下端(竖线上的两个基团表示伸向纸面的后方)，其他两个基团放在横线上(横线上的两个基团表示指向纸面的前方)。

例如，乳酸分子的一对对映体用球棍模型和费歇尔投影式分别表示如下：

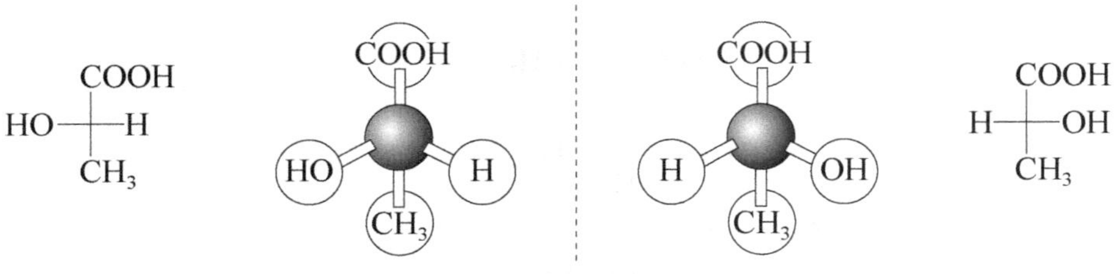

使用费歇尔投影式应注意以下几点：①投影时的几点规则必须共同遵守，才能保证投影式的一致性；②由于投影时规定竖线上的两个基团在纸面后方，横线上的两个基团在纸面前方，

因此不能把投影式在纸面上旋转 90°的奇数倍(允许旋转 90°的偶数倍);③费歇尔投影式不能离开纸面翻转。

由此可见,若将一个费歇尔投影式在纸平面上旋转 180°后,得到的投影式和另一费歇尔投影式相同,则这两个投影式表示同一构型;若将一个费歇尔投影式在纸平面上旋转 90°(顺时针或逆时针旋转均可)后,得到的投影式和另一投影式相同,则这两个投影式表示两种不同构型,两者是一对对映体;若将一个费歇尔投影式手性碳上的任意两个原子或基团互换(奇数次),得到的投影式必为其对映异构体。

5.4.2 构型的标记方法

构型的标记方法,一般采用 D/L 标记法和 *R*/*S* 标记法。

1. D/L 标记法

1951 年以前,人们只认识到对映体的构型不同,但还无法测定其真实构型。为了避免任意指定构型所造成的混乱,19 世纪末,费歇尔建议以甘油醛为标准来确定对映体的构型。它们的投影式如下:

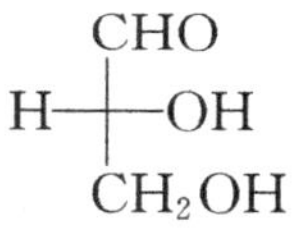

(Ⅰ) D-(+)-甘油醛

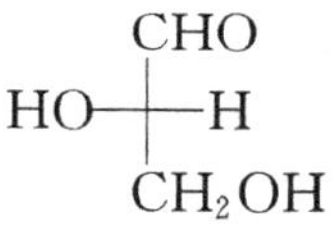

(Ⅱ) L-(−)-甘油醛

指定(Ⅰ)代表右旋甘油醛,—OH 在手性碳的右边,这种构型称为 D(dexter,拉丁文,“右”)型;(Ⅱ)代表左旋甘油醛,—OH 在手性碳的左边,称为 L(laevus,拉丁文,“左”)型。因此(Ⅰ)是 D-(+)-甘油醛,(Ⅱ)是 L-(−)-甘油醛。

D/L 标记法只适用于含有一个手性碳的化合物。对于含多个手性碳的化合物就容易混乱。但由于习惯的原因,目前在糖和氨基酸类物质中仍较普遍采用。例如,生物体中普遍存在的 α-氨基酸主要是 L 型,从天然产物中得到的单糖主要是 D 型。

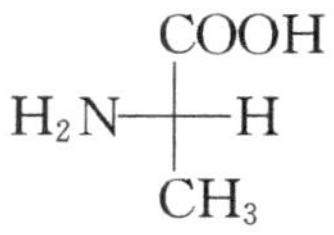

L-(+)-丙氨酸

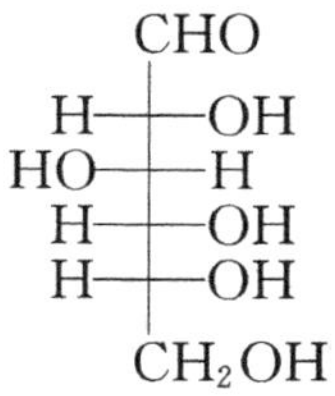

D-(+)-葡萄糖

需要指出的是,D 和 L 表示的是构型,而(+)和(−)则表示旋光方向,旋光方向是通过旋光仪测定出来的,两者没有必然联系。

2. *R*/*S* 标记法

R/*S* 标记法是由 IUPAC 提出的标记手性碳构型的国际通用标记法,它是根据手性碳上的 4 个原子或基团在空间的真实排列来标记构型的。其规则如下:

(1) 把手性碳所连的 4 个基团(a、b、c、d)按“次序规则”进行大小排序。假设 a>b>c>d,即 a 最大,d 最小。

(2) 将次序最小的原子或基团放在离观察者最远的地方，使 a→b→c 连成圆圈摆在眼前。若 a→b→c 是按顺时针方向排列，定为 *R* 构型(rectus，拉丁文)；若 a→b→c 是按逆时针方向排列，定为 *S* 构型(sinister，拉丁文)，如图 5-6 所示。

(a) *R* 构型(a→b→c 顺时针方向排列)　　(b) *S* 构型(a→b→c 逆时针方向排列)

图 5-6　*R-S* 构型的确定

当化合物的构型以费歇尔投影式表示时，常采用“横变竖不变”原则进行手性碳 *R-S* 构型的判断。即当优先次序中最小原子或基团处于投影式的竖线上时，其他 3 个原子或基团的顺序若按顺时针由大到小排列，则构型为 *R* 型；如果按逆时针排列，则为 *S* 型，此判断标准与前述相同，故称“竖不变”。例如

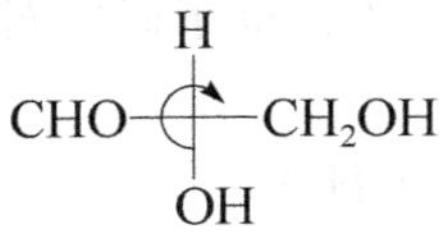

(*R*)-甘油醛

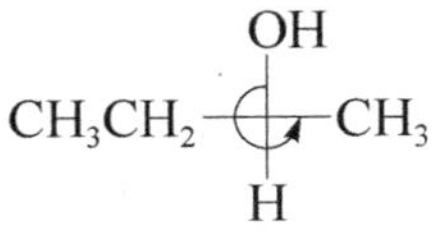

(*S*)-2-丁醇

当优先次序中最小的原子或基团处于投影式的横线上时，如果其他 3 个原子或基团按顺时针由大到小排列，则构型是 *S* 型；若按逆时针由大到小排列，则是 *R* 型，此判断标准与前述不同，故称为“横变”。例如

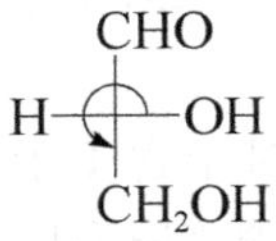

(*R*)-甘油醛

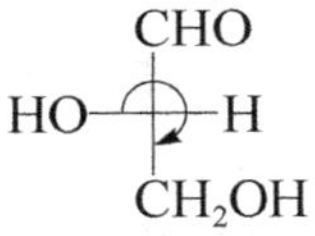

(*S*)-甘油醛

还应强调指出，D/L 和 *R*/*S* 是两种不同的构型标记方法，它们之间也没有必然的联系。*R*/*S* 标记法是由分子的几何形状按次序规则确定的，它只与分子的手性碳上的原子和基团有关，而 D/L 标记法则是由分子与参比物相联系而确定的。

5.5　含两个手性碳的化合物的对映异构

许多天然产物(如糖、多肽、生物碱等)常含有一个以上手性碳原子，所以了解多于一个手性碳原子的化合物的对映异构现象是非常必要的。

5.5.1　含两个不相同手性碳的化合物的对映异构

一般地说，分子中含手性碳的数目越多，对映异构体也越多。若分子中含有 2 个不相同的手性碳时，与它们相连的原子或基团，可有 4 种不同的空间排列形式，即存在 4 个旋光异构体。例如，三羟基丁醛(赤藓糖)是一种含有 4 个碳原子的糖类，分子中有 2 个不相同的手性碳。

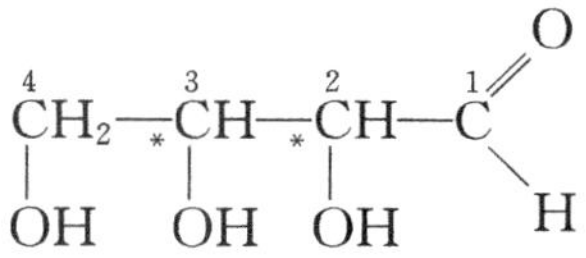

它有 4 个对映体，其费歇尔投影式如下：

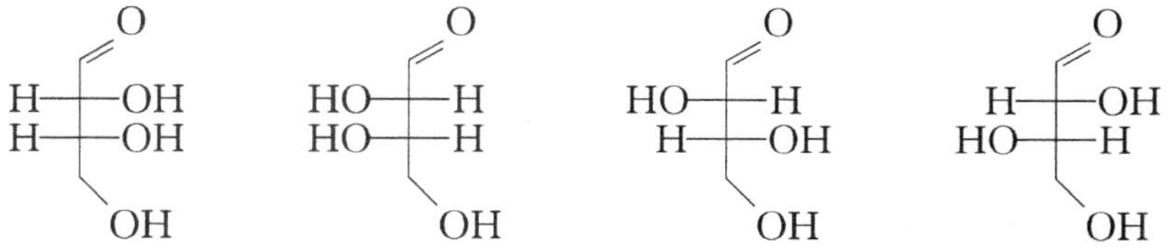

(1)　D-(−)-赤藓糖　(2R,3R)

(2)　L-(+)-赤藓糖　(2S,3S)

(3)　D-(−)-苏阿糖　(2S,3R)

(4)　L-(+)-苏阿糖　(2R,3S)

在以上 4 个旋光异构体中，(1)和(2)是一对对映体，(3)和(4)是一对对映体。(1)和(3)或(4)，(2)和(3)或(4)都不是实物和镜像关系，称非对映体(diastereomer)。

含有 n 个手性碳的分子应有 2^n 个旋光异构体，有 2^{n-1} 对对映体。

若两个手性碳上两个相同的原子或基团在主链的同侧称为赤型(erythro-)，在异侧的称为苏型(threo-)。例如

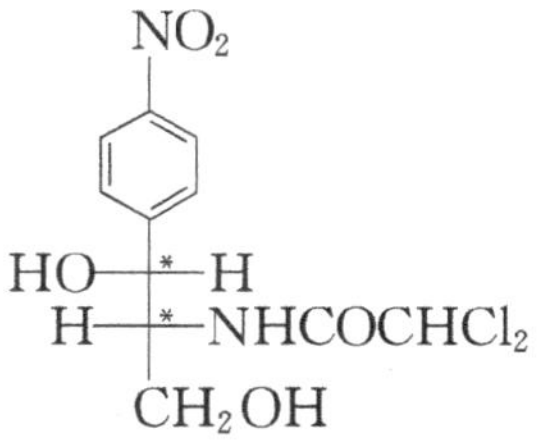

苏型-(−)-氯霉素

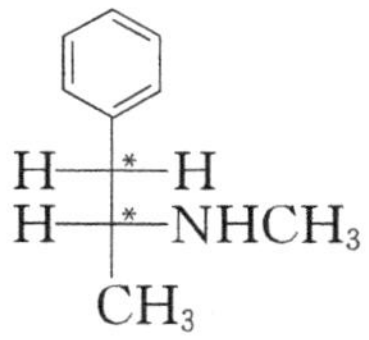

赤型-(+)-麻黄碱

5.5.2　含两个相同手性碳的化合物的对映异构

酒石酸结构式为 HOOCCH(OH)CH(OH)COOH，分子中含有 2 个相同的手性碳(两个手性碳上连有同样的 4 个不同基团)，可以写成以下 4 种构型：

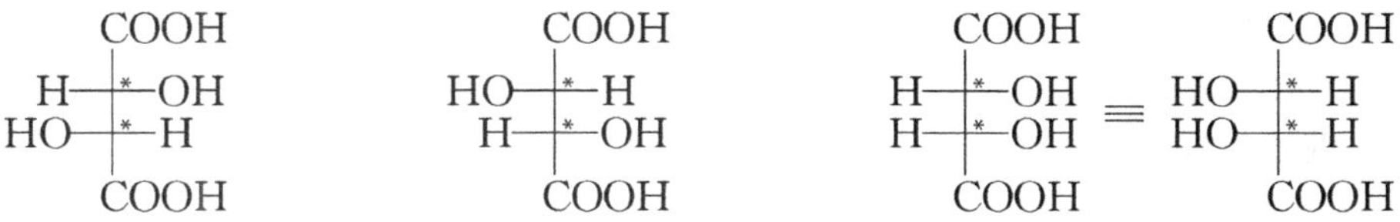

(1)　(+)-酒石酸　(2R,3R)

(2)　(−)-酒石酸　(2S,3S)

(3)　(4)　*i*-酒石酸　(2R,3S)

可以看出(1)和(2)是一对对映体，(3)与(4)是同一种物质。如果把(3)在纸面上旋转 180°就得到(4)，这是因为(3)的 2 个手性碳间有一对称面，可以把整个分子分成两部分，其上下两部分为实物与镜像关系，就是分子内存在互相对映的两部分(也可以认为分子中存在对称中心)。这两部分产生的旋光度大小一样，但旋光方向却相反，正好互相抵消而使整个分子失去旋光性。这样的化合物称为内消旋体(meso form)，常用“*i*”或“*meso*”表示。

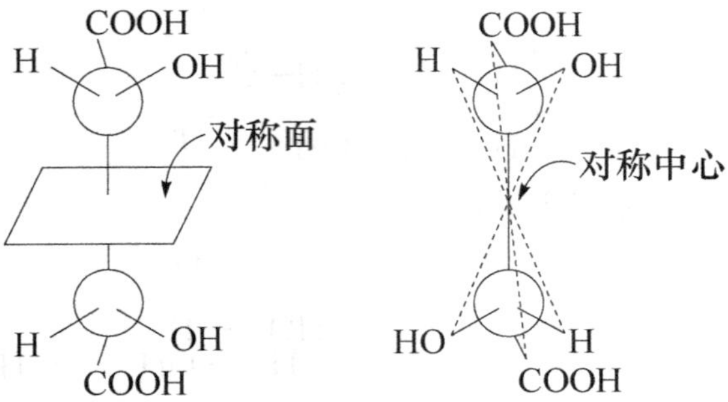

所以酒石酸的立体异构体实际上只有三种，即左旋体、右旋体和内消旋体。内消旋酒石酸和右旋酒石酸、左旋酒石酸是非对映体。内消旋体和外消旋体虽然都没有旋光性，但它们却有本质上的差别。前者是一个化合物，而后者是一种混合物。

5.6　几种特殊的对映异构

5.6.1　环状化合物的对映异构

环状化合物中也可能含有手性碳。确定环状化合物中的手性碳时，应将与手性碳相连的环看作取代基。例如

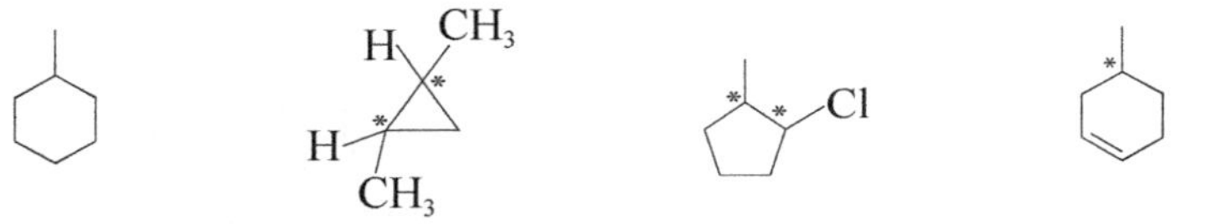

无手性碳　　2 个手性碳　　2 个手性碳　　1 个手性碳

含有手性碳的环状化合物可能既存在顺反异构，也存在旋光异构。例如，环丙烷二甲酸分子中的两个羧基可分布于环平面的同侧或异侧，从而形成顺式和反式异构体，同时分子中含有两个相同的手性碳，其构型表示如下：

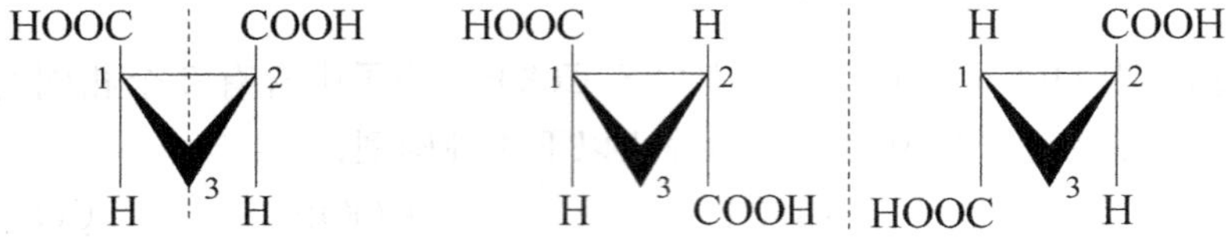

(1)　　(2)　　(3)

顺-1,2-环丙烷二甲酸　　反-1,2-环丙烷二甲酸

(1*R*,2*S*)　　(1*R*,2*R*)　　(1*S*,2*S*)

(1)中存在对称面，为内消旋体，(2)和(3)为一对对映体。

5.6.2　联苯型化合物

在联苯中，两个苯环通过 σ_{C-C} 键相连，由于存在对称因素而无旋光性。但当两个苯环的邻位上都连有体积较大的基团时，基团将阻碍两个苯环绕 σ_{C-C} 键的键轴自由旋转，使得两个苯环不能在同一平面上。若每个苯环上各连有不同的基团，那么分子因既无对称面又无对称中心而具有旋光性。例如，2,2′-二羧基-6,6′-二硝基联苯分子就有一对对映体，但分子中却不含手性碳原子。

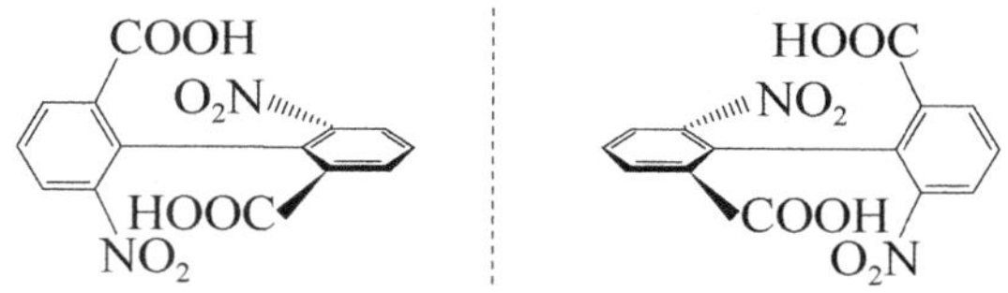

5.6.3 丙二烯型化合物

在丙二烯（$\overset{1}{C}H_2=\overset{2}{C}=\overset{3}{C}H_2$）分子中，C(2)是 sp 杂化的，C(1)和 C(3)是 sp^2 杂化的。C(2)分别以两个相互垂直的 p 轨道与 C(1)和 C(3)未参与杂化的 p 轨道平行重叠形成两个相互垂直的 π 键，由于存在对称因素而无旋光性。结构如下：

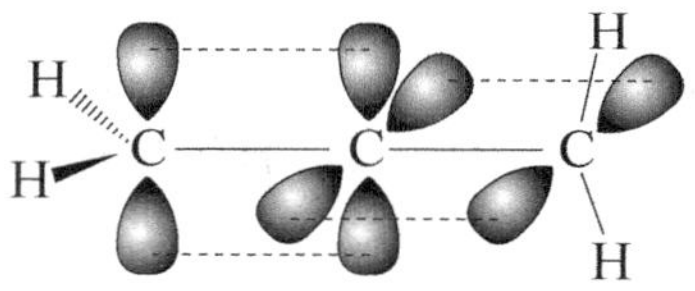

当 C(1)和 C(3)上各连有不同的原子或基团时，则分子中既无对称面又无对称中心，分子具有手性，也就具有旋光性。例如，1,3-二溴丙二烯分子就有一对对映体存在。

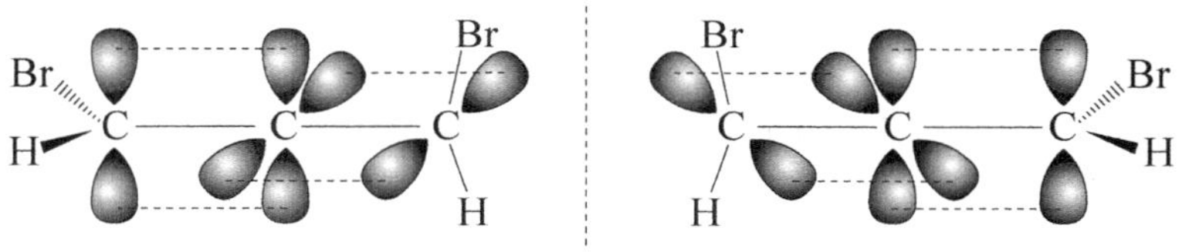

5.7 对映体的性质及生物活性

对映体具有很多相同的理化性质，如熔点、沸点、折光率、比旋光度及相对密度等。例如，(＋)-乳酸和(－)-乳酸的熔点都是 53℃，其 pK_a 均为 3.79。(±)-乳酸虽然是混合物，但是有固定的熔点(18℃)，其 pK_a 也是 3.79。

对映体与非手性试剂反应时也具有相同的反应活性，但是与手性试剂反应时却有不同的反应活性。对映体的生理活性也有较大差别，通常只有其中的一个具有较强的生理效应，其他异构体几乎无活性，甚至产生毒副作用。例如，人体只能吸收右旋葡萄糖，左旋葡萄糖对人体没有营养价值；抗菌药左氧氟沙星的抗菌活性是外消旋体氧氟沙星的 2 倍；左旋多巴可用于治疗帕金森病，它的右旋体是无效的；布洛芬(芬必得中的有效成分)只有 *S* 型有镇痛作用。

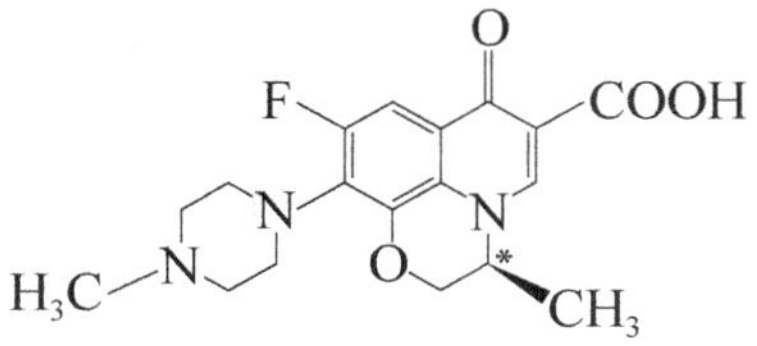

左氧氟沙星

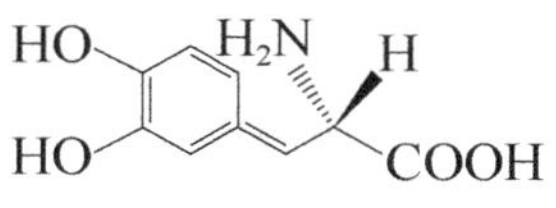

左旋多巴

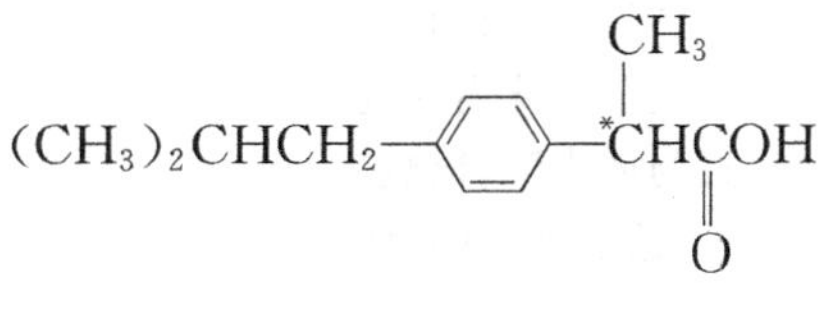

布洛芬

以前由于对此缺少认识，人类曾经有过惨痛的教训，发生在欧洲震惊世界的"反应停"事件就是一例。1956 年，德国一家制药公司开发出一种镇静催眠药反应停（thalidomide，沙利度胺），对于消除孕妇妊娠反应效果很好。但很快发现许多孕妇服用后，生出了上、下肢短小、无头或缺腿的先天畸形儿。虽然各国当即停止了销售，但却造成 6000 多名"海豹儿"出生的灾难性后果。后来经过研究发现，反应停是包含一对对映异构体的外消旋药物，它的一种构型（*R*）-（＋）对映体有镇静作用，另一种构型（*S*）-（－）对映体才是真正的罪魁祸首——对胚胎有很强的致畸作用。

5.8 反应中的立体化学

反应过程中也会产生立体结构和分子手性的变化。由非手性分子合成手性分子时，在无外界手性因素的影响下，总是得到外消旋体，这是有机反应的一般规律。例如，由丁烷进行一元氯代，得到的产物中 2-氯丁烷就是外消旋体。

丁烷的氯代反应是按自由基取代机理进行的。当丁烷中的 2° H 原子被 · Cl 夺取后便生成平面结构的仲丁基自由基，氯分子可从该平面的两侧进攻，生成一对对映体。由于从两侧进攻的机会均等，生成的 *R*、*S* 型产物含量相等，产物为外消旋体，这一过程称为外消旋化（racemization）。

$$Cl:Cl \xrightarrow{h\nu} Cl\cdot + Cl\cdot$$

$$CH_3CH_2CH_2CH_3 + \cdot Cl \longrightarrow CH_3\dot{C}HCH_2CH_3 + HCl$$

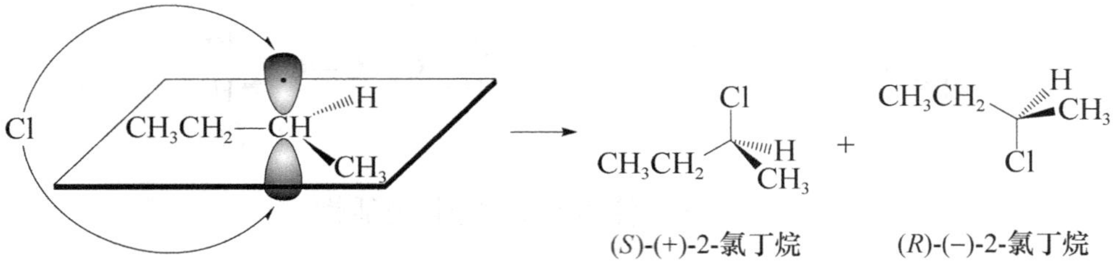

(*S*)-(+)-2-氯丁烷　　(*R*)-(−)-2-氯丁烷

阅读材料

手 性 药 物

手性药物是指只含单一对映体的药物。手性是自然界的本质属性之一，作为生命活动重要基础的生物大分子，如核酸、蛋白质、多糖等分别由具有手性的 D-DNA、L-氨基酸、D-单糖构成，载体、酶、受体等也都具有手性，它们一起构成了人体内高度复杂的手性环境。药物在进入体内后，其药理作用是通过与体内这些靶分子之间的严格手性匹配和分子识别能力而实现的。立体结构相匹配的药物通过与体内酶、核酸等大分子中固有的结合位点产生诱导契合，从而抑制（或激动）该大分子的生理活性，达到治疗的目的。

一般情况下，具有手性的药物，它的两个对映体在体内以不同的途径被吸收、活化或降解，所以在体内的药理活性、代谢过程及毒性存在着显著的差异。当一个有手性的化合物进入生命体时，它的两个对映异构体通常会表现出不同的生物活性。药物能起作用的仅是其中的一只“手”，这只高活性的“手”我们称为优对映体；而另一只“手”效力微小或干脆使不出“劲”，或不能很好地契合而成为无效对映体，或与其他大分子契合产生不同的药理作用，甚至产生毒性，称为劣对映体。因此，对于手性药物的制法主要有两种，一种是手性合成法，另一种是手性拆分法。

1. 手性合成法

手性合成法包括化学合成和生物合成两种途径。

（1）化学合成法。化学合成法主要是以糖类化合物作起始原料，经不对称反应后，在分子的适当部位引进新的活性功能团，合成各种有生物活性的手性化合物。因为糖是自然界存在最广泛的手性物质之一，而且各种糖的立体异构都研究得比较清楚。一个 6 碳糖，可同时提供 4 个已知构型的不对称碳原子，用它作起始原料，经适当的化学改造，可以合成多种有用的手性药物。近年来新开发了不对称催化合成法。

（2）生物合成法。生物合成法包括发酵法和生物酶法。发酵法就是利用细胞发酵合成手性化合物。例如，生物化学工业利用细胞发酵法生产 L-氨基酸。生物酶法是通过酶促反应将具有潜手性的化合物转化为单一对映体。可利用氧化还原酶、裂解酶、水解酶及环氧化酶等直接从前体合成各种复杂的手性化合物，这种方法收率高，副反应少，反应条件温和，无环境污染，有利于工业化。

2. 手性拆分

手性拆分就是将外消旋体拆分成单一的对映体，这就是制取手性药物效率较高的方法。主要有结晶法拆分、动力学拆分、包结拆分、酶拆分和色谱拆分等方法。其中色谱拆分已可以用电脑软件控制操作。在手性色谱柱的异端注入外消旋体和溶剂，在另一端便可接受到已拆分开的单一对映体。包结拆分是化学拆分中较新的一种方法，它是利用外消旋体与手性拆分剂发生包结作用，从而在分子-分子体系层上进行手性匹配和选择，然后再通过结晶方法将两种对映体分离开。例如，治疗消化道溃疡的药物奥美拉唑的 S 构型和 R 构型就是利用这种方法拆分的。

习　题

5-1 下面的说法是否确切？简要说明理由。

（1）凡空间构型不同的异构体均称为构型异构。

（2）含有手性碳原子的分子都不具有任何对称因素，因此都有旋光性。

（3）化合物中如含有任何对称因素，此化合物就不具有旋光性。

5-2 下列化合物中哪些有旋光性？标出其手性碳并判断其 R/S 构型。

（1）3-氯丁烯　　（2）2-溴代-1-丁醇

（3）3-甲基-2-丁醇　　（4）1-甲基-4-乙基环己烷

（5）$CH_3CH_2CH_2\underset{\displaystyle CH_3}{\underset{|}{C}H}CH_2CH_3$　　（6）$C_6H_5CHDCH_3$

（7）$C_6H_5CH_2\underset{\displaystyle CH_3}{\underset{|}{C}H}CH_2C_6H_5$　　（8）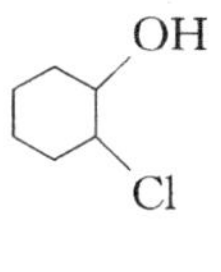

5-3　用 R/S 标记法命名下列化合物。

(1) 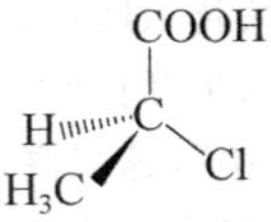　　(2) 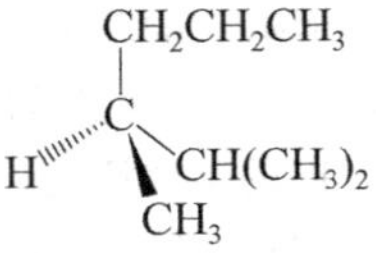

(3) 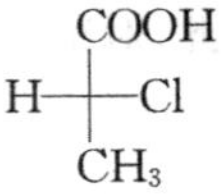　　(4) 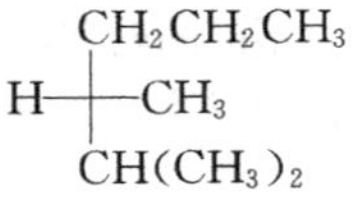

5-4　指出下列各对化合物间的相互关系(属于哪种异构体,或是相同分子)。

(1) 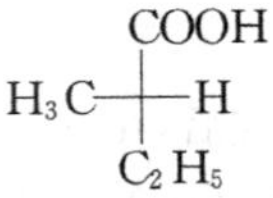 与 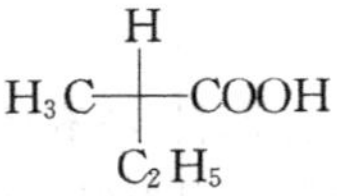　　(2) 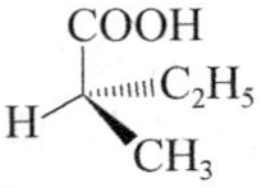 与 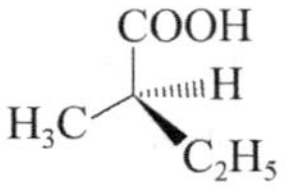

(3) 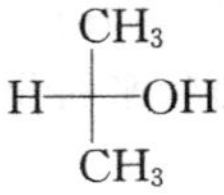 与 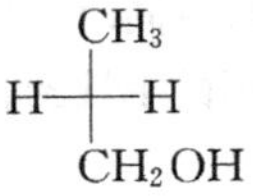　　(4) 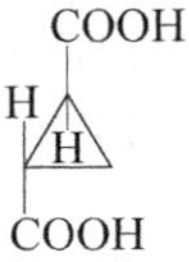 与 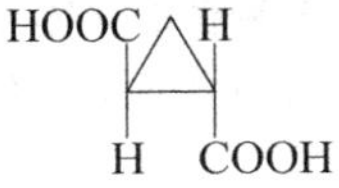

(5) 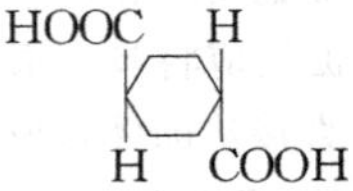 与 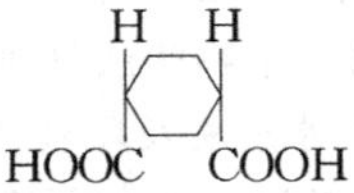　　(6) 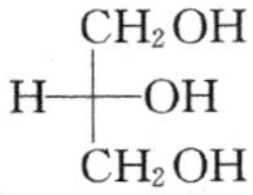 与 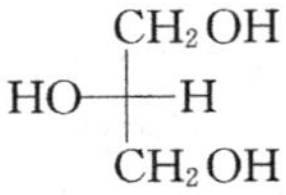

5-5　分子式是 $C_5H_{10}O_2$ 的酸,有旋光性,试推测它的一对对映体的投影式,并用 R/S 标记法命名。

5-6　分子式为 C_6H_{12} 的开链烃 A,有旋光性。经催化氢化生成无旋光性的 B,分子式为 C_6H_{14}。试推测 A、B 的结构式。

5-7　有一旋光性化合物 A,分子式为 C_6H_{10},能与 $AgNO_3$ 的氨溶液作用生成白色沉淀 B(C_6H_9Ag)。将 A 催化加氢生成 C(C_6H_{14}),C 没有旋光性。试推测 A、B、C 的结构式。

第6章　卤　代　烃

烃分子中的氢原子被卤素取代后所生成的化合物称为卤代烃(halohydrocarbon)。一般用通式R—X或Ar—X表示。卤代烃分子中由于存在极性的碳卤键(C—X),其性质比较活泼,能发生多种反应,在有机合成中起着重要的桥梁作用。卤代烃在自然界存在很少,多数是人工合成,在工农业及日常生活中非常重要。

6.1　卤代烃的分类和命名

6.1.1　卤代烃的分类

根据分子中所含卤原子数目不同可以把卤代烃分为一元、二元和多元卤代烃,如三氯甲烷($CHCl_3$)、四氯甲烷(CCl_4)均属于多元卤代烃。

卤代烃中与卤原子相连的碳原子称为α-C。根据α-C的类型不同可将卤代烃分为伯卤代烃(1°卤代烃)、仲卤代烃(2°卤代烃)和叔卤代烃(3°卤代烃)。例如

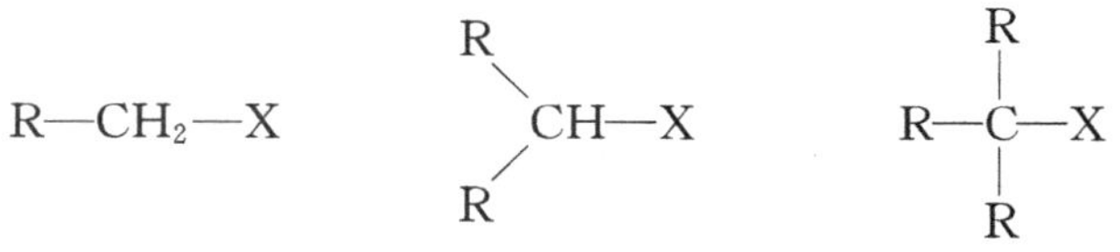

1°卤代烃　　2°卤代烃　　3°卤代烃

根据分子中卤素原子的不同可分为氟代烃、氯代烃、溴代烃、碘代烃。

6.1.2　卤代烃的命名

1. *习惯命名法*

对简单的卤代烃以卤素加烃基命名为"卤某烃"或"某烃基卤"。例如

CH_3Cl　　$H_2C{=}CHCl$　　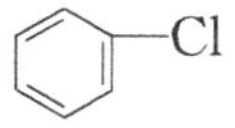　　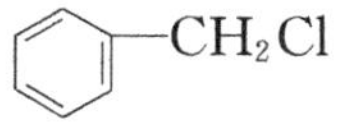　　$(CH_3)_3C—Cl$

氯甲烷　　氯乙烯　　氯苯　　苯甲基氯(苄氯)　　叔丁基氯

习惯命名法只适用于烃基结构较为简单的卤代烃。有些卤代烃常用俗名,如$CHCl_3$称为氯仿,CCl_4称为四氯化碳等。

2. *系统命名法*

构造复杂的卤代烃用系统命名法命名,其原则与烃类基本相同,即选取含有卤原子的最长碳链为主链,根据主链所含碳原子数称为"某烃",卤原子和其他支链作为取代基,主链上碳原子编号时遵循"最低系列"原则。例如

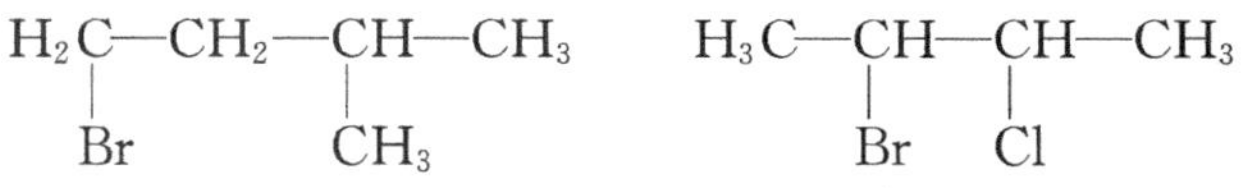

3-甲基-1-溴丁烷　　2-氯-3-溴丁烷

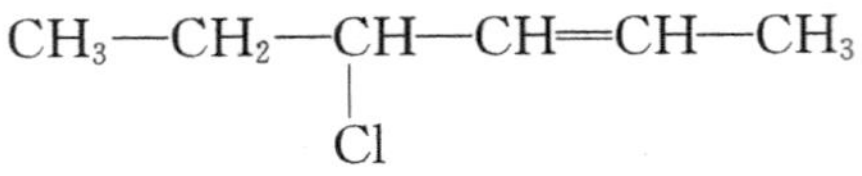

4-氯-2-己烯

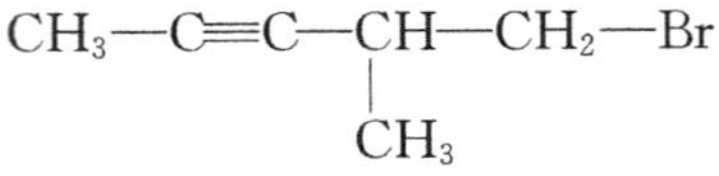

4-甲基-5-溴-2-戊炔

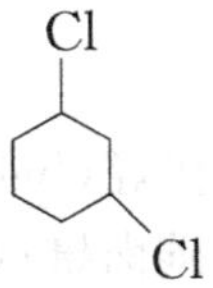

1,3-二氯环己烷

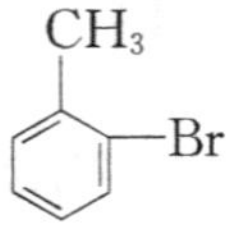

2-溴甲苯
（邻溴甲苯）

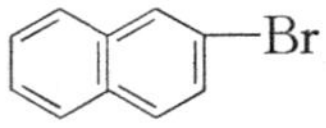

2-溴萘（β-溴萘）

6.2 卤代烃的物理性质

在常温常压下，除氯甲烷、氯乙烷和溴甲烷是气体外，其他常见的一元卤代烷为液体，C_{15}以上的卤代烷是固体。一元卤代烃的熔点、沸点变化规律与烷烃相似，即随分子中碳原子数的增多，熔点、沸点升高。卤代烷分子具有的极性（个别结构对称的分子除外，如四氯化碳）使其熔点、沸点比相对分子质量相近的烷烃稍高。

纯净的卤代烷多是无色的。碘代烷易分解产生游离的碘，久置后会逐渐变成红棕色。一元卤代烃具有不愉快气味，其蒸气有毒，尤其是含氯和含碘的化合物可通过皮肤吸收，使用时要注意。

大多数卤代烷不溶于水，但能溶于醇、醚等大多数有机溶剂。某些卤代烷本身有很好的溶解性，如氯仿是常用的有机溶剂。除少数卤代烷（如一氟代烷、一氯代烷）的相对密度比水小外，其他卤代烷均大于1。一些常见卤代烃的物理性质见表6-1。

表6-1 一些卤代烃的物理常数

结构式	中文名称	英文名称	熔点/℃	沸点/℃	相对密度(d_4^{20})
CH_3Cl	氯甲烷	chloromethane	−97	−24.2	0.920
CH_3Br	溴甲烷	curafume	−93	3.6	1.732
CH_3I	碘甲烷	iodomethane	−66	42.4	2.279
CH_2Cl_2	二氯甲烷	dichloromethane	−96	40	1.326
$CHCl_3$	三氯甲烷	trichloromethane	−64	62	1.489
CCl_4	四氯化碳	tetrachloromethane	−23	77	1.594
CH_3CH_2Cl	氯乙烷	anodynon	−139	12	0.898
CH_3CH_2Br	溴乙烷	bromoethane	−119	38	1.461
CH_3CH_2I	碘乙烷	iodoethane	−111	72	1.936
$CH_3CH_2CH_2Cl$	1-氯丙烷	1-chloro propane	−123	47	0.890
$CH_3CHClCH_3$	2-氯丙烷	2-chloro propane	−177	36	0.860
$CH_2{=}CHCl$	氯乙烯	chlorethylene	−154	−14	0.911
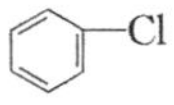	氯苯	chlorobenzene	−45	132	1.107
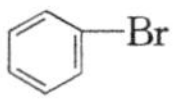	溴苯	bromobenzene	−31	155	1.499

续表

结构式	中文名称	英文名称	熔点/℃	沸点/℃	相对密度(d_4^{20})
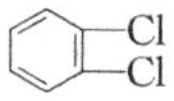	邻二氯苯	*o*-dichlorobenzene	−17	180	1.305
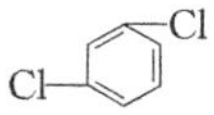	对二氯苯	*p*-dichlorobenzene	53	174	1.247

6.3 卤代烃的化学性质

卤代烃的官能团是卤原子，卤原子较大的电负性使分子产生极性，带有部分负电荷的 α-C 原子容易受到亲核试剂的进攻而发生亲核反应。同时 β-H 由于受到卤原子的影响而比较活泼，可以发生消除反应。另外，卤原子还可以被活泼金属取代、还原。

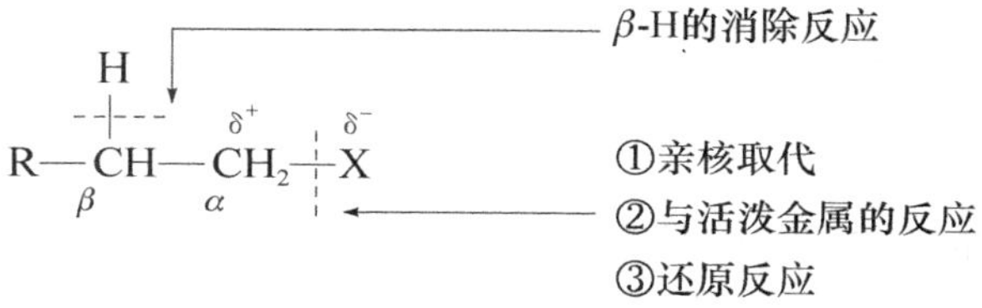

6.3.1 亲核取代反应

卤代烃能与许多试剂作用，分子中的卤原子被其他的原子或基团所取代，如—OH、—CN、—NH_2、—OR、—ONO_2等，取代之后分别生成醇、腈、胺、醚、酯等化合物。这些反应有一个共同特点，都是亲核试剂，即负离子(OH^-、CN^-、RO^-，ONO_2^-)或具有孤对电子的分子(∶NH_3)进攻卤代烃中的 α-C 原子而引起反应。像这种由亲核试剂先进攻而引起的取代反应称为亲核取代反应(nucleophilic substitution)，以 S_N表示，其通式为

$$R—X + Nu^- \longrightarrow R—Nu + X^-$$

反应物 亲核试剂 产物 离去基团

1. 水解

卤代烃与水发生反应可得到醇(R—OH)，称为卤代烃的水解(hydrolysis)。

$$C_2H_5—Br + H_2O \rightleftharpoons C_2H_5OH + HBr$$

卤代烃水解是可逆反应，而且反应速率很慢。为了提高产率和增加反应速率，常将卤代烃与 NaOH 或 KOH 的水溶液共热，使水解能顺利进行。例如

$$C_2H_5—Br + NaOH \xrightarrow[\triangle]{H_2O} C_2H_5OH + NaBr$$

卤代烃一般由相应的醇合成，由卤代烃制备醇的反应在有机合成中应用较少。

2. 氰解

卤代烃与 NaCN 或 KCN 在醇溶液中反应生成腈(R—CN)，称为氰解。

$$CH_3Br + NaCN \xrightarrow{C_2H_5OH} CH_3CN + NaBr$$

该反应的溶剂也可以是二甲亚砜(DMSO),以伯卤代烃制备腈的产率更高。由于氰基经一定的反应可以转变为—CH_2NH_2、—COOH、—$CONH_2$等基团,所以卤代烃的氰解反应是增长碳链的一种方法。需要注意的是 NaCN 或 KCN 有剧毒,使用时要特别小心。

3. 氨解

卤代烃与NH_3反应生成胺(R—NH_2),称为氨解。过量的NH_3可以与产物 HX 反应生成铵盐。例如

$$R—X + :NH_3 \longrightarrow R—NH_2 + NH_4X$$

4. 醇解

卤代烃与醇钠或酚钠在加热条件下生成醚的反应称为醇解。卤代烃的醇解是制备混醚的常用方法,也称为威廉森(Williamson)醚合成法。例如

$$CH_3Br + NaOCH_2CH_3 \xrightarrow{\triangle} CH_3OCH_2CH_3 + NaBr$$

使用该法合成醚时需使用伯卤代烃,如果使用叔卤代烃,容易发生消除反应而生成烯烃。

5. 与 $AgNO_3$反应

卤代烷与 $AgNO_3$的乙醇溶液作用生成硝酸烷基酯和卤化银沉淀。例如

$$(CH_3)_3C—Cl + AgNO_3 \xrightarrow{C_2H_5OH} \underset{\text{硝酸叔丁酯}}{(CH_3)_3C—ONO_2} + AgCl\downarrow$$

不同的卤代烃与 $AgNO_3$反应的速率不同,叔卤代烃常温下与 $AgNO_3$很快反应,仲卤代烃反应较慢,伯卤代烃需在加热条件下才能反应,所以该反应常用于卤代烃的鉴别。

6. 卤素交换反应

将异丙基溴与 NaI 在丙酮溶液中加热,碘可以取代溴而生成碘代烷,称为卤素交换反应。

$$(CH_3)_2CH—Br + NaI \xrightarrow{\text{丙酮}} (CH_3)_2CH—I + NaBr\downarrow$$

该反应主要利用碘化钠可溶于丙酮而溴化钠、氯化钠不溶的性质。卤素交换反应可以用来以氯代烷、溴代烷制备碘代烷。

6.3.2 消除反应

有机物分子中脱去一个简单分子(如 HX、H_2O、NH_3等)而生成不饱和化合物的反应称为消除反应(elimination reaction),以 E 表示。卤代烃与 NaOH 或 KOH 的醇溶液共热可发生消除反应生成烯烃。例如

$$CH_3—\underset{\displaystyle H}{\underset{|}{C}}H—\underset{\displaystyle Br}{\underset{|}{C}}H_2 \xrightarrow[\triangle]{NaOH/C_2H_5OH} CH_3—CH{=}CH_2 + NaBr + H_2O$$

由于分子中引入了 C═C 键或 C≡C 键,所以有机合成中常利用消除反应制备不饱和化合物。

消除反应的产物和卤代烃的结构有关。结构不对称的仲卤代烃和叔卤代烃发生消除反应可生成不同的产物。例如

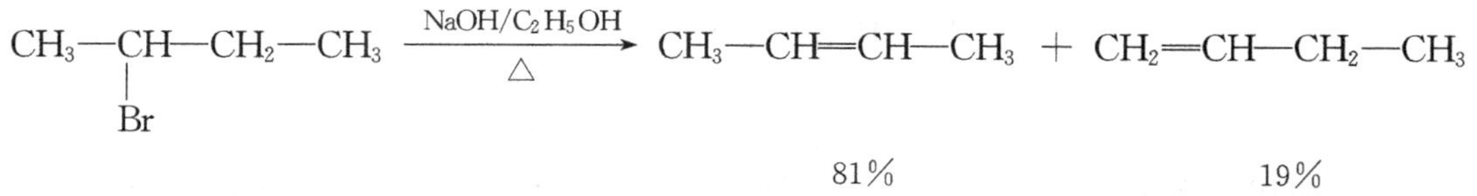

1875 年俄国化学家查依采夫(Saytzeff)总结了大量实验事实指出,不对称的仲、叔卤代烃在发生消除反应时,总是消去含氢较少的碳原子上的氢,主要产物是双键碳原子上连有较多烃基的烯烃(常称为查烯)。这一经验规律称为查依采夫消除规则(Saytzeff elimination rule)。消除反应中脱去的是 β-H 原子,因此又称 β-消除。例如

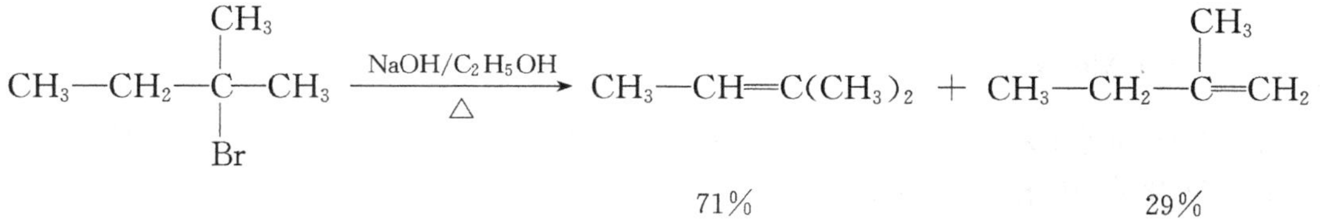

实验证明,并不是所有的消除反应都遵循查依采夫消除规则。例如

$$H_3C—CHX—CHX—CH_3 \xrightarrow[\triangle]{NaOH/C_2H_5OH} H_2C=CH—CH=CH_2$$

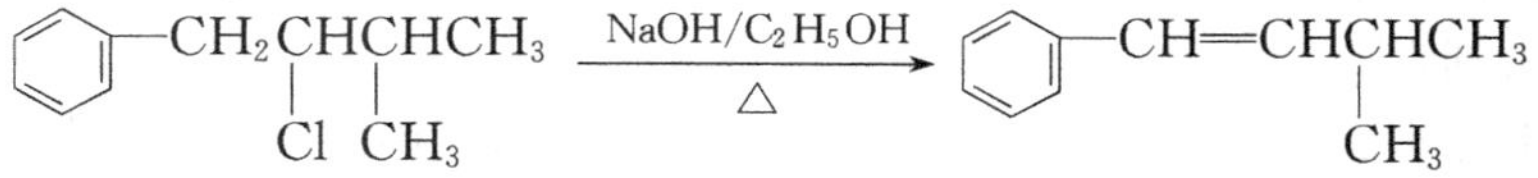

上述两反应均生成了很稳定的共轭体系产物。由此可见,当消除反应能生成比“查烯”更稳定的物质时,消除反应就不遵循查依采夫规则。

邻二卤化物除了能发生脱卤化氢反应生成炔烃或共轭二烯烃外,在锌粉或镍粉存在下,还能脱去卤素生成烯烃。例如

$$H_3C—CHBr—CH_2Br \xrightarrow[n\text{-}C_4H_9OH]{KOH,\triangle} H_3C—C\equiv CH$$

$$H_3C—CHBr—CHBr—C_2H_5 \xrightarrow[\triangle]{Zn/C_2H_5OH} H_3C—CH=CH—C_2H_5 \ +ZnBr_2$$

此外,消除反应常与取代反应同时进行。例如

$$(CH_3)_2CH—Br+NaOC_2H_5 \xrightarrow[\triangle]{C_2H_5OH} \underset{21\%}{(CH_3)_2CH—O—C_2H_5} + \underset{79\%}{CH_3CH=CH_2}$$

6.3.3 与金属的反应

卤代烃能与某些活泼金属(如 Li、Na、K、Mg、Al 等)直接反应,生成有机金属化合物(organometallic compound)。这些有机金属化合物性质活泼,碳原子和金属原子之间的键容易断裂而发生多种化学反应,在有机合成上具有重要的意义。

1. 与金属 Na 作用

卤代烃与金属钠作用生成有机钠化合物。

$$RX+2Na \longrightarrow \underset{烷基钠}{RNa}+NaX$$

烷基钠形成后,容易进一步与卤代烃反应,生成碳原子数多一倍的烃。这样的反应称为伍兹反应(Wurtz reaction),在有机合成中常用来成倍地增长碳链。例如

$$RX + RNa \longrightarrow R—R + NaX$$

$$C_2H_5Br + 2Na \longrightarrow C_2H_5Na + NaBr$$

$$C_2H_5Na + C_2H_5Br \longrightarrow CH_3CH_2CH_2CH_3 + NaBr$$

伍兹反应用于在芳环上直接引入直链烃基以制备取代芳烃时，称为伍兹-菲蒂希反应(Wurtz-Fittig reaction)，其特点是没有重排产物生成。

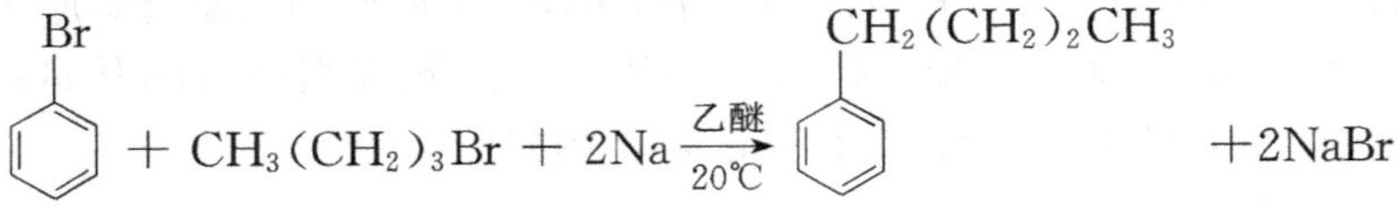

2. 与金属 Mg 作用

在卤代烃的无水乙醚或四氢呋喃(THF)溶液中加入镁条，立即发生反应生成性质非常活泼的有机镁化合物，称为格利雅(Grignard)试剂，简称格氏试剂。它是由 R_2Mg、MgX_2、$(RMgX)_n$ 等多种成分形成的平衡混合物，一般用 RMgX 表示，命名为烃基卤化镁。

$$R—X + Mg \xrightarrow{\text{乙醚}} RMgX$$

在制备格氏试剂时，卤代烃反应活性顺序是 RI>RBr>RCl，实验室常用溴代烃制取格氏试剂。格氏试剂在乙醚中稳定，但作为亲核试剂(可提供 C^-)，在有机合成中具有重要的用途。格氏试剂遇水、醇、卤化氢等含活泼氢的物质时，立即作用生成相应的烃。格氏试剂还能与空气中的 O_2 和 CO_2 反应。

$$RMgX + \begin{cases} \xrightarrow{H_2O} RH + Mg(OH)X \\ \xrightarrow{HOR'} RH + R'OMgX \\ \xrightarrow{NH_3} RH + H_2NMgX \\ \xrightarrow{HX} RH + MgX_2 \\ \xrightarrow{R—C\equiv CH} RH + RC\equiv CMgX \\ \xrightarrow{CO_2} RCOOMgX \xrightarrow{H_2O} RCOOH \\ \xrightarrow{O_2} ROMgX \xrightarrow{H_2O} R—OH \end{cases}$$

3. 与金属 Li 反应

卤代烷在苯、醚或环己烷等非极性溶剂中与 Li 作用，生成有机锂化合物。有机锂化合物的性质与格氏试剂相似，且更为活泼。例如

$$C_4H_9Cl + Li \xrightarrow[-10℃]{\text{苯}} C_4H_9Li + LiCl$$

常通过将烷基锂制成烷基铜锂再与碘代烷反应来制备烷烃。例如

$$CH_3Li + CuI \xrightarrow{\text{乙醚}} (CH_3)_2CuLi$$

$$(CH_3)_2CuLi + CH_3(CH_2)_8CH_2I \xrightarrow[0℃]{\text{乙醚}} CH_3(CH_2)_9CH_3 + CH_3Cu + LiI$$

6.3.4　还原反应

一元卤代烃能被 $LiAlH_4$、$NaBH_4$ 等还原剂还原成烷烃，这是制备高纯烷烃的主要方法。

$$CH_3(CH_2)_6CH_2I \xrightarrow[\text{THF},25℃]{LiAlH_4} CH_3(CH_2)_6CH_3$$

99%

$$CH_3(CH_2)_6CH_2I \xrightarrow[\text{乙醚},45℃]{NaBH_4} CH_3(CH_2)_6CH_3$$

91%

需要指出的是，$LiAlH_4$遇水、醇剧烈反应，放出氢气，使用时应保持干燥。$NaBH_4$虽然还原性比 $LiAlH_4$弱，但是能在水、醇中使用。

6.4　亲核取代反应机理

由于烃基结构的不同，卤代烃的亲核取代可按两种机理进行，即双分子机理（以 S_N2 表示）和单分子机理（以 S_N1 表示），现以卤代烷的水解反应为例予以说明。

6.4.1　S_N2 机理

研究表明，溴甲烷在碱性条件下的水解速率与卤代烷的浓度以及碱的浓度成正比。

$$CH_3Br + OH^- \longrightarrow CH_3OH + Br^-$$

$$v = k[CH_3Br][OH^-]$$

碱性条件下，HO^- 从溴原子的背面沿着 σ_{C-Br}键键轴的方向进攻溴甲烷分子中的 α-C。在逐渐接近的过程中，HO^- 与 α-C 之间的 σ_{C-O}键逐渐形成，σ_{C-Br}键逐渐伸长和变弱。此时甲基上的 3 个 H 原子由于受到 HO^- 的排斥作用也向溴原子方向逐渐偏转，形成的 3 个 H 原子与 α-C处于同一平面上，羟基和溴原子在平面两边，H—C—H 键角为 120°的过渡态。HO^- 继续不断地接近 α-C 而最终形成 σ_{C-Br}键；溴原子则带着电子对继续远离 α-C，直至 σ_{C-Br}键断裂形成 Br^-，位于同一平面的 3 个氢原子也完全偏转到溴原子一边，这样就完成了取代反应过程。

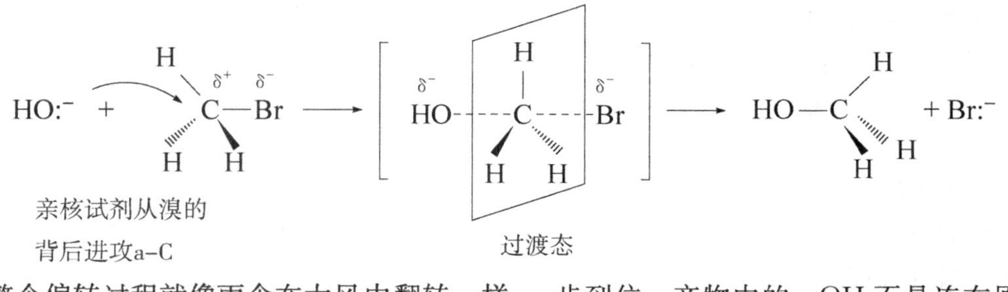

整个偏转过程就像雨伞在大风中翻转一样，一步到位。产物中的—OH 不是连在原来溴原子占据的位置，而是其背面的位置，这个过程称为瓦尔登(Walden)转化。瓦尔登转化是 S_N2 反应的重要标志之一。若卤代烃中的 α-C 为手性碳，则发生 S_N2 后只得到构型转化的一种产物。

溴甲烷碱性水解反应的特点是反应连续而不分阶段，旧键的断裂和新键的生成同时进行。反应速率与溴甲烷和 HO^- 的浓度有关，因此这种亲核取代称为双分子亲核取代反应，用 S_N2 表示，2 代表双分子。

分析上述反应过程可知，HO^- 在进攻 α-C 的过程中同样也受到了 3 个 H 原子的排斥作用。所以，α-C 上的烃基越多，亲核试剂受到的阻力越大，S_N2 的反应速率就越慢。S_N2 机理中，卤代烃 α-C 上烃基的空间位阻效应对反应速率有着显著的影响。

6.4.2 S_N1 机理

研究表明，叔丁基溴在碱性条件下发生水解反应的速率与叔丁基溴的浓度成正比，而与碱的浓度无关。

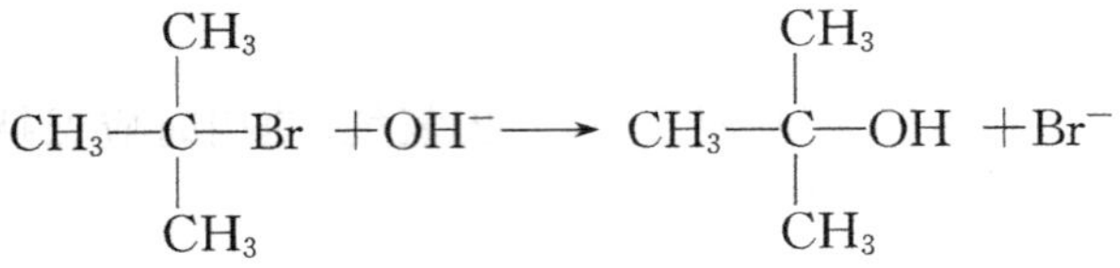

$$v=k[(CH_3)_3CBr]$$

叔丁基溴在碱性条件下的水解反应分两步进行。首先在溶剂中叔丁基溴的 $\sigma_{C—Br}$ 键异裂，生成平面结构的 C^+ 中间体。这一步速率较慢，是整个反应的决速步。

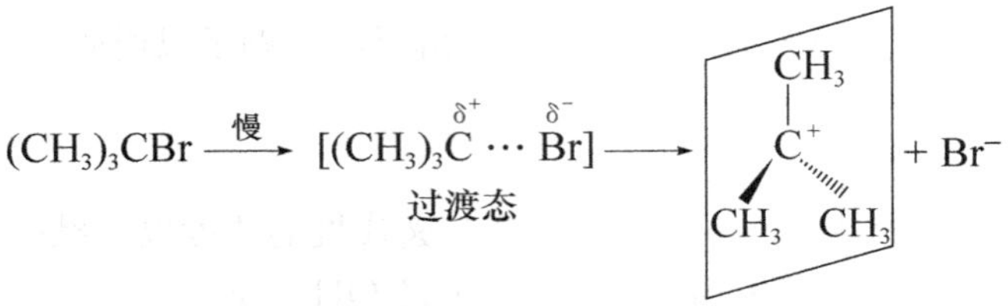

然后，亲核试剂 HO^- 可以迅速地从平面的两侧进攻 C^+ 中间体，从而得到两种产物：

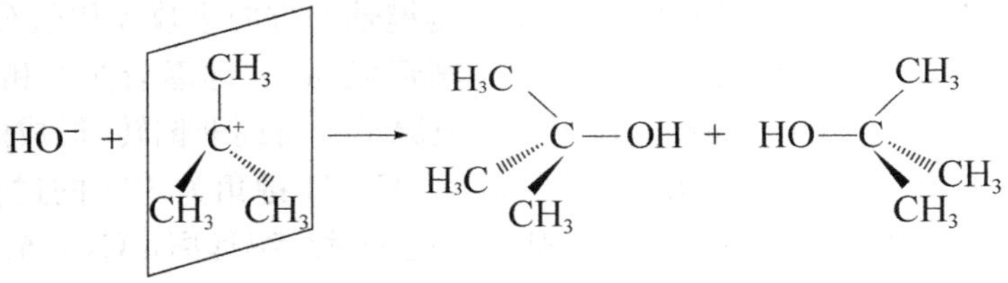

叔丁基溴碱性水解反应的特点是反应是分两步进行，反应速率仅取决于卤代烷的浓度，而与亲核试剂无关，这种亲核取代称为单分子亲核取代反应，用 S_N1 表示，1 代表单分子。

由于反应过程中有 C^+ 中间体生成，所以 C^+ 重排是 S_N1 的重要标志之一。若卤代烃中的 α-C 为手性碳，则发生 S_N1 后得到构型转化和构型保持的两种产物，产物构型外消旋化。

应该指出的是：S_N1 和 S_N2 在反应中是同时存在、相互竞争的，只是在某一特定条件下哪个占优势的问题，而这又与 α-C 原子上烷基数目、烷基的大小、卤原子的性质、亲核试剂的性质及溶剂的极性等都有关系，不能一概而论。一般来说，伯卤代烷容易发生 S_N2，叔卤代烷容易发生 S_N1。

6.5　消除反应机理

与亲核取代反应类似，卤代烷的消除反应也可以按单分子消除（以 E1 表示）和双分子消除（以 E2 表示）两种不同的机理进行。

6.5.1　E2 机理

当亲核试剂 HO^- 接近卤代烷分子时，它既可以进攻卤代烷的 α-C（发生 S_N），也可以进攻

β-H(发生 E)。

在 HO^- 逐渐接近 β-H 的同时，卤原子带着一对电子逐渐离去，形成过渡态。随着反应的进行，HO^- 与 β-H 结合形成水分子而脱去；与此同时，卤素带着共用电子对以负离子形式离去，在 β-C 和 α-C 之间形成双键。

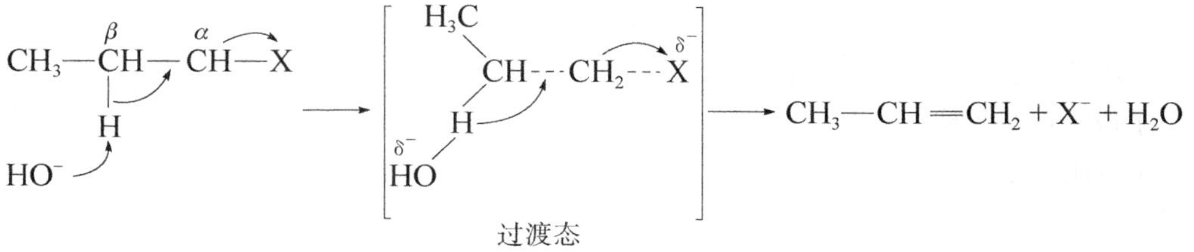

上述反应是一步完成的，新键的生成和旧键的断裂同时进行，反应速率与卤代烷及进攻试剂的浓度都有关，因而称为双分子消除反应机理，以 E2 表示。

由此可见，E2 和 S_N2 反应机理很相似，不同的是 S_N2 反应中亲核试剂进攻 α-C，而在 E2 反应中，试剂进攻 β-H。

6.5.2 E1 机理

E1 与 S_N1 也很相似。反应分两步进行，第一步都是卤代烷分子在溶剂中解离成 C^+，不同的是 E1 机理中在第二步时，C^+ 上的 β-H 以 H^+ 形式脱去，生成消除产物。例如

第一步：

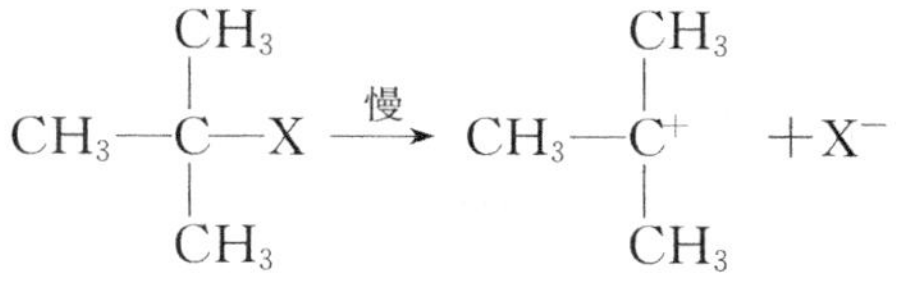

第二步：

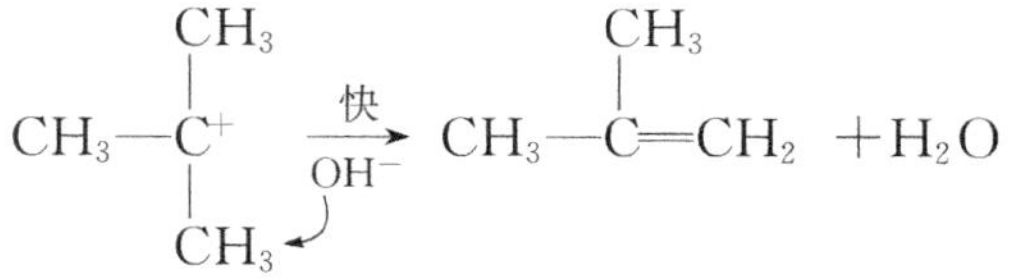

从以上分析可以看出，消除反应和取代反应是相伴发生的。消除产物和取代产物的比例受反应物的结构、亲核试剂的性质、温度、溶剂等多种因素影响，若控制反应条件可使某一机理为主。例如，卤代烷在碱性水溶液中加热主要发生水解而得到取代产物醇；而在 $NaOH$-C_2H_5OH 溶液中加热则主要发生消除反应而得到消除产物烯烃。

6.6 不饱和卤代烃的化学性质

卤原子取代不饱和烃或芳烃中的 H 原子分别得到不饱和卤代烃和芳香族卤代烃。不饱和卤代烃的化学性质与双键和卤原子的相对位置有很大关系，因此常根据双键和卤原子的相对位置将不饱和卤代烃分为乙烯型卤代烃(RCH=CH—X)、烯丙型卤代烃($RCH=CH—CH_2X$ 或 $Ar—CH_2X$)和隔离型卤代烃($RCH=CH\text{-}(CH_2)_n\text{-}X$)三类。

6.6.1 卤素原子的反应活性

用 $AgNO_3$ 的醇溶液和上述三种类型的不饱和卤代烃作用可以发现，烯丙型卤代烃立即生成沉淀，而乙烯型卤代烃即使加热也不生成沉淀。

$$\left.\begin{array}{l} CH_2=CHCl \\ RCH=CH-CH_2CH_2Cl \\ CH_2=CH-CH_2Cl \end{array}\right\} \xrightarrow{AgNO_3,\text{乙醇}} \begin{array}{l} \text{不作用} \\ \text{室温时不作用,加热后产生白色沉淀} \\ \text{立即产生白色沉淀} \end{array}$$

因此,可以得出不饱和卤代烃中卤原子的反应活性顺序如下:

烯丙型>隔离型>乙烯型

这是因为,乙烯型卤代烯烃中卤原子与 C═C 键碳原子直接相连(如 $CH_2═CH—Cl$),此时卤原子以 sp^2 杂化形式与双键形成 p-π 共轭体系。键长平均化使氯乙烯中 $\sigma_{C—Cl}$ 键的键长(0.172nm)比一般的 $\sigma_{C—Cl}$ 键长(0.177nm)短,所以难以断裂。故乙烯型卤代烃中卤原子很稳定。

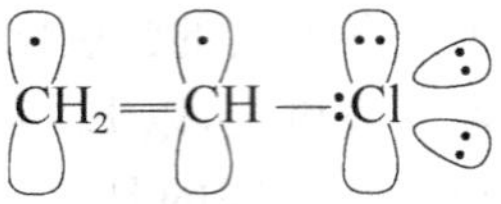

(Π_3^4体系)

氯苯分子中的氯原子直接连在苯环上,与氯乙烯有类似的结构,一般情况下 $\sigma_{C—Cl}$ 键也难以断裂(如氯苯的水解需要在 400℃及 2.5MPa 时才能发生)。但在特殊情况下苯环上的氯原子可被氨基取代。例如

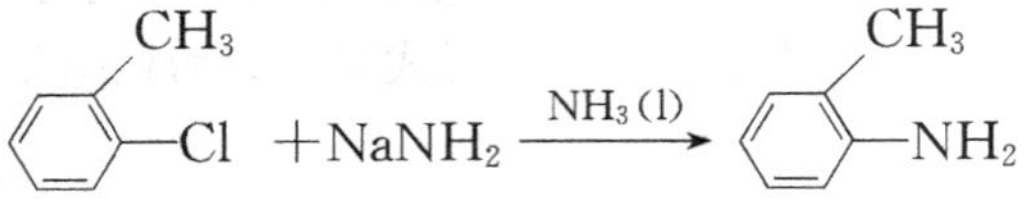

而烯丙型卤代烯烃中卤原子与双键相隔一个饱和碳原子,如 $CH_2═CH—CH_2Cl$,分子中不存在上述的 p-π 共轭体系。一旦 $\sigma_{C—Cl}$ 断裂后就会形成 p-π 共轭体系。根据 $\sigma_{C—Cl}$ 断裂的方式不同,可得到三种 p-π 共轭体系:

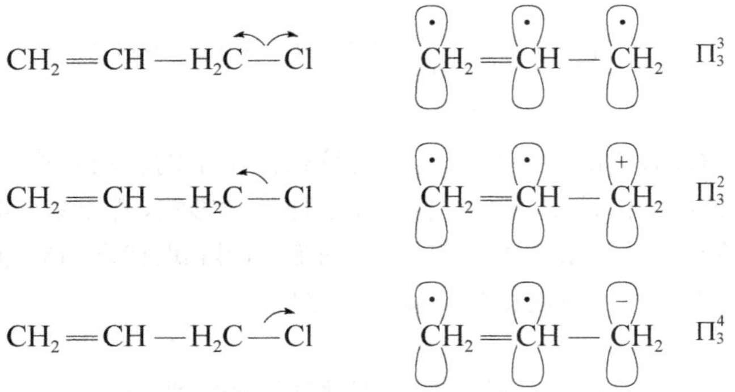

由于 p-π 共轭体系很稳定,所以 $\sigma_{C—Cl}$ 很容易断裂,即烯丙型卤代烯烃中卤原子很容易发生反应。例如,烯丙基氯在进行亲核取代时比正丙基氯约快 79 倍。苄基卤()的情况与烯丙基氯相似。

烯丙基氯在进行亲核取代时,主要按 S_N1 反应机理进行,即首先解离成烯丙基碳正离子,然后再与亲核试剂反应。以它的水解反应为例:

$$CH_2═CH—CH_2Cl \longrightarrow \overset{\delta^+}{C}H_2═CH—\overset{\delta^+}{C}H_2 + Cl^-$$

$$\overset{\delta^+}{C}H_2═CH—\overset{\delta^+}{C}H_2 + OH^- \longrightarrow CH_2═CH—CH_2OH$$

由于生成的烯丙型碳正离子中存在 p-π 共轭，π 键上的电子云发生离域而分散到 3 个碳原子周围，正电荷得到分散，能量降低，因此碳正离子较为稳定。

从烯丙基碳正离子的电子云分布来看，两端的碳原子上都带有部分正电荷，它与亲核试剂作用时有两种可能：

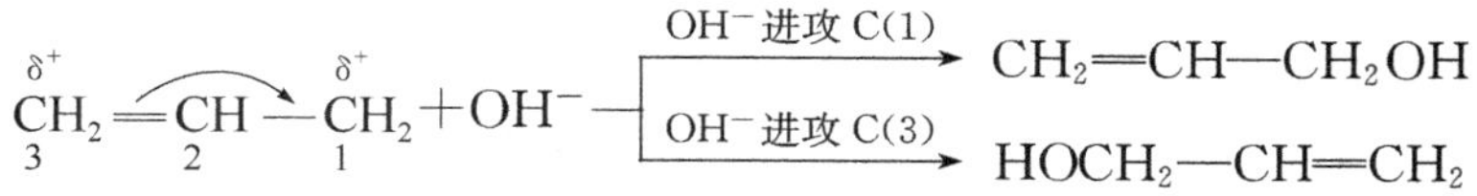

无论 OH^- 进攻哪个碳原子均得到烯丙醇。但是，其他烯丙型卤代烃如 1-氯-2-丁烯水解将得到不同的产物，这种现象称为烯丙位重排(allylic rearrangement)。

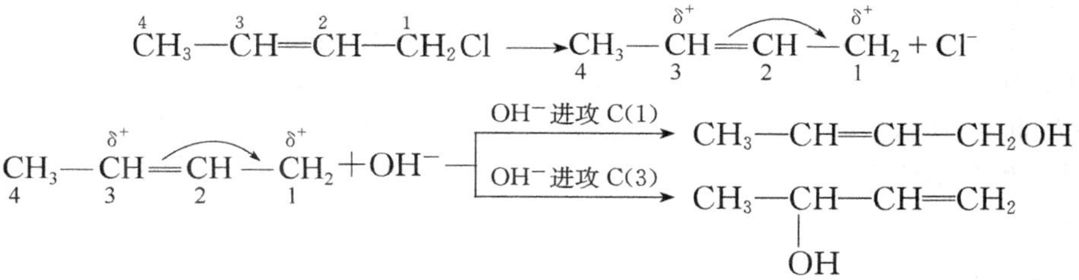

对于隔离型氯代烯烃，如 4-氯-1-丁烯 ($CH_2{=}CH{-}CH_2CH_2Cl$)，其卤原子与双键相隔两个或多个饱和碳原子，卤原子与双键相距较远，双键对卤原子活泼性的影响不显著，卤原子的活泼性与卤代烷相似。

6.6.2 不饱和键的反应活性

不同类型的烃基对卤原子活泼性产生影响的同时，卤素原子对烃基也有一定的影响，这种影响在卤代烯烃加成时表现十分明显。例如

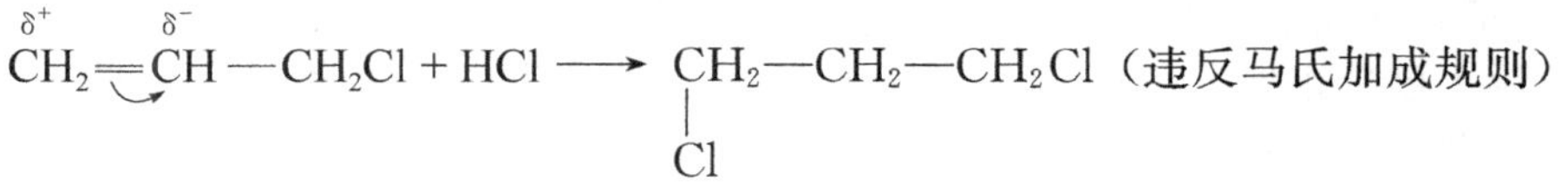 (1)

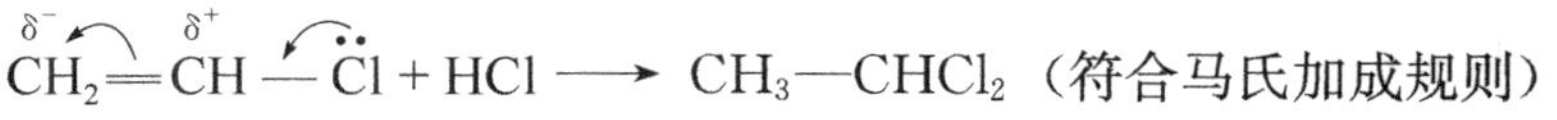 (2)

显然，反应(1)是$-CH_2Cl$ 的吸电子诱导效应改变了 $CH_2{=}CHCH_2Cl$ 中 C=C 键电子云分布的结果；反应(2)则是氯乙烯中氯原子上的 p 电子与 π 键形成 p-π 共轭所致。

氯原子吸电子的诱导效应，使得双键电子云密度降低，亲电加成反应比一般烯烃困难。因此，卤代烯烃的加成反应一般要有催化剂才能进行。

6.7 几种重要的卤代烃

1. 溴甲烷

溴甲烷常态下是无色气体，一般加压液化后储存在耐压容器中。它有强烈的神经毒性，是一种熏蒸杀虫剂，能消灭棉铃虫、蚕虫象、谷蛀虫、米象等，可用于熏杀仓库、种子、温室害虫。由于对人畜剧毒，一般要由专业人员实施熏杀作业。

2. 三氯甲烷

三氯甲烷又称氯仿，是一种无色有甜味的无色液体，沸点为 62℃，相对密度为 1.489，是一种不燃性有机溶剂。它可溶解许多高分子化合物，如有机玻璃、橡胶、油脂等。纯净的氯仿曾

在医学上作为麻醉剂使用，因其对心脏、肝脏毒性大，目前临床已很少使用。氯仿在光照条件下，会逐渐被氧化为剧毒光气，所以氯仿应用棕色瓶避光保存。用1%的乙醇可将光气破坏。

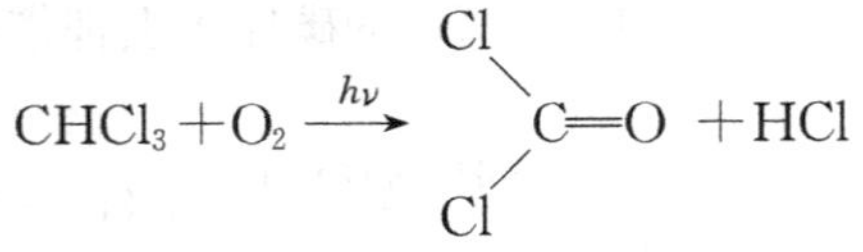

光气

3. 四氯化碳

四氯化碳是一种无色液体，沸点为72℃，相对密度为1.594，能溶解脂肪、油漆、树脂、橡胶等物质，在实验室和工业上都用作溶剂及萃取剂。四氯化碳不能燃烧，蒸气比空气重，不导电。因此，当四氯化碳受热蒸发成为沉重的气体覆盖在燃烧着的物体上，就能隔绝空气而灭火，较适用于扑灭油类的燃烧和电源附近的火灾，是一种常用的灭火剂。由于四氯化碳在500℃以上时，可以与水作用产生光气，所以，用它作灭火剂时，必须注意通风，以免中毒。

$$CCl_4 + H_2O \longrightarrow COCl_2 + 2HCl$$

4. 聚四氟乙烯

聚四氟乙烯是由四氟乙烯在催化剂存在下聚合而成。它是一种优良的合成树脂，耐冷和耐热性强，可在−100～+300℃的范围使用，它的化学稳定性超过一切塑料，与强酸、强碱、强氧化剂都不起作用，所以被誉为“塑料王”，商品名为特氟隆。

5. 有机氯杀虫剂

有机氯杀虫剂是含氯有机杀虫剂的通称。例如，DDT和六六六曾经广泛用于农业生产和卫生杀虫。但长期大量使用后，人们发现它们残留期长，属高毒高残留农药，易对环境造成严重污染，国际上已禁止生产和使用(我国于1982年已停止生产和使用)。但一些毒性较小、具有可生物降解性的品种，如硫丹、毒杀芬、三氯杀螨醇，仍在生产和使用。

6. 血防846

血防846又称六氯对二甲苯，其结构式如下：

血防846为白色有光泽的结晶粉末，无味，易溶于氯仿，可溶于乙醇及植物油，不溶于水，熔点为107～112℃。它是一种广谱抗寄生虫病药，临床上用于治疗血吸虫病、肝吸虫病等。

阅读材料

氟　利　昂

在20世纪30年代以前，氨、二氧化硫和丙烷是工业和家用电冰箱常用的制冷剂，但由于氨和二氧化硫有毒，并有较强的腐蚀性，丙烷又是易燃的危险品，因此科学家力图寻找一种性能优异、安全可靠的制冷剂。终于在1925年由美国化学家托马斯·米得奇雷(Thoms Midgly)研制出一种理想的制冷剂——氟利昂。

氟利昂是含有一个或两个碳原子的氟氯烷烃的商品名称。常用代号 F-abc 表示，a、b、c 分别为阿拉伯数字。其中 a 为碳原子数减 1，b 为氢原子数加 1，c 为氟原子数。氯原子数不必标出，可以根据通式推出。一些常见氟利昂的构造及代号如下：

氟利昂	CCl_3F	CCl_2F_2	CCl_2FCClF_2	$CClF_2CClF_2$
代号	F-11	F-12	F-113	F-114

常温下，氟利昂为无色气体，容易压缩成液态，减压后立即气化，同时吸收大量热，因此可广泛用作制冷剂。氟利昂制冷剂的优点很多，如沸点低、易液化、无毒、无味、不腐蚀金属、热稳定性好、不易燃烧和爆炸等。氟利昂的这些优越性能，使其在制冷剂中独占鳌头，主要用于冰箱和空气调节器中(一台家用冰箱约需 1kg 的 F-12 制冷剂)。

此外，氟利昂还可用作气雾剂(加入发胶、摩丝中)、发泡剂(制造各种泡沫塑料)、清洗剂(干洗衣物、清洗电子元件、首饰等)及灭火剂。

随着科学技术的不断发展，20 世纪 70 年代人们发现逸入大气中的氟利昂受日光辐射会分解出活泼的氯自由基，能破坏大气臭氧层，导致紫外线穿透大气层大量照射到地球表面，使人体免疫系统失调，造成皮肤癌的人增多，农作物减少。

因此，氟利昂产品受到极大限制，人们开始寻找它们的替代品。现在已经研制出 F-32、F-125、F-134a 和F-143a等制冷剂，这些化合物分子中不含氯原子，对臭氧层无破坏作用。

习　题

6-1　用系统命名法命名或写出下列化合物的结构式。

(1) $CH_2{=}CHCH_2Br$　　(2) 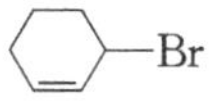　　(3) 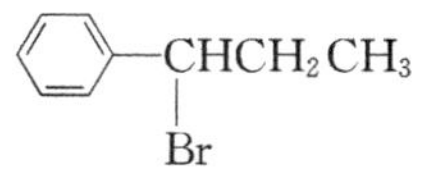

(4) 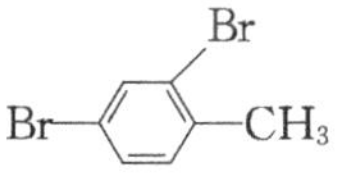　　(5) $ClCH_2CH_2Cl$　　(6) 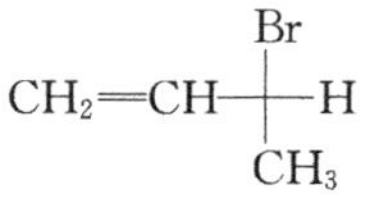

(7) 四氟乙烯　　(8) 3-苯基-1-溴丁烷　　(9) 2,4-二硝基氯苯

(10) 5-氯-1,3-环戊二烯　　(11) 4-甲基-5-氯-2-戊炔　　(12) (*R*)-2-碘戊烷

6-2　用化学方法鉴别：$CH_2{=}CHCH_2Br$、$CH_3CH{=}CHBr$、$CH_3CH_2CH_2Br$。

6-3　完成下列反应。

(1) 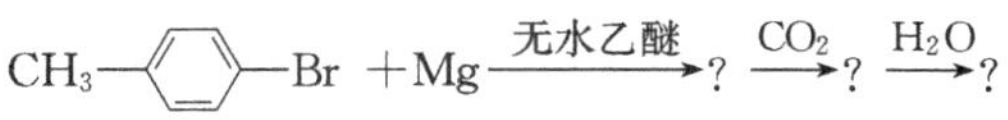

(2) $ClCH{=}CHCH_2Br+AgNO_3 \xrightarrow{C_2H_5OH} ?$

(3) $C_2H_5Br+NaOC_6H_5 \xrightarrow{\triangle} ?$

(4) 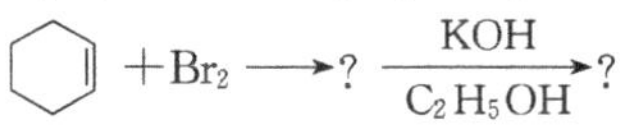

(5) $CH_3CH{=}CH_2 \xrightarrow{HBr} ? \xrightarrow{NaCN} ? \xrightarrow{H^+, H_2O} ?$

(6) 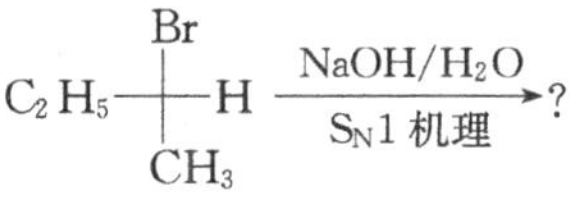

(7) 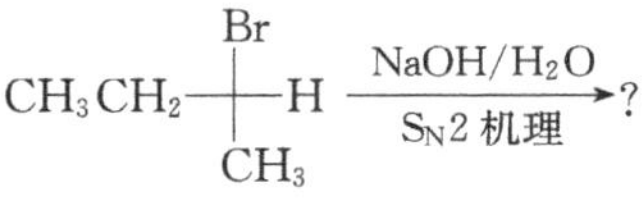

(8) 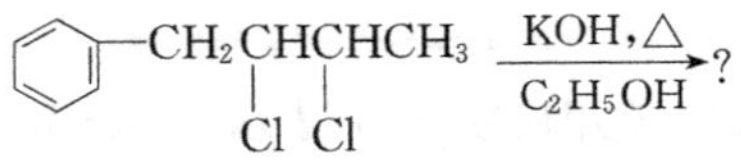

6-4　卤代烷在 NaOH 的水溶液中进行反应，根据现象指出哪些是 S_N1，哪些是 S_N2。

(1) 产物构型完全转化　　(2) 有重排产物生成

(3) 3°卤代烃快于 2°卤代烃　　(4) NaOH 的浓度增加反应速率加快

(5) 1°卤代烃快于 2°卤代烃　　(6) NaOH 的浓度减小反应速率不变

(7) 产物构型外消旋化

6-5　合成题(无机试剂任选)。

(1) 由碘乙烷为原料制备 $CH_3CH_2C{\equiv}CCH_2CH_3$

(2) 由 1-溴丁烷为原料制备 2-甲基丁酸

(3) 由甲苯为原料合成对氯苯甲醇

(4) 以溴代环己烷与氯乙烯为原料合成 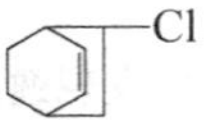

6-6　某卤代烃 A 的分子式为 $C_6H_{13}I$，用热浓 NaOH-C_2H_5OH 溶液处理后得产物 B，B 经高锰酸钾氧化生成 $(CH_3)_2CHCOOH$ 和 CH_3COOH，试推测 A、B 的结构式。

6-7　某化合物 A 的分子式为 C_6H_{12}，常态下与溴水不发生反应，在光照下能和溴水反应只生成一种一溴代物 B($C_6H_{11}Br$)，B 与 KOH-C_2H_5OH 溶液作用得到 C(C_6H_{10})，C 经酸性高锰酸钾氧化得到己二酸。试推测 A、B、C 的结构式。

6-8　某卤代烃 A 的分子式为 C_4H_9Br，在 KOH-C_2H_5OH 溶液中反应生成 B(C_4H_8)，B 经氧化后得到含 3 个碳原子的羧酸 C、二氧化碳和水。B 与溴化氢反应得到 A 和异构体 D。试推测 A、B、C、D 的结构式。

第 7 章　醇、酚、醚

醇(alcohol)、酚(phenol)、醚(ether)都是烃的含氧衍生物，都可以看作水分子中的氢原子被烃基取代的产物，是自然界广泛存在的重要有机物。醇、酚的官能团是羟基(—OH，hydroxyl group)，醚是醇或酚的同分异构体，醚的官能团是醚键(—O—，ether linkage)。结构的不同导致了它们性质和用途上的差异，如乙醇、乙醚等可用作溶剂，4-甲基-2，6-二叔丁基苯酚、薄荷醇等可用作食品添加剂，丁香酚等可用作香料，沙丁胺醇等可用作药物。

7.1　醇

7.1.1　醇的分类和命名

脂肪烃分子中的氢原子被—OH 取代后的产物称为醇，常用 R—OH 表示。

1. 醇的分类

根据烃基的不同，醇可以分为脂肪醇、脂环醇、芳香醇(芳环侧链上的氢原子被—OH 取代)、饱和醇和不饱和醇。

CH_3OH　　　C_3H_7OH　　　$CH_2{=}CHCH_2OH$

甲醇　　　丙醇　　　2-丙烯醇

(饱和脂肪醇)　　　(饱和脂肪醇)　　　(不饱和脂肪醇)

环己醇　　　3-环己烯-1-醇　　　苯甲醇或苄醇

(饱和脂环醇)　　　(不饱和脂环醇)　　　(芳香醇)

不饱和醇中，—OH 连在 C═C 键碳原子上的醇称为烯醇(enol)，极不稳定，容易发生烯醇-醛酮互变异构。

$$CH_2{=}CH{-}OH \rightleftharpoons CH_3CHO$$

根据—OH 的数目，醇可以分为一元醇、二元醇和多元醇等。含两个以上—OH 的醇，统称为多元醇。

CH_3CH_2OH

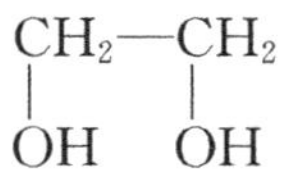

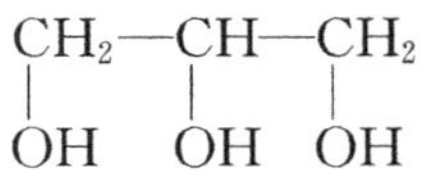

乙醇(一元醇)　　　乙二醇(二元醇)　　　丙三醇(多元醇)

多元醇中，—OH 一般连在不同的碳原子上。这是因为同一个碳原子上连有 2 个或多个—OH 是不稳定的，容易脱水。例如

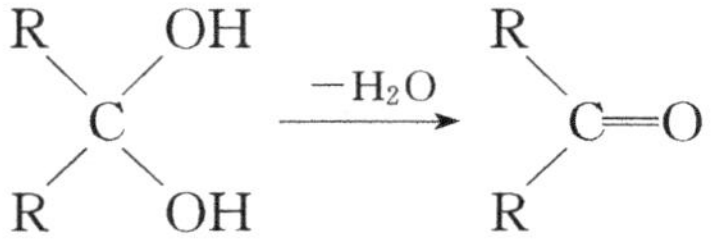

醛或酮

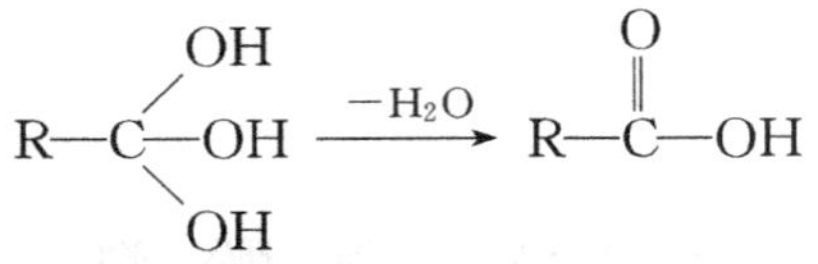

羧酸

按 α-C 的种类，醇分为伯醇、仲醇或叔醇。

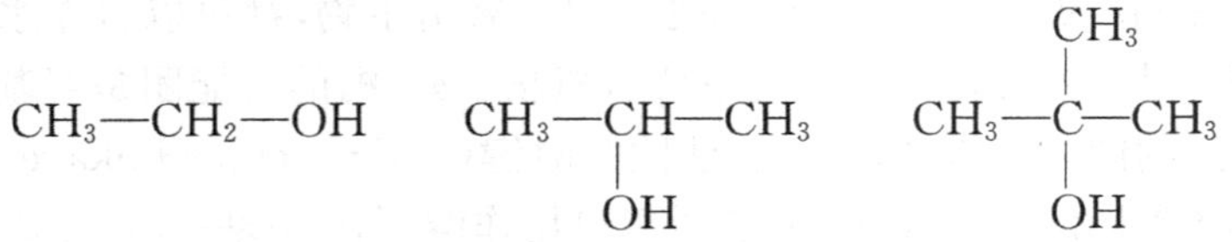

乙醇(1°醇)　　异丙醇(2°醇)　　叔丁醇(3°醇)

2. 醇的命名

简单一元醇的命名可用普通命名法，即根据与羟基相连的烃基命名为“某醇”，如前面讲到的异丙醇、叔丁醇、环己醇等。

对结构比较复杂的醇采用系统命名法命名。其原则为：选择连有—OH 的最长碳链为主链，以主链上碳原子的数目称为“某醇”，从离—OH 最近的一端开始给主链上的碳原子编号，取代基的位次、个数、名称及羟基的位次写在母体名称之前。若—OH 连在 1 号碳原子上时，则其位次可省略不写。

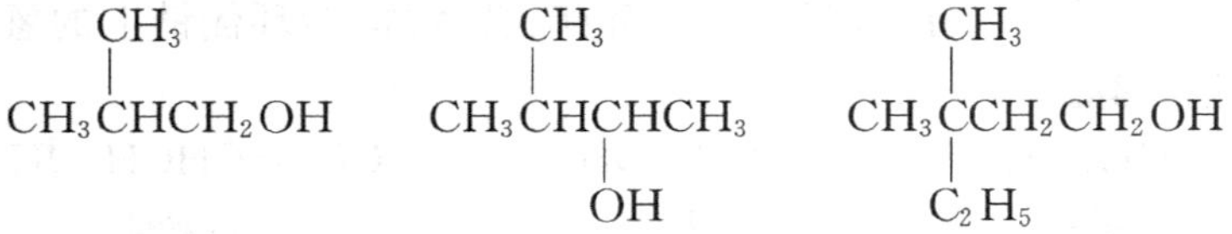

2-甲基-1-丙醇　　3-甲基-2-丁醇　　3,3-二甲基戊醇

不饱和醇的命名，选择主链时应包含不饱和键，从离—OH 最近的一端开始编号，并在母体前指出不饱和键及—OH 的位置。

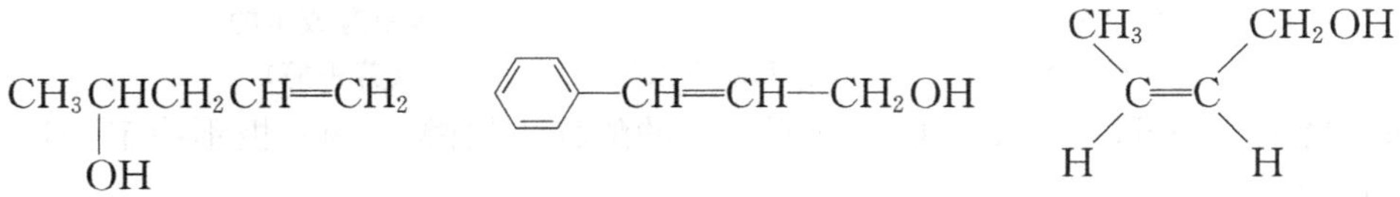

4-戊烯-2-醇　　3-苯基-2-丙烯醇（肉桂醇）　　*Z*-2-丁烯-1-醇（*Z*-巴豆醇）

脂环醇的命名，根据与—OH 相连的脂环烃基命名为“环某醇”。

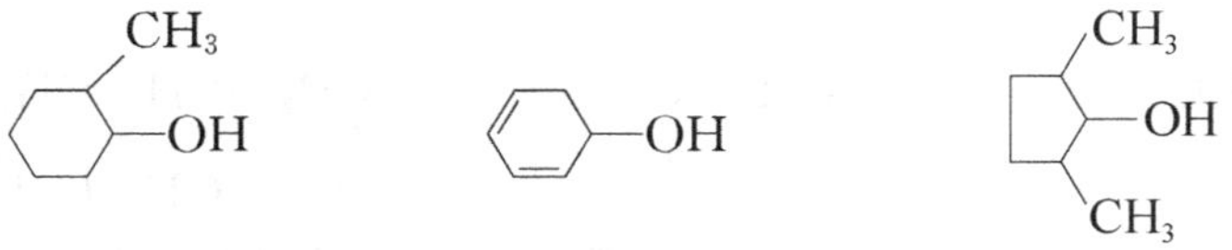

2-甲基环己醇　　2,4-环己二烯-1-醇　　2,5-二甲基环戊醇

芳香醇的命名，通常将芳环当取代基，以含—OH 的侧链为母体。

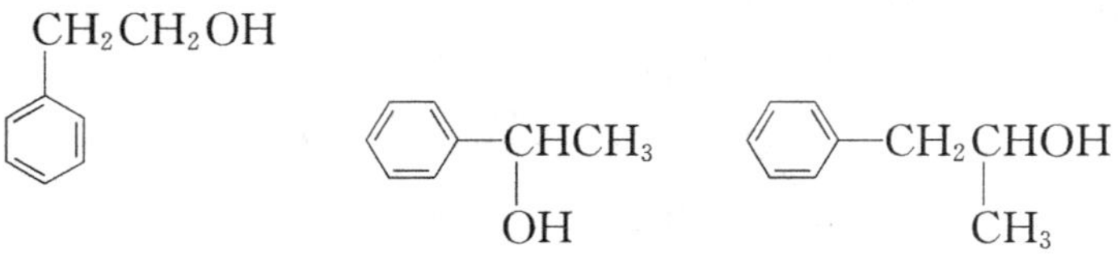

苯乙醇　　1-苯基乙醇　　1-苯基-2-丙醇

对于多元醇，主链应含有尽可能多的—OH，根据—OH 的数目命名为“某几醇”。

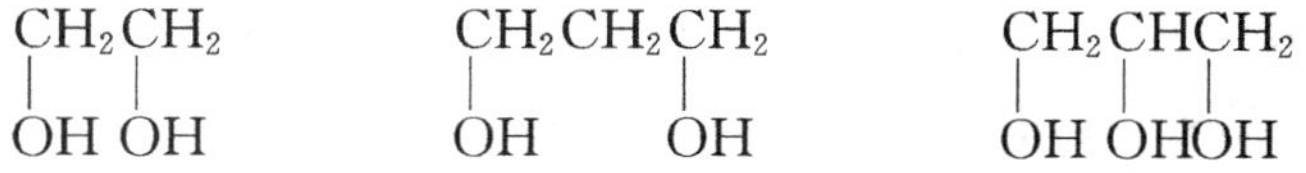

乙二醇（俗名：甘醇）　　1,3-丙二醇　　丙三醇（俗名：甘油）

醇的异构除有碳链异构外，还有位置异构，不饱和醇还可能存在顺反异构。

7.1.2 醇的物理性质

在常温下，$C_1 \sim C_4$ 的低级直链饱和一元醇为无色液体；$C_5 \sim C_{11}$ 的醇为具有不愉快气味的黏稠液体；C_{12} 以上的高级醇为无臭、无味的蜡状固体。

醇的沸点随碳原子数的增加而上升，碳原子数相同的醇，支链越多，沸点越低。低级醇的沸点都比相对分子质量相近的烷烃高得多，密度也比相应烷烃大，这是因为醇分子中的—OH 可以通过氢键（O---H 氢键的键能约为 25kJ/mol）缔合起来：

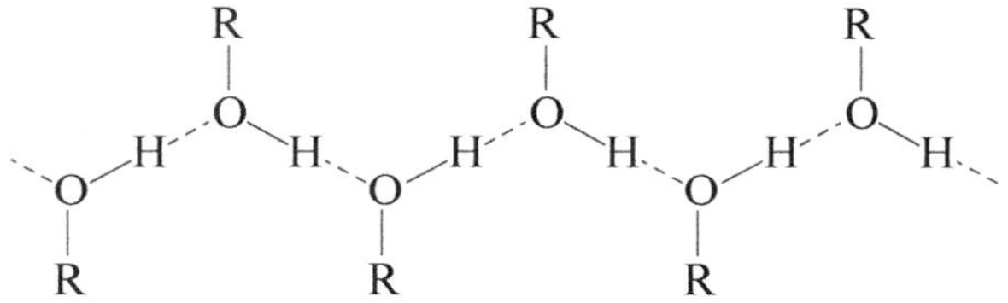

因此，随着碳原子数的增加，烃基就变大，其产生的位阻效应就越大，就阻碍氢键的形成。所以，高级醇的物理性质与烷烃相近。

由于氢键的存在，醇在水中的溶解度比烃类大得多。例如，甲醇、乙醇、丙醇能与水以任意比互溶。随着烃基的增大，醇在水中的溶解度逐渐降低，C_6 的醇溶解度就已经很小了。在烃基一定的情况下，—OH 的数目越多，形成氢键就越容易，溶解度就会越大。例如，甘油不仅可以和水以任意比互溶，而且还有很强的吸湿性，所以在化妆品中有广泛的应用。一些常见的醇的物理常数见表 7-1。

表 7-1　一些醇的物理常数

结构式	中文名称	英文名称	熔点/℃	沸点/℃	密度/(g/mL)	溶解度/(g/100gH_2O)
CH_3OH	甲醇	methanol	−97.8	64.65	0.7915	∞
C_2H_5OH	乙醇	alcohol	−117.3	78.4	0.7893	∞
C_3H_7OH	1-丙醇	1-propanol	−127	97.19	0.8036	∞
$(CH_3)_2CHOH$	2-丙醇	2-propanol	−88	82.5	0.7851	∞
C_4H_9OH	1-丁醇	1-butanol	−89	117.7	0.8098	7.9
$CH_3CHOHCH_2CH_3$	2-丁醇	2-butanol	−114.7	99.5	0.8070	12.5
$(CH_3)_2CHOHCH_3$	异丁醇	isobutanol	−108	107	0.806	9.5
$(CH_3)_3COH$	叔丁醇	*tert*-butyl alcohol	25.5	82.5	0.7887	∞
$C_5H_{11}OH$	1-戊醇	1-pentanol	−79	137.8	0.8244	2.2
$C_6H_{13}OH$	1-己醇	1- hexanol	−52	156	0.8306	0.6
CH_2OHCH_2OH	乙二醇	ethanediol	−12.6	197.2	1.1132	∞
$\underset{OH}{CH_2}\underset{OH}{CH}\underset{OH}{CH_2}$	丙三醇	propanetriol	17.9	290(分解)	1.2613	∞
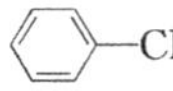—CH_2OH	苯甲醇	benzil alcohol	−15.3	205.3	1.0454(24℃)	4

低级醇可以与 $MgCl_2$、$CaCl_2$ 等发生配位反应，形成类似含结晶水的化合物，如 $MgCl_2 \cdot 6CH_3OH$、$CaCl_2 \cdot 4C_2H_5OH$ 等，这种配位化合物称为结晶醇合物(crystallization alcohol compound)。由于结晶醇合物溶于水而不溶于醇，故可用来除去反应中多余的醇。但不能用无水 $CaCl_2$、$MgCl_2$ 作为干燥剂来除去醇中的水。

7.1.3　醇的化学性质

醇的化学性质主要由官能团—OH 决定。—OH 中氧原子为不等性 sp^3 杂化，有 2 对孤对电子，在反应中能提供电子对，可作为路易斯碱体现亲核性。σ_{O-H} 键和 σ_{O-C} 键均为极性键，在适当条件下可以发生断裂而发生反应。σ_{O-H} 键断裂可以体现醇的酸性，σ_{O-C} 键断裂主要发生亲核取代和消除反应。此外，由于—OH 的－I 效应，α-H 和 β-H 都有一定活性，α-H 可以发生氧化反应，β-H 可以发生消除反应。

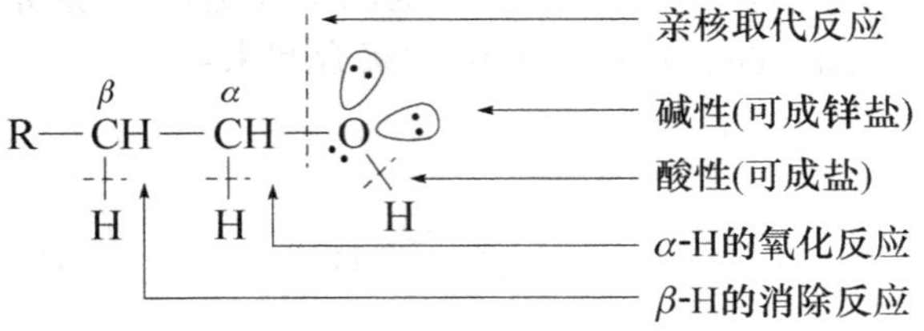

1. 酸性

1) 与金属反应

醇与水相似，可与活泼金属 Na、K、Mg、Al 等反应，生成醇盐并放出 H_2。

$$ROH + Na \longrightarrow RONa + H_2\uparrow$$

从诱导效应角度来看，醇分子中烃基的＋I 效应使—OH 中氧原子上的电子云密度增大，减弱了氧原子吸引氢氧间电子对的能力，所以醇的酸性($pK_a = 16 \sim 18$)比水($pK_a = 15.7$)弱，其共轭碱(醇钠)的碱性比 NaOH 强。醇与钠的反应较温和，不像与水的反应那样剧烈，放出的热也不足以使生成的 H_2 自燃。因此，在销毁废钠时常使用乙醇。

随着 α-C 上烷基的增多，醇的酸性逐渐减弱。故不同的醇与金属反应时，活性顺序为：甲醇＞伯醇＞仲醇＞叔醇。

醇钠是常用的亲核试剂，需现配现用，因为它遇到水立即发生反应。

$$RONa + H_2O \longrightarrow ROH + NaOH$$

2) 酯化反应

醇与酸作用生成酯和水的反应称为酯化反应(esterification reaction)。醇在酯化反应中一般断裂 σ_{O-H} 键。所用的酸为有机酸或无机含氧酸。

$$ROH + HOOCR' \underset{\triangle}{\overset{H^+}{\rightleftharpoons}} ROOCR' + H_2O$$

醇与无机酸(H_2SO_4、HNO_3、H_3PO_4 等)作用生成的酯称为无机酸酯。

$$CH_3OH + HOSO_2OH \rightleftharpoons \underset{\text{硫酸氢甲酯}}{CH_3OSO_2OH} + H_2O$$

$$CH_3OH + CH_3OSO_2OH \rightleftharpoons \underset{\text{硫酸二甲酯}}{CH_3OSO_2OCH_3} + H_2O$$

$$\begin{array}{l} CH_2—OH \\ | \\ CH—OH \\ | \\ CH_2—OH \end{array} + 3HNO_3 \xrightarrow[10℃]{H_2SO_4} \begin{array}{l} CH_2—ONO_2 \\ | \\ CH—ONO_2 \\ | \\ CH_2—ONO_2 \end{array} + 3H_2O$$

甘油三硝酸酯

甘油三硝酸酯是一种烈性炸药，俗称硝酸甘油。它也有扩张冠状动脉的作用，在医药上用来治疗心绞痛。

2. 碱性

醇分子中—OH 上的氧原子有两对孤对电子，在反应中能提供电子对，可作为路易斯碱与酸反应生成锌盐。醇的碱性与水相当。

$$CH_3\ddot{\underset{..}{O}}H + HI \rightleftharpoons [CH_3\ddot{\underset{H}{O}}H]^+ I^-$$

锌盐是某些反应的中间体，不稳定，容易脱去水分子而形成 C^+ 中间体，从而发生其他反应。

3. 亲核取代反应

由于—OH 的－I 效应，醇分子中的 α-C 带有部分正电荷，容易受到亲核试剂进攻而发生亲核取代反应。

1) —OH 被卤原子取代

醇容易与氢卤酸反应生成卤代烃和水，这是制备卤代烃的一种重要方法。此反应是可逆的，可看作卤代烃水解反应的逆反应，也是亲核取代反应。例如

$$C_2H_5OH + HI(47\%) \xrightarrow{\triangle} C_2H_5I + H_2O$$

$$C_2H_5OH + HBr(48\%) \xrightarrow[\triangle]{H^+} C_2H_5Br + H_2O$$

$$C_2H_5OH + HCl(浓) \xrightarrow[\triangle]{ZnCl_2} C_2H_5Cl + H_2O$$

不同氢卤酸的反应活性次序为：HI ＞ HBr ＞ HCl。另外，醇与氢卤酸反应的速率与醇的结构有关，不同的醇的反应活性次序为：苄醇、烯丙醇＞叔醇＞仲醇＞甲醇＞伯醇。其中，苄醇、烯丙醇、叔醇和大多数仲醇与氢卤酸的反应按照 S_N1 机理进行，伯醇、甲醇多按 S_N2 机理进行。

例如，叔丁醇与浓盐酸的反应机理为

$$(CH_3)_3C—\ddot{\underset{..}{O}}H + H^+ \longrightarrow (CH_3)_3C—\overset{+}{O}H_2 \xrightarrow{-H_2O} (CH_3)_3\overset{+}{C} \xrightarrow{Cl^-} (CH_3)_3C—Cl$$

由于有 C^+ 中间体生成，醇与浓盐酸的反应可能有重排产物生成。

$$\underset{\qquad\ \ |\qquad\ \ |}{CH_3—CH—CH—CH_3} \atop {\quad CH_3\quad OH} + HBr \longrightarrow CH_3—\underset{CH_3}{\underset{|}{CH}}—\underset{Br}{\underset{|}{CH}}—CH_3 + CH_3—\overset{Br}{\overset{|}{\underset{CH_3}{\underset{|}{C}}}}—CH_2—CH_3$$

36%　　　　64%

利用醇和浓盐酸作用的快慢，可以鉴别低级的伯、仲、叔醇，所用试剂为浓盐酸和无水氯化

锌配成的溶液，称为卢卡斯(Lucas)试剂。C_6以下的一元醇能溶于卢卡斯试剂，而所生成的氯化物不溶，溶液分层。其中，叔醇与卢卡斯试剂反应最快，仲醇次之，伯醇最慢。

$$(CH_3)_3C—OH + HCl \xrightarrow[20℃,1min]{ZnCl_2} (CH_3)_3C—Cl + H_2O \quad \text{(很快分层)}$$

$$\underset{\substack{|\\OH}}{CH_3CH_2CHCH_3} + HCl \xrightarrow[20℃]{ZnCl_2} \underset{\substack{|\\Cl}}{CH_3CH_2CHCH_3} + H_2O \quad \text{(数分钟后分层)}$$

$$CH_3CH_2CH_2CH_2OH + HCl \xrightarrow[\triangle]{ZnCl_2} CH_3CH_2CH_2CH_2Cl + H_2O \quad \text{(常温下不反应)}$$

醇也可与PX_3、PX_5及$SOCl_2$(亚硫酰氯或二氯亚砜)反应生成相应的卤代烷，利用这个反应可由醇来制备卤代烷。由于该反应是按S_N2机理进行，故可避免重排产物的生成。

$$3ROH + PI_3 \longrightarrow 3RI + P(OH)_3$$

$$ROH + PCl_5 \longrightarrow RCl + HCl + POCl_3$$

$$ROH + SOCl_2 \longrightarrow RCl + HCl\uparrow + SO_2\uparrow$$

醇与$SOCl_2$的反应，其副产物都是气体，易于分离提纯。该反应在不同溶剂中进行时可得到不同的手性特征产物。例如

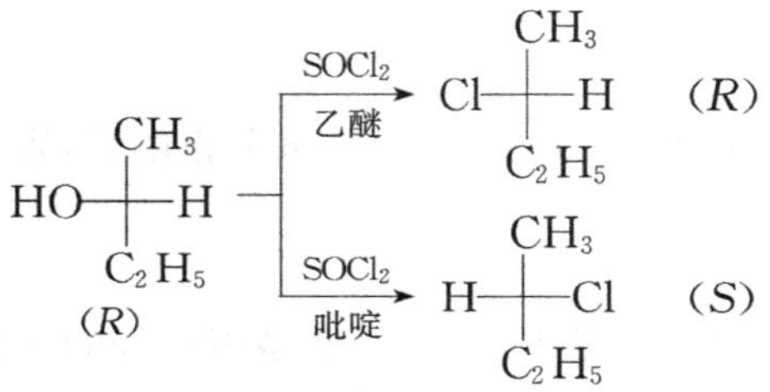

2) —OH 被烷氧基取代

两分子醇在较低温度下可发生分子间的脱水反应，生成醚。

$$CH_3CH_2OH + HOCH_2CH_3 \xrightarrow[140℃]{H_2SO_4} CH_3CH_2OCH_2CH_3 + H_2O$$

该反应中，伯醇按S_N2机理进行，仲醇可按S_N1或S_N2机理进行，叔醇更容易发生消除反应生成烯烃。

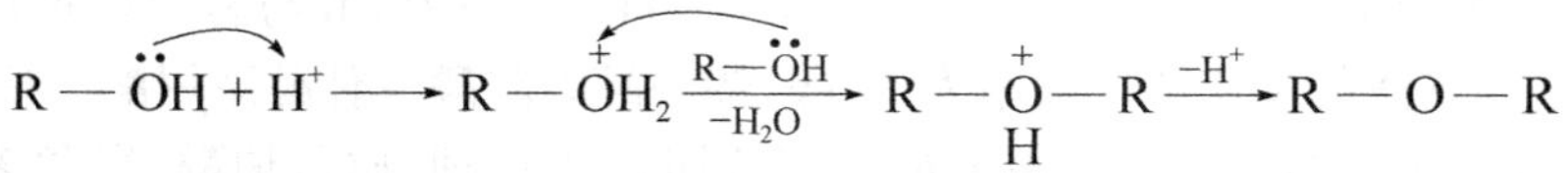

由于不同的醇分子间脱水，产物很复杂，难于分离，所以醇的分子间脱水反应常用来制备单醚。

4. 消除反应

醇在浓H_2SO_4或Al_2O_3等存在下加热可分子内脱水生成烯烃。例如

$$CH_3CH_2OH \xrightarrow[170℃]{H_2SO_4} CH_2{=}CH_2 + H_2O$$

酸催化下醇的消除反应按 E1 机理进行。醇被质子化后形成鉡盐，不稳定的鉡盐脱去水形成稳定的C^+中间体，C^+脱去一个β-H后得到烯烃。

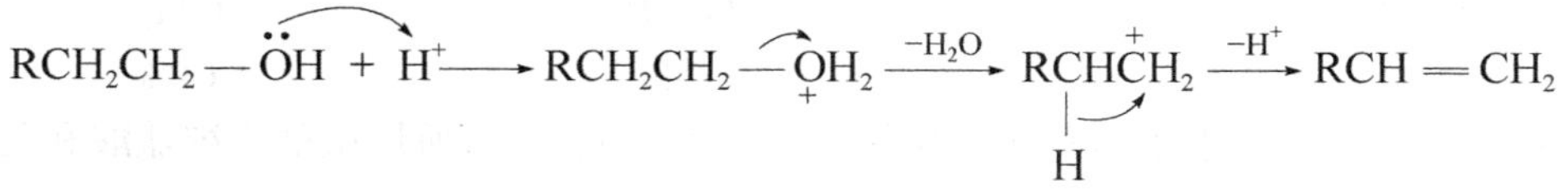

由于醇的消除反应按 E1 机理进行，所以可能有重排产物生成，且各种醇脱水的难易程度是：叔醇＞仲醇＞伯醇。醇的脱水反应符合查依采夫消除规律。例如

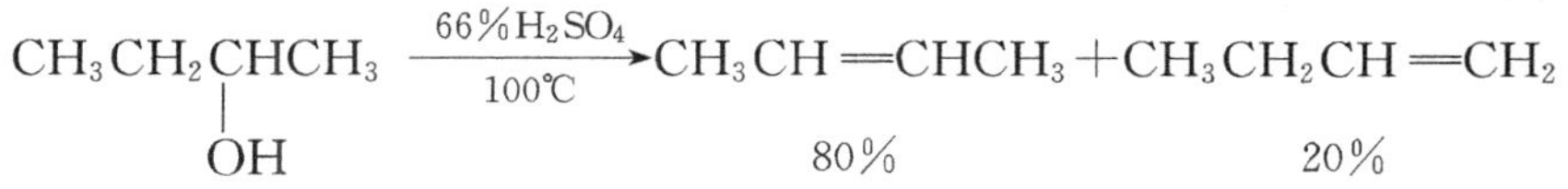

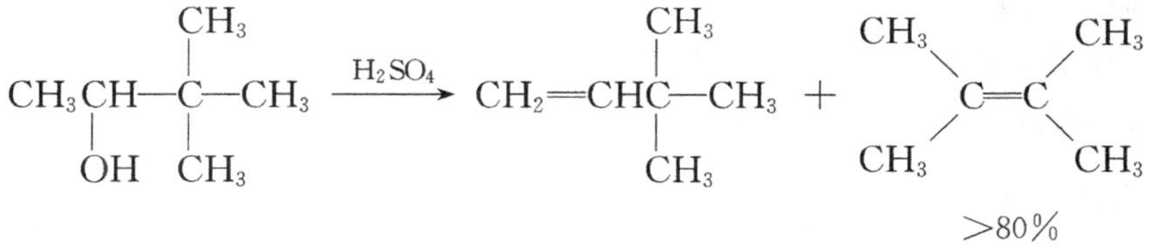

Al_2O_3催化下醇的消除反应通常不会发生重排。例如

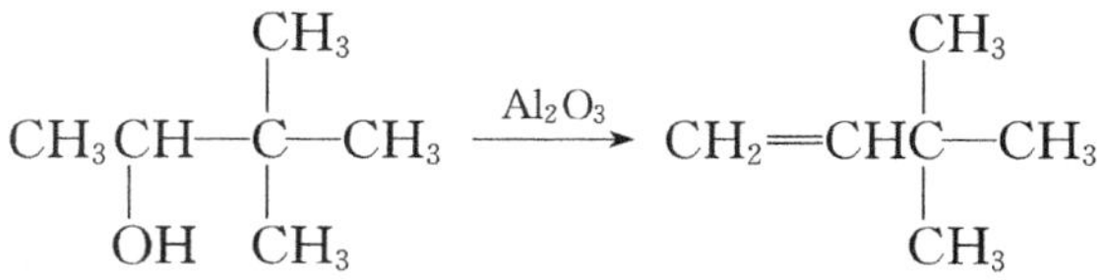

5. 氧化反应

由于受到—OH 的－I 效应影响，α-H 也有一定活性，可以发生氧化反应。叔醇分子中没有 α-H，通常不容易被氧化。

1）强氧化剂氧化

常用的氧化剂有重铬酸钾、高锰酸钾等。伯醇先被氧化成醛，醛继续被氧化成羧酸；仲醇则被氧化成酮；叔醇很难被氧化。

$$RCH_2OH \xrightarrow{K_2Cr_2O_7/H^+} \underset{\text{醛}}{RCHO} \xrightarrow{K_2Cr_2O_7/H^+} \underset{\text{羧酸}}{RCOOH}$$

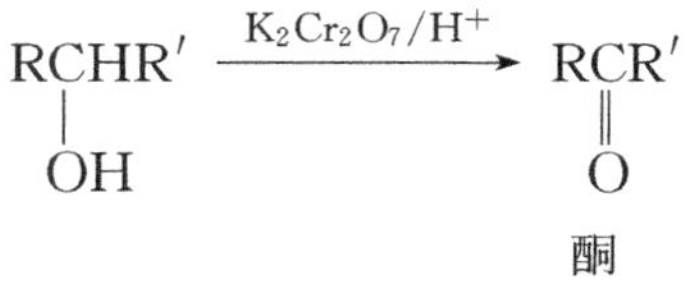

由以上反应可以看出，醇氧化为醛分子中减少了 2 个氢原子，而醛氧化为酸分子中增加了 1 个氧原子。因此有机化学中将加氧和脱氢统称为氧化反应，而加氢和脱氧则为还原反应。

2）催化脱氢氧化

工业上常在铜、银等催化剂存在下，使伯醇、仲醇的蒸气发生脱氢氧化而制备醛、酮。

$$CH_3CH_2OH \xrightarrow[250\sim350^\circ C]{Cu} CH_3CHO$$

生物体内的氧化还原反应是在酶的作用下，以脱氢或加氢的方式进行的。例如，在人的肝脏内，乙醇被醇脱氢氧化酶氧化为乙醛，继而氧化为可以被肌体细胞同化的乙酸。但是如果饮酒过量，就会导致部分未能被及时氧化的乙醇留存在血液中而导致酒精中毒。

3）选择性氧化剂氧化

选择性氧化剂主要包括琼斯(Jones)试剂(CrO_3/H_2SO_4)、沙瑞特(Sarrett)试剂[$CrO_3/(C_5H_5N)_2$]、PCC 试剂($CrO_3/C_5H_5N \cdot HCl$)、活性二氧化锰等，其特点是活性较低，

能将不饱和醇中的—OH 氧化为醛，而不影响 C═C、C≡C 等不饱和键。

$$CH_3CH{=}CHCH_2OH \xrightarrow{CrO_3/H_2SO_4} CH_3CH{=}CHCHO$$

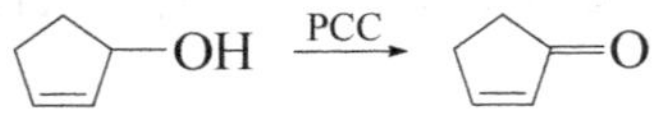

4）欧芬脑尔氧化

仲醇和丙酮在异丙醇铝存在下发生反应，仲醇被氧化为酮，丙酮被还原成异丙醇，该反应称为欧芬脑尔（Oppenauer）氧化。例如

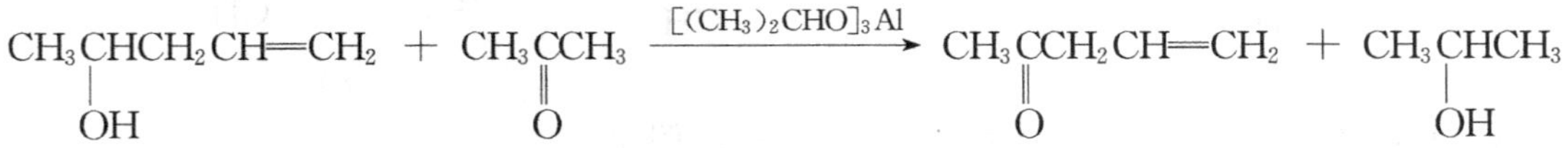

欧芬脑尔氧化也属于选择性氧化，分子中其他基团不发生氧化反应。

6. 邻位多元醇的特性

多元醇的性质与—OH 相对位置有一定关系。邻位多元醇除具有醇的一般通性外，还会由于—OH 的相互影响而呈现一定特性。

1）与 HIO_4反应

邻位多元醇可以被 HIO_4 氧化为醛、酮和酸等。例如

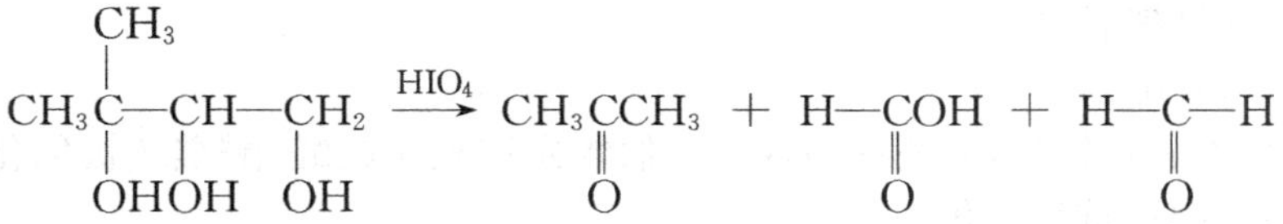

α-OH 醛或 α-OH 酮也可以被 HIO_4 氧化，反应物中的羰基被氧化为羧基或 CO_2。例如

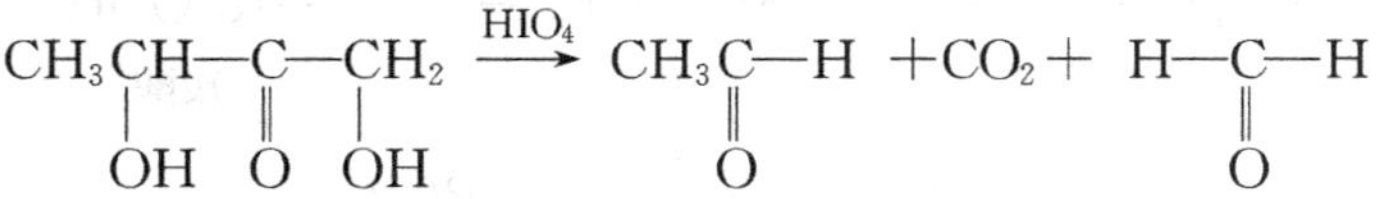

2）与新制 $Cu(OH)_2$的反应

邻位多元醇可以使 $Cu(OH)_2$沉淀溶解，生成蓝色溶液。在此蓝色溶液中加入稀酸蓝色变浅，此性质可以用于鉴定邻位多元醇的存在。

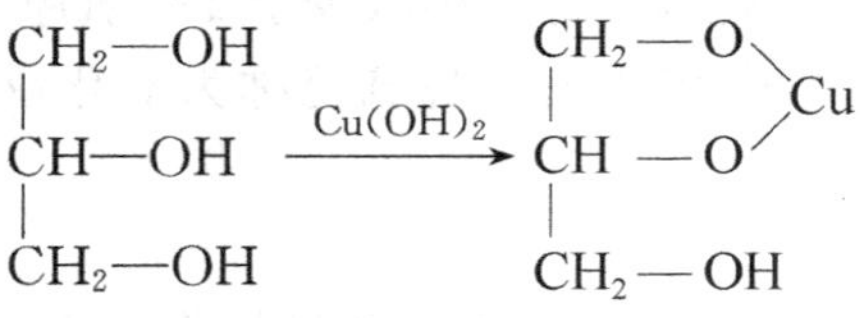

甘油　　　　甘油铜（深蓝色）

7.1.4　几种重要的醇

1. 甲醇

甲醇最初由木材干馏（隔绝空气加热）得到，因此又称木醇或木精。甲醇是无色易燃液体，沸点为 65℃，能溶于水，有剧毒，如长期与甲醇蒸气接触或误饮甲醇 10mL 即可失明，重者致命。甲醇被大量用作溶剂和有机合成原料，如生产甲醛、有机玻璃、合成纤维涤纶等。甲醇加入汽油中，可增加汽油的辛烷值，也可单独作汽车、飞机的燃料。

工业上由 CO 和 H_2 制得。

$$CO+2H_2 \xrightarrow[350℃,高压]{ZnO\text{-}Cr_2O_3} CH_3OH$$

2. 乙醇

乙醇俗称酒精，是各类酒的主要成分，无色液体，有特殊的香味。密度为 $0.789g/cm^3$，沸点为 78.4℃，易挥发，可与水混溶。摄入过量或长期服用，可使心、肝、脑等器官发生病变。

工业酒精是含 95.6%（质量分数）乙醇与 4.4% 水的恒沸混合物（constant boiling mixture），沸点为 78.15℃，用直接蒸馏法不能将水分完全除去，通常用生石灰处理后再进行蒸馏，可得含乙醇 99.95%以上的无水乙醇。工业上常用苯来除去乙醇中的少量水。

乙醇是重要的化工原料，可用作消毒剂、溶剂、防腐剂、燃料等。工业上采用发酵法和乙烯水合法制取乙醇。发酵法是通过微生物进行的复杂的生物化学过程，大致步骤如下：

$$淀粉 \xrightarrow{糖化酶} 麦芽糖 \xrightarrow{麦芽糖酶} 葡萄糖 \xrightarrow{酒化酶} 乙醇$$

3. 乙二醇

乙二醇又称甘醇，是最简单和最重要的二元醇，是带有甜味的有毒液体，沸点为 197.2℃，是常用的高沸点溶剂，能与水、乙醇、丙酮等混溶。其水溶液的凝固点很低，如 60%乙二醇水溶液的凝固点为 −40℃。因此乙二醇可作为防冻剂和制冷剂，还是合成涤纶等高分子化合物的重要原料。

4. 丙三醇

丙三醇俗名甘油，是无色、带有甜味的黏稠液体，沸点为 290℃（分解），可与水以任意比例混溶，具有强烈的吸湿性，能吸收空气中的水分直至含水量为 20%后不再吸水，其水溶液的凝固点很低。故它广泛地用作化妆品、皮革、烟草、食品及纺织等的吸湿剂。

甘油是油脂的组成成分，可从动植物油脂水解得到，是肥皂工业的副产品。

5. 环己六醇

环己六醇最初从动物肌肉中分离得到，故俗称肌醇。肌醇为白色晶体，熔点为 225℃，能溶于水，不溶于无水乙醇、乙醚。存在于动物心脏、肌肉和未成熟的豌豆中，是某些动物和微生物生长所必需的物质。肌醇的六磷酸酯称为植酸，广泛存在于草本植物体内，在种子发芽时在酶的作用下分解，供应植物幼芽生长所需的 H_3PO_4。肌醇可用于治疗肝硬化、肝炎、脂肪肝及胆固醇过高症。

6. 苯甲醇

苯甲醇俗称苄醇。它是一个最重要最简单的芳醇，存在于茉莉等香精油中。工业上可将苄氯在 K_2CO_3 或 Na_2CO_3 存在下水解而得，大量用于香料及医药工业。

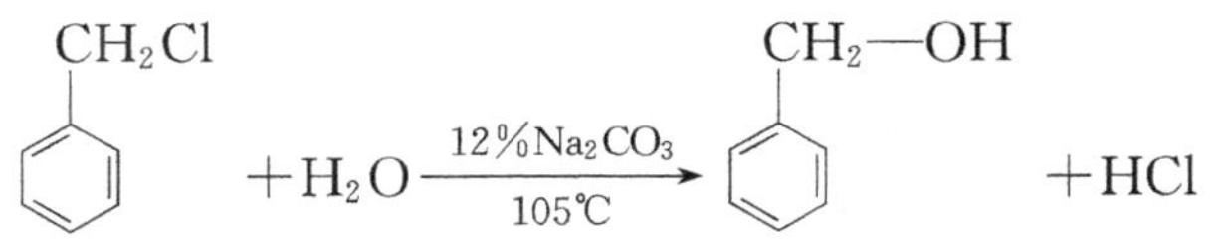

7. 硫醇

醇分子中的氧原子被硫原子取代后所形成的化合物称为硫醇(sulfur alcohol)，通式为R—SH。硫醇的官能团—SH称为巯基(sulfydryl)。

硫醇的命名与醇相似，只需在醇字前面加一个“硫”字即可。例如

CH_3SH	C_2H_5SH	CH_2═$CHCH_2SH$
甲硫醇	乙硫醇	烯丙硫醇

甲硫醇在常温下是气体，其他低级硫醇为液体，具有难闻的气味。例如，空气中含有0.00019mg/L的乙硫醇，即可被人嗅觉。因此，乙硫醇是一种臭味剂，将它加入有毒气体(如煤气)中，以便检查是否漏气。

由于巯基不能形成氢键，所以硫醇的沸点比相应的醇低，在水中的溶解度也比醇低得多。

硫醇的构造与醇相似，但在化学性质上存在着比较显著的差别，如乙硫醇的酸性(pK_a=10.5)比乙醇(pK_a=17)要强得多。

7.2 酚

羟基直接与芳环相连的化合物称为酚，常用Ar—OH表示。

7.2.1 酚的分类和命名

根据所连的芳环不同可将酚分为苯酚、萘酚、蒽酚等，根据酚—OH数目的不同可分为一元酚、二元酚和多元酚等。

酚的命名是将—OH及与其相连的芳环作为母体称“某酚”，其他基团作为取代基，编号从与—OH相连的碳原子开始。如遇到芳环中含有其他优先官能团(见本书4.2.1节)，则把酚羟基作为取代基。例如

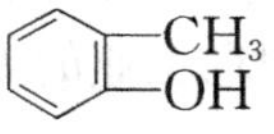

2-甲基苯酚
(邻甲苯酚)

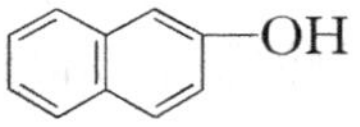

2-萘酚
(β-萘酚)

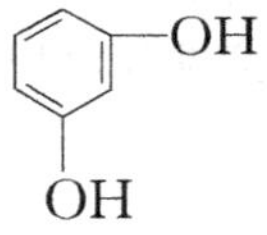

1,3-苯二酚
(间苯二酚)

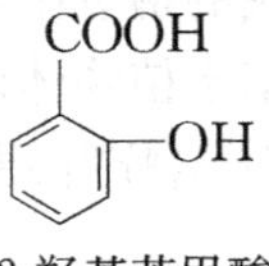

2-羟基苯甲酸
(水杨酸)

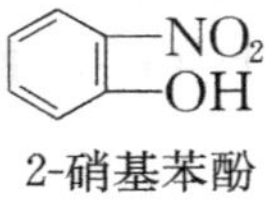

2-硝基苯酚
(邻硝基苯酚)

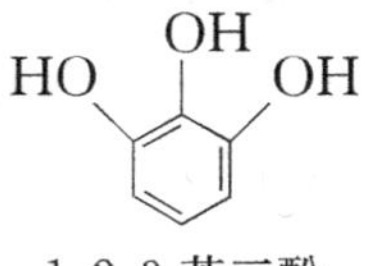

1,2,3-苯三酚
(连苯三酚)

7.2.2 酚的物理性质

多数酚在常温下是固体。纯净的酚无色，但由于酚容易被空气中的氧氧化而产生有色杂质，所以酚一般常带有红色或黄色。大多数酚具有难闻的气味，少数酚有香味。

由于—OH的存在，酚分子之间或酚与水分子之间能形成氢键，因此其沸点和水溶性也都比相对分子质量相近的烃高。邻位上有氟、硝基或羟基的酚，由于可形成分子内氢键而降低了

分子间的缔合程度，它们的沸点比间位和对位异构体低。常见酚的物理常数见表 7-2。

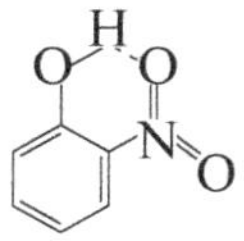

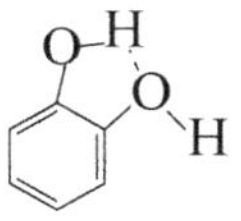

表 7-2 一些酚的物理常数

结构式	中文名称（英文名称）	熔点/℃	沸点/℃	溶解度/($g/100gH_2O$)	pK_a
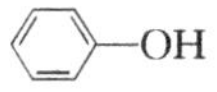	苯酚 (phenol)	43	182	8	9.98
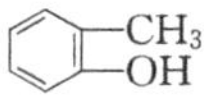	邻甲苯酚 (*o*-cresol)	31	191	2.5	10.2
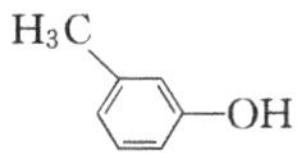	间甲苯酚 (*m*-cresol)	11.5	201	2.6	10.0
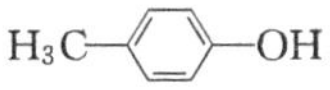	对甲苯酚 (*p*-cresol)	34.8	201	2.3	10.17
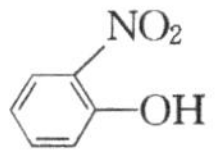	邻硝基苯酚 (*o*-nitrophenol)	45	216	0.2	7.17
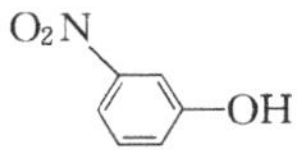	间硝基苯酚 (*m*-nitrophenol)	97	197 (9331Pa)	2.2	8.28
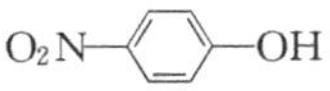	对硝基苯酚 (*p*-nitrophenol)	114.9	279 (分解)	1.3	7.15
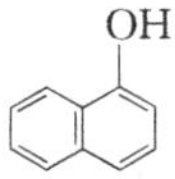	α-萘酚 (α-naphthol)	94	280	<0.1	9.33
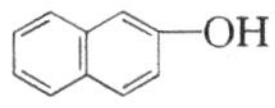	β-萘酚 (β-naphthol)	123	286	<0.1	9.5
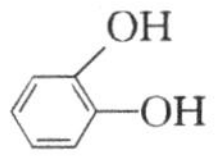	邻苯二酚（儿茶酚） (*o*-dihydroxybenzene)	105	245	45.1	9.4
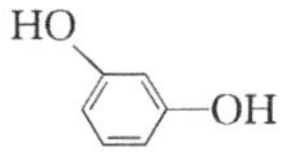	间苯二酚（树脂酚） (*m*-dihydroxybenzene)	111	281	123	9.4
	对苯二酚（氢醌） (*p*-dihydroxybenzene)	173	286	8	10.0

7.2.3 酚的化学性质

酚虽然和醇含有相同的官能团，但由于酚中—OH 直接和芳环相连，酚羟基中氧原子是 sp^2 杂化，氧原子上未参与杂化的 p 轨道与苯环的 π 轨道形成 p-π 共轭体系 Π_7^8。因此，酚中 σ_{C-O} 键变短，很难断裂，使得—OH 难被取代。同时 σ_{H-O} 变长，容易断裂解离出 H^+，故酚具有明显的酸性。对芳环来说，由于 p-π 共轭效应大于氧原子的 −I 效应，所以氧原子上的电子云分散到芳环上，使得环上的亲电取代反应容易进行。另外，酚的烯醇式结构使其具有一定特性。

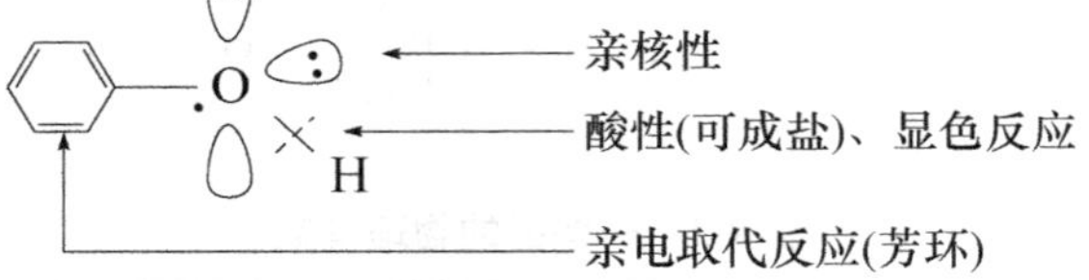

1. 酸性

苯酚具有弱酸性，俗名石炭酸。酚的酸性比醇强，如苯酚的酸性（$pK_a \approx 10$）比乙醇的酸性强得多，两者相差约 10^7倍。苯酚能溶解于 NaOH 水溶液中生成酚钠，而醇不能。

但苯酚的酸性比碳酸（$pK_a = 6.38$）弱，不能与碳酸氢钠作用生成盐。在酚钠水溶液中通入 CO_2，酚即游离出来。

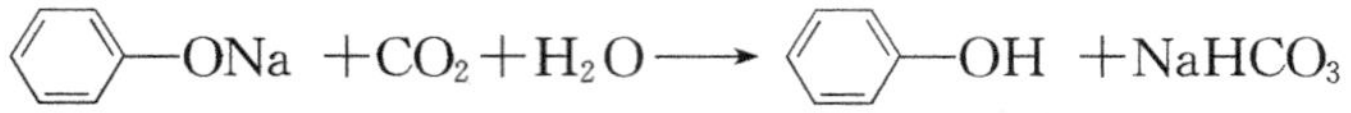

工业上利用酚的这种能溶解于碱而又可用酸将它从碱溶液中游离出来的性质从煤焦油中分离酚，也用于回收和处理含酚污水。

苯环上的取代基对酚的酸性有较大影响。表 7-2 中列举了一些取代酚的 pK_a。一般来说，当苯环上有供电子基团时，酸性减弱；苯环上有吸电子基团时，酸性增强；而且取代基的数目越多，对酸性的影响也越大。例如，下列化合物酸性强弱的顺序为

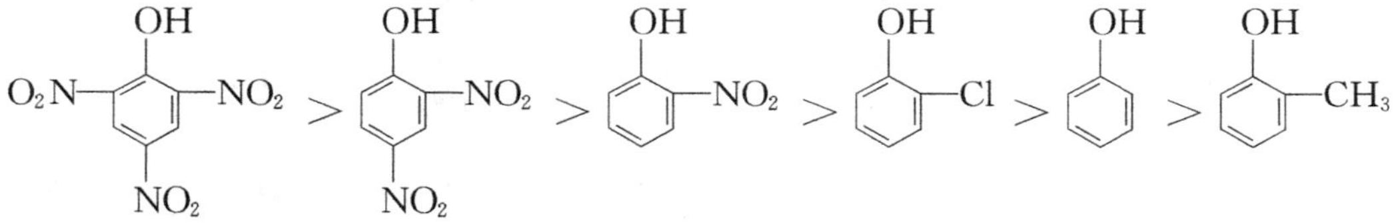

pK_a　0.38　　4.09　　7.1　　8.11　　9.98　　10.2

由上述 pK_a 可以看出，2，4，6-三硝基苯酚（俗名苦味酸）的酸性已与强无机酸相近。

当取代基处于—OH 的对位、间位时仅通过电子效应（I 和 C）影响酚的酸性，而在邻位时应考虑电子效应和空间效应的共同影响，统称为邻位效应（ortho effect）。

例如，氯代苯酚，由于 Cl 的－I 强于＋C，所以三种氯代苯酚的酸性都强于苯酚，而三种氯代苯酚的酸性又各有区别。由于邻位效应的影响，邻氯苯酚酸性最强。当氯处于—OH 的间位时，仅有－I，当氯处于—OH 的对位时，有＋C 抵消了部分－I，所以间氯苯酚酸性比对氯苯酚稍强。

2. 显色反应

苯酚遇 $FeCl_3$溶液显紫色，向体系中加入稀 HCl，紫色逐渐褪去，最终显黄色。

$$6C_6H_5OH + FeCl_3 \longrightarrow \underset{\text{紫色}}{H_3[Fe(C_6H_5O)_6]} + 3HCl$$

与 $FeCl_3$ 溶液发生反应并生成有色物质的不仅限于苯酚，凡具有烯醇式结构的化合物（$-\overset{|}{C}=\overset{|}{C}-OH$）都能发生类似反应，称为显色反应（chromogenic reaction）。

不同结构的酚与 $FeCl_3$ 反应显示不同的颜色。例如，甲苯酚显蓝色，邻苯二酚显绿色，间苯二酚显紫色。这一反应常用于酚类和烯醇的鉴别。

3. 亲核性

1）酚醚的形成

由于酚中 σ_{C-O} 键较难断裂，所以酚醚的制备不能通过酚分子间脱水进行，而需要通过威廉森醚合成法进行。

$$Ar—OH \xrightarrow{NaOH} Ar—\ddot{O}Na \xrightarrow{R—X} Ar—O—R + NaX$$

该反应中，酚钠进攻卤代烃中 α-C 体现亲核性。由于反应在碱性条件下进行，所以形成酚醚的卤代烃必须是卤代甲烷或伯卤代烃（仲、叔卤代烃在碱性条件下易消除）。

硫酸二甲酯和重氮甲烷（CH_2N_2）也可用来制备酚醚。硫酸二甲酯剧毒，操作复杂，重氮甲烷价格昂贵，成本太高，故实验室使用较少。

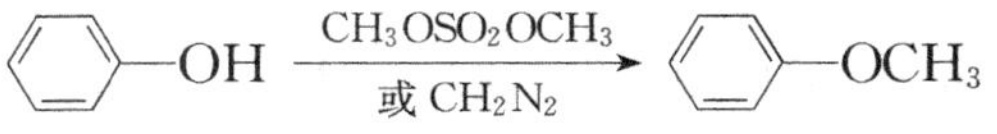

苯甲醚（茴香醚）

2）酚酯的形成

酚要与酰化能力更强的酰基化试剂（如酰氯、酸酐）反应才能形成酚酯。

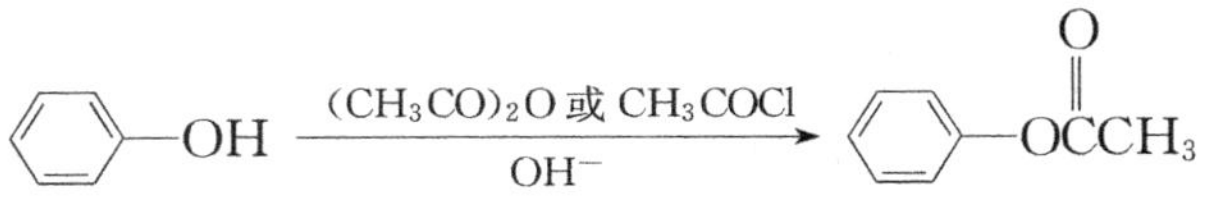

酚酯在 $AlCl_3$ 等路易斯酸存在下不稳定，酰基易重排至邻位或对位，称为弗里斯（Fries）重排，可用来在酚的环上引入酰基。

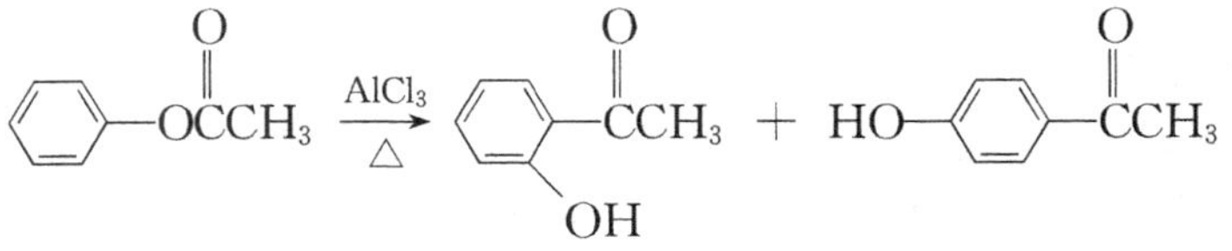

4. 芳环上的亲电取代

—OH 是较强的致活基团，所以酚比苯更容易进行亲电取代反应，且通常发生在—OH 的邻对位。

1）卤代反应

苯酚与溴水在常温下迅速反应，生成 2,4,6-三溴苯酚白色沉淀。极稀的苯酚溶液（$10\mu g/mL$）与溴作用也能生成三溴苯酚沉淀。因而可用此反应来定性或定量分析酚类化合物。

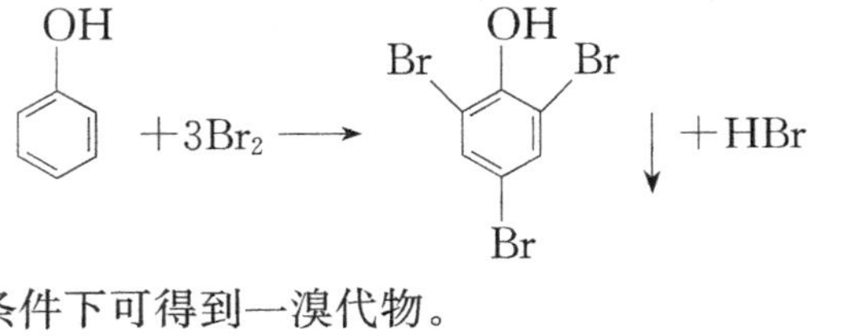

在低温、非极性溶剂条件下可得到一溴代物。

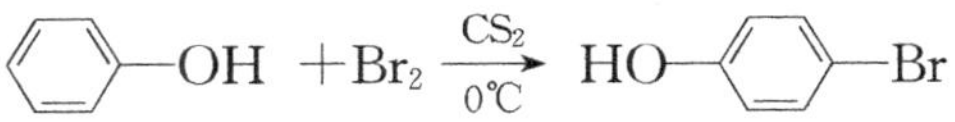

2）硝化反应

室温下苯酚与 20%的稀 HNO_3 作用，—NO_2 可取代—OH 的邻位和对位上的氢原子，而与混酸作用则可生成 2,4,6-三硝基苯酚。

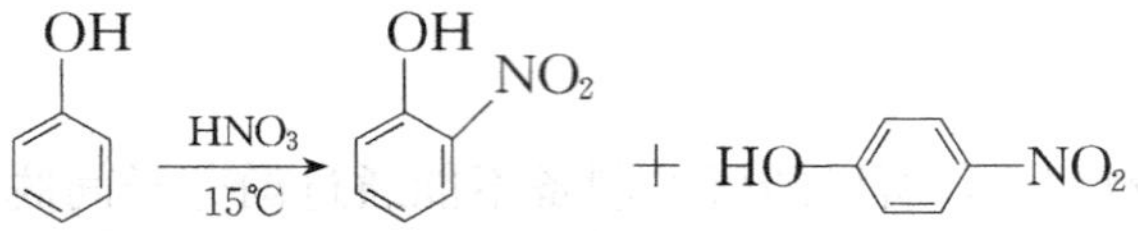

邻硝基苯酚和对硝基苯酚可采用水蒸气蒸馏的方法分离。因为对硝基苯酚形成分子间氢键，沸点较高，而邻硝基苯酚形成分子内氢键，沸点较低，可随水蒸气蒸出。

3）磺化反应

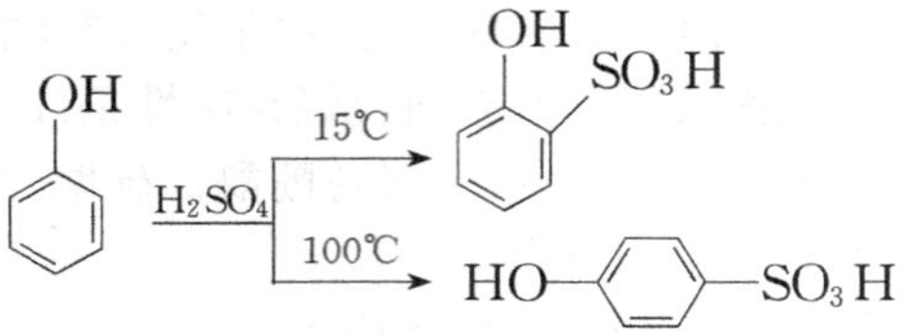

磺化反应是可逆的，在稀酸条件下加热回流就可使反应逆向进行而脱去磺酸基，在有机合成中可用来进行基团的定位。

4）傅-克反应

苯酚在一定条件下可以发生傅-克烷基化和傅-克酰基化反应。

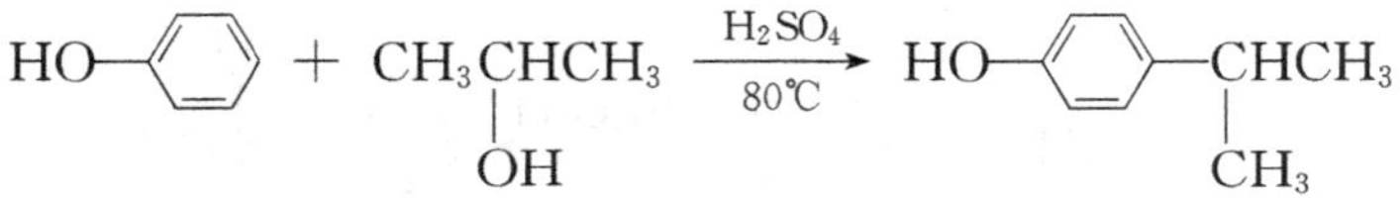

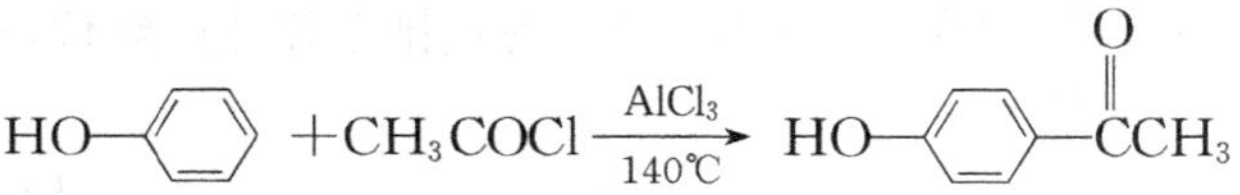

5）瑞穆尔-梯门反应

在一定温度下，酚钠的溶液与氯仿反应可得到邻羟基苯甲醛，该反应称为赖默-蒂曼(Reimer-Tiemann)反应，有机合成中常用来在芳环上直接引入醛基。

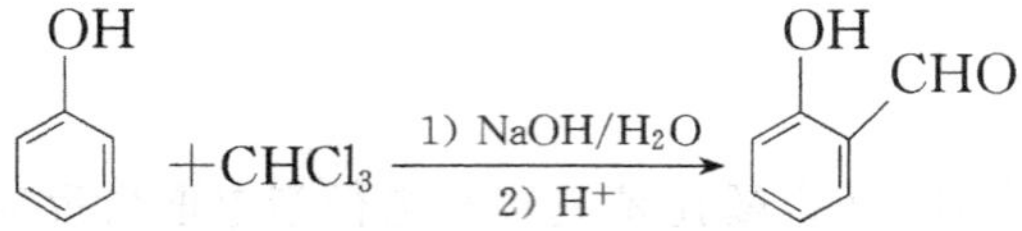

水杨醛

醛基主要进入邻位，若邻位被其他基团占据则进入对位。

6）柯尔柏-施密特反应

在一定温度下，酚钠的溶液中通入高压 CO_2，可得到邻羟基苯甲酸，该反应称为科尔比-施米特(Kolbe-Schmit)反应，有机合成中常用来在芳环上直接引入羧基。

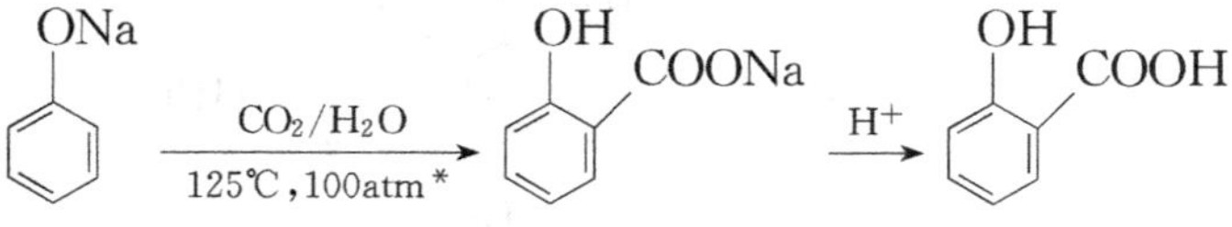

水杨酸

若是使用酚钾的 KOH 溶液，通入高压 CO 则羧基上到对位。

* atm 为非法定计量单位，1atm=101.325kPa。

5. 氧化反应

我们经常看到水果、蔬菜去皮放置后发生颜色逐渐加深，直至变为深褐色。这其实就是水果、蔬菜中的酚类化合物被氧化的结果。酚很容易被氧化，且氧化过程非常复杂，产物为醌(quinone)类化合物。

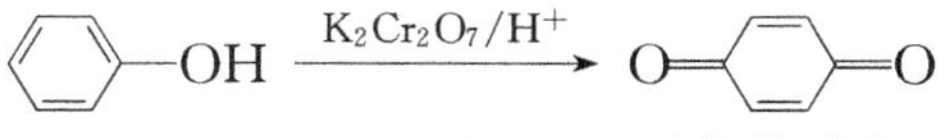

对苯醌（黄色）

多元酚极易被氧化，如邻苯二酚、对苯二酚可被弱氧化剂氧化成相应的醌类。

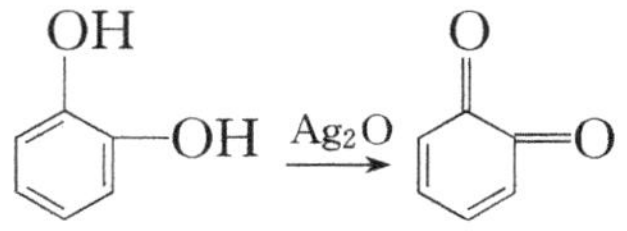

邻苯醌

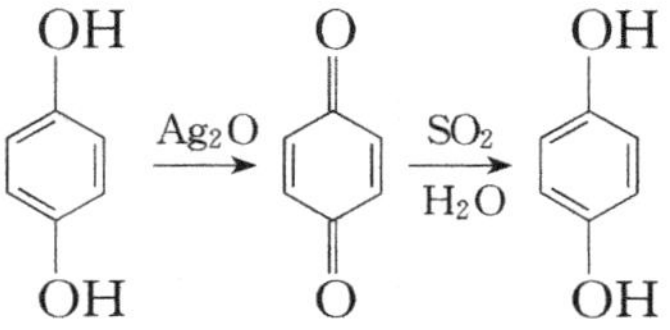

酚的强还原性使得酚广泛用作抗氧化剂、阻聚剂、照相显影剂等。

7.2.4　几种重要的酚

1）苯酚

苯酚最初是从煤焦油中分馏而得。纯净的苯酚是无色棱形结晶，有特殊气味，在空气中放置易因氧化而变成红色。室温时稍溶于水，在 65℃以上可与水混溶，易溶于乙醇、乙醚、苯等有机溶剂。

苯酚是有机合成的重要原料，多用于制造塑料、医药、农药、染料等。

苯酚能凝固蛋白质，因此对皮肤有腐蚀性，并有杀菌效力，是外科上最早使用的消毒剂，因为有毒现已不用。苯酚的致死量为 1.3g，也可通过皮肤吸收进入体内而引起中毒。苯酚的衍生物五氯苯酚是一种无色晶体，酸性很强，具有杀虫功能。其钠盐五氯酚钠可用来消灭钉螺和防止白蚁。

2）甲苯酚

甲苯酚有邻、间、对三种异构体，都存在于煤焦油中，俗称煤酚，它们的沸点很接近，不易分离，因此一般使用它们的混合物。甲苯酚的杀菌能力比苯酚还强，医院用作消毒剂。通常用作消毒的“来苏儿”就是含有 47%～53%这三种甲苯酚混合物的肥皂溶液。

3）苯二酚

苯二酚有邻、间、对三种异构体，均为无色结晶体，溶于乙醇和乙醚。对苯二酚又称氢醌。邻苯二酚俗名儿茶酚或焦儿茶酚。它们的衍生物多存在于植物中。间苯二酚用于合成染料、树脂黏合剂等。

邻苯二酚的一个重要衍生物为肾上腺素，肾上腺素是肾上腺髓质的主要激素，以左旋体存在于动物及人体中，为无色或淡棕色结晶，熔点为 211～212℃，无臭，味苦，微溶于水及乙醇，不溶于乙醚、氯仿，但易溶于酸或碱中，在中性或碱性溶液中不稳定，遇光即分解变色。肾上腺素对交感神经有兴奋作用，有加速心脏跳动、收缩血管、增高血压、放大瞳孔等功能，也有使肝糖分解，增加血糖的含量以及使支气管平滑肌松弛的作用，故一般用于支气管哮喘、过敏性休克及其他过敏性反应的急救。

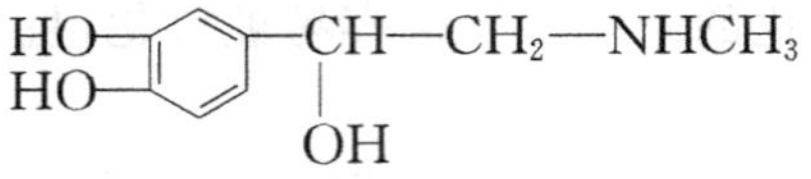

肾上腺素

在植物中发现许多邻苯二酚的衍生物，它们是重要的香料。例如

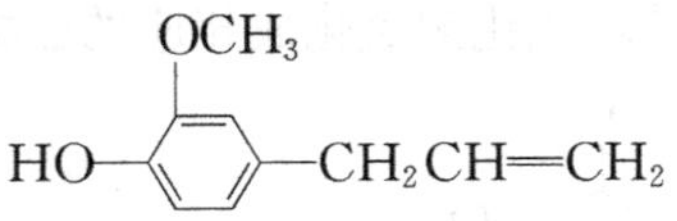

丁香酚

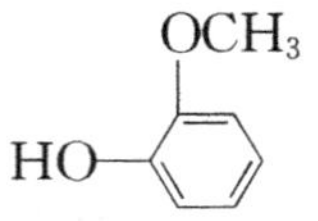

愈创木酚

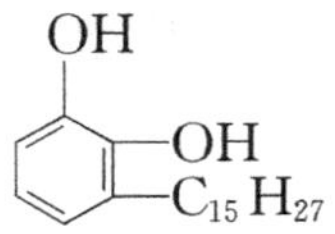

漆酚

4）萘酚

萘酚有 α-萘酚和 β-萘酚两种异构体，它们都是能升华的白色晶体。α-萘酚与 $FeCl_3$ 溶液生成紫色产物，β-萘酚则生成绿色产物。它们都是合成染料的重要原料。

5）硫酚

巯基与芳环直接相连得到硫酚（thiophenol）。硫酚的性质与酚的性质类似，但不能形成分子间氢键。硫醇、硫酚的重金属盐如砷、汞、铅、铜等盐类，都不溶于水。重金属进入体内，与某些酶中的巯基结合，从而使其丧失活性，失去正常的生理作用，导致重金属中毒。对于重金属中毒者，可以向中毒者体内注入含巯基的化合物，作为解毒剂，如巴尔（二巯丙醇）即为常用解毒剂药物。

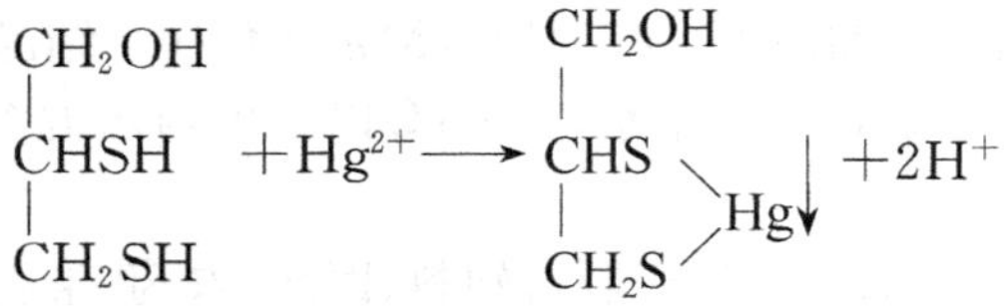

6）双酚 A 及环氧树脂

2,2-(4,4′-二羟基二苯基)丙烷简称双酚 A 或二酚基丙烷。双酚 A 是制备环氧树脂（epoxy resin）的重要原料。

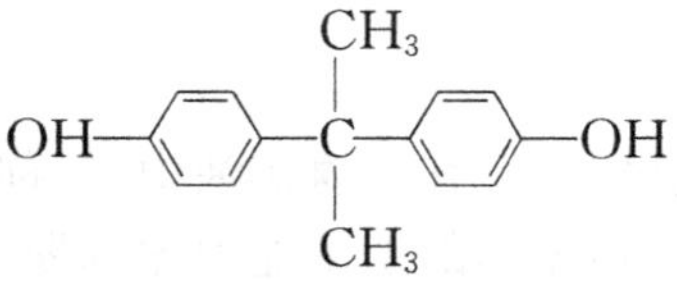

双酚 A

双酚 A 或其他多元酚都能与环氧丙烷进行一系列缩聚反应，生成一类在分子中至少含有两个以上环氧基的高分子热固性树脂，这类树脂统称为环氧树脂，环氧树脂具有极强的黏结性，能极牢固地黏合各种材料，如金属、陶瓷、玻璃、木材等，俗称“万能胶”。

由于环氧树脂结构中有羟基、醚键和环氧基，因而具有很高的黏结力，固化时没有气泡产生，固化后收缩性小，机械强度高，电绝缘性能好，耐酸、耐碱、耐盐。加入玻璃纤维为填料制成的层压制品比酚醛、不饱和聚酯的相应层压材料的强度要高，接近于钢材的强度，故又称“玻璃钢”。

7.3 醚

醚可以看作醇分子中的羟基氢原子或水分子中的两个氢原子被烃基取代后的产物，常用 R—O—R 表示。醚键(C—O—C)是醚的官能团。

7.3.1 醚的分类和命名

1. 醚的分类

醚分子中两个烃基相同时，称为单醚；两个烃基不同时，称为混醚。两个烃基是烷基或烯基时，称为脂肪醚；两个烃基或其中之一是芳基时，称为芳香醚；组成环的原子除碳原子外，还有氧原子的环状化合物，称为环醚，三元环醚称为环氧化合物(epoxide)。例如

$CH_3—O—CH_3$ 单醚

$CH_3—O—C_2H_5$ 混合醚

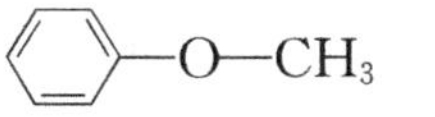

芳香醚

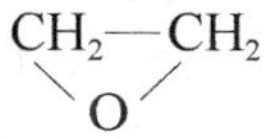

环醚

2. 醚的命名

结构简单的醚用普通命名法命名，即单醚称为某醚或二某醚，而混醚则称为某(基)某(基)醚，小基团在前。

CH_3OCH_3 甲醚

$CH_3CH_2OCH_3$ 甲乙醚

$C_2H_5OC_2H_5$ 乙醚

不饱和醚命名时，饱和烃基在前；芳香醚命名时，芳基在前。例如

$C_2H_5OCH═CH_2$ 乙基乙烯基醚

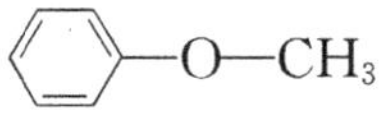

苯甲醚(茴香醚)

结构复杂的醚用系统命名法命名。命名时以烃为母体，选择最长碳链为主链，将碳数较少的烃基与氧原子在一起称为“烷氧基”(RO—)，如有不饱和程度较大的烃基则为母体。例如

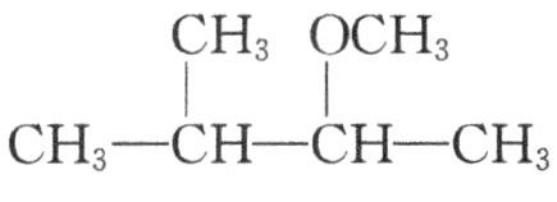

2-甲基-3-甲氧基丁烷

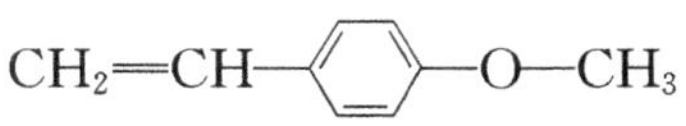

对甲氧基苯乙烯

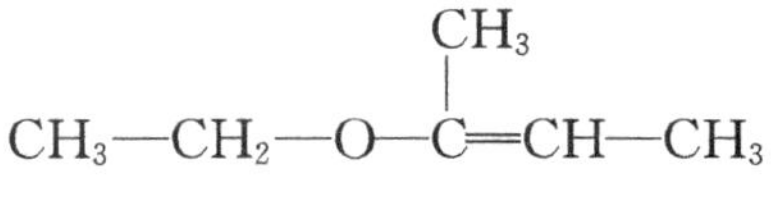

2-乙氧基-2-丁烯

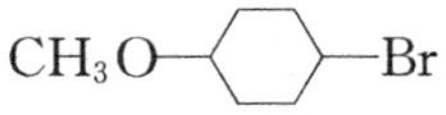

1-甲氧基-4-氯环己烷

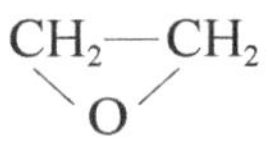

环氧乙烷

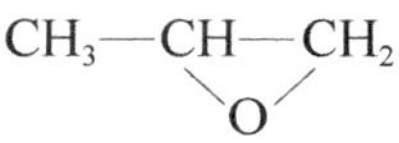

环氧丙烷

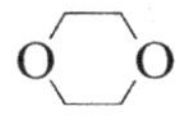

1,4-二氧六环

含有多个氧原子的大环醚形如皇冠称为冠醚(crown ether)，通常以“X-冠-Y”命名，其中 X 表示环上 C、O 原子总数，Y 表示环上 O 原子总数。例如

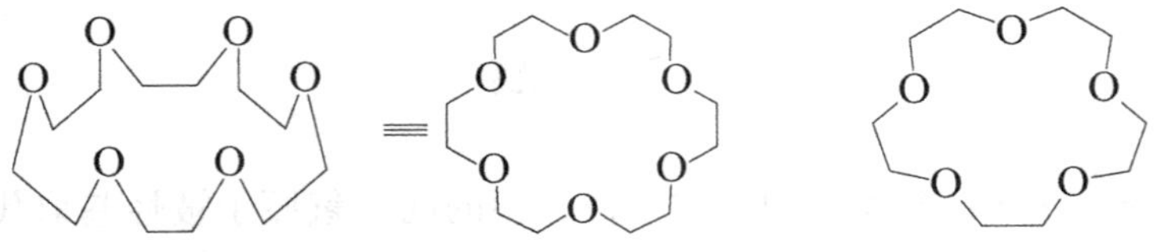

18-冠-6　　15-冠-5

冠醚分子中有一“空穴”，不同的冠醚空穴大小不一样，可容纳半径不同的金属离子，所以常用来分离金属离子。

7.3.2 醚的物理性质

在常温下，除甲醚和甲乙醚为气体外，其他醚为无色、有特殊气味、易流动的液体，相对密度小于 1。醚分子间不能形成氢键，故低级醚类的沸点比相对分子质量相近的醇低得多，而与相对分子质量相当的烷烃接近。例如，乙醚（相对分子质量 74）的沸点为 34.5℃，正丁醇的沸点为 117.7℃，正戊烷（相对分子质量 72）的沸点为 36.1℃。

醚与水分子间能形成氢键，故在水中的溶解度与同碳数的醇相近，如乙醚和正丁醇在水中的溶解度均为 8g/(100mL H_2O)。醚常用作有机溶剂。一些醚的物理常数见表 7-3。

表 7-3　一些醚的物理常数

结构式	中文名称	英文名称	熔点/℃	沸点/℃	密度/(g/mL)
$CH_3—O—CH_3$	甲醚	methyl ether	−138.5	−25	0.661
$C_2H_5—O—C_2H_5$	乙醚	ethyl ether	−116	34.5	0.7138
$C_4H_9—O—C_4H_9$	正丁醚	butyl ether	−95.3	142	0.7689
$C_6H_5—O—C_6H_5$	二苯醚	diphenyl oxide	28	257.9	1.0748
$C_6H_5—O—CH_3$	苯甲醚	methyl-phenoxide	−37.3	155.5	0.994
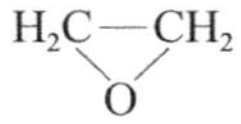	环氧乙醚	epoxy ether	−111	14	0.8824 (10℃)
	四氢呋喃	butylene oxide	−108	67	0.8892
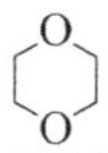	1,4-二氧六环	1,4-dioxane	11.8	101	1.0337

7.3.3 化学性质

醚为弱极性分子，对碱、氧化剂和还原剂都很稳定，不易进行一般的化学反应。醚键中氧原子上可以提供电子对，体现碱性，σ_{C-O}键由于强极性可以发生断裂。此外，由于氧原子较强的电负性，α-H 体现一定的活性。

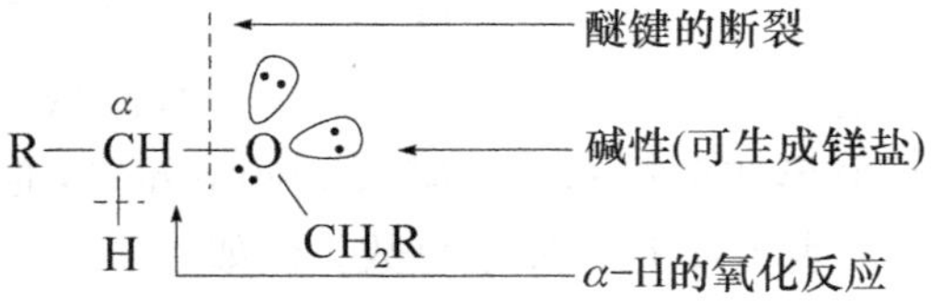

环氧化合物比其他环醚或开链醚性质更活泼，主要容易发生开环反应。

1. 碱性

醚键中的氧原子带有 2 对孤对电子，可以体现碱性，和强的无机酸如浓 HCl、浓 H_2SO_4 等作用，形成𨦡盐（质子化的醚）。

$$C_2H_5OC_2H_5 + H_2SO_4(\text{冷、浓}) \longrightarrow [C_2H_5\underset{H}{\ddot{O}}C_2H_5]^+ HSO_4^-$$

此𨦡盐可溶解于冷的浓强酸中，若加热或加水稀释，该𨦡盐很快分解又生成原来的醚。利用这一性质，可将醚从烷烃或卤代烃的混合物中分离出来。

$$[C_2H_5\underset{H}{\ddot{O}}C_2H_5]^+ HSO_4^- \xrightarrow[\text{或 } H_2O]{\triangle} C_2H_5\underset{\cdot\cdot}{\ddot{O}}C_2H_5 + H_2SO_4$$

2. 醚键的断裂

𨦡盐的生成使得醚分子中的 σ_{C-O} 键变弱，因此在酸性试剂的作用下醚键易断裂。浓 HI 在常温下就可使醚键断裂，生成碘代烷和醇。

$$R{-}O{-}R' + HI \xrightarrow{\triangle} RI + R'OH$$

醇可与过量的 HI 进一步生成碘代烷。

$$R'OH + HI \longrightarrow R'{-}I + H_2O$$

混合醚与 HI 作用时，一般是较小的烃基变成碘代烷。例如

$$R{-}CH_2{-}OCH_3 + HI \xrightarrow{\triangle} CH_3I + R{-}CH_2{-}OH$$

芳醚与 HI 作用时，由于氧原子和芳环之间的 p-π 共轭效应通常生成酚和卤代烷。二苯醚与 HI 不发生反应。

当醚键上有 1 个或 2 个叔碳基团时，得到的产物主要是烯烃。

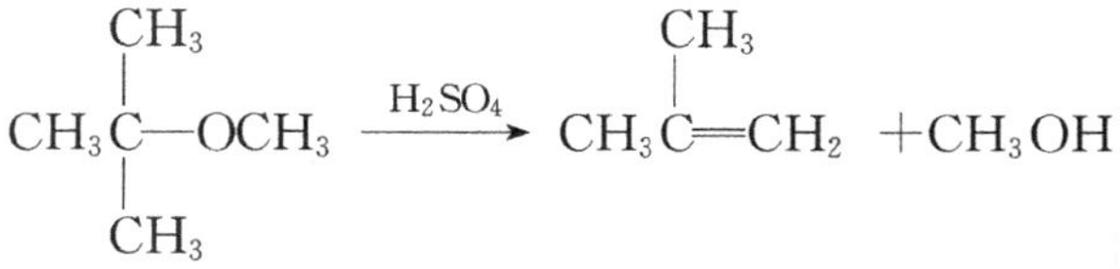

3. α-H 的氧化

强氧化剂如 $KMnO_4$、$K_2Cr_2O_7$ 等都不能将醚氧化。但含有 α-H 的醚久置空气中则会发生自身氧化反应，形成过氧化物。

$$CH_3CH_2OCH_2CH_3 \xrightarrow{O_2} CH_3\underset{OOH}{\underset{|}{C}}HOCH_2CH_3$$

过氧化物的挥发性低，不稳定，在受热或受到摩擦时易分解而发生爆炸。因此，醚类应尽量避免露置在空气中，一般放在棕色瓶中，避光保存。还可加入少量的抗氧化剂（如对苯二酚）以防止过氧化物的生成。

久置的乙醚在使用前，特别是在蒸馏前，一定要检查是否含有过氧乙醚。常用的检验方法

是用 KI-淀粉试纸或 $FeSO_4$-KSCN 混合液，过氧乙醚能使前者呈深蓝色，而使后者变红。若含有过氧乙醚可向醚中加入还原剂，如 $FeSO_4$ 或 Na_2SO_3 等，使之发生氧化还原反应而除去过氧乙醚。

4. 环氧乙烷的性质

环氧乙烷是最简单的环氧化合物。其结构类似于环丙烷，由于存在角张力，在一定条件下很容易和亲核试剂发生开环反应。

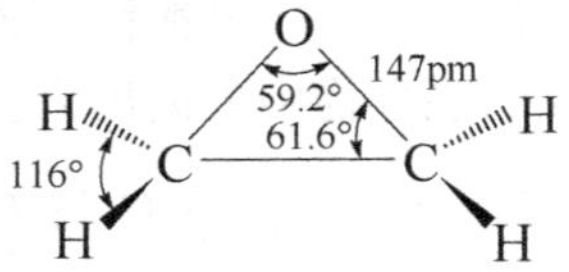

例如

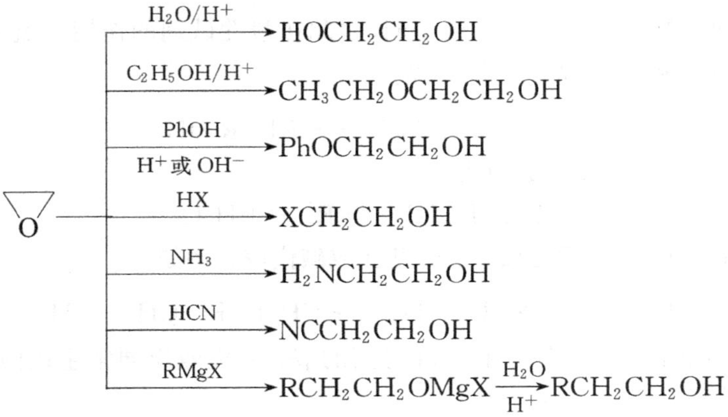

可以看出，环氧乙烷与醇、酚、HCN 及格氏试剂等物质的反应可以用来增长碳链。当环氧乙烷上有取代基时，酸性条件下亲核试剂主要进攻取代基多的碳原子；碱性条件下亲核试剂主要进攻取代基少的碳原子(空间位阻小)。即

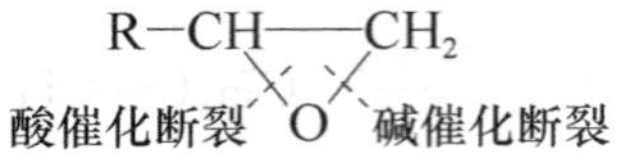

7.3.4 几种重要的醚

1. 乙醚

乙醚是无色易挥发的液体，沸点为 34.5℃，微溶于水，易溶于有机溶剂。乙醚蒸气易燃、易爆，使用时必须特别小心，远离明火。吸入一定量的乙醚蒸气，会使人失去知觉，所以纯乙醚曾用作外科手术时的麻醉剂。

乙醚主要用作油类、染料、生物碱、天然树脂、合成树脂、硝化纤维、石油树脂、香料等的优良溶剂。医药工业用作药物生产的萃取剂。毛纺、棉纺工业用作油污洁净剂。火药工业用于制造无烟火药。

2. 除草醚

除草醚的化学名是 4′-硝基-2，4-二氯二苯醚，结构式如下：

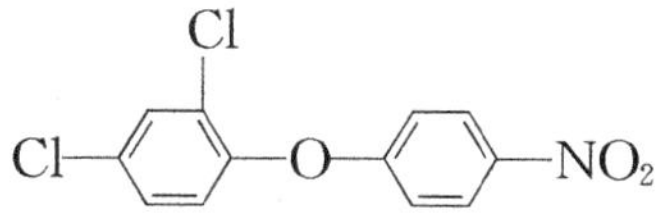

它是浅黄色针状晶体，熔点为 70～71℃，难溶于水，易溶于乙醇等有机溶剂。在空气中稳定，对金属无腐蚀性，对人畜安全。对刚萌发的稗草、鸭舌草、牛毛草等有触杀性药效，是一种常用的除草剂。

3. 硫醚

醚分子中的氧原子为硫原子代替后的化合物称为硫醚(sulfoether)。命名时在相应的醚前加个“硫”字，如 CH_3SCH_3 即为甲硫醚。

低级硫醚为无色液体，有臭味，沸点比相应的醚高，不能与水形成氢键，不溶于水。硫醚的化学性质相当稳定，但硫原子易形成高价化合物，硫醚氧化则得亚砜或砜：

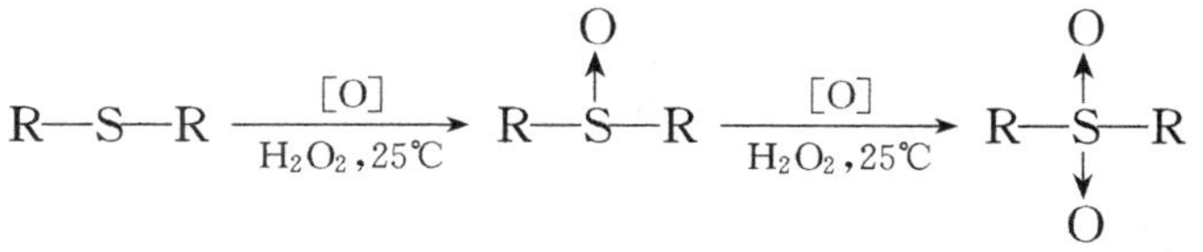

硫醚　　亚砜　　砜

二甲亚砜(DMSO)是一种无色液体，沸点为 189℃，极性大，毒性低，可与水以任意比例互溶，是既能溶解有机物又能溶解无机物的常用溶剂。

阅读材料

酚类与水的污染

水是一种极其宝贵的自然资源，是地球上一切生命赖以生存的物质基础。可以说，没有水就没有生命。人类的各种用水基本上都是淡水，但是可供人类利用的淡水却不到地球总水量的 1%。随着人口的增长和工农业生产的发展，一方面用水量迅速增加，另一方面未经处理的废水、废物排入水体造成污染，使得可用水量不断减少，人类面临水源危机，这将严重威胁世界经济的发展和人类的生存。

自然界中的水不是静止不动的，而是通过蒸发变成水蒸气形成云雾，再通过凝结变成雨、雪下降。水在大自然中川流不息、周而复始地运动，组成水的循环系统。当人类生产和生活排放的污染物进入河流、湖泊、海洋或地下水后，水可以利用自净化作用，使污染物的浓度自然降低。例如，河流中的水在流动中，可将污染物稀释，使之扩散；污染物在水中发生氧化还原反应或水中微生物对有机污染物的氧化还原或分解作用等可使有害物变成无害物。但是，如果污染物排放量过大，超过了水的自净化能力，使水体的理化性质或生物群落组成发生了变化，降低了水体的使用价值和使用功能，就将造成水体的污染。水体污染不仅妨碍工农业和渔业的生产，也严重影响水体的生态循环系统和人类的健康。

水的污染源包括自然污染和人为污染。自然污染一般是由于地下水流动时把地层中某些矿物质溶解，使水中盐分或有害元素含量偏高；或者是因动植物腐烂过程中产生的毒物引起水质变化而造成的。人为污染则是指人类生活和生产活动中产生的生活污水、工业废水、废渣和垃圾倾倒于水中或岸边经降雨淋冲流入水体造成的污染。以污染物的化学组成划分，主要有酸、碱、盐等无机污染物、重金属污染物、耗氧有机污染物、有毒有机污染物和生物污染物等。

酚类化合物是主要的有毒有机污染物之一。它产生臭味，溶于水时毒性较大，能使细胞蛋白质发生变性和沉淀。当水中酚的浓度为 0.1～1μg/L 时，鱼肉就带有酚味；浓度高时，可使鱼类大量死亡。人若长期饮用含酚的水可引起头晕、贫血及各种神经系统病症。

天然水体遭受污染后，必须进行各种必要的处理，以满足生产、生活和人类生存的需要。废水的处理方法很多，可按其原理分为物理法、生物法、物理化学法和化学法。物理法是通过物理作用分离废水中呈悬浮状态的污染物质，其处理方法有沉淀法、过滤法、气浮法等。生物法是利用微生物作用，使废水中的有机污染物转化为无毒无害的物质，其处理方法有好氧生物法和厌氧生物法。物理化学法是通过吸附、混凝等过程将含有污染物的废水加以净化。化学法则是利用化学反应来分离和回收污染物或改变污染物的性质，使其变有害为无害，其处理方法有中和法、氧化还原法、化学沉淀法等。

总之，废水的处理就是把水中的有害物质以某种形式分离出去或将其转化为无害物质。

减少废水排放量，预防和治理水污染是我们每一个化学工作者义不容辞的责任。

习　题

7-1 命名下列化合物或写出结构式。

(1) 仲丁醇　(2) 2-甲基-5-异丙基苯酚　(3) 丙烯基烯丙基醚

(4) 对甲氧基苄醇　(5) 2-萘酚　(6) 2-乙氧基环己醇

(7) PhOPh　(8) $(CH_3)_2CHCH_2CH(OH)CH_3$　(9) $CH_3OCH(CH_3)_2$

(10) $CH_3CH_2CH(OH)CH_2CH_2OH$　(11) 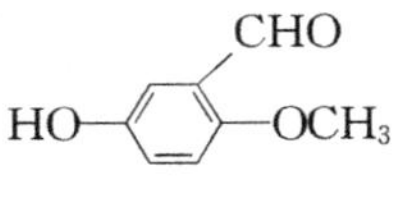　(12) 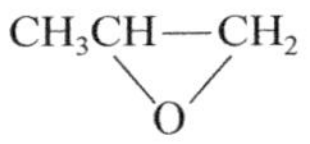

7-2 将下列各组化合物按指定要求排序。

(1) 酸性：碳酸、苯酚、乙醇、水

(2) 酸性：苯甲醇、对甲苯酚、苯酚、对硝基苯酚

(3) 沸点：甲醚、乙醇、丙烷、乙二醇

(4) 溶解度：丙三醇、丙醇、乙醚

7-3 试用恰当的方法除去下列各组化合物中的少量杂质，括号中为杂质。

(1) 溴乙烷(乙醇)　(2) 已烷(乙醚)　(3) 乙醚(水、乙醇)

7-4 写出下列各反应的主要产物。

(1) $CH_3CH(CH_3)CH(OH)CH_3 + HBr \longrightarrow$

(2) 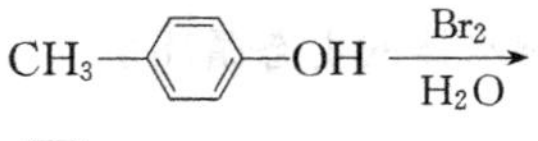

(3) 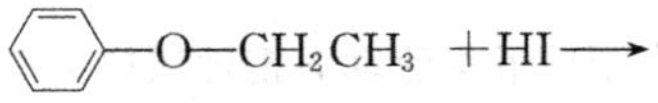

(4) $CH_3CH_2C(CH_3)(OH)CH_3 \xrightarrow[\triangle]{H_2SO_4(浓)}$

(5) 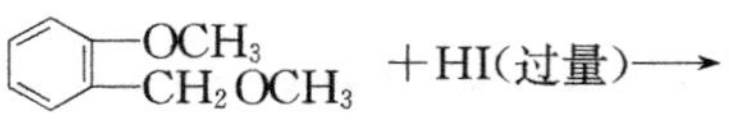

(6) 

(7) 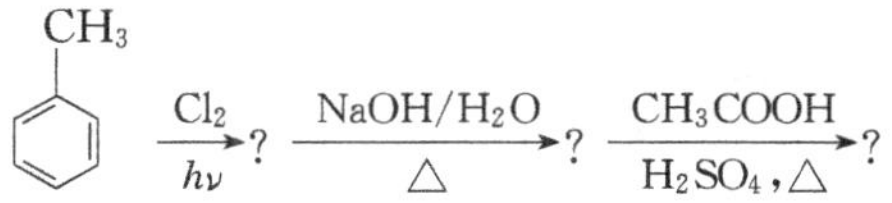

(8) 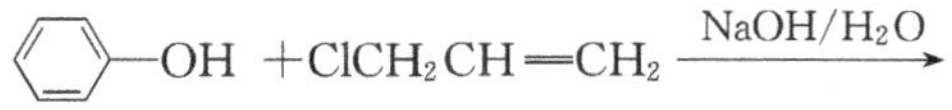

(9) 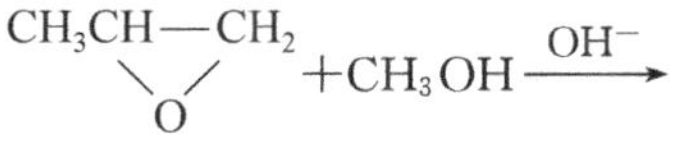

(10) 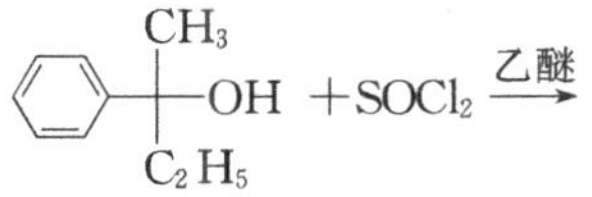

(11) 

(12) 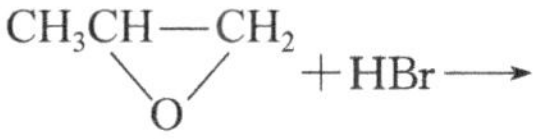

7-5　用化学方法区别下列各组化合物。

(1) 正丁醇、异丙醇和叔丁醇

(2) 乙烷、乙醇、乙醚、苯酚

(3) 1,2-丁二醇、1,4-丁二醇

(4) 苯甲醇、苯甲醚、对甲苯酚

7-6　合成题(无机试剂任选)。

(1) 由丙醇合成丙炔

(2) 由 1-丁烯合成正丁醇

(3) 由苯酚和氯苯合成 4-硝基二苯醚

(4) 由丙烯合成甘油

7-7　两种醇 A 和 B 的分子式同为 $C_5H_{12}O$,它们氧化后均得到酸性产物,两种醇脱水后再氢化得到同一种烃。A 脱水之后氧化得到一羧酸和 CO_2;B 脱水之后氧化得到一分子酮和 CO_2。试推测 A、B 的结构式。

7-8　某化合物 A 的分子式为 $C_5H_{12}O$。A 能与钠作用放出氢气,能被中性 $KMnO_4$ 氧化,能和浓 H_2SO_4 共热生成 B(C_5H_{10})。B 经臭氧氧化和还原水解,生成丙酮和乙醛。试推测 A、B 的结构式。

7-9　某化合物 A 的分子式为 C_7H_8O,不溶于 NaOH 水溶液,但在与浓 HI 反应时生成化合物 B 和 C;B 能溶于 NaOH,并与 $FeCl_3$ 水溶液发生显色反应,C 与 $AgNO_3$ 的乙醇溶液作用生成沉淀。试推测 A、B、C 的结构式。

7-10　用合理的机理解释以下反应。

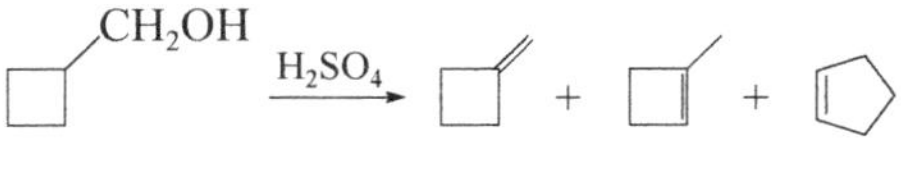

第 8 章　醛、酮、醌

碳氧之间以双键相连而形成的官能团称为羰基（ ＞C=O ，carbonyl group），醛（aldehyde）、酮（ketone）和醌（quinone）都含有羰基，统称为羰基化合物。羰基上连有 2 个烃基的化合物是酮，酮的官能团又称酮羰基；羰基至少连有 1 个氢原子的化合物是醛，醛的官能团是醛基（—CHO）。含碳原子个数相同的醛、酮是同分异构体。

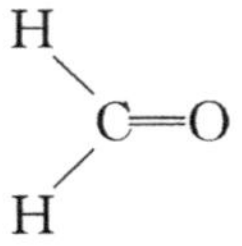
甲醛

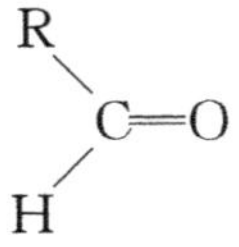
醛

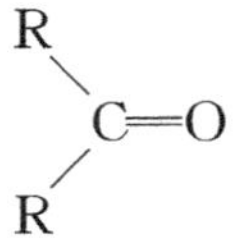
酮

醌是特殊的不饱和二酮，其分子中含有 C＝C 和 C＝O 的共轭体系。例如

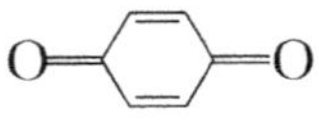
对苯醌

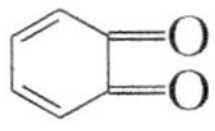
邻苯醌

在自然界，醛、酮、醌广泛存在于一些高等植物中，人体内的某些激素及某些代谢中间体的结构中也有羰基的存在。因此，它们是一类具有重要生理意义的有机物。醛、酮是有机化学中极为重要的物质，其性质活泼，可以发生多种化学反应，尤其是羰基的亲核加成反应有着广泛的用途。

8.1　醛　和　酮

8.1.1　醛、酮的分类和命名

1. 醛、酮的分类

醛和酮可以按照它们分子中所含醛基或酮基的数目，分为一元醛（酮）、二元醛（酮）及多元醛（酮）；也可按烃基的类型分为脂肪醛（酮）、脂环醛（酮）及芳香醛（酮）；还可以根据分子中是否含有不饱和键分为饱和醛（酮）、不饱和醛（酮）。此外，根据酮分子中两个烃基是否相同，可将酮分为单酮和混酮。

2. 醛、酮的命名

1）普通命名法

根据分子中碳原子的个数将结构较简单的醛直接命名为“某（基）醛”。

CH_3CHO　　$(CH_3)_2CHCHO$　　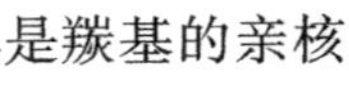

乙醛　　异丁醛　　苯甲醛

与醚的普通命名法类似，根据与酮羰基相连的烃基将酮命名为“某（基）某（基）（甲）酮”，小基团在前，大基团在后。羰基上若连有苯环，则称为“某酰（基）苯”。

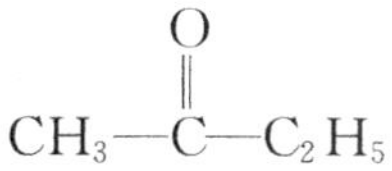

甲乙酮
（甲基乙基甲酮）

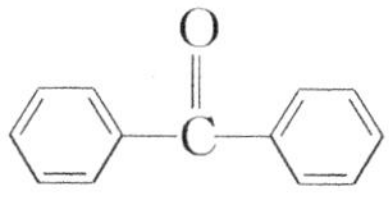

二苯酮
（二苯基甲酮）

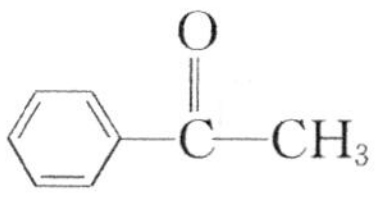

乙酰苯（苯乙酮）
（甲基苯基甲酮）

需要指出的是甲酮是假想母体，根本不存在，丙酮是最简单的酮。

2）系统命名法

脂肪醛（酮）的命名，多采用系统命名法。首先选择含有羰基的最长碳链作为主链，根据主链上碳原子总数称为“某醛（酮）”。编号时，醛中以醛基碳原子为链端开始编号，酮则从距离酮羰基最近的一端开始编号。写名称时需注明羰基的位次。编号也可用希腊字母 α、β、γ 等表示。例如

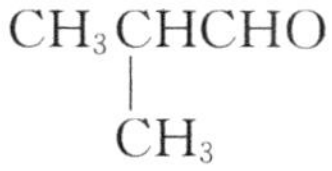

2-甲基丙醛
（α-甲基丙醛）

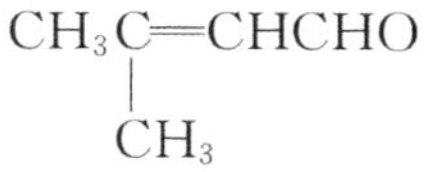

3-甲基-2-丁烯醛
（β-甲基-α-丁烯醛）

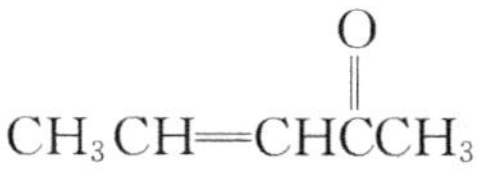

3-戊烯-2-酮

脂环族和芳香族醛（酮）命名时，将脂环或芳香环作为取代基。例如

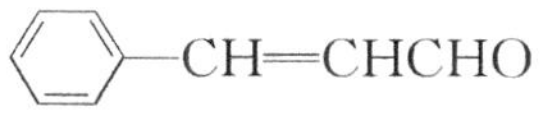

3-苯基丙烯醛（肉桂醛）

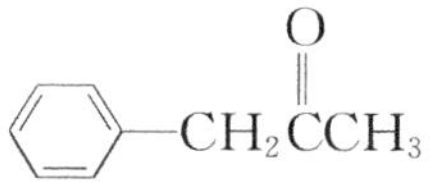

1-苯基-2-丙酮

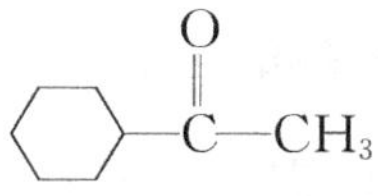

环己基乙酮

多元醛（酮）的命名与多元醇相似。例如

$OHCCH_2CHO$

丙二醛

3-甲基-2,5-己二酮

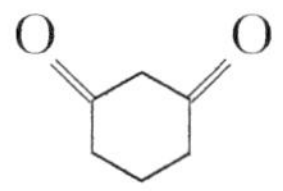

1,3-环己二酮

8.1.2　醛、酮的物理性质

常温下，除甲醛是气体外，C_{12} 以下的一元醛、酮均为液体，高级醛、酮为固体，某些中级醛、酮和一些芳香醛具有特殊的香味。

醛和酮都不能形成分子间氢键，没有缔合作用，所以它们的沸点要比相对分子质量相近的醇低。但醛和酮的极性较强，因此它们的沸点比相对分子质量相近的烷烃和醚高。

醛、酮的羰基能与水分子形成氢键，因此醛、酮具有一定的水溶性。C_5 以下的脂肪族醛（酮）可与水混溶，中、高级醛（酮）和芳香族醛（酮）微溶或不溶于水。醛（酮）易溶于乙醇、乙醚等有机溶剂。丙酮由于良好的溶解性，常用作有机溶剂。一些醛、酮的物理常数见表 8-1。

表 8-1　一些醛、酮的物理常数

结构式	中文名称	英文名称	熔点/℃	沸点/℃	密度/(g/mL)	溶解度/(g/100g H_2O)
$HCHO$	甲醛	formaldehyde	−92	−21	0.815	55
CH_3CHO	乙醛	acetaldehyde	−123	20.8	0.783	溶
CH_3CH_2CHO	丙醛	propylaldehyde	−81	48.8	0.807	20
$CH_3CH_2CH_2CHO$	丁醛	butyraldehyde	−97	74.7	0.817	4

续表

结构式	中文名称	英文名称	熔点/℃	沸点/℃	密度/(g/mL)	溶解度/(g/100g H_2O)
$OHC(CH_2)_4CHO$	乙二醛	oxaldehyde	15	50.4	1.14	溶
$CH_2═CHCHO$	丙烯醛	acraldehyde	−87.7	53	0.841	溶
PhCHO	苯甲醛	benzaldehyde	−26	179	1.046	0.33
CH_3COCH_3	丙酮	acetone	−95	56.1	0.792	溶
$CH_3COCH_2CH_3$	丁酮	butanone	−86	79.6	0.805	35.3
$CH_3COCH_2CH_2CH_3$	2-戊酮	2-pentone	−77.8	102	0.812	几乎不溶
$CH_3CH_2COCH_2CH_3$	3-戊酮	3-pentone	−42	102	0.814	4.7
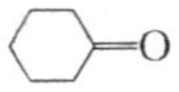	环己酮	cyclohexanone	−31	156	0.942	微溶
$CH_3COCOCH_3$	丁二酮	butanedione	−2.4	88	0.980	25
$CH_3COCH_2COCH_3$	2,4-戊二酮	pentanedione	−23	138	0.792	溶
$PhCOCH_3$	苯乙酮	acetophenone	19.7	202	1.026	微溶
PhCOPh	二苯甲酮	diphenyl ketone	48	306	1.098	不溶

8.1.3　醛、酮的化学性质

羰基中碳原子、氧原子均为 sp^2 杂化，碳原子未参与杂化的 p 轨道与氧原子的一个 p 轨道平行重叠形成 π 键，并垂直于 3 个 σ 键所在的平面，如图 8-1 所示。

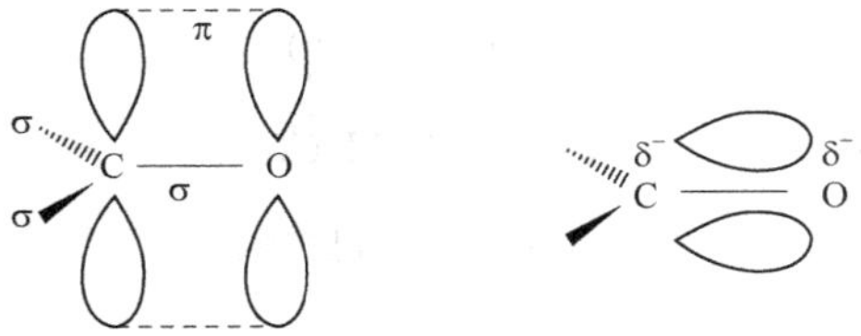

图 8-1　羰基中的 π 键及电子云分布

与 C═C 键不同的是，羰基中氧原子的电负性大于碳原子，碳氧之间成键的电子云，特别是易流动的 π 电子云偏向于氧原子，使氧原子带部分负电荷，而碳原子带部分正电荷，所以羰基为极性基团，即醛、酮为极性分子。

由于羰基存在上述特点，所以醛、酮具有很高的反应活性。羰基中带部分正电荷的碳原子容易受到亲核试剂进攻而发生加成反应，称为亲核加成(nucleophilic addition)反应。同时，C═O 键可以被还原为饱和键，生成相应的还原产物。另一方面，羰基是较强的吸电子基团，产生的−I 效应使 α-H 有一定的活性。此外，醛基中的氢(称为醛氢)也容易被氧化。

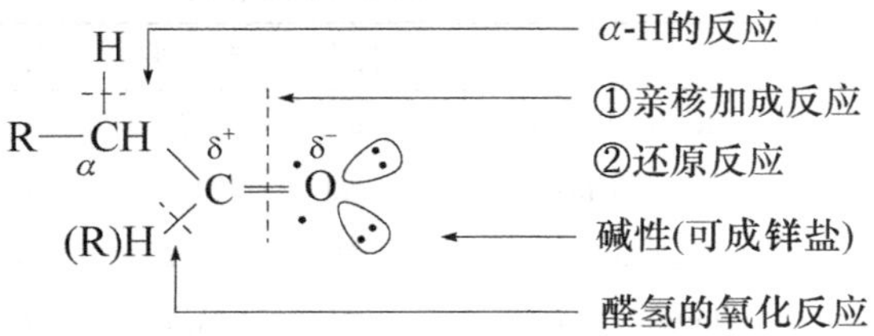

羰基中氧原子上的孤对电子在反应中可以对 H^+ 等提供电子对，体现羰基化合物的碱性，该性质在醛、酮的其他反应中得以体现，不再详细探讨。

1. 亲核加成

醛、酮的亲核加成过程中，带负电荷或带有未共用电子对的亲核试剂提供电子对进攻羰基碳原子，碳氧间的 π 电子云转移至氧原子上形成 O^- 中间体，随后 O^- 中间体结合 H^+ 等正离子得到加成产物。该机理可用以下通式表示：

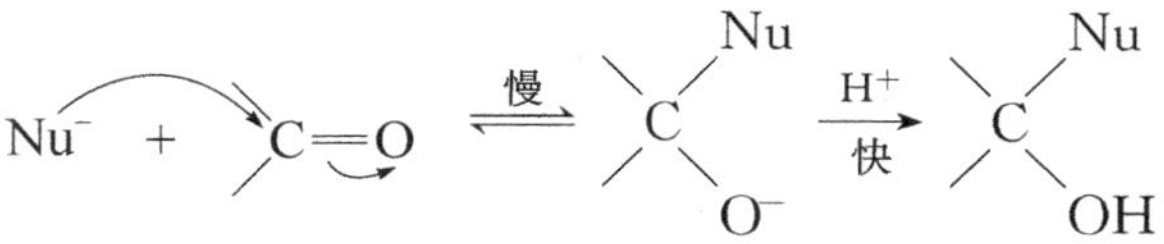

可以看出，亲核试剂的进攻是决速步。羰基的亲核加成反应难易取决于羰基碳原子的正电性大小、试剂的亲核性强弱以及羰基碳上基团的空间位阻等因素。在与同种试剂发生亲核加成反应时，不同醛、酮的反应活性次序为

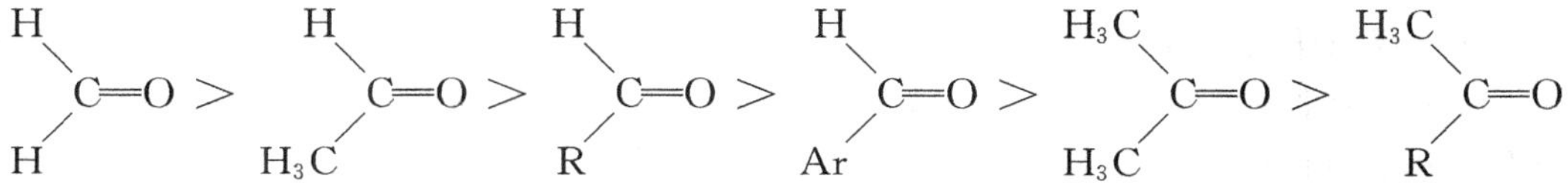

式中，$R \neq -CH_3$。

1）与 HCN 的反应

醛、脂肪族甲基酮及 C_8 以下的环酮能与 HCN 作用，生成既含—OH 又含—CN 的化合物，称为 α-羟基腈（又称 α-氰醇）。

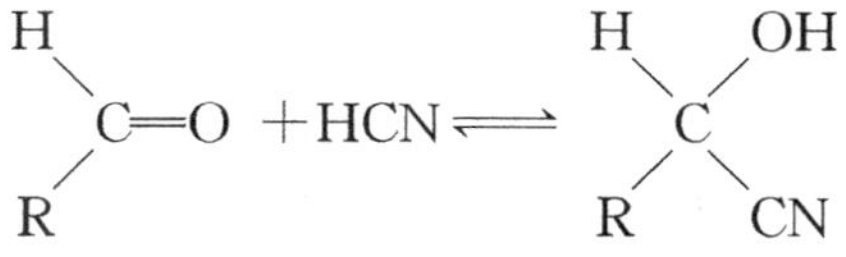

α-羟基腈

此反应是可逆的。在微量碱的催化下，反应速率大大加快；加入酸，则抑制反应的进行。例如，丙酮与 HCN 加成时，经 3～4h 仅有 50％的丙酮发生反应，而加入一滴 KOH 溶液，则反应可在 2min 内完成，原因是碱的加入可促进 HCN 电离，CN^- 浓度增加从而加快了反应速率。

α-羟基腈可水解生成 α-羟基酸。例如

$$CH_3CHO + HCN \longrightarrow CH_3-\underset{}{\overset{OH}{\overset{|}{C}H}}-CN \xrightarrow[H^+]{H_2O} CH_3-\overset{OH}{\overset{|}{C}H}-COOH$$

醛、酮与 HCN 的加成是增长碳链的方法之一，工业上利用丙酮为原料生产有机玻璃就是利用了此方法。

2）与饱和亚硫酸氢钠的反应

醛、脂肪族甲基酮及 C_8 以下的环酮与过量的饱和（40％）$NaHSO_3$ 溶液作用，生成 α-羟基磺酸钠。

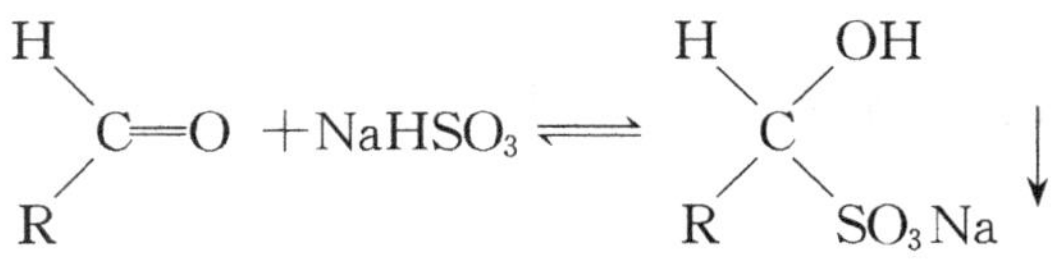

α-羟基磺酸钠可溶于水，但不溶于饱和 $NaHSO_3$ 溶液，故以白色结晶析出。α-羟基磺酸钠与稀酸或稀碱共热，又得到原来的醛或酮。因此，利用这一反应可鉴别、分离或提纯醛、酮。

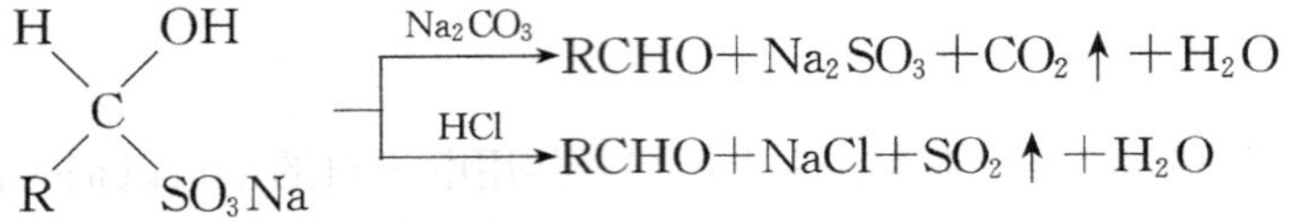

α-羟基磺酸钠与 NaCN 作用可生成 α-羟基腈，可避免使用剧毒的 HCN 来制备羟基腈。例如

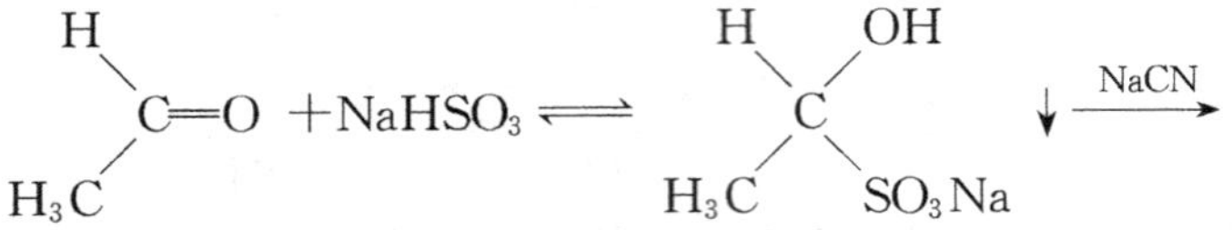

此外，药物分子中引入—SO_3H 可增加药物的水溶性。例如，可制成注射剂作抗菌消炎剂的鱼腥草素钠[$CH_3(CH_2)_8COCH_2CH(OH)SO_3Na$]的分子中就含有—$SO_3Na$。

3）与醇的反应

醛在干燥氯化氢的催化下，与醇发生加成反应先生成半缩醛(semi-acetal)。半缩醛分子中的—OH 称为半缩醛羟基(semi-acetal hydroxyl)。半缩醛羟基很活泼，很容易和另一分子的醇发生分子间脱水生成缩醛(acetal)。缩醛根据醛(酮)和醇的名称命名为“某醛(酮)缩几某醇”。

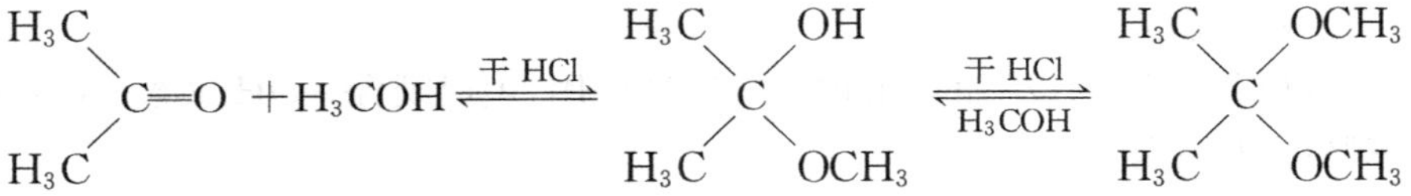

丙酮缩甲醇（半缩醛）　　丙酮缩二甲醇（缩醛）

缩醛对碱和氧化剂是稳定的，但在稀酸中易分解为原来的醛和醇，这是有机合成中常用的保护醛基的方法。

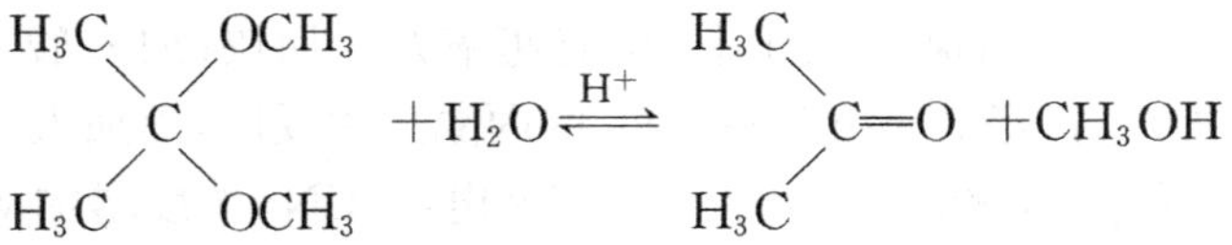

开链的半缩醛虽然不稳定，但环状的半缩醛却比较稳定。例如，5-羟基戊醛发生分子内的亲核加成后生成了六元环的半缩醛：

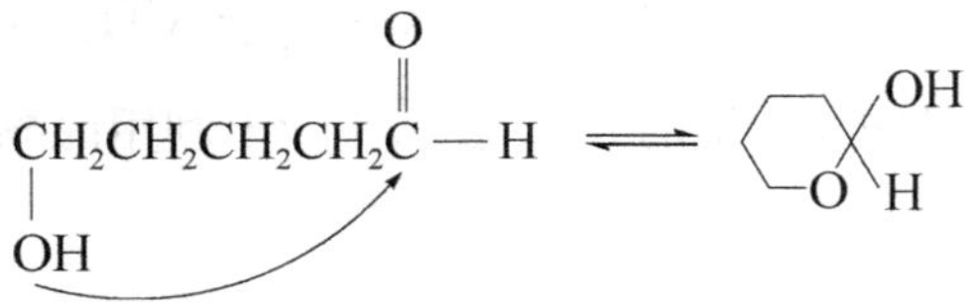

自然界中生成的各类糖，主要以环状半缩醛形式存在。这种结构在碳水化合物一章中将详细讨论。

4）与水的反应

醛(酮)与水加成生成偕二醇(geminal diol)，又称水合醛(aldehydrol)或水合酮(hydrated ketone)。

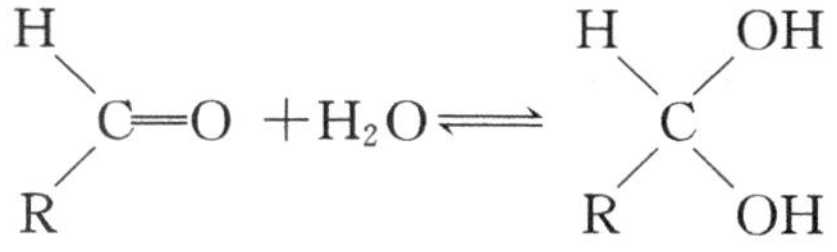

由于水的亲核性极弱，所以反应生成的偕二醇很少，但甲醛在水溶液中几乎全部以偕二醇的形式存在。这是甲醛分子中的羰基碳原子正电性较大，易受亲核试剂进攻所致。

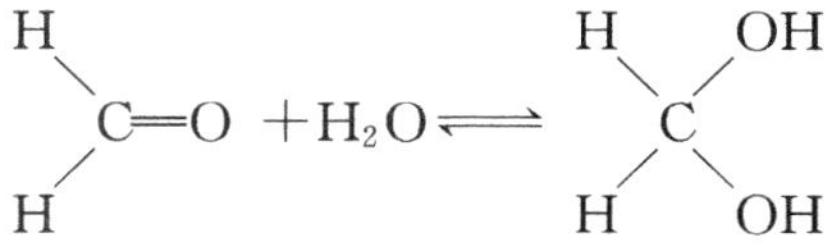

水合醛和水合酮只有在水中才是稳定的，它们很容易失水变为原来的醛和酮，因而不能从中分离出来。但羰基连有强吸电子基团的醛、酮可以形成稳定的水合物，并可从溶液中分离出来。例如

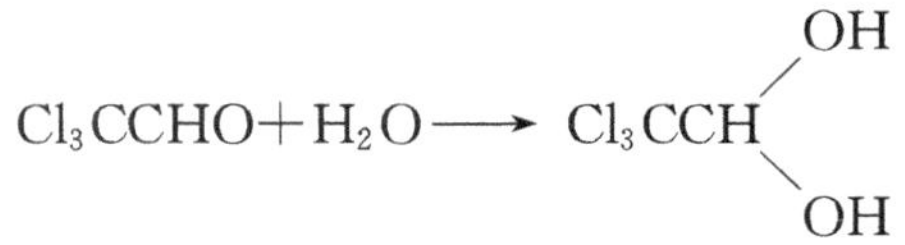

三氯乙醛　　　　水合三氯乙醛

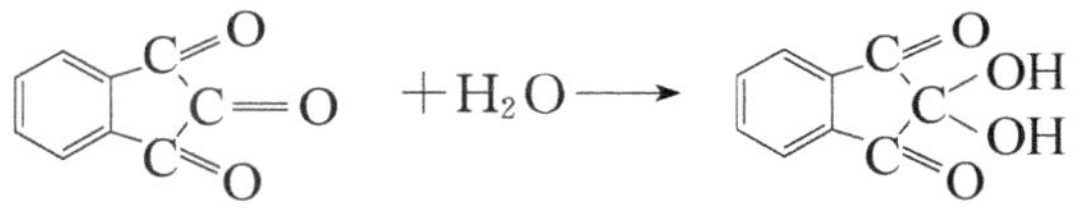

茚三酮　　　　水合茚三酮

水合三氯乙醛可用作安眠药和麻醉剂；水合茚三酮可与 α-氨基酸反应生成蓝紫色物质，常用于 α-氨基酸分析的显色剂。

5）与格氏试剂的反应

格氏试剂是较强的亲核试剂，醛、酮易与格氏试剂发生亲核加成反应，加成产物可直接水解生成相应的醇，所得的醇比原来的醛、酮多了一个烃基，也是原来有机合成中增长碳链的方法之一。其通式如下：

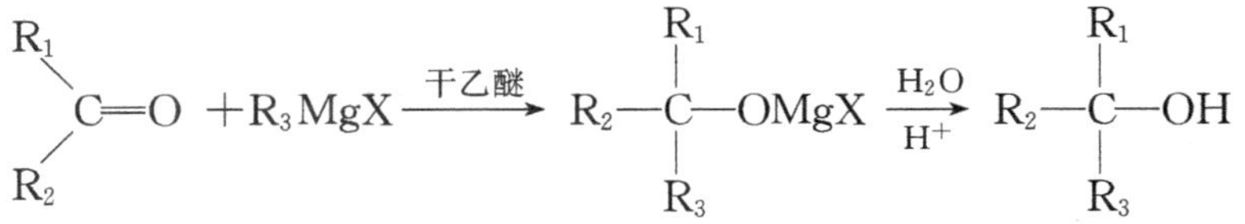

当 $R_1=R_2=H$ 时为甲醛，产物为伯醇；当 R_1、R_2 中只有一个为 H 时，产物为伯醇、仲醇；当 R_1、R_2 都为烃基时产物为叔醇。因此可以认为醛、酮与格氏试剂的反应可以制备任何醇（甲醇除外，因为 R_3 不可能为 H）。

6）与 NH_3 及其衍生物反应

醛、酮可与 NH_3 及其衍生物（可用通式 $H_2N—G$ 来表示）发生亲核加成反应，产物分子内脱水生成含 C═N 键的化合物，这种反应的机理称为加成-消除机理。可表示为

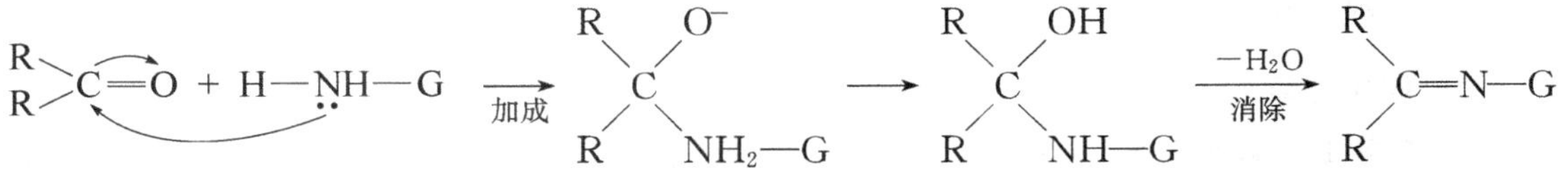

醛、酮与 NH_3 及其衍生物发生亲核加成反应产物及名称见表 8-2。

表 8-2　醛、酮与 NH_3 及其衍生物的反应产物及名称

H_2N-G(反应物)	反应物名称	$R_2C=N-G$ (产物)	产物种类名称
NH_2-R	伯胺 (primary amine)	$R_2C=N-R$	希夫碱 (Schiff's base)
H_2N-OH	羟胺 (hydroxylamine)	$R_2C=N-OH$	肟 (oxime)
H_2N-NH_2	肼 (hydrazine)	$R_2C=N-NH_2$	腙 (hydrazone)
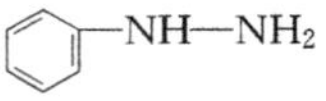	苯肼 (phenylhydrazine)	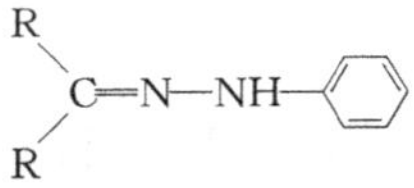	苯腙 (phenylhydrazone)
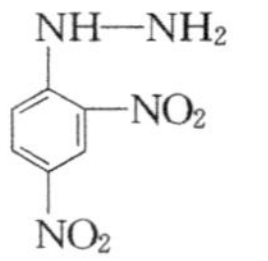	2,4-二硝基苯肼 (2,4-dinitrophenylhydrazine)	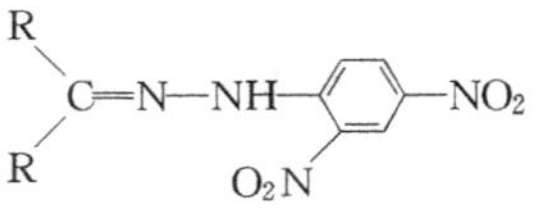	2,4-二硝基苯腙 (2,4-dinitrylphenylhydrazone)
$H_2N-NH-\overset{O}{\overset{\parallel}{C}}-NH_2$	氨基脲 (semicarbazide)	$R_2C=N-NH-\overset{O}{\overset{\parallel}{C}}-NH_2$	缩氨脲 (semicarbazode)

例如

$$CH_3CHO + H_2N-OH \longrightarrow CH_3-CH=N-OH$$

乙醛肟

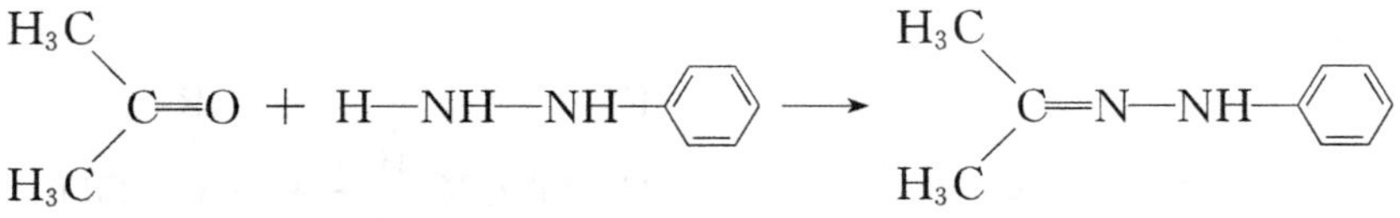

丙酮苯腙

苯甲醛亚胺(席夫碱)

反应的产物中,肟、苯腙、缩氨脲多为白色或黄色结晶,具有固定的结晶形状和熔点,在稀酸作用下,又能分解为原来的醛、酮,所以这些反应可用来鉴定、分离或提纯醛和酮,所以氨的衍生物又称为羰基试剂(carbonyl reagent)。

2. 还原反应

1) 催化加氢

醛和酮在金属催化剂 Ni、Pt、Pd 等存在下与氢气发生加成反应,醛被还原成伯醇,酮被还原成仲醇。

$$R-\overset{\overset{\large O}{\|}}{C}-H + H_2 \xrightarrow{Ni} \underset{\text{伯醇}}{R-CH_2-OH}$$

$$R-\overset{\overset{\large O}{\|}}{C}-R + H_2 \xrightarrow{Ni} \underset{\text{仲醇}}{R-\overset{\overset{\large OH}{|}}{C}H-R}$$

催化加氢的方法选择性不强，如果分子中同时含有 C═C、C≡C、$-NO_2$等不饱和键则也一起被还原。例如

$$CH_3CH{=}CHCHO + H_2 \xrightarrow{Ni} CH_3CH_2CH_2CH_2OH$$

使用 $NaBH_4$、$LiAlH_4$ 等选择性还原剂则可以选择性地将醛、酮还原为醇，而不影响 C═C 、C≡C 、$-NO_2$等不饱和键。例如

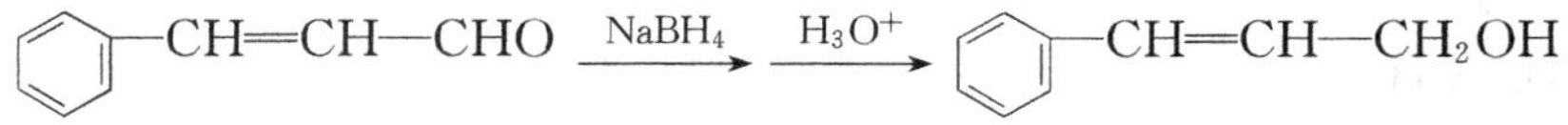

$LiAlH_4$的还原能力较 $NaBH_4$ 强，它除了还原羰基外，还可以还原—COOH、—COOR、—$CONH_2$等基团，而 $NaBH_4$ 只能还原醛、酮中的羰基。

2）克莱门森还原

醛、酮在锌汞齐与浓 HCl 的溶液中可被还原成烃，羰基变为亚甲基，这种方法称克莱门森(Clemmenson)还原法。

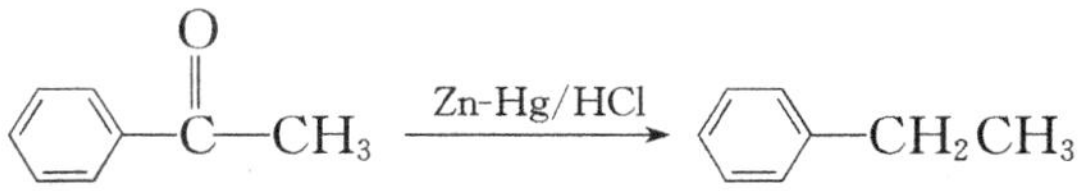

克莱门森还原法特别适合于利用芳香酮制备直链芳烃，可以克服利用傅-克酰基化法制备直链芳烃时由于重排产物的出现而导致纯度降低的缺点。

3）沃尔夫-凯惜纳-黄鸣龙还原

将醛(酮)、肼、NaOH 或 KOH、二缩乙二醇(沸点 245℃)等一起加热回流，反应过程中先生成腙，然后失去氮气，同时形成亚甲基而还原为烃。这种方法称为沃尔夫(Wollf)-凯惜纳(Kishner)-黄鸣龙还原法，简称黄鸣龙还原法。

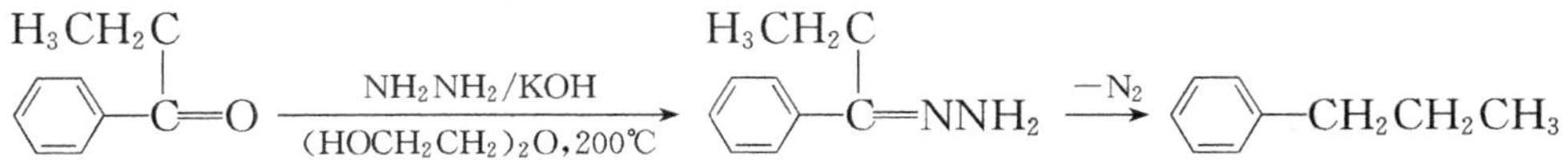

黄鸣龙还原法需在较高的温度下进行，若用二甲亚砜(DMSO)作溶剂，反应还可以在较低的温度下进行。克莱门森法在酸性条件下进行，适用于对酸稳定、对碱敏感(含有—NO_2、—Cl 的基团)的醛(酮)；黄鸣龙还原法在碱性条件下进行，适用于对碱稳定、对酸敏感(如分子中含有 C═C、—OH 等基团)的醛(酮)。

4）麦尔外因-彭杜尔夫还原

在异丙醇铝存在下，醛、酮被还原成醇的反应称为麦尔外因(Meerwein)-彭杜尔夫(Ponndorf)还原。该反应是欧芬脑尔氧化的逆反应，属于选择性还原，分子中其他基团不发生作用。

$$CH_3\underset{\underset{\large O}{\|}}{C}CH_2CH{=}CH_2 + CH_3\underset{\underset{\large OH}{|}}{C}HCH_3 \xrightarrow{[(CH_3)_2CHO]_3Al} CH_3\underset{\underset{\large OH}{|}}{C}HCH_2CH{=}CH_2 + CH_3\underset{\underset{\large O}{\|}}{C}CH_3$$

5）其他还原

在一定条件下，$Na+C_2H_5OH$、$Fe+CH_3COOH$ 等还原剂也能将醛、酮还原为醇。

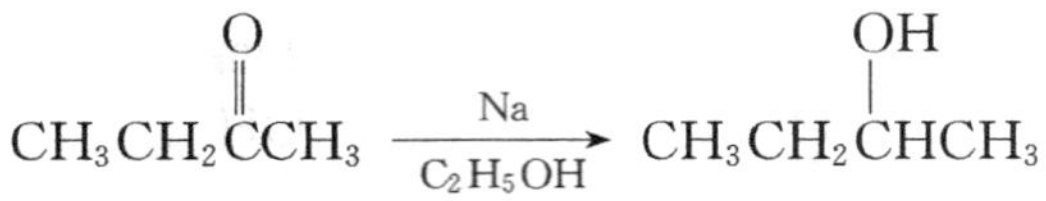

3. α-H 的反应

由于羰基的−I 效应，α-H 有一定的反应活性，主要表现在以下 3 个方面。

1）α-H 的酸性

丙酮（$pK_a=20$）的酸性比乙炔（$pK_a=25$）还要强。正因为如此，丙酮才可以发生烯醇-醛酮互变异构。

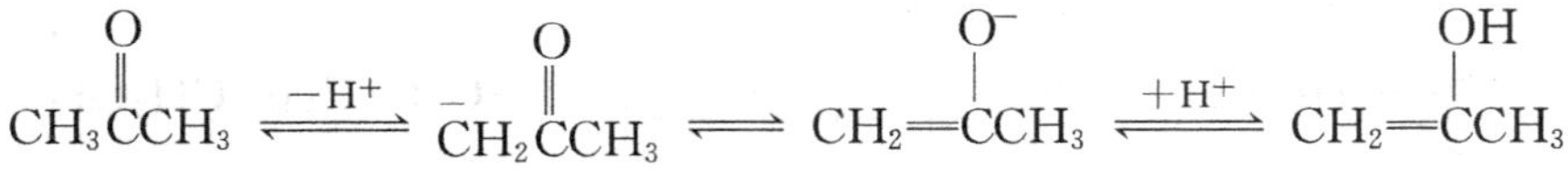

α-H 的酸性强弱取决于 α-C 上官能团的电负性大小，其电负性越大，α-H 的酸性就越强。

2）羟醛缩合

在稀碱或稀酸的催化下，含有 α-H 的醛可以发生自身的加成反应，生成 β-羟基醛，反应是可逆的。例如

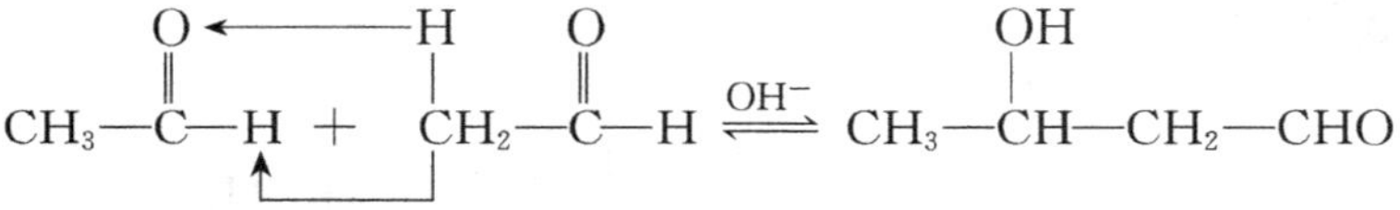

β-羟基丁醛

产物中既含有—OH 又含有—CHO，所以这一反应称为羟醛缩合（aldol condensation）反应。在碱催化下，反应先后出现 C^-、O^- 中间体后，结合水中的 H^+ 形成最终产物，其机理如下：

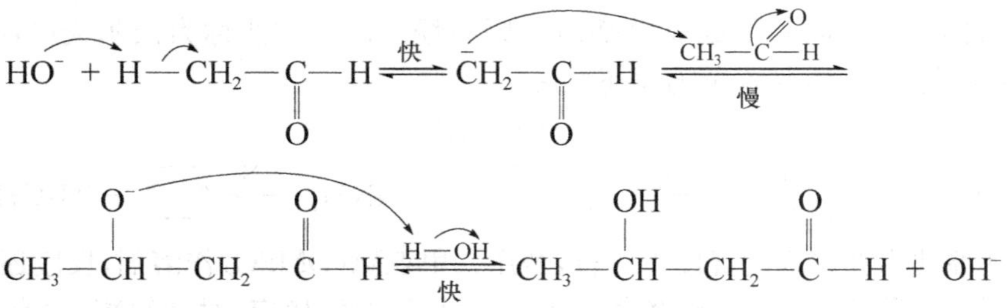

酸催化条件下，丙酮先变为烯醇式，然后发生羟醛缩合。

由于 β-羟基醛上余下的 α-H 同时受到 β-OH 和—CHO 的−I 效应的双重影响而活性增强，稍遇热就很容易发生分子内脱水，生成 α,β-不饱和醛。例如

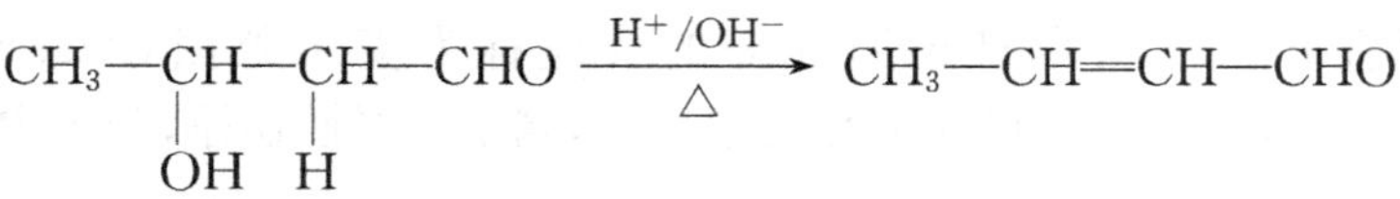

羟醛缩合反应是非常重要的一类反应，在有机合成上可以用来增长碳链。

两种不同的醛发生的羟醛缩合称为交叉羟醛缩合（crossed aldol condensation）。若发生交叉羟醛缩合的 2 个醛都含有 α-H，那么产物为 4 种不同的 β-羟基醛，较难分离，没有实际意

义。但是如果只有 1 个醛含有 α-H，则其产物较单一，可用于合成。例如

$$HCHO+CH_3CHO \longrightarrow HOCH_2CH_2CHO$$

由芳香醛和含有 α-H 的脂肪醛(酮)发生的交叉羟醛缩合称为克莱森-施密特(Claisen-Schmidt)反应，用来制备 α，β-不饱和醛(酮)。

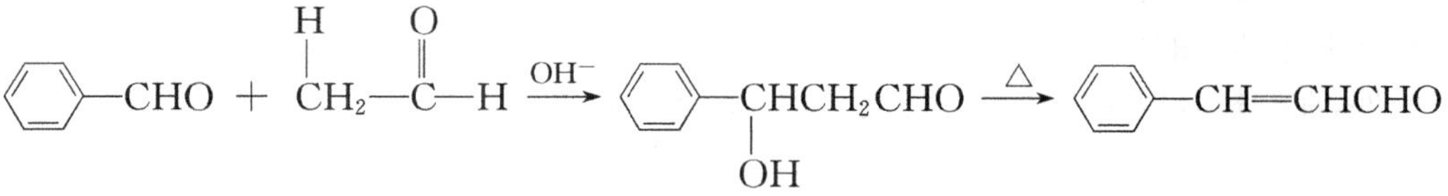

二羰基化合物还可以发生分子内的羟醛缩合反应，这是制备含 5～7 元环状化合物的常用方法。

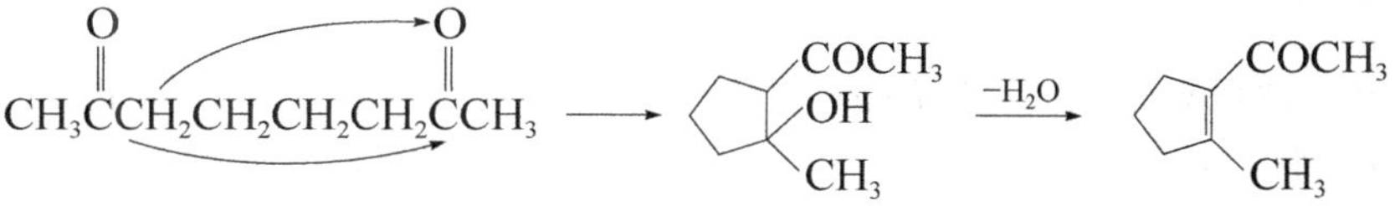

酮也可以发生类似的缩合反应，但反应比较困难。只有简单的酮可以发生反应，一般产率很低。例如

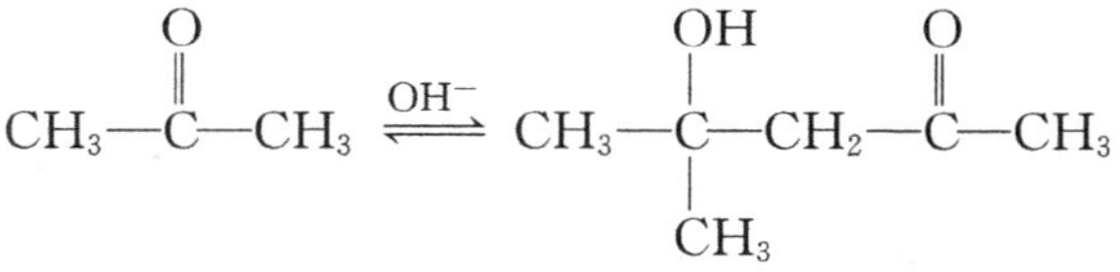

99%　　　　1%

如果将产物由平衡体系中移去，则可使酮大部分转变为 β-羟基酮。

3）卤代反应

醛、酮可以和卤素发生 α-H 的卤代反应。在酸的存在下，卤代反应可控制在一卤代产物。

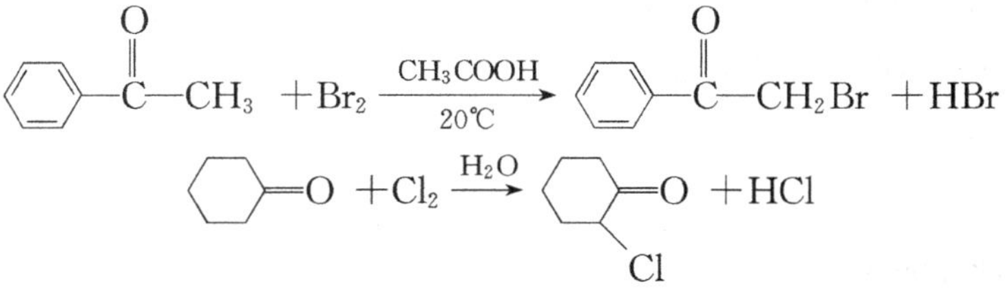

在碱催化下，卤代反应的产物是多卤代物。α-C 连有三个氢原子的醛(酮)，如乙醛和甲基酮能与卤素的碱性溶液作用，生成三卤代物。

$$(R)H-\overset{\displaystyle O}{\overset{\|}{C}}-CH_3 \xrightarrow[\text{(或 } X_2+OH^-)]{NaOX} (R)H-\overset{\displaystyle O}{\overset{\|}{C}}-CX_3$$

三卤代物在碱性溶液中不稳定，立刻分解成三卤甲烷(卤仿)沉淀和羧酸盐，这种反应称为卤仿反应(haloform reaction)。

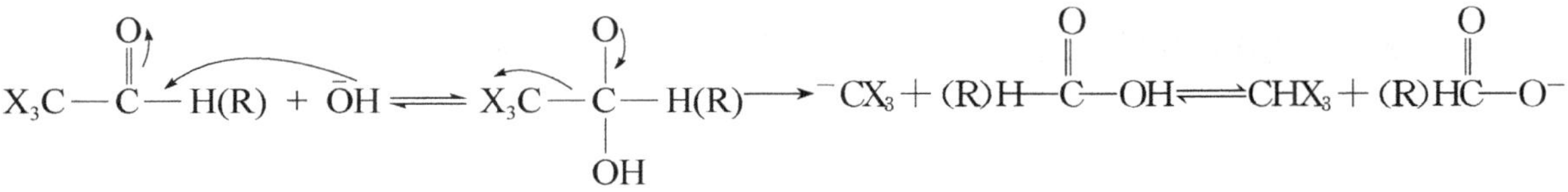

卤仿

反应产物为碘仿的卤仿反应就称为碘仿反应。碘仿是淡黄色结晶，有特殊气味，容易识别，故碘仿反应常用来鉴别乙醛和甲基酮。I_2 和 NaOH 反应生成的 NaIO 有氧化性，能将 $CH_3\overset{\overset{\large OH}{|}}{C}H—R(H)$ 结构的醇氧化成乙醛或甲基酮 $CH_3\overset{\overset{\large O}{\|}}{C}—R(H)$，所以碘仿反应也可以用来鉴别具有上述结构的醇。

此外，在有机合成中卤仿反应还用来缩短碳链。例如

$$CH_3CH_2\overset{\overset{\large O}{\|}}{C}CH_3 \xrightarrow[\triangle]{NaClO} CH_3CH_2\overset{\overset{\large O}{\|}}{C}—ONa \xrightarrow{H^+} CH_3CH_2COOH$$

4. 醛氢的氧化

醛氢很容易被强氧化剂如高锰酸钾、重铬酸钾等氧化为羧酸。醛氢也能被弱氧化剂如土伦(Tollens)试剂(银氨溶液)、费林(Fehling)试剂($CuSO_4$ 与酒石酸钠钾的碱溶液)、Ag_2O 等氧化为羧酸。

土伦试剂与醛共热，醛被氧化成羧酸，而土伦试剂中的银被还原成单质银析出。若反应容器洁净，银可在反应器内壁上形成明亮的银镜，故又称银镜反应(silver mirror reaction)。

$$RCHO+2[Ag(NH_3)_2]^+OH^- \xrightarrow{\triangle} RCOONH_4+2Ag\downarrow+3NH_3+H_2O$$

脂肪醛与费林试剂共热，醛被氧化成羧酸，而费林试剂中的酮被还原成砖红色的氧化亚铜沉淀析出。芳香醛不与费林试剂作用，据此可区分脂肪醛和芳香醛。

$$RCHO+2Cu(OH)_2+NaOH \xrightarrow{\triangle} RCOONa+Cu_2O\downarrow+3H_2O$$

甲醛与费林试剂作用，有铜单质析出可生成铜镜，故此反应又称铜镜反应(bronze mirror reaction)。

$$HCHO+Cu^{2+}+NaOH+H_2O \xrightarrow{\triangle} HCOONa+Cu\downarrow+4H^+$$

常温下，在四氢呋喃溶液中，Ag_2O 能将醛氧化为酸。

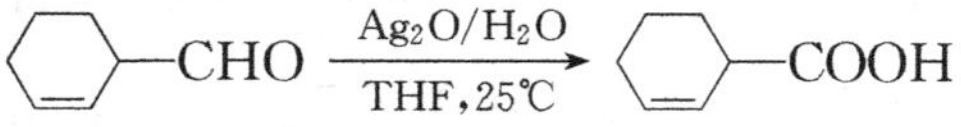

另外，土伦试剂、费林试剂、氧化银只能选择性氧化醛基，对酮羰基、—OH 和 C═C 双键等没有作用，因此除能区别醛、酮外，也可利用这一方法制备不饱和羧酸。

酮不被上述 3 个弱氧化剂氧化，实验室可以利用这一性质来区分醛、酮。被强氧化剂氧化时，酮分子中发生 $\sigma_{C—C}$ 键断裂，生成多种碳链较短的羧酸混合物，无实际应用价值。例如

$$H_3C—\overset{\overset{\large O}{\|}}{C}—CH_3 \xrightarrow[\triangle]{[O]} CH_3COOH+CO_2+H_2O$$

$$H_3C—\overset{\overset{\large O}{\|}}{C}—CH_2CH_2CH_3 \xrightarrow[\triangle]{[O]} CH_3COOH+CH_3CH_2COOH$$

环酮可氧化成相应的二元羧酸，在工业上已有广泛应用。例如

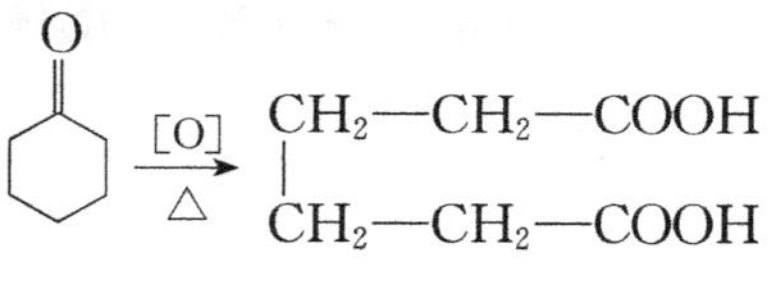

5. 其他反应

1) 歧化反应

不含 α-H 的醛如甲醛、苯甲醛等，在浓碱作用下，一分子被氧化成羧酸，另一分子被还原成醇，这种反应称为康尼查罗（Cannizzaro）反应，也称为歧化反应（disproportionation reaction）。

$$2HCHO \xrightarrow[\triangle]{NaOH} HCOONa + CH_3OH$$

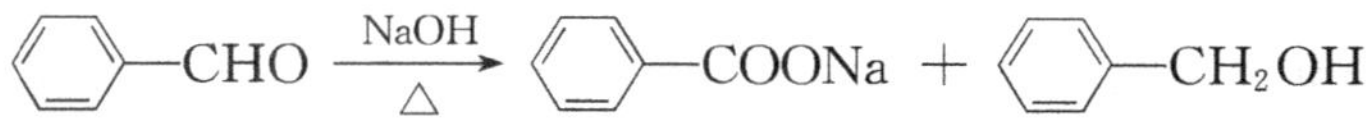

两种不含 α-H 的醛进行的歧化反应称为交叉歧化反应。例如

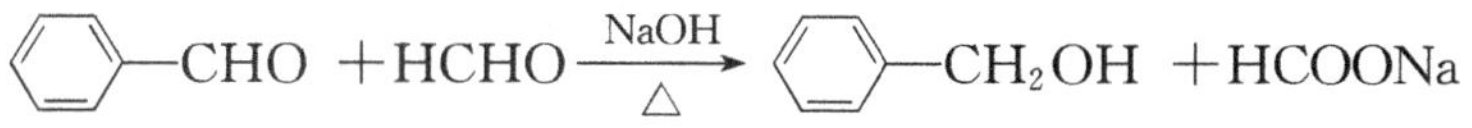

2) 魏悌希反应

醛、酮与魏悌希(Wittig)试剂(又称磷叶立德，phosphorus ylide)作用生成烯烃的反应称为魏悌希反应。例如

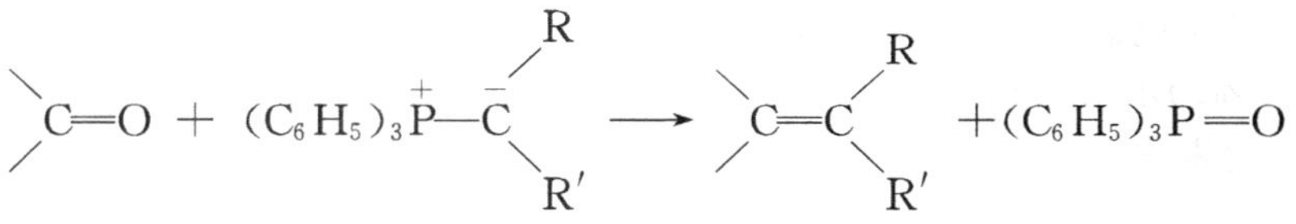

魏悌希试剂

魏悌希反应的条件温和、产率高，反应物中含有的醚、酯、—X、C═C、C≡C等官能团都不发生作用，是有机合成中引入 C═C 键的主要方法之一。

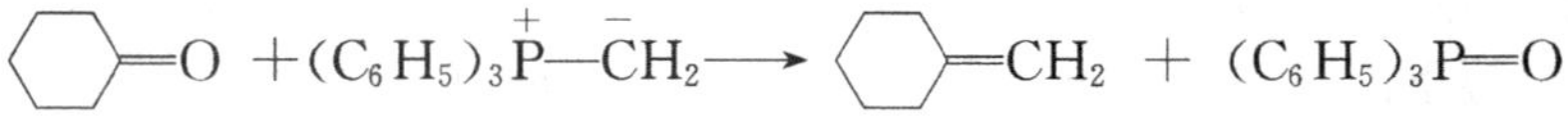

8.1.4 几种重要的醛、酮

1. 甲醛

甲醛又称蚁醛，是无色、有刺激性的气体，易溶于水。甲醛有凝固蛋白质的作用，因而具有杀菌和防腐能力，常用来保护动物标本的福尔马林就是 37%～40%的甲醛水溶液，其中掺有 8%的甲醇，以防甲醛聚合沉淀。

甲醛很容易发生聚合，3 分子甲醛聚合可形成环状的三聚甲醛：

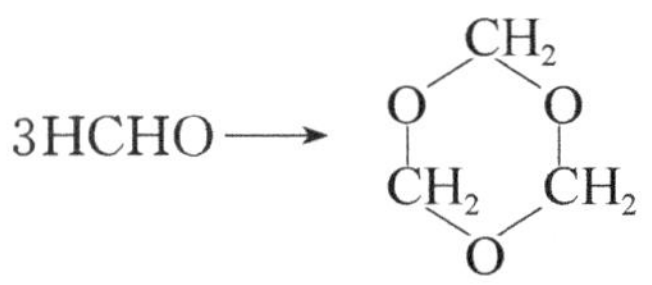

三聚甲醛

多个甲醛分子聚合则形成线形高分子化合物——多聚甲醛 $\lbrack CH_2O \rbrack_n$。聚合度 n 为 8～100 的低相对分子质量聚合物，是白色固体，仍具有甲醛的刺激性气味，熔点为 20～170℃，在少量 H_2SO_4 催化下加热可解聚而放出甲醛。因此，甲醛常以这种多聚体的形式保存。在适当的催化剂如三苯基膦的作用下，甲醛的聚合度会大大提高（为 500～5000），形成一种可塑性固体，用于制备热塑性塑料，具有很好的硬度，可代替金属材料使用。

甲醛与苯酚进行缩聚形成立体交联的高分子化合物称为酚醛树脂，可制备具有绝缘性能的电木。甲醛很容易与氨或铵盐作用，缩合成环六亚甲基四胺，俗称乌洛托品（urotropine）：

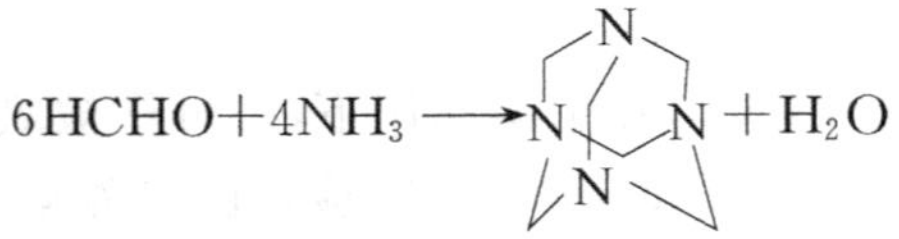

环六亚甲基四胺为白色晶体，熔点为263℃，易溶于水。在医药上用作利尿剂和尿道消毒剂。

2. 乙醛

乙醛是无色、有刺激臭味、易挥发的液体，沸点为20.8℃，可溶于水、乙醇、乙醚。乙醛具有醛的典型性质，也易聚合。工业用乙醛可由乙炔水合或加热加压下由乙烯氧化制得。

$$CH_2{=\!=}CH_2 + \frac{1}{2}O_2 \xrightarrow[CuCl_2]{PdCl_2} CH_3CHO$$

乙醛是重要的工业原料，可用于制备乙酸、乙醇和季戊四醇。

三氯乙醛是乙醛的一个重要衍生物。三氯乙醛中3个氯原子的－I效应使得羰基的活性大为提高，可与水反应形成稳定的水合三氯乙醛（简称水合氯醛）。

水合氯醛是无色透明棱柱形晶体，熔点为57℃，具有刺激性特臭，味微苦，易溶于水、乙醇及乙醚。其10%的水溶液在临床上作为长时间作用的催眠药，用于失眠、烦躁不安及惊厥，长期服用不易引起累积性中毒，但对胃有一定的刺激性。

3. 苯甲醛

苯甲醛是无色液体，沸点为179℃，有较强的苦杏仁气味，俗称苦杏仁油。自然界中苯甲醛常与葡萄糖、氢氰酸等结合而存在于杏、桃、李等种仁中，尤其以苦杏仁中含量最高。

苯甲醛在室温下能被空气中的氧缓慢地氧化成苯甲酸，因此保存时常加入少量的对苯二酚作为抗氧化剂，阻止氧化反应的发生。工业上，苯甲醛是制造染料和香料的原料。

4. 丙酮

丙酮是无色、有愉快气味的液体，能与水、乙醇、乙醚等混溶。是常用的有机溶剂，又是重要的有机合成原料，可用于合成有机玻璃，制取氯仿、碘仿等。在生物体内物质代谢中，丙酮是油脂的分解产物，常有少量存在于尿中。例如，糖尿病患者尿液中的丙酮含量比常人高。

5. 香荚兰醛

香荚兰醛又称香草醛，白色结晶，熔点为80～81℃，其结构为

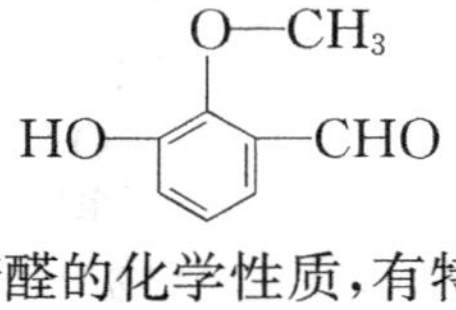

从结构上看，它具有酚、芳醚和芳醛的化学性质，有特殊的香味，可用作饲料、食品的香料或药剂中的矫味剂。

6. 视黄醛

视黄醛是构成视觉细胞内感光物质的化合物。视黄醛有多种异构体，其中最重要的是

9-顺视黄醛和 11-顺视黄醛，这是因为这两种视黄醛与视蛋白结合生成感光物质视紫红质。如果 11-视黄醛数量不足，将使视紫红质减少，导致夜盲症。11-视黄醛在体内可由维生素 A 转变而来，故补充维生素 A 有助于防治夜盲症。

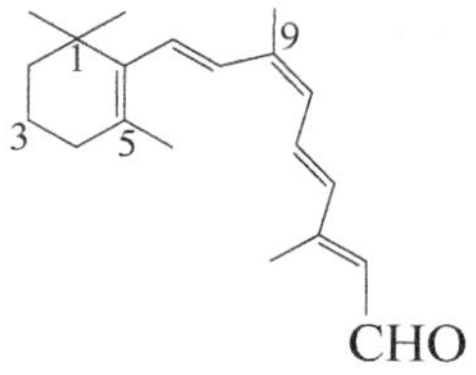

9-顺视黄醛

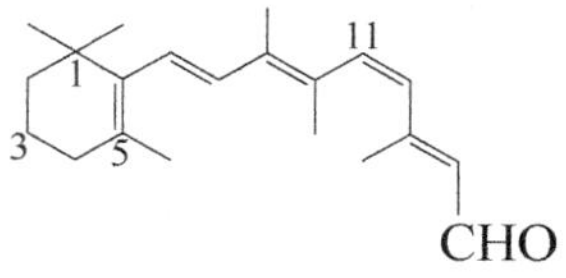

11-顺视黄醛

7. 丙烯醛

丙烯醛(CH_2═CHCHO)是无色有刺激性的挥发性液体，脂肪过热时所产生的刺激性气味就是由于其甘油成分变成丙烯醛。丙烯醛具有催泪性，应在通风橱内操作。

8. 鱼腥草素

鱼腥草素(又称癸酰乙醛)是鱼腥草中的一种有效成分，白色鳞片状结晶，难溶于冷水及乙醇，易溶于热水。通过实验室抑菌实验、临床验证以及机体免疫力方面的观察，初步认为其对呼吸道炎症有一定的疗效。鱼腥草素已能通过化学途径人工合成。

8.2　醌

8.2.1　醌的分类和命名

从结构上看，醌是一类环状的不饱和二酮，分子中含有 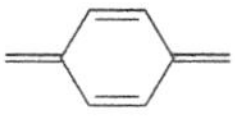 和 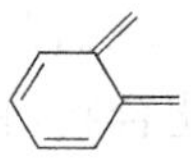 的醌型构造，存在着 C═C 键和 C═O 键的 π-π 共轭体系，但是醌环上氧原子电负性强而导致电子云密度的分布不平均，所以醌没有芳香性。

醌类可分为苯醌、萘醌及菲醌等。根据羰基的相对位置，苯醌又可分为邻位醌和对位醌。命名时可采用普通命名法和系统命名法，需编号时从与氧相连的碳原子开始。例如

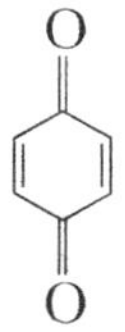

对苯醌
(1,4-苯醌)

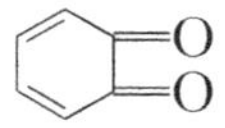

邻苯醌
(1,2-苯醌)

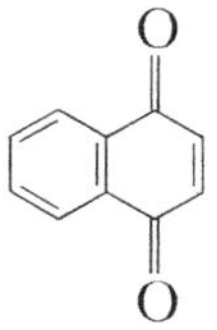

α-萘醌
(1,4-萘醌)

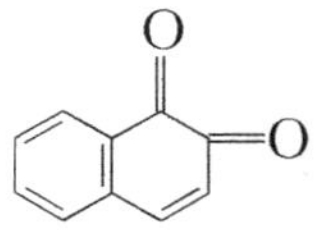

β-萘醌
(1,2-萘醌)

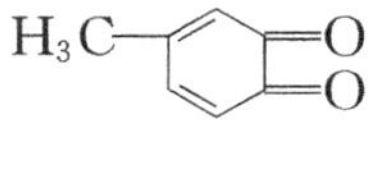

4-甲基-1,2 苯醌

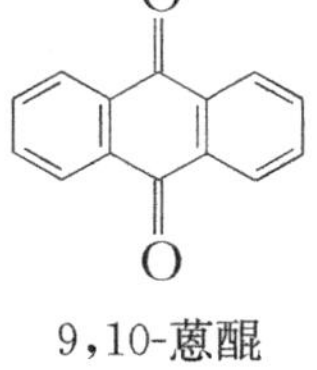

9,10-蒽醌

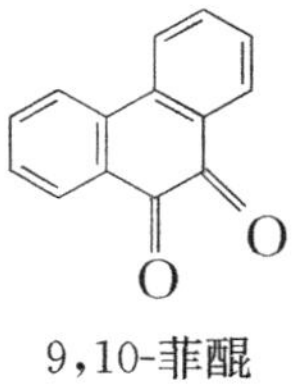

9,10-菲醌

8.2.2 醌的性质

醌类化合物一般都是有颜色的结晶，对位醌多呈红色或橙色。醌分子中由于含有 C=C 键与 C=O 键形成的共轭体系，它具有烯烃、羰基化合物以及共轭双键化合物的典型反应。

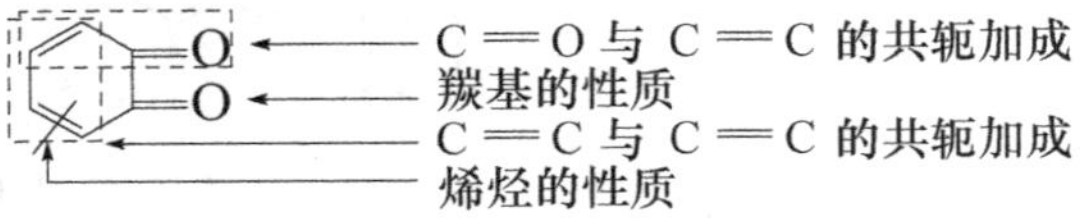

1. C=O 键的性质

醌具有酮的性质，如与羰基试剂发生亲核加成反应。

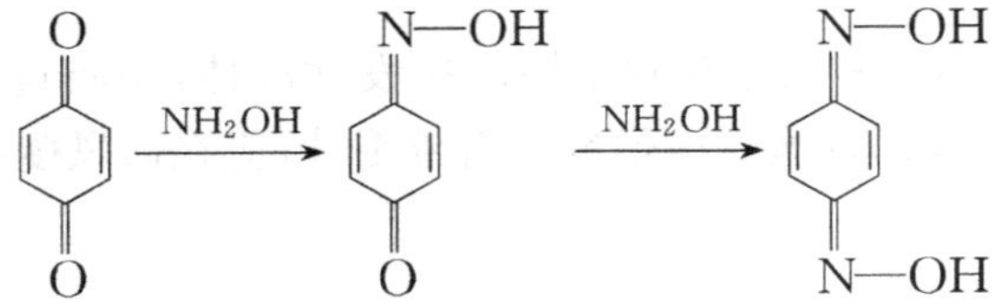

对苯醌可以被还原为对苯二酚，对苯二酚也容易氧化成对苯醌。两者之间的关系可表示为

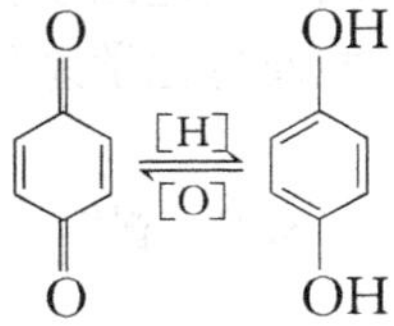

醌酚间的氧化还原反应是可逆的。这种醌酚氧化还原体系在生理过程中有重要意义。同时，由于对苯醌容易还原成对苯二酚，因此对苯二酚又称氢醌。对苯醌和对苯二酚能形成深绿色的分子化合物，称为醌氢醌。

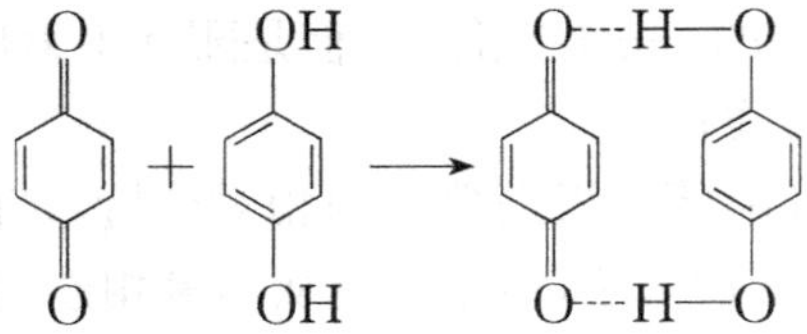

醌氢醌

2. C=C 键的性质

醌分子中的碳碳双键和烯烃中的双键一样，可与卤素、卤化氢等亲电试剂加成，也可作为亲双烯体发生双烯合成反应。例如

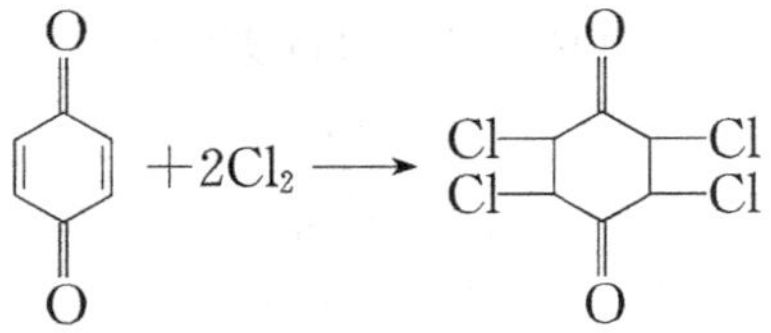

3. C=C 与 C=C 的共轭加成

邻苯醌中，C=C 共轭体系可发生 1,4-加成。例如

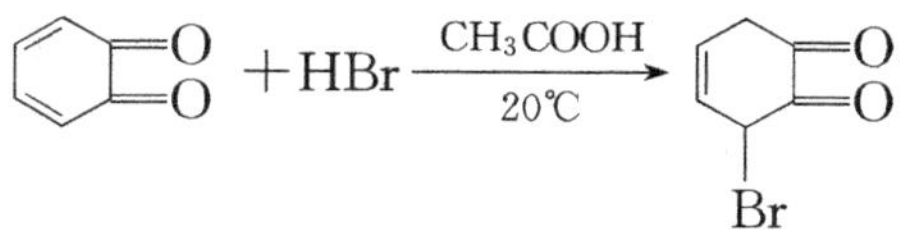

4. $C=C$ 与 $C=O$ 的共轭加成

醌可以看成是存在 $C=C$ 与 $C=O$ 的共轭体系的 α,β-不饱和酮，所以可以与 HCN 等试剂发生 1,4-加成反应。产物往往会发生烯醇-醛酮互变异构而生成更加稳定的化合物。

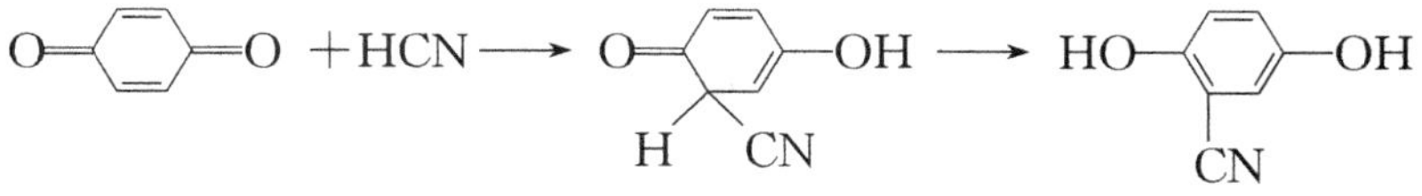

8.2.3　几种重要的醌

1. 泛醌(辅酶 Q)

泛醌是脂溶性化合物，由于在动植物体中广泛存在而得名。它是生物体内氧化还原过程中极为重要的物质。泛醌在生物体内起着转移电子的作用，与脂类、糖类和蛋白质的代谢有关。

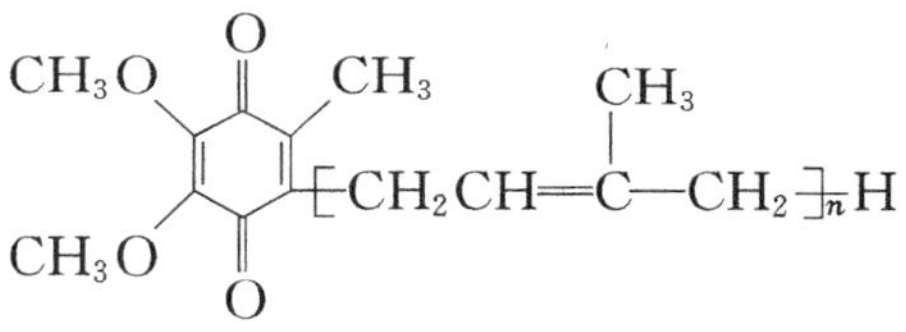

泛醌(氧化态)(人体中，n 一般为 10)

2. 质醌

质醌在光合作用中参与氢的传递和电子的转移。

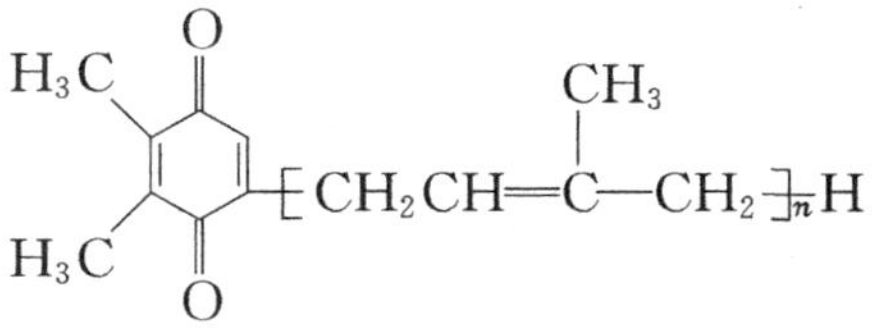

质醌($n\approx 9$)

3. 茜红和大黄素

茜红存在茜草中，是最早使用的天然染料之一。大黄素是广泛分布于真菌、地衣、昆虫及花中的色素。茜红和大黄素都是蒽醌的衍生物。

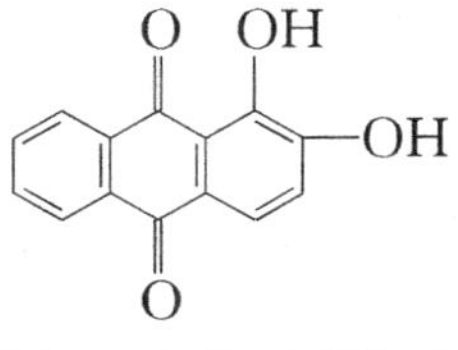

茜红(又称茜素，橙红色)

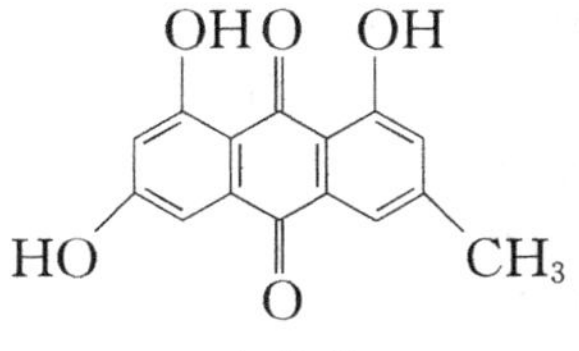

大黄素

4. 维生素 K

天然的维生素 K 含维生素 K_1 和维生素 K_2，它们广泛存在于自然界中，以猪肝及苜蓿中含量最多。此外，一切绿色植物、蛋黄、肝脏等中含量也很丰富。维生素 K_1 和维生素 K_2 都有促进凝血酶原生成的作用，因此可以用作止血剂。另外，还有人工合成的维生素 K_3，为亚硫酸氢钠甲萘醌，其凝血效力超过天然的维生素 K。维生素 K_1、K_2、K_3 都是萘醌的衍生物。

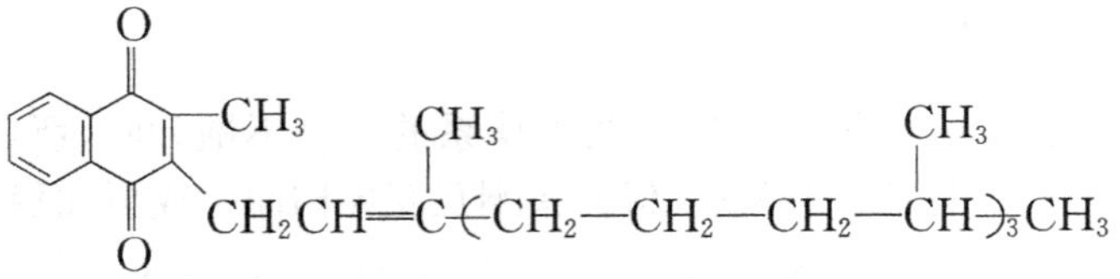

维生素 K_1

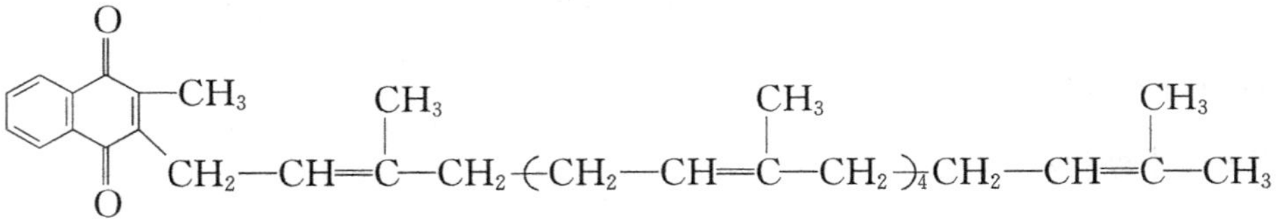

维生素 K_2

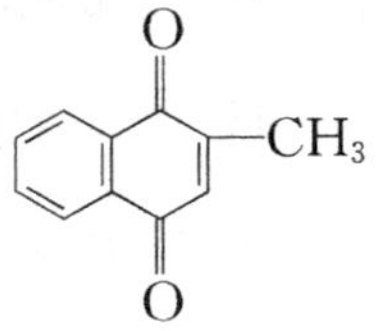

维生素 K_3（人工合成）

阅读材料

烟气的主要化学成分

卷烟烟气是多种化合物组成的复杂混合物，截至 2011 年已经鉴定出烟气中的化学成分已近 6000 种，其中 1172 种是烟草本身就有的。

1. 烟气粒相物的主要化学成分

脂肪烃：低相对分子质量的脂肪烃大部分以气态形式存在于烟气中，烟气粒相物中脂肪烃的相对分子质量要高一些，主要来源是烟叶中 $C_{25}\sim C_{34}$ 的蜡质。有人定量分析了烟气中 $C_{12}\sim C_{33}$ 的饱和烃，发现香料烟烟气粒相物中的烷烃含量高达 1.56%，马里兰烟为 1.12%，烤烟为 0.92%，白肋烟为 0.67%。烟气中的烯烃和炔烃含量比烷烃少，约为粒相物的 0.01%。

芳香烃：烟气中的芳香烃以稠环芳烃居多，它们在烟叶中含量少，大部分是由纤维素、高级烷烃等烟叶成分在燃烧过程中产生的，是烟气中的主要有害成分。

萜类化合物：烟叶中存在不少萜类化合物，如西柏烷类、胡萝卜素类和赖百当类都属于萜烯的衍生物。但由于这些物质的相对分子质量较大，直接转入烟气的量很少，主要以其降解物及其衍生物的形式存在于烟气中。烟气中发现的有香叶烯、罗勒烯、α-蒎烯等单萜，是烟气的重要香味成分。

羰基化合物：烟气中的羰基化合物，如紫罗兰酮、大马酮、茄尼酮以及柠檬醛、香草醛等，是形成烟气香味、香气的重要成分。

酚类化合物：主要有莨菪亭、绿原酸、儿茶酚、间苯二酚等，有的是烟叶中含有的，有的则是燃烧中形成的。在这些酚类化合物中以儿茶酚的含量最高。酚类化合物对卷烟的香气有一定的增强作用，但对人的呼吸道及其他器官的不良刺激作用更大。儿茶酚等还有一定的促癌作用，是烟气中的有害物质。酚类化合物的主要来源是烟叶中的碳水化合物。

有机酸：烟气中的挥发酸主要有甲酸、乙酸、丁酸、正戊酸、异戊酸、β-甲基戊酸、正己酸、异己酸等。非挥发酸主要有棕榈酸、亚麻酸、亚油酸、油酸和硬脂酸等。还有少量游离氨基酸，如丙氨酸、脯氨酸、甘氨酸等。

氮杂环化合物：氮杂环化合物主要存在于烟气粒相物中的碱性部分，而碱性物中最主要的成分就是烟碱。除此之外，烟气中还有吡啶、吡咯、吡嗪、吲哚、咔唑等许多氮杂环化合物，是卷烟烟气中的重要香气物质。

N-亚硝胺：烟气中的 *N*-亚硝胺种类很多，主要有亚硝基二甲基胺、亚硝基甲基乙基胺、亚硝基吡咯烷和亚硝基哌啶等。一般认为亚硝胺具有诱发肺癌的作用。

金属元素：烟草中的金属元素的形式有两种，一种是游离态金属和金属无机盐，燃烧后绝大部分残留在灰分中，但也有极少量(0.01%～4%)进入烟气。另一种是有机金属化合物。另外，卷烟纸也是烟气中金属元素的一个来源。

2. 烟气气相物的主要化学成分

在主流烟气的气相物中，最主要的有氮、氧、二氧化碳、一氧化碳和氢气。这 5 种气体约占总气相物的 90%，占总烟气释放量的 85%左右。除此之外，还有一些其他化学成分。

挥发性烃类：烟气气相物中发现的挥发性烃类包括脂肪烃和挥发性芳香烃。脂肪烃中包括烷烃、烯烃、炔烃和脂环烃等。芳香烃有苯、甲苯、乙苯、对二甲苯、联二甲苯、邻二甲苯和苯乙烯等。

挥发性酯类：已报道的烟气气相物中的挥发性酯类有甲酸甲酯、甲酸乙酯、乙酸甲酯、乙酸乙酯、乙酸乙烯酯、丙酸异丙酯、乙酸丁酯、己酸乙酯等。

呋喃类：烟气中的呋喃类化合物是烟草中重要的香味物质，是烟叶非酶棕色化反应的产物。卷烟烟气中主要有呋喃、2-甲基呋喃、四氢呋喃、2,5-二甲基呋喃等。

挥发性腈类：烟气气相物中代表性的挥发性腈类化合物有丙烯腈、乙腈、丙腈、异丁腈、戊腈、己腈等。这些化合物是其前体物质(如烟草中的 *N*-杂环化合物吡啶、甲基吡嗪等)在卷烟燃吸过程中裂解形成的。

其他挥发性成分：烟气气相物中，还有许多其他挥发性成分，如氨、一氧化氮、二氧化氮、亚硝酸甲酯、硫化氢、氢氰酸、氯甲烷、甲醇、乙醇、丙醇、异丁醇等。

习　题

8-1　命名下列化合物或写出结构式。

(1) 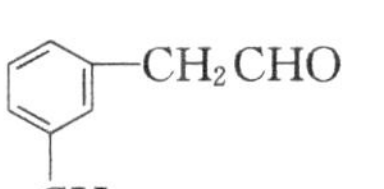　(2) 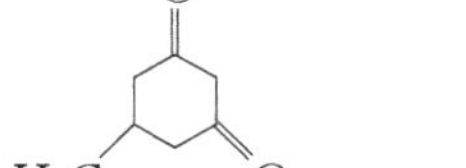　(3) 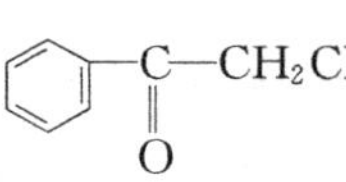

(4) 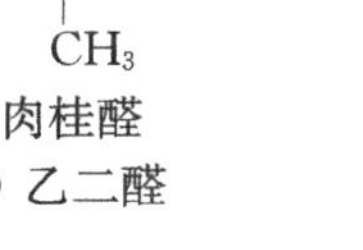　(5) 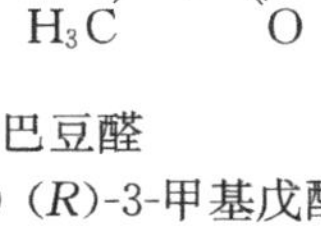　(6) 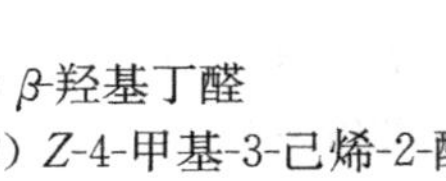

(7) 肉桂醛　(8) 巴豆醛　(9) β-羟基丁醛

(10) 乙二醛　(11) (R)-3-甲基戊酮　(12) Z-4-甲基-3-己烯-2-酮

8-2　将下列各组化合物按指定要求排序。

(1) 沸点高低：

a. $CH_3CH_2CH_2CHO$　b. $C_2H_5OC_2H_5$　c. $CH_3(CH_2)_3CH_3$　d. n-C_4H_9OH

(2) 与 HCN 反应的活性高低：

a. 苯乙酮　b. 三氯乙醛　c. 氯乙醛　d. 苯甲醛　e. 乙醛

8-3　下列化合物能发生碘仿反应的有________，能与费林试剂反应的有________，能与土伦试剂反应的有________。

(1) $CH_3COCH_2CH_3$　(2) $CH_3CH_2CH_2CHO$　(3) $CH_3CH_2\underset{}{C}H(CH_3)CHO$

(4) CH_3CH_2OH　(5) 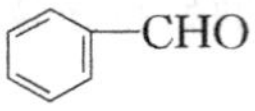　(6) 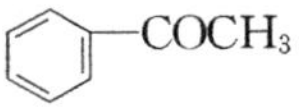

(7) 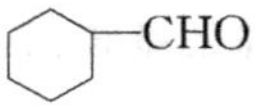　(8) $CH_3CH_2COCH_2CH_3$　(9) $CH_3COCH_2CH_2COCH_3$

(10) $(CH_3)_3CCHO$

8-4　写出下列反应的主要产物。

(1) $CH_3-CH_2-CHO \xrightarrow{HCN} ? \xrightarrow{H_2O} ?$

(2) $CH_3-\overset{\overset{O}{\|}}{C}-CH_3 + C_2H_5MgBr \longrightarrow ? \xrightarrow{H_2O} ?$

(3) $CH_3-CH_2-\overset{\overset{O}{\|}}{C}-CH_3 + Cl_2 \xrightarrow{NaOH} ?$

(4) 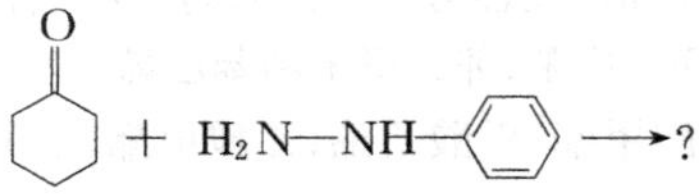

(5) $CH_3-\underset{\underset{CH_3}{|}}{\overset{\overset{CH_3}{|}}{C}}-CHO + NaOH \xrightarrow{\triangle} ?$

(6) $CH_3-CH_2-CHO \xrightarrow{稀\ NaOH} ? \xrightarrow{\triangle} ?$

(7) $CH_3CH{=}CHCHO \xrightarrow{NaBH_4} \xrightarrow{H_3O^+}$

(8) 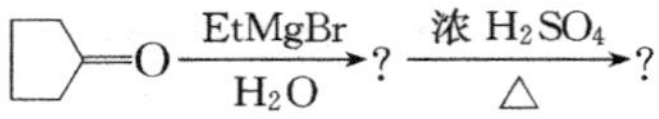

(9) 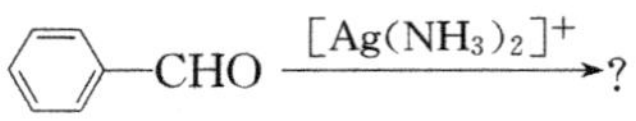

(10) 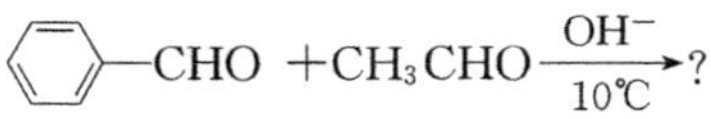

(11) $CH_3\overset{\overset{O}{\|}}{C}CH_2CH_2CHO \xrightarrow{NaOCH_2CH_3} ? \xrightarrow[\triangle]{NH_2OH} ?$

(12) 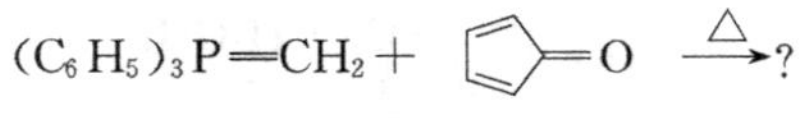

8-5　用简单化学方法区别下列各组化合物。

(1) 丙醛、丙酮、丙醇、异丙醇

(2) 苯甲醇、邻甲苯酚、苯乙酮、苯甲醛

(3) 戊醛、2-戊酮、环戊酮

8-6　合成题(无机试剂任选)。

(1) 由 $CH_2{=\!=}CH_2$ 合成 CH_3COCH_3

(2) 由 CH_3COCH_3 合成 α-甲基丙烯酸甲酯

(3) 由 CH_3CHO 合成 $CH_3CH{=\!=}CHCH_2OH$

(4) 由 $CH_3CH_2CH_2OH$ 合成 $CH_3CH_2CH_2CH_2OH$

(5) 由 CH_3CH_2OH 合成乳酸

(6) 由苯甲醛合成对硝基苯甲醛

(7) 由苯合成 3-溴苯乙酮

(8) 由 2-戊酮合成丁酸乙酯

8-7　某化合物 A 的分子式为 $C_8H_8O_2$,能溶于 NaOH 溶液,遇三氯化铁呈紫色,与 2,4-二硝基苯肼反应生成黄色沉淀,并能发生碘仿反应。试推测 A 可能的结构式。

8-8　某化合物 A 的分子式为 $C_5H_{12}O$,氧化后得到 B($C_5H_{10}O$),B 能与苯肼反应,并能与 I_2 和 NaOH 作用生成黄色沉淀。A 能与浓 H_2SO_4 共热生成 C(C_5H_{10}),C 经高锰酸钾氧化得到丙酮和乙酸。试推测 A、B、C 的结构式。

8-9　某化合物 A 的分子式为 $C_9H_{10}O$,能与苯肼反应,用 I_2/NaOH 处理得到碘仿和另一固体 B($C_8H_8O_2$);A 能被 $NaBH_4$ 还原得到 C($C_9H_{12}O$),C 用 I_2/NaOH 处理也得到 B,A、B、C 与酸性高锰酸钾共热得到羧酸 D。试推测 A、B、C、D 的结构式。

第 9 章　羧酸及其衍生物、取代酸

分子中含有羧基(—COOH)的化合物称为羧酸(carboxylic acid);羧酸分子中羧基上的—OH 被其他原子或基团取代后称为羧酸衍生物(carboxylic acid derivative),常见的羧酸衍生物有酰卤(acyl halide)、酸酐(acid anhydride)、酯(ester)和酰胺(acid amide)。羧酸分子中烃基上的氢原子被其他原子或基团取代后称为取代羧酸(substituted acid)。常见的取代羧酸有卤代酸(halogen acid)、羟基酸(hydroxy acid)、羰基酸(carbonyl acid)和氨基酸(amino acid)等。这些化合物中的一部分参与动植物代谢的生命过程,其中有些是代谢的中间产物,有些具有显著的生物活性。羧酸及其衍生物是有机合成、工农业生产和医药工业的重要原材料。

9.1 羧　　酸

羧酸可看成是烃分子中的氢原子被—COOH 取代而生成的化合物。虽然从形式上看,—COOH 是由 >C=O 和—OH 组成的,但不能把羧酸的性质简单地看作羰基化合物与醇性质的加和,羧酸是一类非常重要的含氧有机物。

9.1.1 羧酸的分类和命名

1. 羧酸的分类

羧酸的分类与醛类似。根据烃基的不同,羧酸可分为脂肪族羧酸和芳香族羧酸。脂肪族羧酸可根据是否连接不饱和键分为饱和脂肪酸及不饱和脂肪酸。按分子中—COOH 的数目,又可分为一元羧酸、二元羧酸及多元羧酸等。

2. 羧酸的命名

根据羧酸分子中碳原子的个数及烃基的种类将结构较简单的羧酸用普通命名法直接命名为"某酸"。

CH_3COOH	$(CH_3)_2CHCOOH$
乙酸	异丁酸

采用系统命名法命名羧酸时,先选择含有—COOH 的最长碳链作主链,根据主链碳原子的数目称为"某酸",编号时从—COOH 中的碳原子开始。编号方式也可用希腊字母 α、β、γ 等。

H—C(=O)—OH	CH_3—C(=O)—OH	$CH_3CH_2CH(CH_3)COOH$
甲酸(蚁酸)	乙酸(醋酸)	2-甲基丁酸或 α-甲基丁酸

对于不饱和酸,则选含羧基和不饱和键在内的最长碳链为主链,若不饱和键为 C=C 键,则称为"某烯酸",双键位置标注在母体名称之前。例如

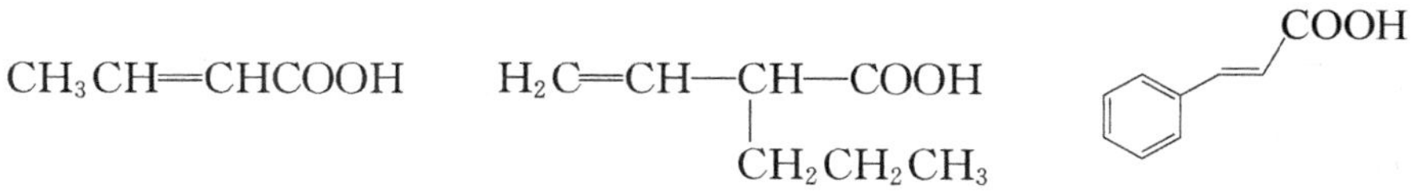

2-丁烯酸(巴豆酸)　　2-丙基-3-丁烯酸　　肉桂酸(β-苯基丙烯酸)

对于多元羧酸,则选择含有尽量多的羧基在内的最长碳链作为主链。例如

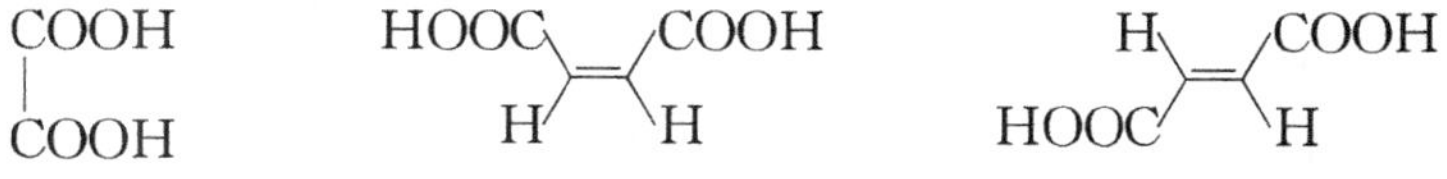

乙二酸(草酸)　　顺丁烯二酸(马来酸)　　反丁烯二酸(富马酸)

当羧基直接与脂环烃相连时,采用环烃名后加"羧酸"的方法。

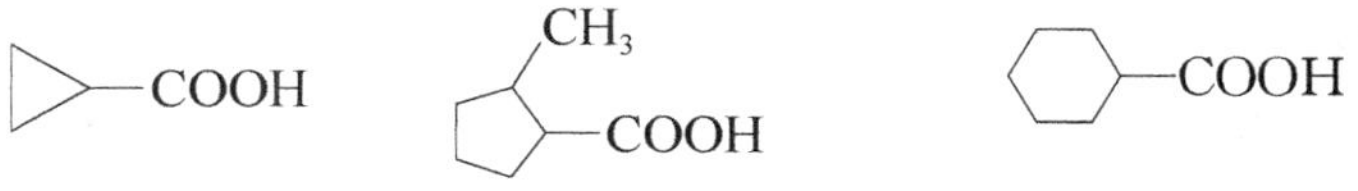

环丙烷甲酸　　2-甲基环戊烷羧酸　　环己烷羧酸(环己烷甲酸)

对于芳香族羧酸,常把芳甲酸作母体,把其他基团作为取代基。例如

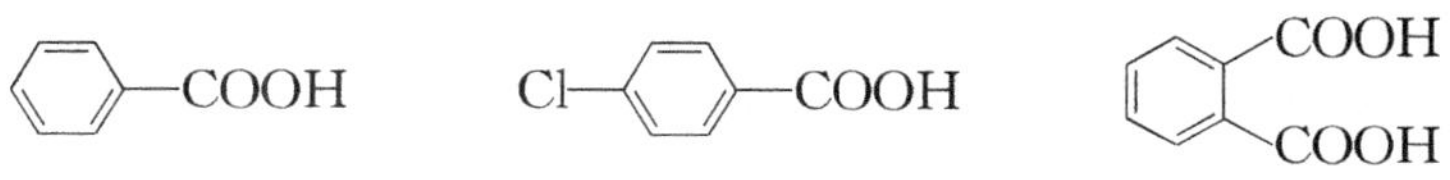

苯甲酸(安息香酸)　　4-氯苯甲酸　　邻苯二甲酸

许多羧酸是从天然产物中得到的,因此常根据它们的来源采用俗名。例如,甲酸最初是由蚂蚁中得到的,所以也称蚁酸;乙酸存在于食醋中,因此又称醋酸。一些羧酸俗名见表 9-1。

9.1.2 羧酸的物理性质

常温下,C_9以下的直链饱和一元酸为液体,甲酸、乙酸、丙酸有刺激气味,丁酸、己酸、癸酸等有腐败味。高级饱和脂肪酸常温下是蜡状固体,挥发性低,没有气味。脂肪二元羧酸和芳香酸均为结晶固体。由于羧基可与水形成氢键,低级脂肪酸易溶于水,C_4以下的酸均能与水混溶,但随碳原子数的增加,水溶性降低。高级一元酸不溶于水,多元酸的水溶性大于相同碳数的一元酸,芳香酸的水溶性极小。

饱和一元羧酸的沸点随着碳原子数的增加而升高。羧酸的沸点比相对分子质量相近的其他有机物高得多。例如,乙酸的沸点为 117.9℃,正丁醇的沸点为 97.4℃,丙醛的沸点为 48.8℃,而甲乙醚的沸点为 8℃。其原因是羧酸能通过分子间氢键缔合成二聚体或多聚体,即使在气态时,羧酸也是双分子缔合的。

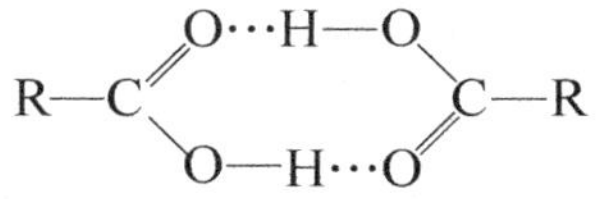

直链饱和一元羧酸的熔点随碳原子数目的增加而呈锯齿状上升,含偶数碳原子羧酸的熔点高于邻近两个含奇数碳原子的羧酸。一些羧酸的物理常数见表 9-1。

表 9-1　一些羧酸的物理常数

结构式	系统命名(俗名)	英文普通命名	熔点/℃	沸点/℃	pK_{a_1} / pK_{a_2} (25℃)
HCOOH	甲酸(蚁酸)	methanoic acid	8.4	100.5	3.76
CH_3COOH	乙酸(醋酸)	ethanoic acid	16.6	117.9	4.75

续表

结构式	系统命名(俗名)	英文普通命名	熔点/℃	沸点/℃	pK_{a_1} / pK_{a_2} (25℃)
CH_3CH_2COOH	丙酸(初油酸)	propanoic acid	−20.8	141	4.87
$CH_3(CH_2)_2COOH$	丁酸(酪酸)	butanoic acid	−4.3	163.5	4.81
$CH_3(CH_2)_3COOH$	戊酸(缬草酸)	pentanoic acid	−33.8	186	4.82
$CH_3(CH_2)_4COOH$	己酸(羊油酸)	hexanoic acid	−2	205	4.83
$CH_3(CH_2)_{14}COOH$	十六酸(软脂酸)	hexadecanoic acid	62.9	269(0.01MPa)	—
$CH_3(CH_2)_{16}COOH$	十八酸(硬脂酸)	octadecanoic acid	69.9	287(0.01MPa)	—
HOOCCOOH	乙二酸(草酸)	oxalic acid	189.5	—	1.27/4.27
$HOOCCH_2COOH$	丙二酸(缩苹果酸)	malonic acid	136	386	2.85/5.70
$HOOC(CH_2)_2COOH$	丁二酸(琥珀酸)	butanedioic acid	188	235(分解)	4.21/5.64
$HOOC(CH_2)_3COOH$	戊二酸(胶酸)	glutaric acid	98	309	4.34/5.41
$HOOC(CH_2)_4COOH$	己二酸(肥酸)	hexanedioic acid	151	332	4.43/5.40
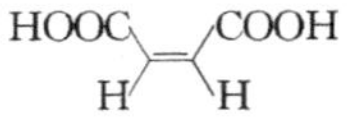	顺丁烯二酸(马来酸)	maleic acid	131	355	1.90/6.50
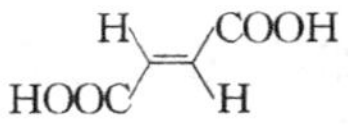	反丁烯二酸(富马酸)	fumaric acid	302	—	3.00/4.20
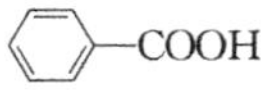	苯甲酸(安息香酸)	benzoic acid	122.4	249	4.17

9.1.3　羧酸的化学性质

羧酸的官能团是—COOH,其结构可看作 >C=O 和—OH 的复合基团,C、O 原子均为 sp^2 杂化。—OH 中的氧原子提供一个 p 轨道(含 2 个 p 电子)与 >C=O 形成 Π_3^4 的 p-π 共轭体系。

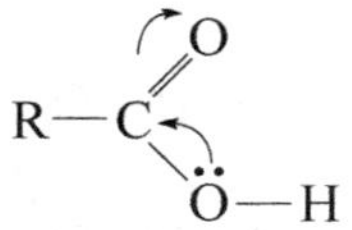

p-π 共轭体系导致—OH 中氧原子上的电子云密度降低,有利于 $\sigma_{O—H}$ 键的断裂,从而体现酸性。同时, >C=O 中碳原子上电子云密度增大、正电性减弱,因此羧酸中的 >C=O 对亲核试剂的反应活性降低。例如,羧酸不能与 HCN、H_2N—OH 等发生亲核加成反应。所以—OH 被亲核试剂取代的反应通常需要在一定条件下才能发生,而羧酸的还原反应也比醛(酮)难。

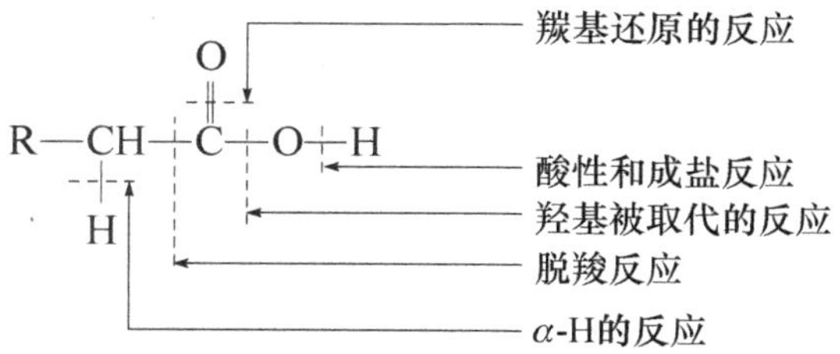

另外，α-H 由于受到—COOH 的影响活性升高，容易发生取代反应；羧基的－I 效应，使羧基与 α-C 间的共价键容易断裂，发生脱羧反应。

1. 酸性

羧酸具有明显的酸性，在水溶液中能发生电离，解离出 H^+ 和羧酸根负离子。

$$RCOOH + H_2O \rightleftharpoons RCOO^- + H_3O^+$$

酸性强度常以 pK_a 表示，常见羧酸的 pK_a 见表 9-1。大多数羧酸的 pK_a 为 4～5，与 HCl、H_2SO_4 等强酸相比属于弱酸，在水中只是部分解离。例如，0.1mol/L 的乙酸水溶液在室温时只有约 1%的乙酸解离为 H^+ 及乙酸根离子。

$$CH_3COOH + H_2O \rightleftharpoons CH_3COO^- + H_3O^+$$

羧酸比碳酸（$pK_a = 6.5$）的酸性强，因此能与碳酸盐（或碳酸氢盐）作用形成羧酸盐并放出 CO_2。

$$2RCOOH + Na_2CO_3 \longrightarrow 2RCOONa + CO_2\uparrow + H_2O$$

羧酸能与碱或碱性物质反应：

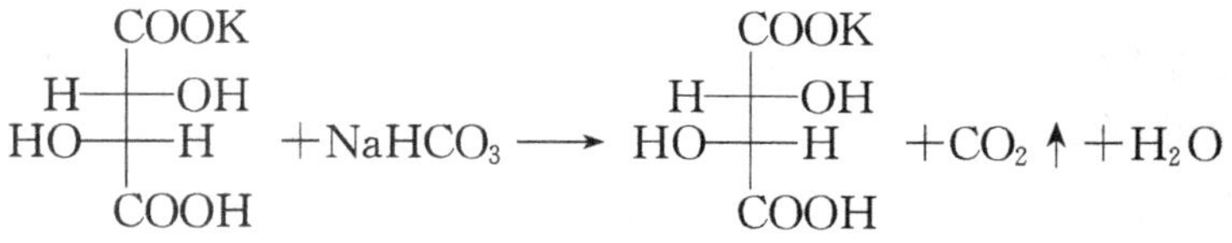

该反应就是发酵粉使生面团发酵的化学反应。发酵粉的主要成分就是 $NaHCO_3$ 与酒石酸钾。当加入水时，$NaHCO_3$ 与酒石酸钾发生反应放出 CO_2，达到发酵的目的。

羧酸的钠盐、钾盐等碱金属盐，一般为固体，都能溶于水，但不溶于非极性溶剂。将不溶于水的羧酸转化为碱金属盐后便可溶于水，再用 HCl 或 H_2SO_4 酸化后又析出游离酸。利用这一性质，可以把羧酸与其他不溶于水的非酸性有机物分离开。

羧酸解离出 H^+ 后生成的 $RCOO^-$ 比羧酸有更好的稳定性。在脂肪族一元羧酸中，烃基越大，酸性越弱，所以 HCOOH 的酸性最强。例如

	HCOOH	CH_3COOH	CH_3CH_2COOH	$(CH_3)_2CHCOOH$	$(CH_3)_3CCOOH$
pK_a	3.77	4.74	4.87	4.86	5.05

烃基上连有吸电子基时酸性增强，烃基上连有供电子基团时酸性减弱。经卤原子一元取代后的乙酸 pK_a 如下：

	FCH_2COOH	$ClCH_2COOH$	$BrCH_2COOH$	ICH_2COOH
pK_a	2.66	2.82	2.86	3.12

卤代乙酸的酸性随卤原子数目的增加而增强。

	Cl_3CCOOH	$Cl_2CHCOOH$	$ClCH_2COOH$	CH_3COOH
pK_a	0.63	1.36	2.82	4.74

随着卤素原子与—COOH之间的碳链增长，—I效应迅速减弱，其酸性也随之减弱。

	$CH_3CH_2CH(Cl)COOH$	$CH_3CH(Cl)CH_2COOH$	$CH_2(Cl)CH_2CH_2COOH$	$CH_3CH_2CH_2COOH$
pK_a	2.86	4.05	4.50	4.81

—COOH也是吸电子基团，所以对于二元羧酸来说，当两个羧基相距较近时，一个—COOH由于另一个—COOH的存在而解离度加大。由表9-1可以看出，乙二酸、丙二酸的第一解离常数K_{a_1}都比一元羧酸的大很多。丁二酸则由于两个—COOH相距较远，相互作用就显著减弱。当第一个—COOH解离以后，由于羧酸根是带负电的，有排斥电子的作用，从而使第二个—COOH的解离度降低，因此二元羧酸的第二个解离常数K_{a_2}较一元羧酸的解离常数小。

苯甲酸分子中苯环的大π键与羧基形成共轭体系，电子云向羧基偏移，不利于H^+的解离，所以酸性较甲酸弱。取代苯甲酸的酸性强弱则取决于取代基的电子效应及其在苯环上的位置，一些取代苯甲酸的pK_a见表9-2。

表9-2　一些取代苯甲酸的pK_a

	邻	间	对		邻	间	对
H	4.17	4.17	4.17	NO_2	2.21	3.46	3.40
CH_3	3.89	4.82	4.35	OCH_3	4.09	4.09	4.54
Cl	2.89	3.82	4.03	OH	2.98	4.12	4.47
Br	2.82	3.85	4.18	NH_2	5.00	4.82	4.92

取代苯甲酸的酸性强弱除与电子效应有关外，也与空间效应相关。取代基若在—COOH的邻位，不论是吸电子基团还是供电子基团（$—NH_2$除外），使其酸性都增强，且比对位和间位强。这是由于邻位基团的存在，羧基与苯环的共平面性相对于间位和对位被削弱，而苯环的供电子共轭效应减弱，因此酸性较强。这种邻位基团的影响也属于邻位效应。

除了羧酸的结构外，温度和溶剂等也会影响羧酸的酸性强弱，任何使羧酸根负离子稳定性增加的因素都将增强羧酸的酸性。

2. 羟基的取代反应

—COOH中的—OH被其他原子或基团取代后生成的化合物称为羧酸衍生物，如酰卤、酸酐、酯或酰胺等。

1）酰卤的生成

—COOH中的—OH被卤素取代的产物称为酰卤，有机合成中常使用的酰卤是酰氯（acid chloride），它可以由羧酸与PCl_3、PCl_5或$SOCl_2$等氯化剂来制取。例如

$$CH_3—\overset{O}{\overset{\|}{C}}—OH + PCl_3 \longrightarrow CH_3—\overset{O}{\overset{\|}{C}}—Cl + H_3PO_3$$

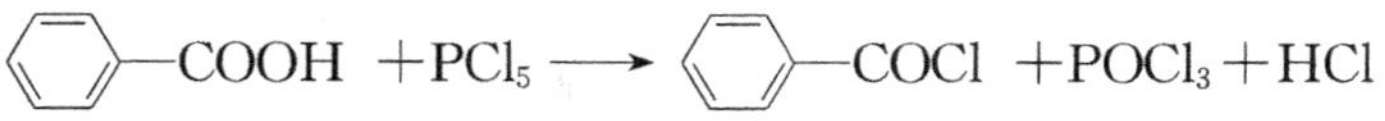

$$CH_3CH_2CH_2COOH + SOCl_2 \longrightarrow CH_3CH_2CH_2COCl + SO_2\uparrow + HCl\uparrow$$

用$SOCl_2$制备酰氯是最方便的方法，因为其副产物都是气体，容易提纯。

2）酸酐的生成

在脱水剂 P_2O_5 等的作用下加热，两分子羧酸（甲酸除外）间能失去一分子水而形成酸酐。

$$CH_3COOH + CH_3COOH \xrightarrow[\triangle]{P_2O_5} H_3C-\overset{\overset{\displaystyle O}{\|}}{C}-O-\overset{\overset{\displaystyle O}{\|}}{C}-CH_3$$

某些二元羧酸可分子内脱水生成内酐（一般是较稳定的五、六元环）。例如

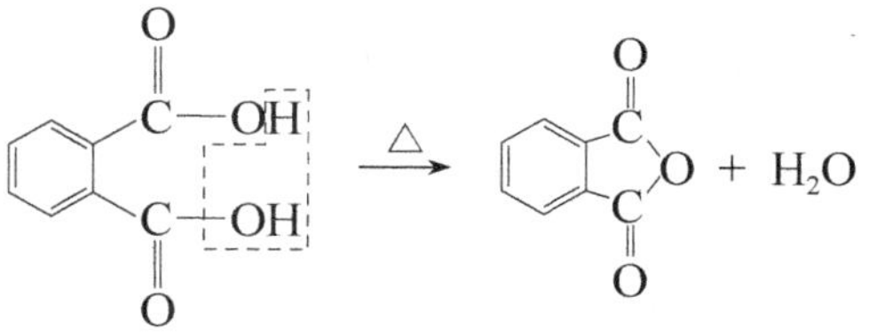

邻苯二甲酸酐

3）酯的生成

在强酸（如浓 H_2SO_4）的催化下，羧酸可以与醇脱水形成酯，该反应称为酯化反应（esterfication）。有机酸和醇的酯化反应是典型的可逆反应，需要强酸催化并加热进行，反应速率一般较慢。例如

$$H_3C-\overset{\overset{\displaystyle O}{\|}}{C}-OH + CH_3CH_2OH \underset{\triangle}{\overset{H^+}{\rightleftharpoons}} CH_3COOCH_2CH_3 + H_2O$$

由于酯化反应是可逆的，所以要提高酯的产率必须采取一定方法如增加一种反应物的用量（常使价廉、易于回收的酸或醇过量）或者不断从反应体系中移去一种生成物而使反应平衡向右移动。如果生成的酯沸点较低，则可以在反应过程中不断蒸出酯；工业上生产乙酸乙酯采用乙酸过量，不断蒸出生成的乙酸乙酯和水的恒沸混合物使平衡右移，同时不断加入乙酸和乙醇，实现连续化生产。

当用含有标记氧原子同位素 ^{18}O 的乙醇与乙酸进行酯化时，发现产物水分子中不含 ^{18}O，标记氧原子保留在生成的酯分子中。用反应式表示为

$$R-\overset{\overset{\displaystyle O}{\|}}{C}-OH + H^{18}OR' \overset{H^+}{\rightleftharpoons} R\overset{\overset{\displaystyle O}{\|}}{C}-{}^{18}OR' + H_2O$$

由此说明，酯化反应是羧酸发生了酰氧键的断裂，羧酸分子中的—OH 与醇分子中的 H 原子结合脱去一分子水生成酯。

酸催化的酯化反应机理表示为

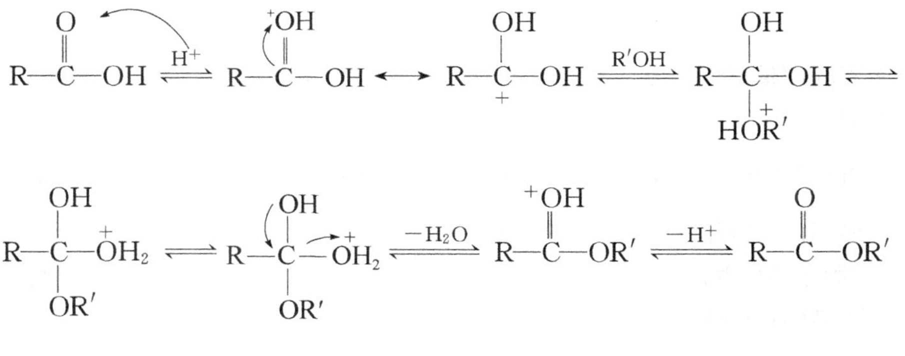

从反应机理可以看出，该反应是分两步进行的，属于亲核加成-消除机理。多种实验表明，大多数情况下，羧酸与伯醇或仲醇的酯化反应是按照酰氧键断裂的方式进行的，而与叔醇的反应则是发生了烷氧键的断裂。

4）酰胺的生成

羧酸与 NH_3（或胺、RNH_2）作用得到羧酸的铵盐。加热羧酸铵，发生分子内脱水反应，生成酰胺或 N-取代酰胺。继续加热酰胺，则进一步脱水生成腈。

$$CH_3CH_2COOH + NH_3 \longrightarrow CH_3CH_2COO^- NH_4^+ \xrightarrow[-H_2O]{\triangle} CH_3CH_2CONH_2$$

$$CH_3CH_2CONH_2 \xrightarrow[-H_2O]{\triangle} CH_3CH_2CN$$

腈水解则可通过酰胺而转化为羧酸，这实际上是羧酸铵盐失水的逆反应。

$$RCN + H_2O \longrightarrow RCONH_2 \xrightarrow{H_2O} RCOOH$$

芳香族羧酸、二元羧酸也能进行以上各种反应。例如，二元羧酸在进行这些反应时，可以是一个羧基中的—OH 被置换，也可以两个羧基中的羟基都被置换。例如

$$\begin{matrix} COOH \\ | \\ COOH \end{matrix} \underset{}{\overset{C_2H_5OH}{\rightleftharpoons}} \begin{matrix} COOC_2H_5 \\ | \\ COOH \end{matrix} \underset{}{\overset{C_2H_5OH}{\rightleftharpoons}} \begin{matrix} COOC_2H_5 \\ | \\ COOC_2H_5 \end{matrix}$$

3. 羧基的还原

由于与—OH 发生共轭效应，—COOH 含有的 C═O 键活性较低，用一般的还原剂或催化氢化法都不易还原，必须选择强还原剂进行还原反应。如用 $LiAlH_4$ 能把羧酸顺利地还原成醇，在室温下即可进行，产率很高。例如

$$CH_3CH{=}CHCH_2COOH \xrightarrow[2)\ H_3O^+]{1)\ LiAlH_4,\text{无水醚}} CH_3CH{=}CHCH_2CH_2OH$$

也可以将羧酸酯化后，再采用 $Na + C_2H_5OH$ 还原酯的间接还原法。例如

$$CH_3COOC_2H_5 \xrightarrow{Na + C_2H_5OH} 2C_2H_5OH$$

4. α-H 的取代反应

受到—COOH 的－I 效应影响，脂肪族羧酸中的 α-H 有较强的反应活性，能被卤素取代。羧酸在少量 P(红)或 PX_3 存在下与卤素反应，得到卤代酸。

$$CH_3CH_2COOH + Br_2 \xrightarrow[\text{或三溴化磷}]{\text{红磷}} \underset{\displaystyle Br}{CH_3\overset{}{C}HCOOH} + HBr$$

控制卤素的用量可以生成一卤代或多卤代酸，常用的氯代乙酸就是用乙酸和 Cl_2 在微量 I_2 催化下制备的。

$$CH_3COOH + Cl_2 \xrightarrow{I_2} ClCH_2COOH \xrightarrow[I_2]{Cl_2} Cl_2CHCOOH \xrightarrow[I_2]{Cl_2} Cl_3CCOOH$$

三氯乙酸不仅可以用作农药的原料、蛋白质的沉淀剂，主要还用于生化药品[如三磷酸腺苷(ATP)/细胞色素丙和胎盘多糖等]的提取剂。某些氯代酸，如 α，α-二氯丙酸或 α，α-二氯丁酸曾被用作除草剂，可杀除多年生杂草。

5. 脱羧反应

羧酸在一定条件下脱去—COOH 放出 CO_2 的反应称为脱羧反应(decarboxylic reaction)。

一元羧酸的无水钠盐与强碱共热，可生成比羧酸少一个碳原子的烃。例如，实验室快速制备少量甲烷的方法如下：

$$CH_3-\overset{\overset{O}{\|}}{C}-ONa + NaOH \xrightarrow[\triangle]{CaO} CH_4\uparrow + Na_2CO_3$$

α-C 上连有吸电子基的羧酸加热时容易脱羧。

$$CCl_3COOH \xrightarrow{\triangle} CHCl_3 + CO_2\uparrow$$

$$CH_3-\overset{\overset{O}{\|}}{C}-CH_2COOH \xrightarrow{\triangle} CH_3-\overset{\overset{O}{\|}}{C}-CH_3 + CO_2\uparrow$$

二元羧酸对热比较敏感，当单独加热或与脱水剂共热时，不同的二元羧酸，由于羧基之间的相对位置不同，常表现出不同的反应。主链碳数为 2 和 3 的二元羧酸加热后脱羧并放出 CO_2。

$$HOOCCOOH \xrightarrow{\triangle} CO_2\uparrow + HCOOH$$

主链碳数为 4 和 5 的二元羧酸受热后发生分子内脱水反应形成环状酸酐。

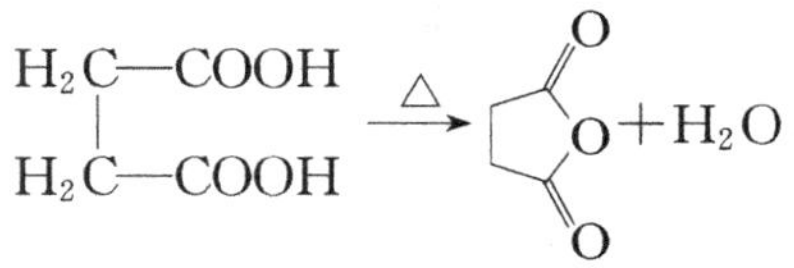

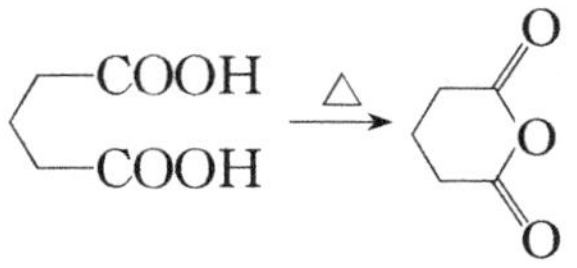

主链碳数为 6 和 7 的二元羧酸在 $Ba(OH)_2$ 存在下加热，则由分子内同时脱水、脱羧生成环酮。

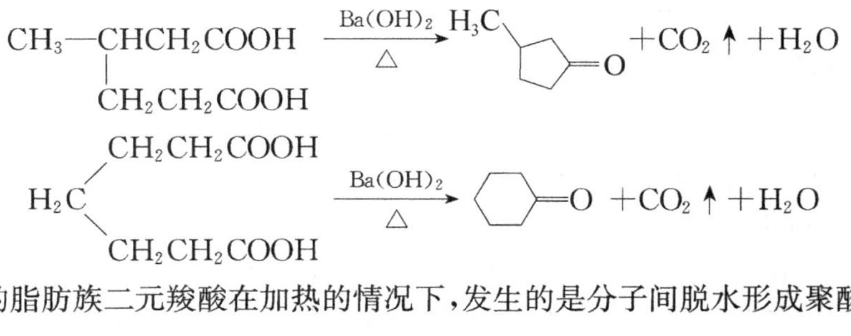

更长碳链的脂肪族二元羧酸在加热的情况下，发生的是分子间脱水形成聚酸酐。

9.1.4 几种重要的羧酸

1. 甲酸(HCOOH)

蚂蚁、蜜蜂的分泌液中含有甲酸，当初人们以蒸馏蚂蚁制备蚁酸，故甲酸俗名蚁酸。甲酸也存在于荨麻、松叶及某些果实中，是无色有刺激性的液体，沸点为 100.5℃，溶于水。它的腐蚀性强，对皮肤和黏膜的腐蚀作用类似于无机强酸。皮肤接触后会起泡红肿，蚊螯致使皮肤肿痛就是蚁酸引起的。甲酸的蒸气对眼睛有很强的刺激性。

甲酸为同系列中唯一有还原性的酸。它可以还原土伦试剂发生银镜反应，也能使高锰酸钾溶液褪色，这些反应常用于甲酸的鉴定。甲酸是基本有机化工原料之一，广泛用于农药、皮革、染料、医药和橡胶等工业。在纺织工业中用作印染时的酸性还原剂。甲酸有杀菌力，可作消毒或防腐剂。在有机合成中用于合成各种甲酸酯、吖啶类染料和甲酰胺系列医药中间体。在工业上可用作橡胶的凝聚剂，也用来合成酯和某些染料。农药工业用于制备粉锈宁、三唑酮、三环唑、三氨唑、三唑磷、多效唑、烯效唑、杀虫醚等。

2. 乙酸(CH_3COOH)

乙酸俗名醋酸，是食醋的主要成分。食醋是我国最常用的调味品，一般用含淀粉或含糖的原料经发酵制取，故食醋除含乙酸外，还含有其他有机酸、氨基酸、糖分、醇类、酯类等，因而具有特殊的芳香气味。由于纯乙酸在16℃以下能结成似冰状的固体，所以常把无水乙酸称为冰醋酸(glacial acetic acid)。乙酸是最早由自然界得到的有机物之一，因为许多微生物可以将不同的有机物转化为乙酸，人们很早就知道用发酵方法来制取酒、醋，其中醋是人类使用最早的酸。乙酸在自然界分布极广，如酸牛奶、酸葡萄酒中都含有乙酸，都是由于微生物发酵所致。

纯乙酸是无色有刺激性的液体，沸点为117.9℃，熔点为16.6℃。乙酸与水能按任一比例混溶，也能溶于其他许多溶剂中。乙酸是重要的化工原料，醋酸纤维、乙酸酯、乙酸酐等乙酸的衍生物是染料工业、香料工业、制药、塑料工业不可或缺的原料。

3. 苯甲酸(C_6H_5COOH)

苯甲酸俗名安息香酸，是无色鳞片状或针状结晶，熔点为122℃，在100℃时迅速升华，它的蒸气有很强的刺激性，吸入后易引起咳嗽。微溶于水，易溶于乙醇、乙醚等有机溶剂。在安息香胶内以游离酸和苄酯的形式存在；在一些植物的叶和茎皮中以游离的形式存在；在香精油中以甲酯或苄酯的形式存在；在马尿中以其衍生物马尿酸的形式存在。最初苯甲酸是由安息香胶干馏或碱水水解制得，也可由马尿酸水解制得。工业上苯甲酸是在Co、Mn等催化剂存在下，用空气氧化甲苯制得，或由邻苯二甲酸酐水解脱羧制得。苯甲酸及其钠盐可用作乳胶、牙膏、果酱或其他食品的抑菌剂，可作药物和食品中的防腐剂，也可作染色和印色的媒染剂。

4. 乙二酸(HOOC—COOH)

乙二酸俗名草酸，常以盐的形式存在于许多植物的细胞壁中，是无色单斜片状或棱柱体结晶或白色粉末，无气味，含两分子结晶水的乙二酸熔点为101～102℃，150～160℃升华。在高热干燥空气中能风化。含两分子结晶水，加热到100℃就失去结晶水而得到无水乙二酸。乙二酸易溶于水，而不溶于乙醚等有机溶剂。乙二酸能使血液中的钙离子沉淀而引起心脏和循环器官障碍甚至虚脱，乙二酸钙往往在肾脏析出造成尿毒症，人若食用5g乙二酸即能致死。

乙二酸是饱和二元羧酸中酸性最强的。它除具有一般羧酸的性质外，还有还原性。例如

$$5HOOCCOOH + 2KMnO_4 + 3H_2SO_4 \longrightarrow K_2SO_4 + 2MnSO_4 + 10CO_2\uparrow + 8H_2O$$

该反应是定量进行的，所以在分析化学上常用乙二酸钠来标定$KMnO_4$溶液的浓度。由于乙二酸的钙盐溶解度很小，所以可用乙二酸作Ca的定量测定。

化学工业上也常用乙二酸作漂白剂，用以漂白麦草、硬脂酸等，乙二酸也可作除锈剂。医药工业用于制造金霉素、土霉素、四环素、链霉素、冰片、维生素 B_{12}、苯巴比妥等药物。印染工业用作显色助染剂、漂白剂。塑料工业用于生产聚氯乙烯、氨基塑料、脲醛塑料。

5. 丁二酸（$HOOCCH_2CH_2COOH$）

丁二酸俗名琥珀酸，天然来源是松属植物的树脂久埋于地下而成的琥珀等，最初是由蒸馏琥珀得到的，因此而得名。琥珀酸还广泛存在于多种植物、动物的组织中，为无色晶体，熔点为 188℃，在 235℃时分解；在减压下蒸馏可升华；溶于水，微溶于乙醇、乙醚、丙酮等。

丁二酸的重要用途是制备五元杂环化合物。例如，丁二酸受热迅速脱水，形成丁二酸酐，它是呋喃环系化合物。丁二酸酐是制造药物、染料和醇酸树脂的重要原料。丁二酸酐与氨共热，即生成丁二酰亚胺，其亚胺基上的 H 原子可被溴取代，生成 *N*-溴代丁二酰亚胺（NBS），它是有机合成中常用的溴化试剂。医药工业中可用它生产磺胺药、维生素 A、维生素 B 等抗痉挛剂、松痰剂、利尿剂和止血药物。丁二酸二乙酯是有机合成的重要中间体，丁二酸二丁酯、丁二酸二辛酯是塑料的增塑剂。丁二酸二烯丙酯与 1,3-丁二烯共聚，可以制造人造橡胶。

9.2　羧酸衍生物

羧酸衍生物在化学性质上有很多相似处，其中最重要的是酯和酰胺，它们在自然界中普遍存在。例如，植物果实的香气成分、动物体内的脂肪和有些中草药的有效成分等都属于酯类化合物；多肽和蛋白质、尿素、青霉素和巴比妥类药物等都属于酰胺类化合物。

羧酸衍生物的结构用通式表示如下：

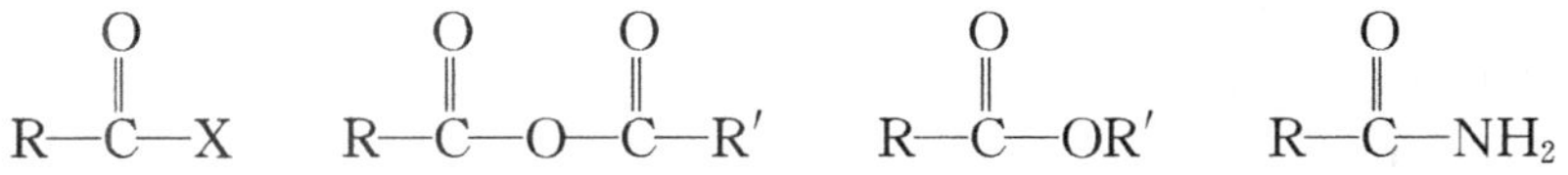

酰卤　　酸酐　　酯　　酰胺

9.2.1　羧酸衍生物的命名

羧酸分子中失去—OH 后剩下的部分称为酰基（acyl group），其名称是将相应的羧酸名称中的“酸”字改成“酰”字，称为“某酰基”。例如

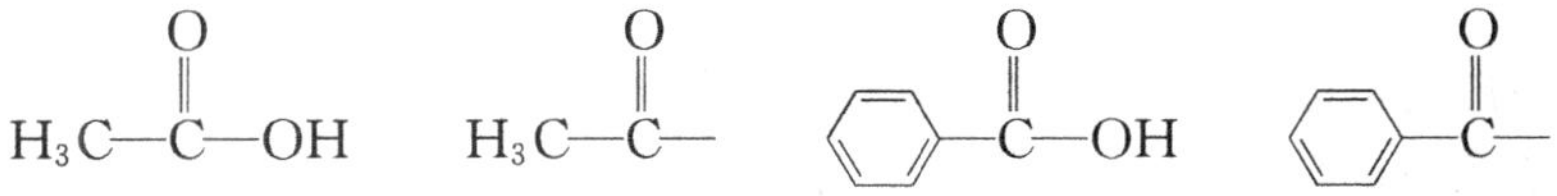

乙酸　　乙酰基　　苯甲酸　　苯甲酰基

酰卤的命名就在酰基的名称后加上卤素的名称，称为“某酰卤”。例如

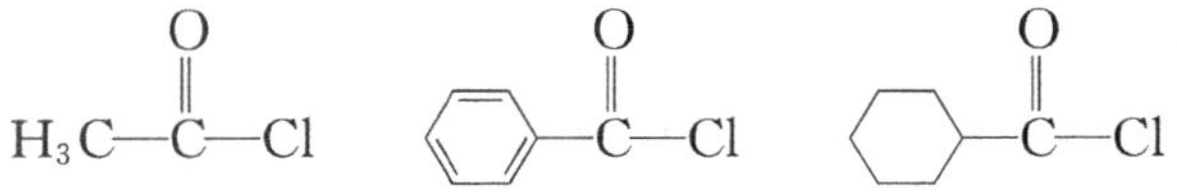

乙酰氯　　苯甲酰氯　　环己基甲酰氯

酸酐的命名是根据相应羧酸的名称来确定的，由相应的羧酸名称加上“酐”字组成，称为“某酸酐”或“某某酐”。例如

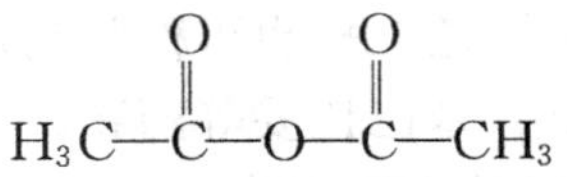
乙酸酐（乙酐）

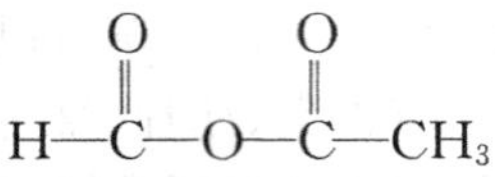
甲酸乙酸酐（甲乙酐）

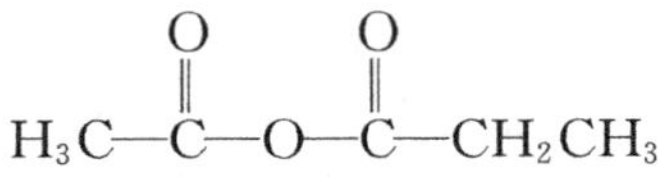
乙酸丙酸酐（乙丙酐）

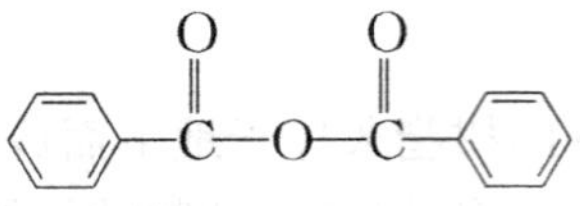
苯甲酸酐

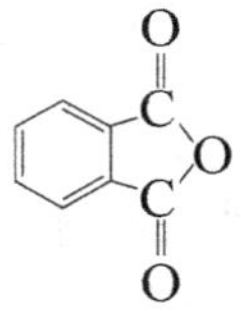
邻苯二甲酸酐（苯酐）

酯的命名是根据形成它的酸和醇，称为“某酸某酯”。

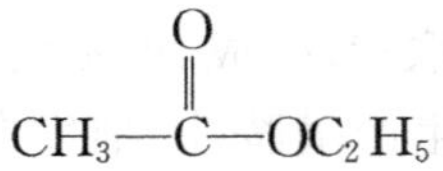
乙酸乙酯

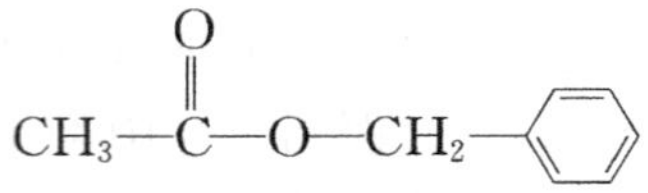
乙酸苯甲酯（乙酸苄酯）

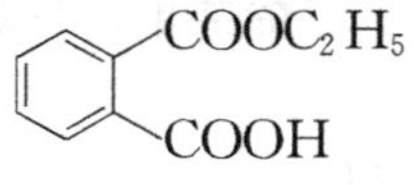
邻苯二甲酸单乙酯

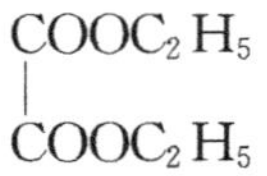
乙二酸二乙酯

酰胺的命名与酰卤相似，是在酰基的名称后加上“胺”字组成，称为“某酰胺”。例如

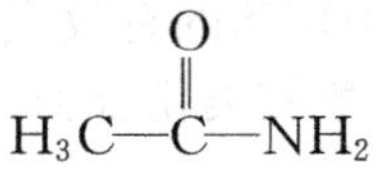
乙酰胺

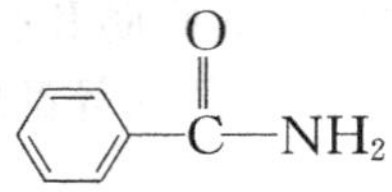
苯甲酰胺

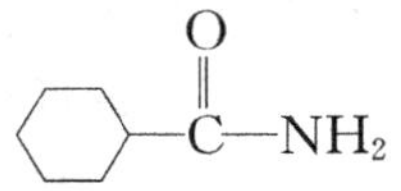
环己基甲酰胺

若酰胺的氮原子上有取代基，则命名时在取代基名称前加“*N*”标出。例如

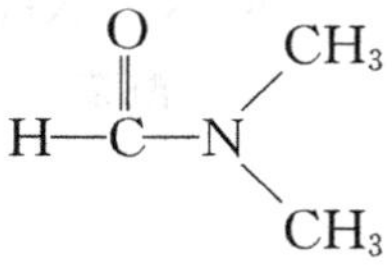
N,*N*-二甲基甲酰胺(DMF)

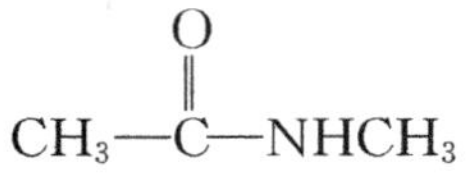
N-甲基乙酰胺

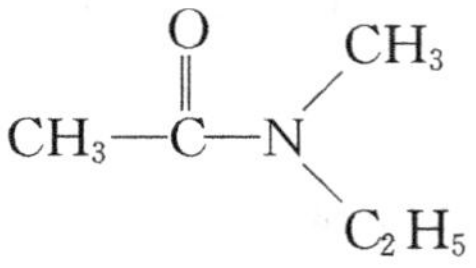
N-甲基-*N*-乙基乙酰胺

9.2.2　羧酸衍生物的物理性质

低级酰卤一般为液态，易挥发，刺激性强。低级酸酐呈液态，有刺激性酸臭，高级酸酐为固体。低相对分子质量的酯是无色、易挥发的芳香液体，所以许多酯被用来调配食品或化妆品，人造食用香精就是各种酯的混合物。高级饱和脂肪酸单酯常为无色无味的固体，高级脂肪酸与高级脂肪醇形成的酯为蜡状固体。酰胺类除甲酰胺外均为固体，取代酰胺则为液体。

酰卤、酸酐和酯分子间不能形成氢键，因此，它们的沸点比相近的相对分子质量的羧酸要低很多。如乙酸沸点为117.9℃，乙酰氯的相对分子质量比乙酸大，而沸点为50.9℃；乙酸酐沸点为139℃，戊酸沸点为187℃；乙酸乙酯沸点为77℃，丁酸的沸点为166.5℃。酰胺分子间能形成氢键，其沸点比相近的相对分子质量的羧酸高很多，如乙酰胺的沸点为221.2℃，比乙酸高103.3℃。

酰卤和酸酐不溶于水，小分子的酰卤和酸酐遇水立即反应生成酸。酯在水中的溶解度较小，易溶于有机溶剂，也能溶解许多有机物，是一类广泛使用的溶剂，乙酸乙酯常用于从水溶液中萃取有机物。低级酰胺易溶于水，如 N,N-二甲基甲酰胺能与水混溶，它是很好的非质子性极性溶剂，可与许多有机溶剂混溶。

9.2.3　羧酸衍生物的化学性质

羧酸衍生物的分子结构中都含有酰基，因此表现出很相似的化学反应，如水解、醇解和氨解，反应机理也基本相同。当然，有些羧酸衍生物还表现出其特殊的化学反应。

羧酸衍生物的水解、醇解和氨解反应可用如下反应通式表示：

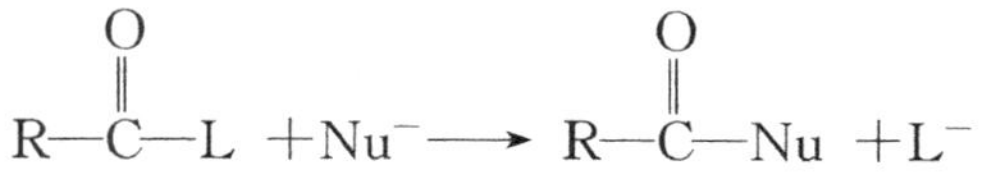

L=—X、—OCOR、—OR、—NH_2、—NHR、—NR_2等，是离去基团。

Nu=—OH、—OR、—NH_2、—NHR、—NR_2等，是亲核试剂。

从表面看，此反应是亲核取代反应，但反应实际是分两步进行的，首先亲核试剂进攻酰基碳原子，发生亲核加成反应，形成一个带负电的四面体形中间体。然后中间体发生消除反应，最后形成取代产物。反应机理用通式表示如下：

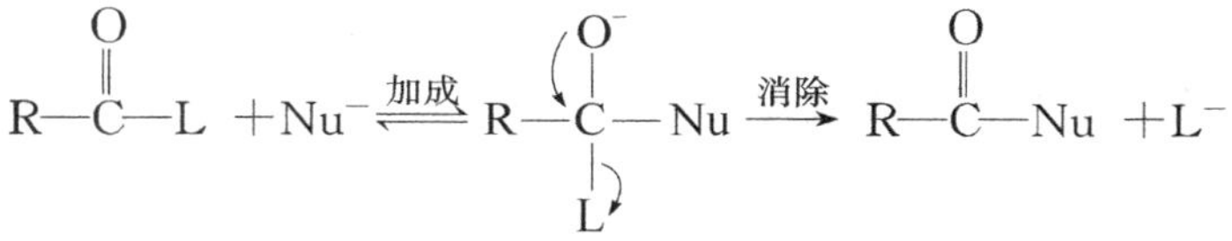

1. 水解

羧酸衍生物与水反应生成相应的羧酸，即为羧酸衍生物的水解。

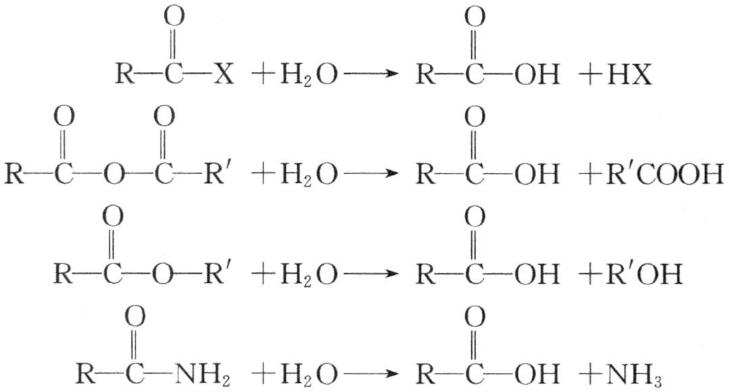

羧酸衍生物均能水解，但它们的活性不同，低分子酰卤极易水解，如乙酰氯与水反应非常剧烈，遇空气中痕量的水即能水解。酸酐可以在中性、酸性或碱性溶液中水解，反应活性比酰卤稍缓和一些。酯和酰胺的水解都需要酸或碱作催化剂，并且还需加热，酯在酸催化下的水解，是酯化的逆反应，水解可以定量进行。酯在碱溶液中的水解又称皂化(saponification)。

$$CH_3CH_2COOC_2H_5 + H_2O \xrightarrow{NaOH} CH_3CH_2COONa + C_2H_5OH$$

酰胺在酸性溶液中水解，得到羧酸和铵盐，在碱作用下水解时，则得羧酸盐并放出氨。

$$RCONH_2 \xrightarrow{H_3O^+} RCOOH + NH_4^+$$

$$RCONH_2 \xrightarrow[\triangle]{OH^-} RCOO^- + NH_3\uparrow$$

2. 醇解

羧酸衍生物与醇作用生成相应酯的反应即为羧酸衍生物的醇解。酰卤、酸酐和酯都能进行醇解，所得主要产物是酯。

$$R-\overset{\overset{\displaystyle O}{\|}}{C}-X + R''OH \longrightarrow R-\overset{\overset{\displaystyle O}{\|}}{C}-OR'' + HX$$

$$R-\overset{\overset{\displaystyle O}{\|}}{C}-O-\overset{\overset{\displaystyle O}{\|}}{C}-R' + R''OH \longrightarrow R-\overset{\overset{\displaystyle O}{\|}}{C}-OR'' + R'COOH$$

$$R-\overset{\overset{\displaystyle O}{\|}}{C}-O-R' + R''OH \longrightarrow R-\overset{\overset{\displaystyle O}{\|}}{C}-OR'' + R'OH$$

酯的醇解也称酯交换(transesterification)反应，常用来制备某些醇，如从油脂中制备甘油。一般情况下酰胺较难进行醇解反应。

羧酸衍生物的水解、醇解反应活性都是：酰卤＞酸酐＞酯＞酰胺。

3. 氨解

羧酸衍生物与氨(胺)作用生成酰胺的反应称为氨解。酰卤、酸酐和酯都能进行氨解，主要产物是酰胺。

$$R-\overset{\overset{\displaystyle O}{\|}}{C}-X + 2NH_3 \longrightarrow R-\overset{\overset{\displaystyle O}{\|}}{C}-NH_2 + NH_4X$$

$$R-\overset{\overset{\displaystyle O}{\|}}{C}-O-\overset{\overset{\displaystyle O}{\|}}{C}-R' + 2NH_3 \longrightarrow R-\overset{\overset{\displaystyle O}{\|}}{C}-NH_2 + R'COONH_4$$

$$R-\overset{\overset{\displaystyle O}{\|}}{C}-O-R' + NH_3 \xrightarrow{\triangle} R-\overset{\overset{\displaystyle O}{\|}}{C}-NH_2 + R'OH$$

除 NH_3 外，RNH_2(伯胺)、R_2NH(仲胺)也可进行同样反应，酰胺不能发生氨解。

酰卤和酸酐常用于用于合成酰胺。例如，丁二酸酐氨解后再与溴反应可以得到 *N*-溴代丁二酰亚胺(NBS)。在有机合成中是重要的溴化试剂，具有高度的选择性，只进攻与双键或苯环相连的 α-H。

由以上水解、醇解、氨解反应可以看出，四种衍生物以及它们与羧酸之间都可以通过一定的反应相互转化。

羧酸衍生物的水解、醇解、氨解以及羧酸中—OH 的取代反应机理都是相似的，不仅在有机合成中很重要，也是生物转化中的重要反应类型。如生物体内蛋白质代谢的化学本质是酰胺的水解，此时起催化作用的不是酸碱而是酶。1945 年李普曼(Lipmann)发现许多酶所催化的乙酰化反应都需要一种耐热的辅助因子——辅酶 A(缩写 CoA 或 HS-CoA)，它是酰基转移酶的辅酶，结构式为

酰基辅酶 A 中的硫酯键不稳定，RS—是容易离去的基团，所以酰基辅酶 A 很容易发生亲核取代反应，其结果是酰基辅酶 A 中的酰基转移给其他物质后释放出辅酶 A，因此，辅酶 A 实际上只是酰基的载体。例如，乙酰辅酶 A 与胆碱(choline)形成乙酰胆碱的反应，就与酯交换反应类似。

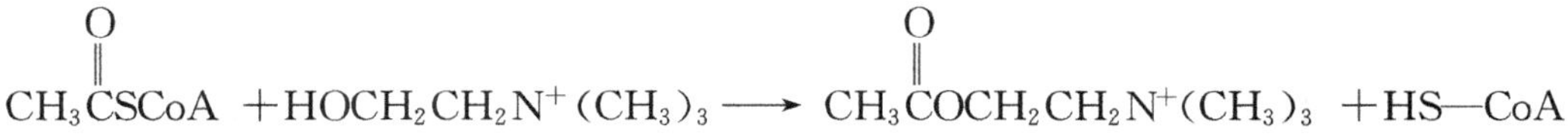

4. 还原反应

$LiAlH_4$的还原能力极强，酰卤、酸酐及酯均可被它还原成相应的伯醇，酰胺被还原成相应的胺。

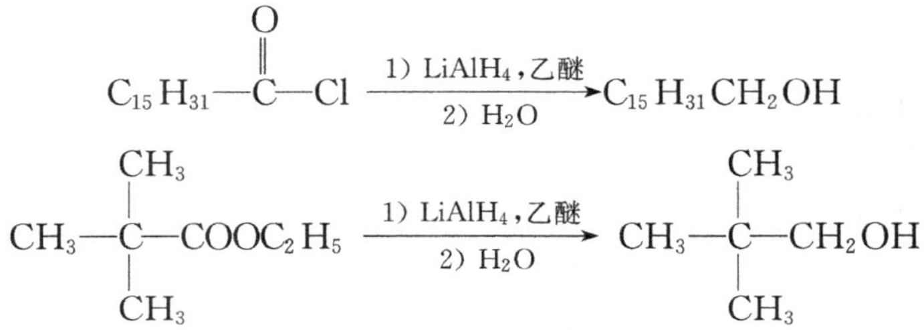

酯还可以被 $Na+C_2H_5OH$ 还原。

5. 克莱森酯缩合反应

酯中的 α-H 也是比较活泼的，在醇钠或其他强碱的作用下极易形成碳负离子中间体，与另一分子酯反应脱去一分子醇，也可看作一分子酯的 α-H 被另一分子酯的酰基取代生成 β-酮酸酯，这个反应称为克莱森酯缩合。例如

$$CH_3COOC_2H_5+CH_3OOC_2H_5 \xrightarrow[2)\ H_3O^+]{1)\ C_2H_5ONa} CH_3COCH_2COOC_2H_5+C_2H_5OH$$

反应机理如下：

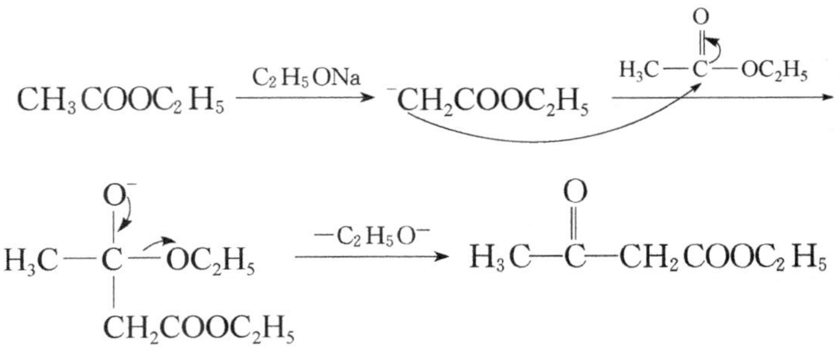

乙酰乙酸乙酯

反应前两步类似于羟醛缩合，即强碱抢走 α-H 使酯形成碳负离子(C^-)中间体，随后 C^- 向另一分子酯的羰基进行亲核加成形成加成产物，最后一步则是消除烷氧基，即得 β-酮酸酯。

9.2.4 几种重要的酯

1. 梨小食心虫性信息素

梨小食心虫(*Grapholitha molesta* Busck)是一种世界性果树害虫，主要危害梨、苹果、桃、

山楂、杏等果树。梨小食心虫性信息素于1965年由乔治(George)等从梨小雌蛾的腹部分离得到；1969年Roefofs等鉴定其结构为(*Z*)-8-十二碳烯-1-醇乙酸酯(Ⅰ)、(*E*)-8-十二碳烯-1-醇乙酸酯(Ⅱ)和(*Z*)-8-十二碳烯-1-醇(Ⅲ)的混合物。

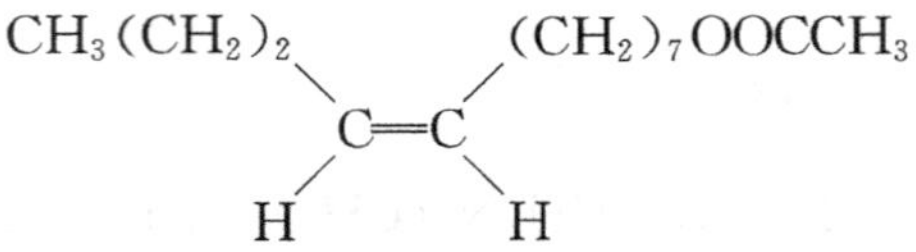

(Ⅰ)

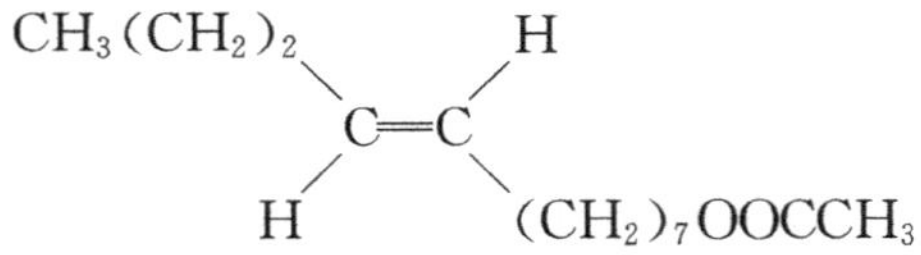

(Ⅱ)

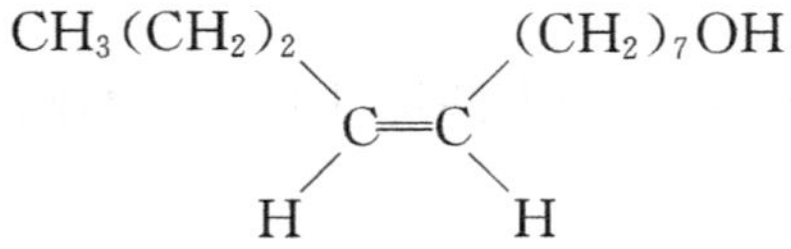

(Ⅲ)

梨小食心虫性信息素具有活性高、无毒、特异性强、使用方便、不伤害益虫、不污染环境等优点，对梨小食心虫等有较好的引诱效果，同时也用于防治李树上的李小食心虫、洋槐种子上的相思子异型小卷蛾和澳大利亚坚果上的荔枝异型小卷蛾等，已成为有害生物综合防治中的有效措施之一。主要应用在虫情测报、大量诱捕、干扰交配和害虫检疫等方面。田间试验结果表明：*Z*/*E*的物质的量之比为95∶5时生物活性最佳。

2. 除虫菊酯

除虫菊酯是存在于除虫菊花中有杀虫效力的成分，是能防治多种害虫的广谱杀虫剂，其杀虫毒力比老一代杀虫剂如有机氯、有机磷、氨基甲酸酯类高10～100倍。其结构式为

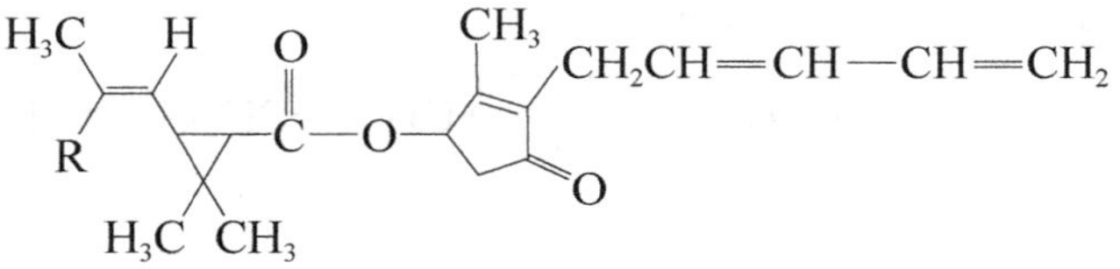

R=CH_3，除虫菊酯Ⅰ；R=$OCOCH_3$，除虫菊酯Ⅱ

自发现除虫菊酯的杀虫效力以后，许多国家先后合成了一系列其类似物，统称为拟除虫菊酯(pyrethroid)。拟除虫菊酯对昆虫具有强烈的触杀作用，有些品种兼具胃毒或熏蒸作用，但都没有内吸作用。其作用机理是扰乱昆虫神经的正常生理，使之由兴奋、痉挛到麻痹而死亡。拟除虫菊酯因用量小、使用浓度低，故对人畜较安全，对环境的污染很小。其缺点主要是对鱼毒性高，对某些益虫也有伤害，长期重复使用也会导致害虫产生抗药性。

3. 丙二酸二乙酯

丙二酸二乙酯[$CH_2(COOC_2H_5)_2$]为无色液体，有芳香气味，沸点为199.3℃，不溶于水，易溶于乙醇、乙醚等有机溶剂。丙二酸二乙酯是以氯乙酸为原料，经过氰解，酯化后得到的二元羧酸酯。

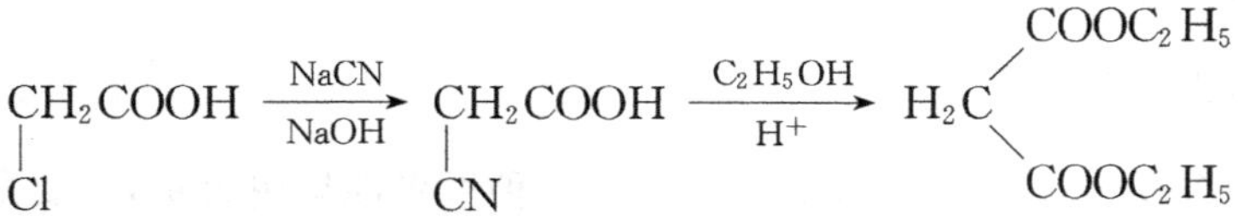

丙二酸二乙酯由于分子中含有一个活泼亚甲基，因此在理论和合成上都有重要意义。丙二酸二乙酯在醇钠等强碱催化下产生的 C^- 可以和卤代烃发生亲核取代反应，产物经水解和脱羧后生成羧酸。用这种方法可合成 RCH_2COOH 和 $RR'CHCOOH$ 型的羧酸，如用适当的二卤代烷作为烃基化试剂，也可以合成脂环族羧酸。例如

$$CH_2(COOC_2H_5)_2 + R—X \xrightarrow[C_2H_5OH]{C_2H_5ONa} RCH(COOC_2H_5)_2 \xrightarrow[2)\ \triangle,H^+]{1)\ NaOH} RCH_2COOH$$

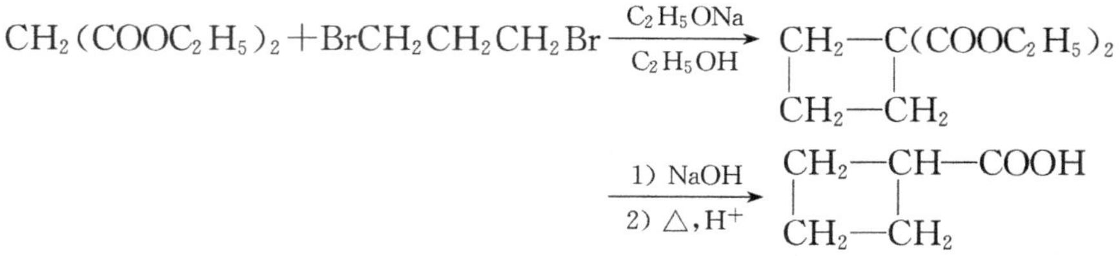

4. 乙酰乙酸乙酯

乙酰乙酸乙酯（$CH_3COCH_2COOC_2H_5$，ethyl acetoacetate）简称“三乙”，是由乙酸乙酯发生克莱森酯缩合而制得。三乙是无色、有水果香味的液体，沸点为 184℃，微溶于水，易溶于醇、醚等有机溶剂。三乙分子中含有羰基和酯基，所以它既有酮的性质，又有酯的性质，甚至还由于羰基和酯基相互影响而体现出一定特性。

例如，三乙能使溴水的红棕色褪去，说明分子中含有不饱和键；能与活泼金属 Na 反应放出氢气，说明分子中含有活泼氢原子；能与 $FeCl_3$ 发生显色反应，说明分子中含有烯醇式结构。以上三个性质说明三乙不是只以一种分子结构存在的。

经物理和化学方法检测后证明，三乙是酮式和烯醇式结构以动态平衡而同时存在的互变异构体。

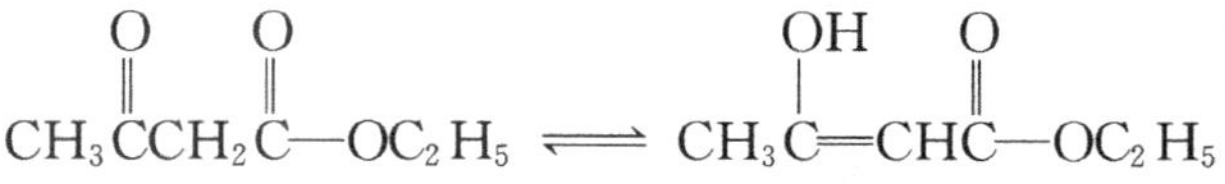

酮式(92.5%)　　　　烯醇式(7.5%)

由于三乙的特殊结构，它还可以发生酮式分解和酸式分解。

三乙在稀碱或稀酸中加热，可以分解脱羧而生成酮，称为酮式分解(ketonic decomposition)。例如

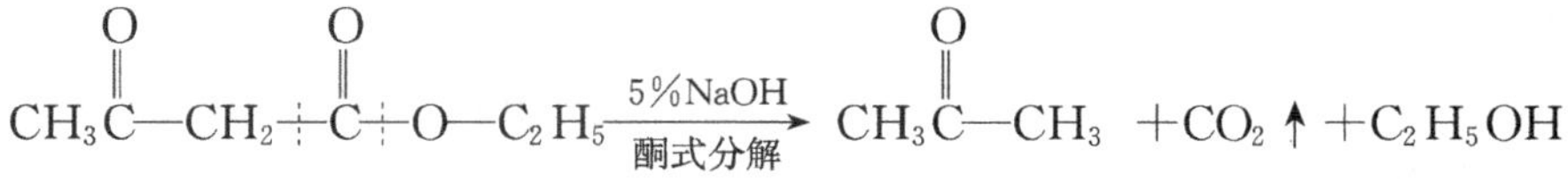

三乙在浓碱中加热，可以分解生成两分子羧酸，称为酸式分解(acid decomposition)。例如

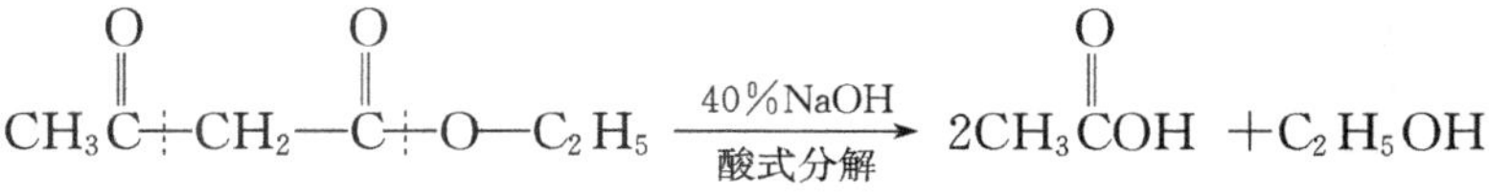

三乙分子中的 α-H 由于受到羰基和酯基的双重影响而异常活泼，极易受到碱性试剂进攻而脱去，生成 C^- 中间体，随后与卤代烃、酰卤反应而增长碳链，在有机合成中有广泛应用。

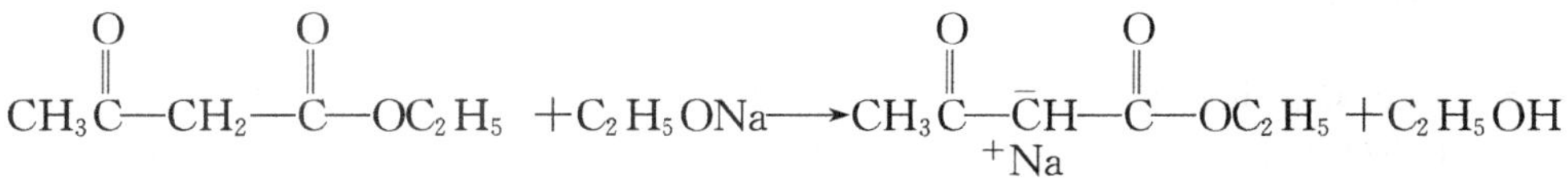

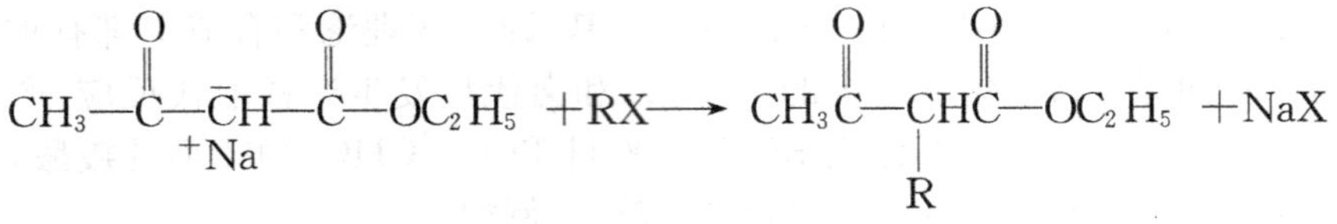

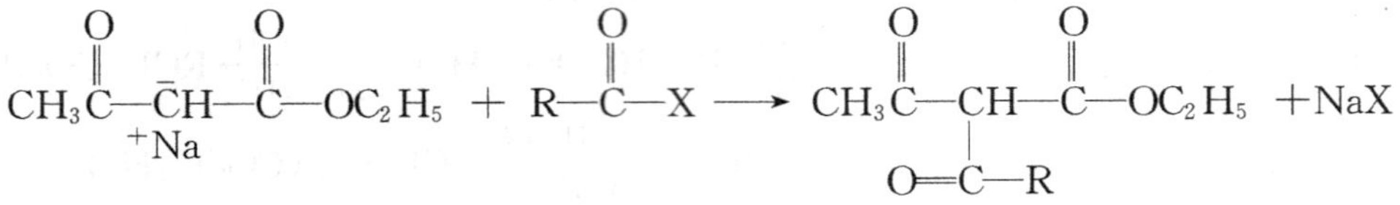

9.3　取　代　酸

羧酸分子中烃基上的氢原子被其他原子或基团取代后形成的化合物称为取代酸，根据取代的原子或基团的不同取代羧酸又分为卤代酸、羟基酸、羰基酸、氨基酸等。取代酸为多官能团化合物，分子中既有—COOH 又有其他官能团。在性质上，各官能团既保留其本身的特性反应，又由于不同的官能团之间相互影响而产生一些特殊性质。本节主要讨论羟基酸和羰基酸。

9.3.1　羟基酸

羟基酸是指羧酸分子中烃基上的氢原子被—OH 取代后形成的化合物。根据其结构，羟基酸可分为醇酸和酚酸两类，前者是指脂肪羧酸烃基上的氢原子被—OH 取代的衍生物，后者是指芳香羧酸芳香环上的氢原子被—OH 取代的衍生物。它们都广泛存在于动植物体内，许多醇酸是动植物生命过程中的产物，有些是合成药物的原料和食品的调味剂。

1. *羟基酸的命名*

一般习惯将醇酸称为羟基酸。根据分子中—OH 和—COOH 的相对位置，羟基酸分为 α-羟基酸、β-羟基酸、γ-羟基酸和 δ-羟基酸等。羟基酸的命名是以羧酸为母体，醇羟基或酚羟基作取代基，有的采用俗名。

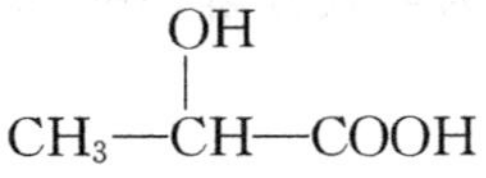

2-羟基丙酸(乳酸)

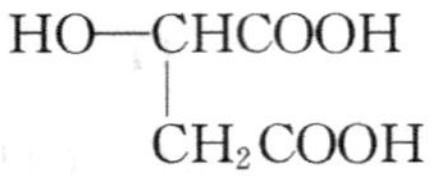

羟基丁二酸(苹果酸)

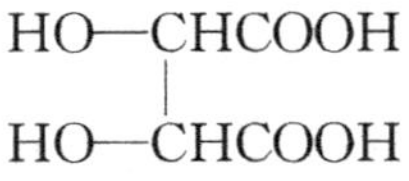

2,3-二羟基丁二酸(酒石酸)

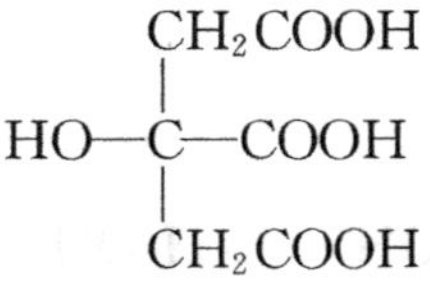

2-羟基丙烷三羧酸(柠檬酸)

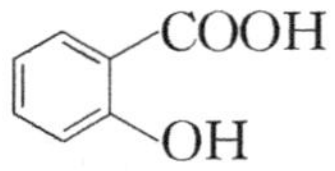

邻羟基苯甲酸(水杨酸)

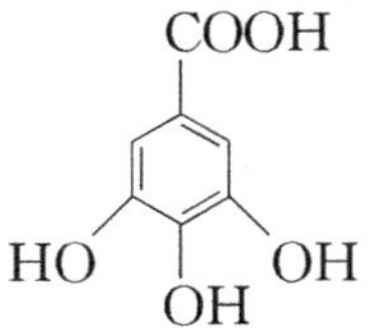

3,4,5-三羟基苯甲酸(没食子酸)

2. *羟基酸的物理性质*

醇酸一般为黏稠状液体或晶体，由于分子中含有的—OH 和—COOH 都能与水形成氢键，因此比相应的醇和酸更易溶于水。酚酸都是晶体，多以盐、酯的形式存在于植物中，大多数微溶于水。羟基酸的熔点比相同碳原子数的羧酸高。

3. 化学性质

羟基酸具有醇、酚和羧酸的典型反应性能，如醇羟基的酯化、氧化；酚的酸性、与 $FeCl_3$ 的显色反应，邻羟基苯甲酸与溴水生成白色沉淀；羧基的酸性，与醇成酯等。由于羧基和羟基间的相互影响，还表现出一些为羟基酸所特有的性质，这些特性又常根据羟基和羧基的相对位置而有明显的差异。

1）酸性

—OH 具有 −I 效应，所以一般的醇酸酸性比相应的羧酸强，并且—OH 离—COOH 越近，其酸性越强。例如

$$HOCH_2COOH > HOCH_2CH_2COOH > CH_3COOH$$

pK_a　　3.83　　4.51　　4.76

酚酸的酸性与诱导效应、共轭效应和邻位效应等因素有关，也因—OH 和—COOH 的相对位置不同而呈现明显差异。例如

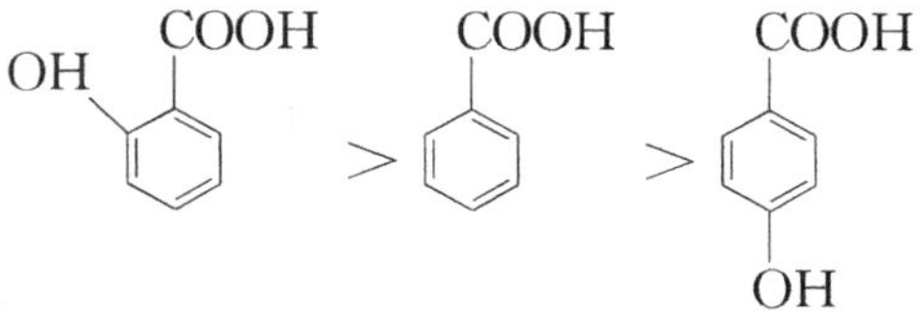

pK_a　　2.98　　4.20　　4.57

水杨酸的酸性比苯甲酸强约 10 倍，这是因为是—COOH 中的 C ═O 与—OH 能形成分子内氢键，从而使—COOH 上的 H 更容易解离。

2）α-羟基酸的氧化

α-羟基酸中的—OH 比醇中—OH 易被氧化。土伦试剂与醇不发生作用，但能把 α-羟基酸氧化成 α-羰基酸，稀 HNO_3 一般不能氧化醇，但却能将醇酸氧化成醛酸、酮酸或二元酸。

$$CH_3-\underset{\underset{OH}{|}}{CH}-\overset{\overset{O}{\|}}{C}-OH \xrightarrow{[O]} CH_3-\overset{\overset{O}{\|}}{C}-COOH$$

$$HOCH_2COOH \xrightarrow{稀硝酸} H-\overset{\overset{O}{\|}}{C}-\overset{\overset{O}{\|}}{C}-OH \xrightarrow{稀硝酸} HO-\overset{\overset{O}{\|}}{C}-\overset{\overset{O}{\|}}{C}-OH$$

$$CH_3\overset{\overset{OH}{|}}{C}HCH_2COOH \xrightarrow{稀硝酸} CH_3\overset{\overset{O}{\|}}{C}CH_2COOH$$

醇酸在体内的氧化通常是在酶催化下进行的。

3）醇酸的脱水反应

醇酸由于分子中—OH 和—COOH 的相互影响，热稳定性较差。加热时，容易发生脱水反应，但脱水方式随—OH 和—COOH 的相对位置不同而表现出很大差异。

α-醇酸受热时，发生双分子的脱水反应，一分子 α-醇酸中的—OH 与另一分子的—COOH 两两失水，形成较稳定的六元环状的交酯(lactide)。

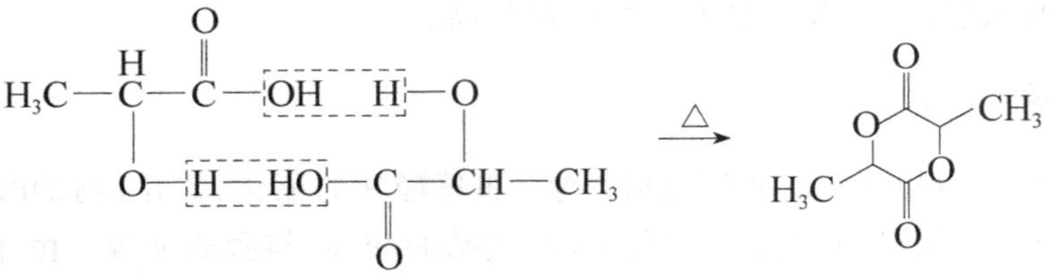

丙交酯

β-醇酸中的α-H 容易和β-C 上的—OH 脱水，生成具有共轭结构的α,β-不饱和羧酸。

$$H_3C-\underset{OH}{CH}-\underset{H}{CH}-COOH \xrightarrow{\triangle} H_3C-CH=CH-COOH + H_2O$$

γ-醇酸在常温下可发生分子内的脱水反应，生成稳定的五元环内酯(lactone)。

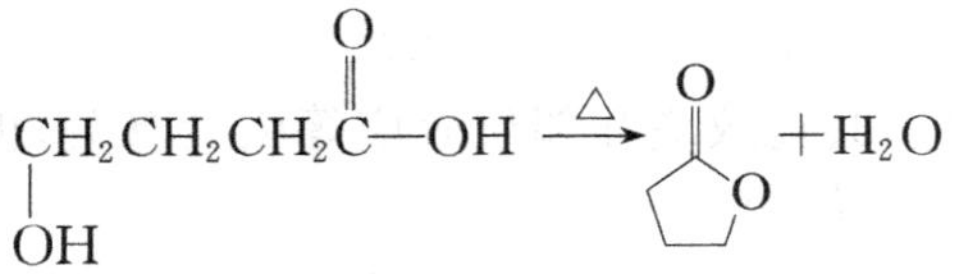

γ-戊内酯

δ-醇酸也能发生分子内的脱水反应，生成六元环内酯，反应条件比γ-醇酸脱水要难些。

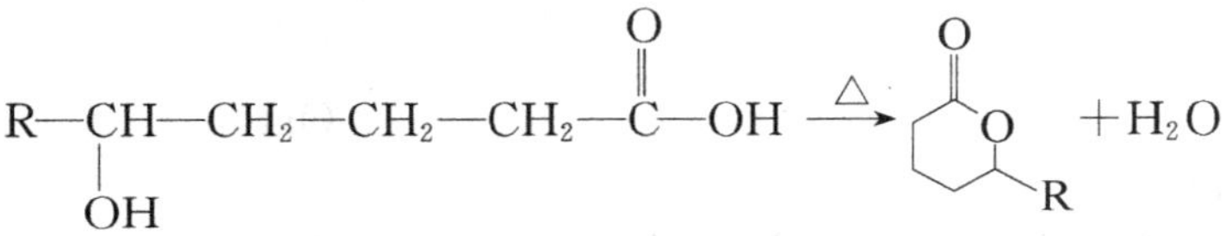

δ-己内酯

在以上脱水反应中，形成的交酯或内酯环均为稳定的五元环或六元环结构。交酯、内酯也同样可以水解。

4）α-羟基酸的分解反应

α-羟基酸与稀 H_2SO_4 共热，—COOH 和α-C 之间的键断裂，生成醛(酮)和一分子甲酸，这是α-醇酸特有的反应。例如

$$R-\underset{OH}{CH}-COOH \xrightarrow[\triangle]{\text{稀 } H_2SO_4} RCHO + HCOOH$$

$$R-\overset{R'}{\underset{OH}{C}}-COOH \xrightarrow[\triangle]{\text{稀 } H_2SO_4} R-\overset{O}{\overset{\|}{C}}-R' + HCOOH$$

5）酚酸的脱羧反应

将邻位或对位酚酸加热至其熔点以上时，发生脱羧反应生成相应的酚。例如

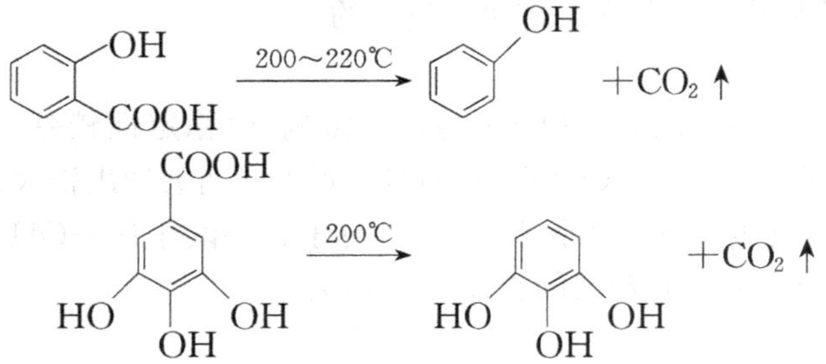

4. 几种重要的羟基酸

1）乳酸

乳酸结构式为 $CH_3CH(OH)COOH$，纯品为无色液体，工业品为无色到浅黄色液体。无气味，具有吸湿性，其浓溶液有腐蚀性，熔点为 18℃。由于最初是从酸牛奶中得到的，因此得名乳酸。它是牛奶中含有的乳糖受微生物作用分解而成的。蔗糖发酵也能得到乳酸。此外，人体在运动时，肌肉中有乳酸积存，因而感到疲劳，肌肉酸痛。经休息后，肌肉中的乳酸就转化为水、二氧化碳和糖。由酸牛奶得到的乳酸是外消旋的，由蔗糖发酵得到的乳酸是左旋的，肌肉中的乳酸是右旋的。

在医药方面广泛用作防腐剂、载体剂、助溶剂、药物制剂、pH 调节剂等。乳酸聚合得到聚乳酸，聚乳酸是生物可降解材料，可以抽成丝、纺成线，这种线是良好的手术缝合线，缝口愈合后不用拆线，能自动降解成乳酸被人体吸收，无不良后果。在食品工业中用作增酸剂。

2）苹果酸

苹果酸结构式为 $HOOCCH(OH)CH_2COOH$，最初由苹果中取得，因而得名。苹果酸有 *l*-苹果酸、*d*-苹果酸和 *dl*-苹果酸 3 种异构体。天然存在的苹果酸都是 L 型的，存在于不成熟的山楂、苹果和葡萄果实的浆汁中。为无色针状结晶或白色晶体粉末，带有刺激性爽快的酸味。L-苹果酸的熔点为 100℃，易溶于水，酸味比柠檬酸强 20%，但味道柔和，有特殊香味，不损害口腔与牙齿，代谢上有利于氨基酸吸收，不积累脂肪，是新一代的食品酸味剂，被生物界和营养界誉为“最理想的食品酸味剂”，目前在老年及儿童食品中正取代柠檬酸。除了作为食品添加剂和功能性食品外，还广泛应用于化妆品、医疗和保健品等领域。

苹果酸既是 α-羟基酸，也是 β-羟基酸，所以苹果酸能以 β-羟基酸的形式脱水而成丁烯二酸。丁烯二酸经水合后又可得苹果酸，这一反应是工业上制备苹果酸常用的方法。

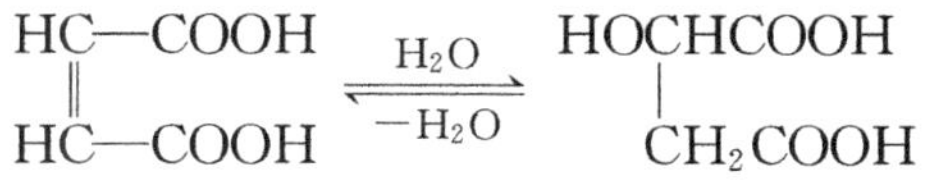

3）柠檬酸

柠檬酸又称枸橼酸。天然的柠檬酸广泛存在于植物（如柠檬、柑橘、菠萝）的果实和动物的骨骼、肌肉、血液中。纯品柠檬酸为无色透明结晶或白色粉末，无臭，有强酸味，易溶于水、乙醇和乙醚。普遍用于各种饮料、汽水、葡萄酒、糖果、点心、饼干、罐头果汁、乳制品等食品的制造。也可用于制药，如柠檬酸铁铵可作补血剂，它是柠檬酸铁和柠檬酸铵的复盐。

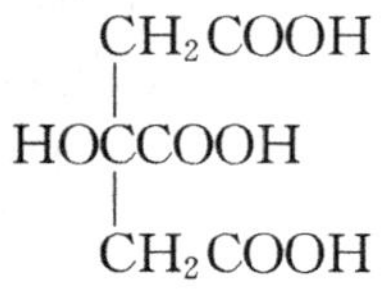

柠檬酸

4）酒石酸

酒石酸结构式为 $HOOCCH(OH)CH(OH)COOH$，存在于多种植物中，如葡萄和酸角、甜角，或以钾、钙或镁盐形式存在于多种水果中。酒石酸氢钾由于难溶于水和乙醇，在酿制葡萄酒的过程中沉淀析出，古代将这种附着于酒桶上的沉淀称为酒石，酒石酸的名称便由此而来。自然界存在的酒石酸为右旋体。酒石酸与柠檬酸类似，可用于食品工业，如制造饮料。酒石酸和单宁合用，可作为酸性染料的媒染剂。酒石酸能与多种金属离子配位，可作金属表面的清洗剂和抛光剂。酒石酸钾钠可配制费林试剂，还可作医药上的缓泻剂和利尿剂。在食品行业用作啤酒

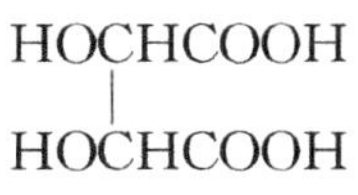

酒石酸

发泡剂、食品酸味剂、矫味剂等，其酸味为柠檬酸的 1.3 倍，特别适合用作葡萄汁的酸味剂。经 FAO/WHO 专家委员会鉴定，酒石酸为优良的食品添加剂。酒石酸锑钾为呕吐剂，又称吐酒石，并可治疗日本血吸虫病。

5）水杨酸

水杨酸为无色针状晶体，熔点为 159℃，微溶于冷水，易溶于沸水、乙醇和乙醚中。在植物体内以游离态和葡糖苷的形式存在。主要作为医药工业的原料，用于制备阿司匹林（乙酰水杨酸）、水杨酸钠、水杨酰胺、止痛灵、水杨酸甲酯、水杨酸苯酯、血防-67 等药物。还用于花露水、痱子水、奎宁头水等水类化妆品的防腐剂。除防腐杀菌作用外，还有祛除汗臭、止痒消肿、止痛消炎等功能。

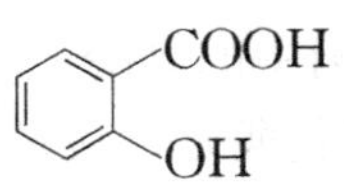

水杨酸

6）没食子酸

没食子酸又称五倍子酸，无色或浅褐色针状结晶，以丹宁的形式存在于五倍子、槲树皮和茶叶等中。没食子酸易溶于水、醇和醚；在制药、墨水、染料、食品、轻工和有机合成等方面有许多用途。没食子酸与 Fe^{3+} 反应生成蓝黑色沉淀，是蓝黑墨水的原料，也用于制革，还可作照相显影剂。没食子酸丙酯为抗氧化剂，可用于食用油脂以防腐臭变质。在医药上没食子酸是止血收敛剂，也是温和的局部刺激剂。

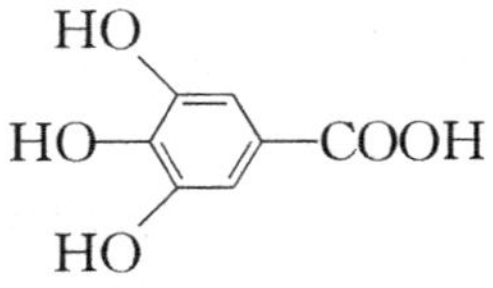

没食子酸

9.3.2 羰基酸

羰基酸又称氧代酸，可看作脂肪族羧酸分子中烃基上的氢原子被氧原子代替后的产物，可分为醛酸和酮酸两类。酮酸常根据羰基和羧基的距离分为 α-酮酸（如丙酮酸）、β-酮酸（如乙酰乙酸）、γ-酮酸等。

1. 羰基酸的命名

羰基酸命名时要选择含羰基和羧基的最长碳链为主链，根据主链碳原子数称为“某醛酸”或“某酮酸”。命名羰基酸时，需注明羰基的位置，用“氧代”或“羰基”表示酮基，醛基有时以“甲酰基”表示。例如

$$H-\underset{\underset{O}{\|}}{C}-COOH \qquad CH_3-\underset{\underset{O}{\|}}{C}-COOH \qquad CH_3-\underset{\underset{O}{\|}}{C}-CH_2COOH$$

乙醛酸（2-氧代乙酸）　　丙酮酸　　3-丁酮酸（乙酰乙酸）

2. 醛酸

乙醛酸（glyoxylic acid）是最简单的醛酸，结构式为 OHC—COOH，存在于未成熟的水果和嫩叶中，纯的无水乙醛酸是熔点为 98℃的结晶，在空气中极易吸水而呈糖浆状液体。乙醛酸易溶于水，有醛和羧酸的典型反应性能，如与 HCN 加成、与含氮的亲核试剂加成、银镜反应，也能进行康尼查罗反应等。

$$2\begin{matrix}CHO\\|\\COOH\end{matrix} \xrightarrow{NaOH} \begin{matrix}CH_2OH\\|\\COONa\end{matrix} + \begin{matrix}COONa\\|\\COONa\end{matrix}$$

在酸性条件下用金属 Mg 还原生成羟基乙酸和酒石酸。

3. 酮酸

1) α-酮酸

丙酮酸(pyruvic acid)是最简单的α-酮酸，有刺激性臭味，沸点为165℃，易溶于水，是糖类化合物在动物体内进行代谢作用和植物体内进行光合作用生成糖类物质的中间产物，将乳酸氧化可得丙酮酸。

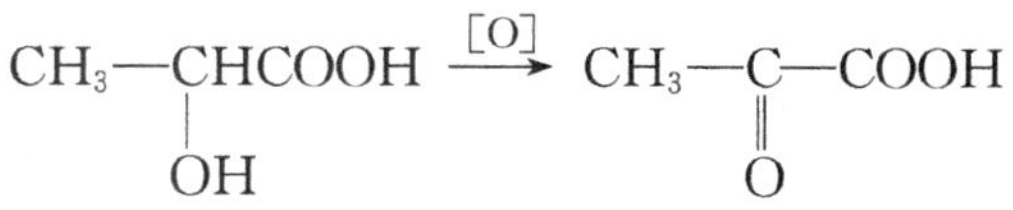

也可由酒石酸脱水、脱羧制得，所以丙酮酸也称焦酒石酸。

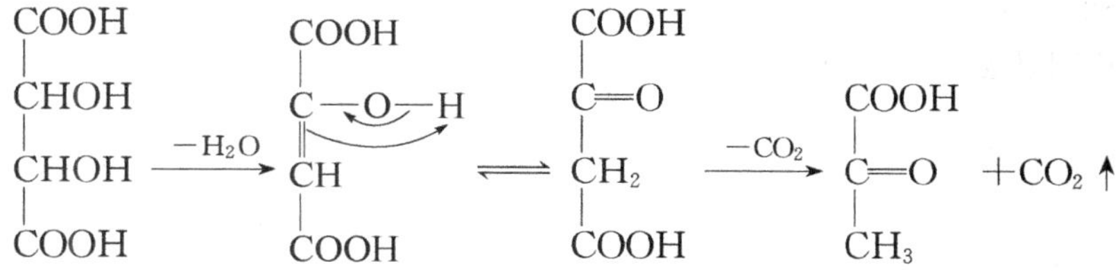

酒石酸　　草酰乙酸(烯醇式)　草酰乙酸(酮式)　　丙酮酸

α-酮酸除有一般羧酸和酮的典型性质外，还具α-酮酸特有的性质。羰基与羧基直接相连，氧原子较强的电负性使得羰基与羧基碳原子间的电子云密度较低，因而σ_{C-C}键容易断裂。α-酮酸与H_2SO_4共热，发生脱羧或脱羰反应，生成少1个碳原子的醛或酸。例如

$$CH_3-\overset{O}{\overset{\|}{C}}-COOH \xrightarrow[\triangle]{\text{稀 } H_2SO_4} CH_3CHO + CO_2\uparrow$$

$$CH_3-\overset{O}{\overset{\|}{C}}-COOH \xrightarrow[\text{或}\triangle]{\text{浓 } H_2SO_4} CH_3COOH + CO\uparrow$$

酮和羧酸都不易被氧化，但α-酮酸却极易被氧化，弱氧化剂如在Fe^{2+}存在下，过氧化氢就能把丙酮酸氧化成乙酸并放出CO_2，α-酮酸也能被弱氧化剂如土伦试剂氧化生成羧酸和CO_2。

$$CH_3-\overset{O}{\overset{\|}{C}}-COOH \xrightarrow{Fe^{2+}, H_2O_2} CH_3COOH + CO_2$$

α-酮酸一般是通过将酰氯和NaCN反应生成的产物水解来制取，也可以由醛与氢氰酸加成、氧化、水解制取，还可以将α-羟基酸氧化得到。例如

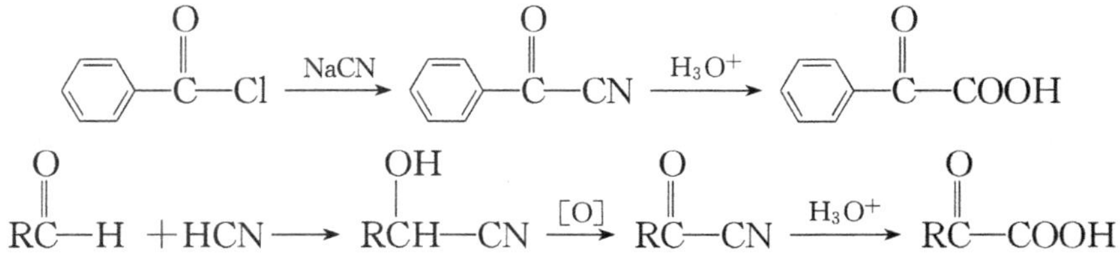

$$RCH(OH)-CN \xrightarrow{H_3O^+} RCH(OH)-COOH \xrightarrow{[O]} RC(=O)-COOH$$

2) β-酮酸

β-酮酸的典型代表是乙酰乙酸，又称β-丁酮酸、3-丁酮酸。它是机体内脂肪代谢的中间产物。乙酰乙酸只在低温下稳定，在室温以上或在酶的作用下很容易脱羧生成甲基酮，这是β-酮酸的共性。

$$CH_3-\overset{O}{\overset{\|}{C}}-CH_2COOH \xrightarrow{\triangle} CH_3-\overset{O}{\overset{\|}{C}}-CH_3 + CO_2\uparrow$$

$$R-\overset{O}{\overset{\|}{C}}-CH_2COOH \xrightarrow{\triangle} R-\overset{O}{\overset{\|}{C}}-CH_3 + CO_2\uparrow$$

乙酰乙酸、β-羟基丁酸和丙酮三者在医学上称为酮体。正常人的血液中酮体的含量很低，糖尿病患者不能正常利用血液中的葡萄糖，而靠消耗机体内储存的脂肪供给能量，造成血液中酮体堆积，严重时还会出现酮症酸中毒。

阅读材料

前 列 腺 素

前列腺素(prostaglandin,PG)是存在于动物和人体中的一类不饱和脂肪酸组成的具有多种生理作用的活性物质。最早发现存在于人的精液中，当时以为这一物质是由前列腺释放的，因而定名为前列腺素。现已证明精液中的前列腺素主要来自精囊，除精囊外全身许多组织细胞都能产生前列腺素。

前列腺素在动物体中有着很多不同的生理作用，有的可被用作引产药物。

已经证实，前列腺素在生物体内是由20个碳原子的不饱和脂肪酸如花生四烯酸等经体内的环化及氧化生成的。

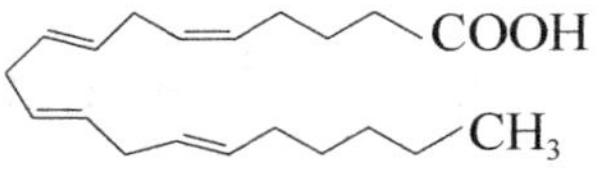

花生四烯酸

前列腺素的作用极为广泛，几乎影响全身各组织系统。按结构可分为A、B、C、D、E、F、G、H、I等类型。

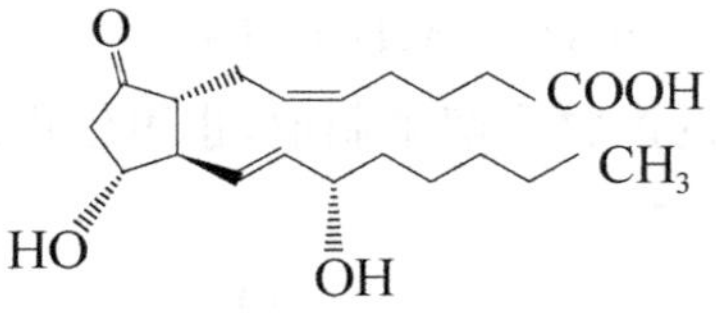

前列腺素 E_2(PGE_2)

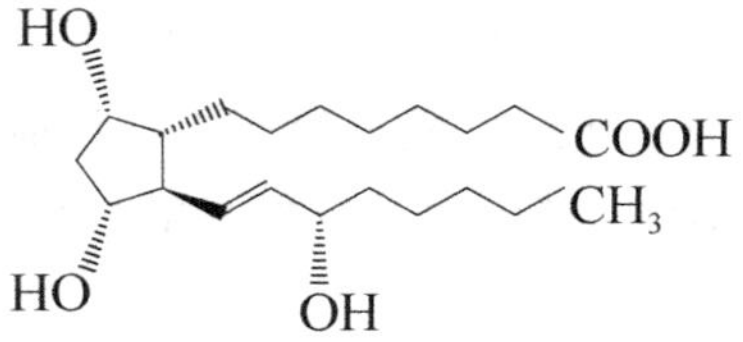

前列腺素 $E_{1\alpha}$($PGE_{1\alpha}$)

各类型的前列腺素对不同的细胞可产生完全不同的作用。例如，PGE 能扩张血管，增加器官血流量，降低外周阻力，并有排钠作用，从而使血压下降；而 PGF 作用比较复杂，可使兔、猫血压下降，却又使大鼠、狗的血压升高。PGE 使支气管平滑肌舒张，降低通气阻力；而 PGF 却使支气管平滑肌收缩。PGE 和 PGF 对胃液的分泌都有很强的抑制作用，但对胃肠平滑肌却增强其收缩。它们还能使妊娠子宫平滑肌收缩。此外，PG 对于排卵、黄体生成和萎缩、卵和精子的运输等生殖功能也有密切关系。

人们在植物中也发现了这种生理作用极为广泛的前列腺素。含有这种物质的植物就是我们在餐桌经常见面的“老朋友”——洋葱。由于洋葱含有前列腺素，具有防病治病的奇异功能，这使我们对它倍感亲切，不再计较它的气味。同时，洋葱含有前列腺素这一信息，对于崇尚食疗和养生的人们来说，更是一大福音。

习　　题

9-1　命名下列化合物或写出结构式(如有俗名请写出)。

(1) $H_3C-\underset{\displaystyle CH_3}{\underset{|}{C}H}CH_2COOH$　(2) 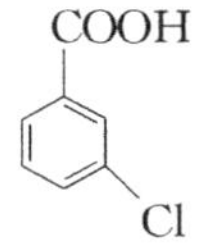　(3) 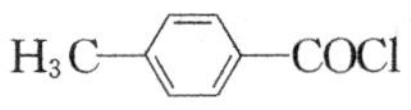

(4) $\begin{matrix} COOH \\ | \\ COOH \end{matrix}$　(5) 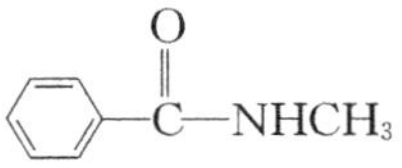　(6) 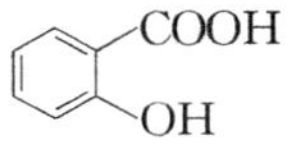

(7) CH_3COOCH_2Ph　(8) $CH_3\underset{\displaystyle Cl}{\underset{|}{C}H}CH_2COOH$　(9) $CH_3COCOOH$

(10) $(CH_3CH_2CO)_2O$　(11) 酒石酸　(12) 乙酰乙酸乙酯

(13) 乙二酸　(14) DMF　(15) 邻苯二甲酸酐

9-2　将下列各组化合物按指定要求排序。

(1) 酸性：

a. $CH_3CH_2CHBrCOOH$　b. $CH_3CHBrCH_2COOH$　c. $CH_3CH_2CH_2COOH$

(2) 酸性：

a. 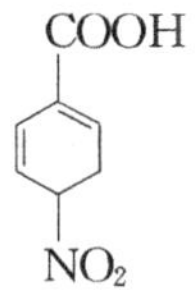　b. 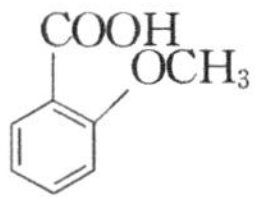　c. 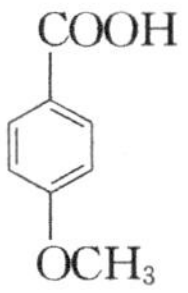　d. 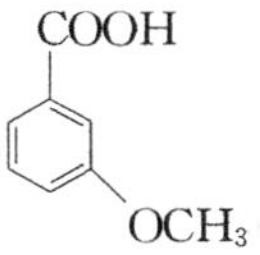

(3) 水解速率：

a. 酰卤　b. 酸酐　c. 酯　d. 酰胺

9-3　用简单化学方法鉴别下列各组化合物。

(1) 乙酸、乙醇、乙醛、乙二酸

(2) 对甲基苯甲酸、邻羟基苯甲酸甲酯

(3) $CH_3COCH_2COOC_2H_5$、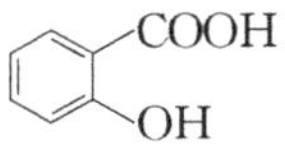、$CH_3\underset{\displaystyle OH}{\underset{|}{C}H}COOH$

9-4　写出下列反应的主要产物。

(1) 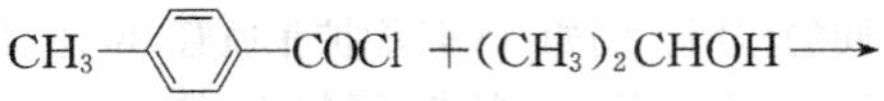

(2) 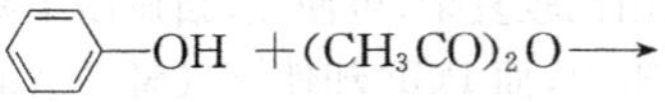

(3) $CH_3CH_2COOH \xrightarrow[P]{Cl_2}$

(4) $(CH_3)_3CCOOH \xrightarrow[2)\ H_3O^+]{1)\ LiAlH_4,\text{乙醚}}$

(5) $C_6H_5CH_2CH_2COOH \xrightarrow{SOCl_2}$

(6) 

(7) $HOCH_2CH_2CH(CH_3)COOH \xrightarrow[\triangle]{H^+}$

(8) 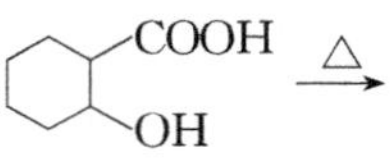

(9) $CH_3CH(OH)CH_2COOH \xrightarrow[\triangle]{H^+}$

(10) 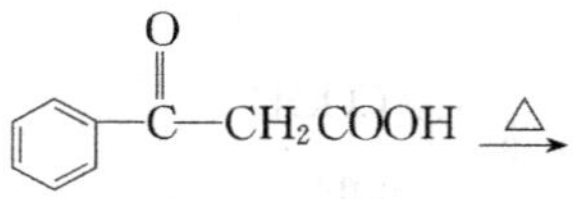

9-5　怎样将己醇、己酸和对甲苯酚的混合物分离得到各种纯的组分？

9-6　合成题（无机试剂任选）。

(1) 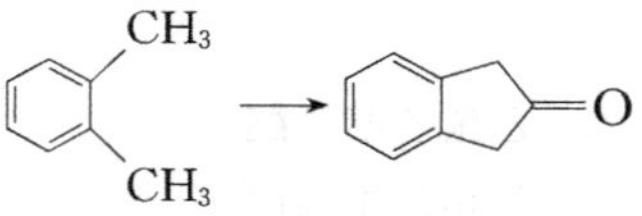

(2) $(CH_3)_2C{=}CH_2 \longrightarrow (CH_3)_3CCOOH$

(3) $CH_3CH_2CH_2Br \longrightarrow CH_3CH_2CH_2COOH$

(4) $CH_3COCH_2COOC_2H_5 \longrightarrow CH_3CH_2CH(CH_3)COOH$

(5) 

9-7　化合物 A 的分子式为 $C_9H_{10}O_3$，不溶于水、稀 HCl 及稀 $NaHCO_3$ 溶液，但能溶于 NaOH 溶液。A 与稀 NaOH 共热后，冷却酸化得沉淀 B($C_7H_6O_3$)，B 能溶于 $NaHCO_3$ 溶液，并放出气体，B 遇 $FeCl_3$ 溶液产生紫色，B 在酸性介质中可以进行水蒸气蒸馏，试推测 A、B 的结构式。

9-8　化合物 A、B、C 的分子式均为 $C_3H_6O_2$，A 与 $NaHCO_3$ 作用放出 CO_2，B 与 C 都不能，但在 NaOH 溶液中加热后可水解，从 B 的水解液中蒸馏出来的液体可发生碘仿反应，试推测 A、B、C 的结构式。

9-9　化合物 A 的分子式为 $C_4H_6O_4$，加热后得到 B($C_4H_4O_3$)，将 A 与过量甲醇及少量 H_2SO_4 共热得 C($C_6H_{10}O_4$)。B 与过量甲醇作用也得到 C。A 与 $LiAlH_4$ 作用后得 D($C_4H_{10}O_2$)。试推测 A、B、C、D 的结构式。

第 10 章　含氮、磷的有机化合物

在生物体中含氮的有机化合物主要有硝基化合物、胺、酰胺等，它们都是生物化学变化过程中的重要物质，某些酰胺还是蛋白质的重要组成成分，它们在生命活动中起着极其重要的作用。许多含氮有机化合物在医药上也有广泛应用。含磷有机化合物也广泛存在于生物体中，有些含磷有机化合物是核酸、辅酶和磷脂的重要组成成分，它们是维持生命不可缺少的物质。同时有机磷农药也是目前研究应用较多的高效农药。本章重点讲解含氮有机化合物的相关知识，简单介绍含磷有机化合物的应用。

10.1　含氮有机化合物

10.1.1　硝基化合物

1. 硝基化合物分类与命名

烃分子中的氢原子被硝基($—NO_2$)取代后的含氮衍生物称为硝基化合物(nitrocompound)。一般根据硝基的数目分为一元硝基化合物和多元硝基化合物。也可以根据烃基分为脂肪族和芳香族硝基化合物。

硝基化合物的命名常以烃为母体，硝基为取代基。例如

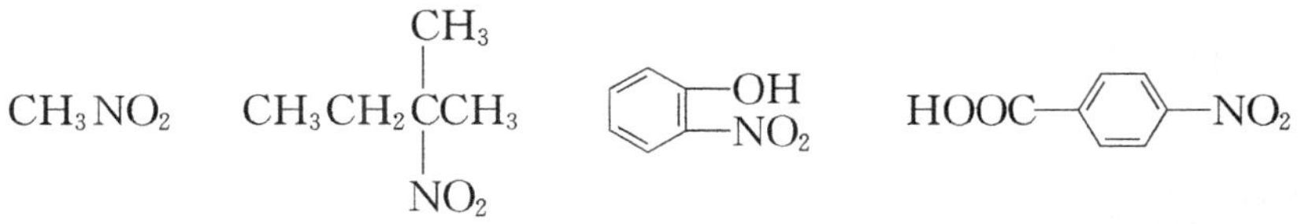

硝基甲烷　2-甲基-2-硝基丁烷　邻硝基苯酚　4-硝基苯甲酸

2. 硝基化合物的物理性质

脂肪族硝基化合物与芳香族硝基化合物的物理性质略有不同。通常状况下，前者多是无色液体，有特殊香味，难溶于水，易溶于有机溶剂如乙醇等；后者则多是淡黄色固体，有少数是液体，具有苦杏仁味，难溶于水，易溶于有机溶剂。硝基化合物都比水重，有毒，受热时易分解，甚至发生爆炸。

3. 硝基化合物的化学性质

硝基化合物中$—NO_2$的结构与羧酸根负离子的结构极为相似。在$—NO_2$中，氮原子的 p 轨道和两个氧原子的 p 轨道互相平行，发生重叠形成 π 键离域体系，使得 N—O 键键长发生平均化。同时负电荷也平均分布在两个氧原子上，形成稳定的结构。

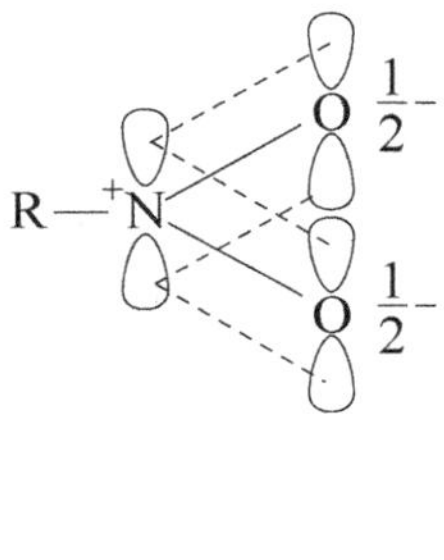

1）硝基的还原

硝基化合物中的硝基部分容易与活泼氢等还原剂反应，生成胺和偶氮化合物，并且在不同的介质中，所生成的主要产物也不同。此性质常被用在有机合成中保护—NH_2 和合成偶氮盐。

酸性：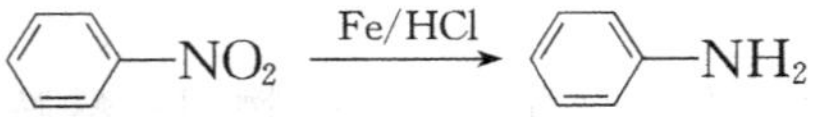

中性：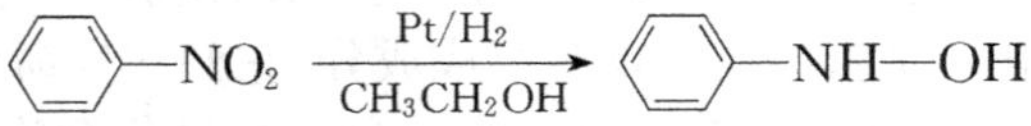

N-羟基苯胺

碱性：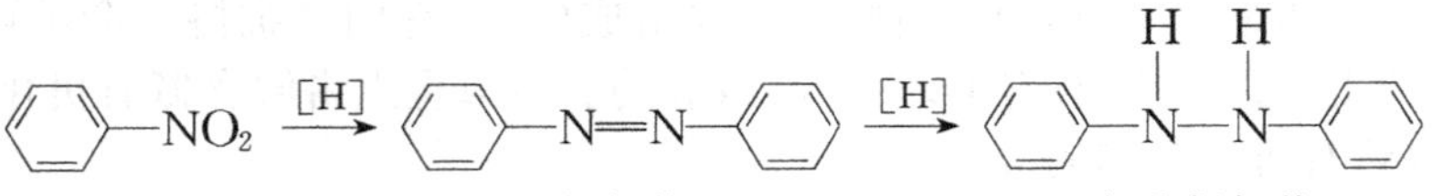

偶氮苯　　　　氢化偶氮苯

使用选择性还原剂如$(NH_4)_2S$、NH_4HS 等时，芳香族硝基化合物还可以被选择性还原。例如

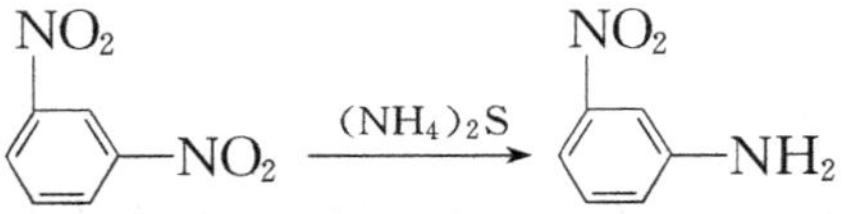

2）与碱反应

含有 α-H 的脂肪族硝基化合物能溶于强碱而形成相应的盐，这种性质是由硝基的结构决定的。

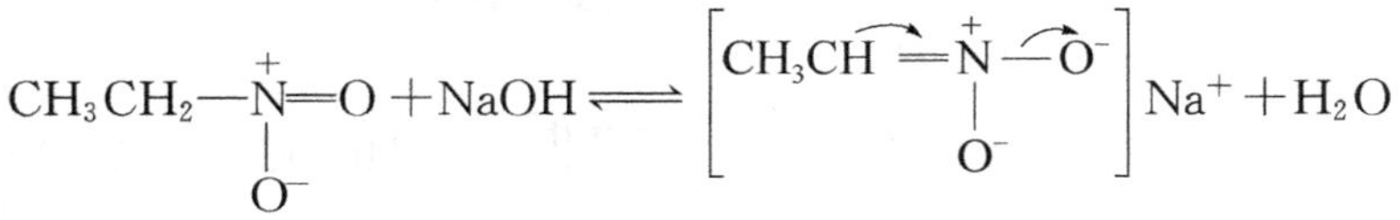

一般认为硝基化合物存在着“硝基式-酸式”互变异构(类似于“烯醇-醛酮”互变异构)：

$$CH_3CH_2-\overset{+}{N}(-O^-)=O \rightleftharpoons CH_3CH=\overset{+}{N}(-O^-)-OH$$

醛酮式(硝基式)　　　　烯醇式(酸式)

当遇到碱溶液时，酸式就被消耗掉，上述平衡就向酸式方向移动，直至达到新的平衡。

10.1.2　胺

1. 胺的分类和命名

胺(amine)可以看成是氨分子中的氢原子被其他基团取代后的衍生物。一般根据被取代的氢原子的数目分为伯胺(1°胺)、仲胺(2°胺)和叔胺(3°胺)。若氮原子上连有 4 个基团，并且氮带有正电荷，则它与负离子形成的化合物称为季铵盐或季铵碱。

NH_3	$R-NH_2$	R_2NH	R_3N	$R_4N^+X^-$	$R_4N^+OH^-$
氨	伯胺 (1°胺)	仲胺 (2°胺)	叔胺 (3°胺)	季铵盐	季铵碱

伯胺、仲胺、叔胺和伯醇、仲醇、叔醇的含义是不同的。如前所述，伯、仲、叔胺是根据氮原子上所连基团的个数分类的，而伯、仲、叔醇是根据与—OH 所连的碳原子的类型分类的。例如

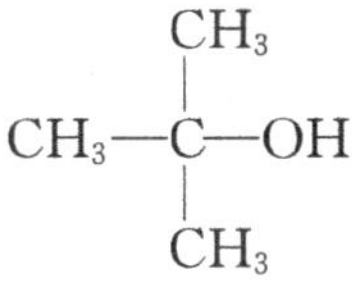
叔丁醇(3°醇)

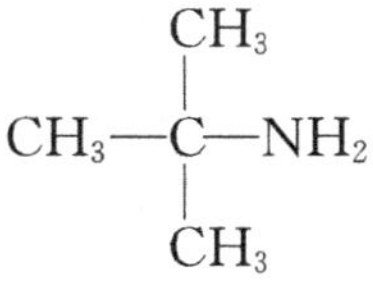
叔丁胺(1°胺)

根据氮原子上所连基团不同，胺又可以分为脂肪胺和芳香胺；根据氨基数目的多少，还可以分为一元胺、二元胺和多元胺等。

简单的胺命名时以胺为母体，氮原子上的基团为取代基，称为“某胺”。例如

$CH_3CH_2NH_2$
乙胺

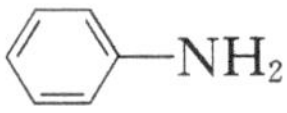
苯胺

$H_2NCH_2CH_2NH_2$
乙二胺

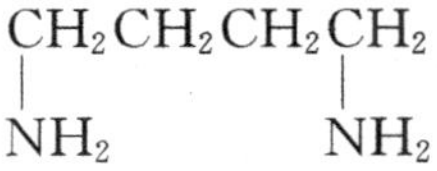
1,4-丁二胺(腐尸胺)

对于仲胺或叔胺，若烃基相同，则要表明个数；若烃基不同，则要按“次序规则”排序，小基团写在前面。例如

CH_3NHCH_3
二甲胺

$CH_3NHCH_2CH_3$
甲乙胺

$N(CH_3)_3$
三甲胺

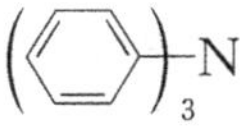
三苯胺

对于芳香仲胺或叔胺，要在取代基前以“*N*”表明此取代基是与氮元素相连，而不是连在芳环上。例如

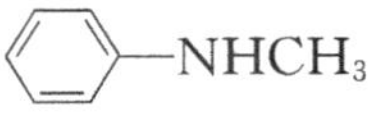
N-甲基苯胺

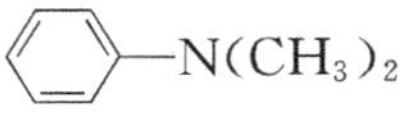
N,*N*-二甲基苯胺

对于结构比较复杂的胺，一般把氨基作为取代基，按系统命名法命名。例如

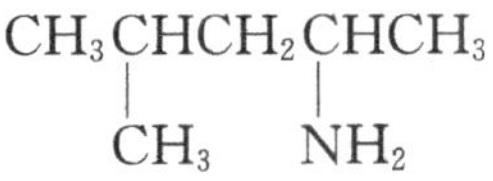
2-甲基-4-氨基戊烷

$HOCH_2CH_2NH_2$
2-氨基乙醇

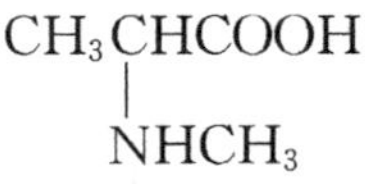
2-甲氨基丙酸

季铵盐和季铵碱的命名类似于无机物中铵盐的命名。例如

$(CH_3)_4N^+Cl^-$
氯化四甲铵

$(CH_3CH_2)_4N^+OH^-$
氢氧化四乙铵

$(CH_3CH_2N^+H_3)_2SO_4^{2-}$
硫酸二乙铵

2. 胺的物理性质

在通常状况下，脂肪族的低级胺都是气体，如甲胺、二甲胺、三甲胺、乙胺等。丙胺以上多是液体，高级胺是固体。低级胺的气味与氨相似，三甲胺具有鱼腥味，高级胺几乎没有气味。

胺中的氮原子可以与水形成氢键，所以低级胺易溶于水。6 个碳以上的胺在水中的溶解度随碳原子数增加而逐渐降低。同时由于氮的电负性比氧小，所以 N…H—N 氢键比 O…H—O氢键要弱，从而导致胺的沸点比相对分子质量相近的醇低，但是比烃、醚等非极性化合物高。芳胺一般具有毒性，如 β-萘胺、联苯胺等是致癌物。一些常见胺的物理常数见表 10-1。

表 10-1　一些常见胺的物理常数

结构式	中文名称	英文名称	沸点/℃	熔点/℃	密度/(g/mL)	pK_b
NH_3	氨	ammonia	−35.5	−77.75	0.759	4.76
CH_3NH_2	甲胺	methylamine	−6.3	−92	0.796	3.35
CH_3NHCH_3	二甲胺	dimethylamine	7.5	−96	0.660	3.27
$(CH_3)_3N$	三甲胺	trimethylamine	3	−117	0.723	4.22
$CH_3CH_2NH_2$	乙胺	ethylamine	17	−80	0.706	3.29
$(CH_3CH_2)_2NH$	二乙胺	diethylamine	55	−48	0.705	3.00
$(CH_3CH_2)_3N$	三乙胺	triethylamine	89	−115	0.756	3.25
$NH_2CH_2CH_2NH_2$	乙二胺	ethylenediamine	117	8.5	0.899	4.07
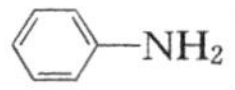	苯胺	phenylamine	184	−6.3	1.022	9.28
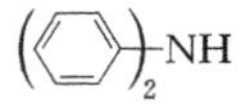	二苯胺	diphenylamine	302	54	1.159	13.21
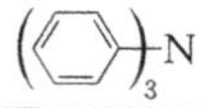	三苯胺	triphenylamine	365	127	0.774	13.90

3. *胺的化学性质*

氨气中氮原子在成键时，首先发生 sp^3 杂化，形成 4 个能量相等的杂化轨道。其中 3 个 sp^3 杂化轨道与 3 个氢原子的 s 轨道形成 3 个 σ_{N-H} 键。另外一个 sp^3 杂化轨道由氮原子的一对孤对电子占据。由于这对孤对电子对 σ_{N-H} 键的排斥作用，氨和胺分子具有棱锥形结构。

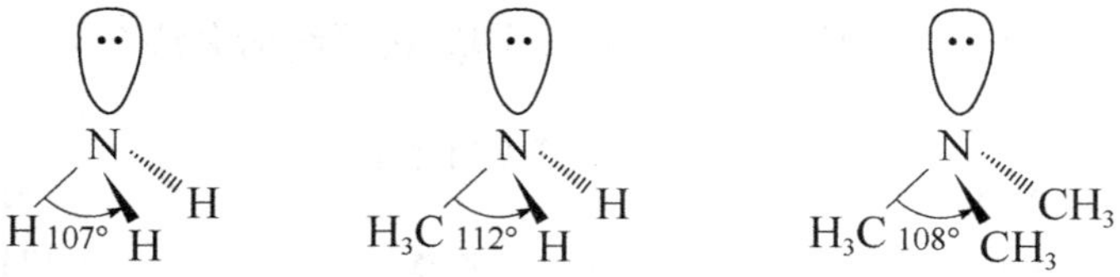

胺中氮原子上的孤对电子使胺能在化学反应中提供电子，体现了胺的一系列化学性质，如碱性、亲核性等。

1）碱性与成盐

胺中的氮上有孤对电子，能提供电子对，所以胺显碱性。

$$R{-}NH_2 + H_2O \rightleftharpoons R{-}N^+H_3 + OH^-$$

胺的碱性可以用 pK_b 来表示。pK_b 越小，其碱性越强。一些胺的 pK_b 见表 10-1。

由表 10-1 中各种胺的 pK_b 可知：

(1) 碱性强弱顺序为脂肪胺>胺>芳香胺。这是因为脂肪胺相对于氨而言，引入了供电子的烃基，使氮原子上的电子云密度增加，接受质子的能力增强，即碱性增强。而芳香胺中，氮原子上的孤对电子与苯环的大 π 键离域体系形成 p-π 共轭，使得氮原子上的电子云密度减小，接受质子的能力减弱，即碱性减弱。

(2) 脂肪胺碱性强弱顺序为二甲胺>甲胺>三甲胺。这是因为从诱导效应来看，二甲胺比甲胺多了一个供电子的—CH_3，所以碱性比甲胺强。如果只考虑诱导效应，三甲胺应该是最强的。但是恰恰相反，3 种胺中三甲胺的碱性最弱。这是因为分析有机化合物的碱性时，不仅要考虑电子效应，还要考虑位阻效应。三甲胺中由于存在 3 个—CH_3，体积较大，容易阻碍氮原子上的孤对电子提供电子对，故其碱性大为减弱。

(3) 芳香胺碱性强弱顺序为伯胺＞仲胺＞叔胺。这是因为随着芳环的增多，p-π 共轭体系越来越大，氮原子上的电子云密度越来越小，接受质子的能力越小，碱性就越弱。

胺呈现不同程度的碱性，故能和酸反应生成铵盐。有机铵盐一般都是晶体，易溶于水和乙醇。铵盐是弱碱生成的盐，如果遇到较强的碱，就会使胺游离出来。这个性质可以用来精制和分离胺类。

$$CH_3NH_2 + HCl \longrightarrow CH_3N^+H_3Cl^-$$

甲基氯化铵（或称甲胺盐酸盐）

$$CH_3N^+H_3Cl^- + NaOH \longrightarrow CH_3NH_2 + NaCl + H_2O$$

2）烷基化反应

与烷基化试剂（卤代烷或醇）作用，氨或胺中氮上的所有氢原子可以逐渐被烷基取代，称为胺的烷基化反应，属于亲核取代反应机理，氨或胺为亲核试剂。

$$NH_3 + CH_3Br \longrightarrow CH_3NH_2 + HBr$$

$$CH_3NH_2 + CH_3Br \longrightarrow CH_3NHCH_3 + HBr$$

$$CH_3NHCH_3 + CH_3Br \longrightarrow (CH_3)_3N + HBr$$

$$(CH_3)N_3 + CH_3Br \longrightarrow (CH_3)_4N^+Br^-$$

溴化四甲铵（三甲胺氢溴酸盐）

生成的季铵盐可以与碱作用，生成季铵碱。例如

$$(CH_3)_4N^+Br^- + AgOH \longrightarrow (CH_3)_4N^+OH^- + AgBr\downarrow$$

3）酰基化反应

氨或胺与酰基化试剂（酰氯或酸酐）作用，$-NH_2$ 上的氢被酰基取代，称为胺的酰基化反应，属于亲核取代反应机理，氨或胺为亲核试剂。伯、仲胺均可以发生酰基化反应，而叔胺氮上没有可被取代的氢，所以不发生酰基化反应。正因为如此，可利用酰基化反应来分离伯、仲胺和叔胺。

$$CH_3COCl + CH_3NH_2 \longrightarrow CH_3CONHCH_3 + HCl$$

$$CH_3COCl + CH_3NHCH_3 \longrightarrow CH_3CON(CH_3)_2 + HCl$$

伯胺和仲胺氮原子上的氢原子被芳磺酰基（$ArSO_2^-$）取代则生成相应的芳磺酰胺，这种反应称为芳磺酰化（aromatic sulfonation）反应。常用的芳磺酰化试剂有苯磺酰氯和对甲基苯磺酰氯。

磺酰化反应需要在 NaOH 或 KOH 溶液中进行。伯胺所生成的芳磺酰胺中，由于芳磺酰基的影响，氮原子上的氢有一定的酸性，所以可以和碱反应生成可溶于碱的盐。仲胺所生成的芳磺酰胺中氮原子上没有酸性氢原子，所以不能和碱反应而直接呈晶体析出。叔胺不发生芳磺酰化反应，而以胺的形式与碱溶液分层。

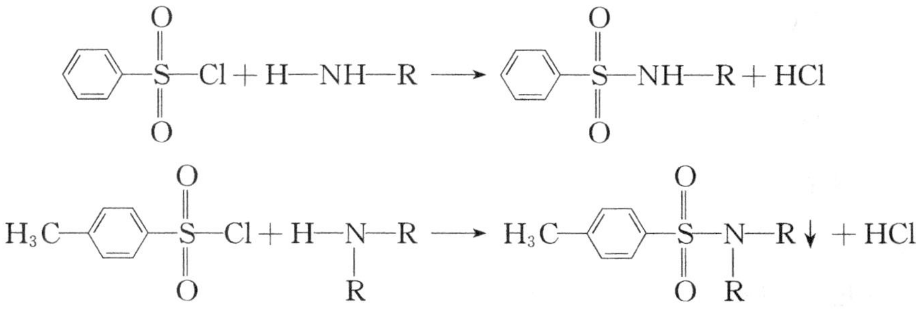

芳磺酰化反应可以用来鉴别和分离伯胺、仲胺、叔胺，这种方法称为兴斯堡(Hinsberg)法。将伯胺、仲胺、叔胺的混合物在碱性溶液中与芳磺酰化试剂发生反应，析出固体的是仲胺的芳磺酰胺，叔胺溶于碱液可以通过蒸馏而分离，余液经酸化后，可以得到伯胺的芳磺酰胺。伯胺和仲胺的芳磺酰胺都能在酸的作用下分解而生成原来的胺。

4) 与亚硝酸反应

脂肪胺和芳香胺都可以与亚硝酸(HO—N ═O)反应，胺的结构不同则反应的最终产物不同。

(1) 伯胺。脂肪伯胺与 HNO_2 作用生成不稳定的重氮盐。重氮盐一旦生成便立即分解，释放出 N_2，同时生成醇和烃的混合物。由于放出的 N_2 是定量的，所以常用于—NH_2 的定量分析。另外，由于 HNO_2 的不稳定性，反应中通常用 $NaNO_2$ 和 HCl 来反应生成 HNO_2。

$$R—NH_2 + NaNO_2 + HCl \longrightarrow R—OH + H_2O + N_2\uparrow$$

芳香伯胺如苯胺在 0℃(可采用冰水浴获得)与 HNO_2 作用可以生成相对稳定的重氮盐，但是在温度稍高时(如>5℃)，此重氮盐便分解放出 N_2。

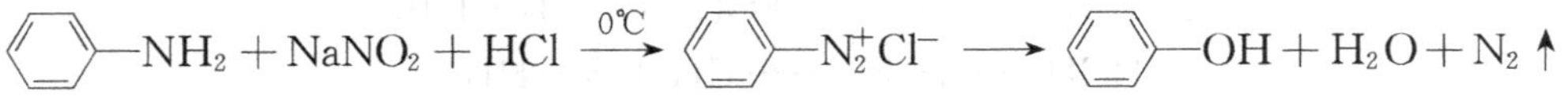

(2) 仲胺。仲胺也能与 HNO_2 反应，产物为不溶于稀酸的黄色油状或固态亚硝胺。若将亚硝胺与稀 HCl 和 $SnCl_2$ 处理后，又生成原来的仲胺。这一性质可以用来分离和提纯仲胺。

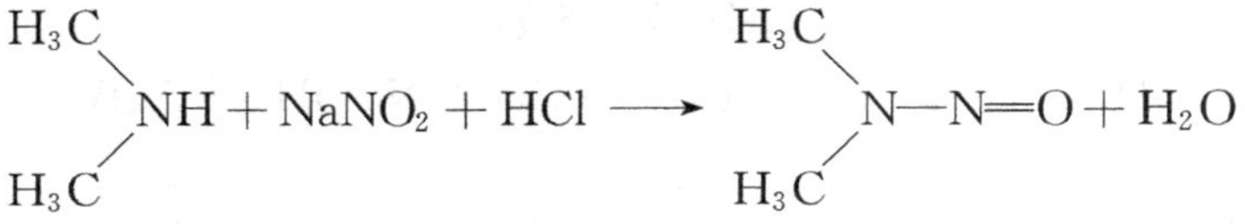

N-亚硝基二甲胺，黄色油珠

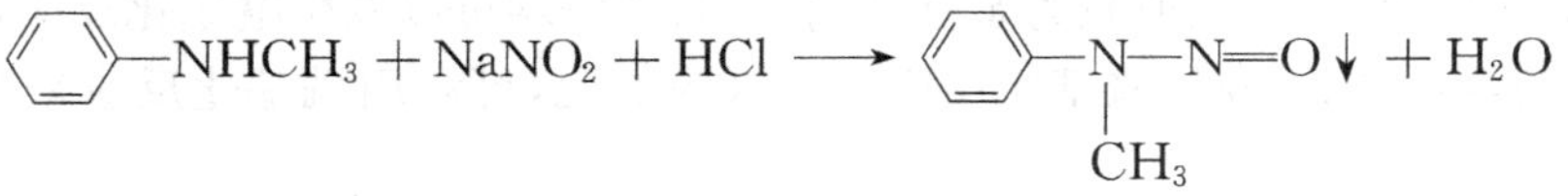

N-甲基-*N*-亚硝基苯胺，黄色晶体

亚硝酸胺有强的致癌作用，应做好防护，避免直接接触。食品中所加的防腐剂、增色剂 $NaNO_2$ 和腌菜或腌肉中产生的 $NaNO_2$ 在胃酸的作用下可以产生 HNO_2，然后再与肌体内具有仲胺结构的化合物作用产生亚硝酸胺，所以摄入过量的 $NaNO_2$ 也易致癌。

(3) 叔胺。叔胺氮原子上无氢，一般不发生上述类似反应。但是由于叔胺的弱碱性，一般脂肪叔胺与 HNO_2 反应生成不稳定的盐，加入碱后可以重新得到游离的叔胺；芳香叔胺能与 HNO_2 反应，但不是在氮原子上，而是在芳环上引入了—NO。

$$(CH_3)_3N + NaNO_2 + HCl \longrightarrow (CH_3)_3N^+H \cdot NO_2^- + NaCl$$

$$(CH_3)_3N^+H \cdot NO_2^- + NaOH \longrightarrow (CH_3)_3N + NaNO_2 + H_2O$$

对亚硝基-*N*,*N*-二甲基苯胺，绿色晶体

不同的胺与 HNO_2 的反应不同，反应现象和产物也不同。因此，这些反应可以用来鉴别胺。

4. 几种重要的胺

1) 苯胺

苯胺是无色、有臭味的油状液体。沸点为 184℃，有毒，难溶于水，易溶于有机溶剂。久置于空气中易被氧化，颜色变为深棕色。

苯胺是重要的有机合成原料，可以用于制药、染料、橡胶促进剂等工业。农业除草剂苯胺灵（IPC）和氯苯胺灵（CIPC）就是由苯胺及其衍生物合成的。

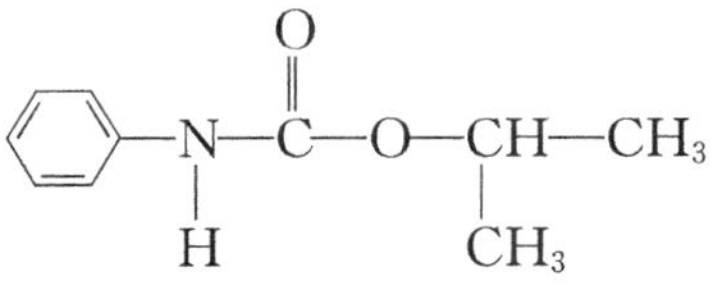

IPC

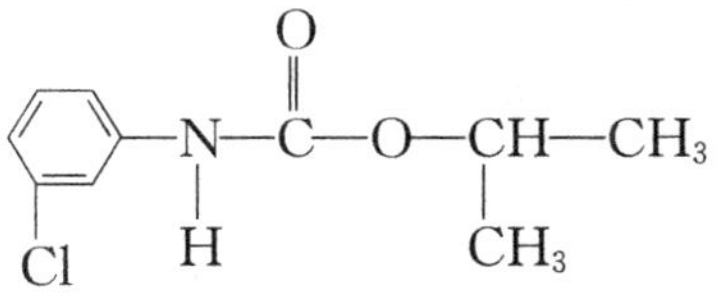

CIPC

2）乙二胺

乙二胺（$H_2NCH_2CH_2NH_2$）是无色液体，熔点为 8.5℃，易溶于水和乙醇。它是重要的二元胺之一，是重要的有机合成原料，也是制造农药、医药、乳化剂的原料。在分析化学中也有其重要应用，如它与氯乙酸反应生成的乙二胺四乙酸（简称 EDTA），常用于配位滴定分析。

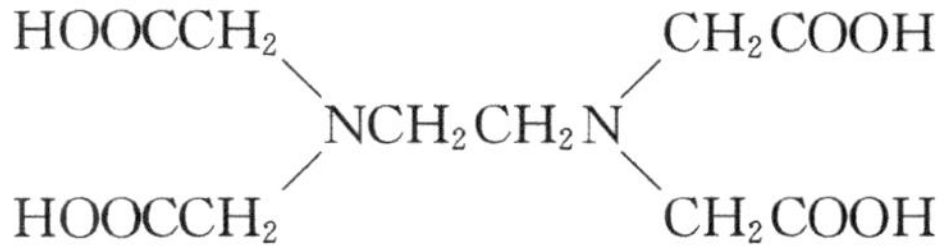

EDTA

3）胆胺和胆碱

胆胺（$HOCH_2CH_2NH_2$）是一种羟基胺，化学名称为乙醇胺或氨基乙醇，是脑磷脂的组成成分。

胆碱结构式为$[HOCH_2CH_2N^+(CH_3)_3]OH^-$，它是一种羟基胺的季铵碱，化学名称为氢氧化三甲基-β-羟乙基铵，是卵磷脂的组成成分。由于最先发现此物质是在胆汁中，所以称为胆碱。

胆碱是无色结晶，易吸湿，易溶于水和乙醇，不溶于乙醚和氯仿。胆碱的碱性相当于 NaOH，可以与酸作用生成盐。也可以与乙酸乙酯在乙酰酶的催化作用下生成乙酰胆碱。它们在生物体内起着重要的作用。例如，胆碱与 HCl 反应生成的氯化胆碱$[(CH_3)_3N^+CH_2CH_2OH]Cl^-$可以用来治疗脂肪肝和肝硬化。乙酰胆碱$[CH_3OCOCH_2CH_2N^+(CH_3)_3]OH^-$是生物体内传导神经冲动的重要物质。

4）矮壮素

矮壮素简称 CCC，其结构式为$[ClCH_2CH_2N^+(CH_3)_3]Cl^-$，化学名称为 2-氯乙基三甲基氯化铵，也可以称为氯化氯代胆碱。白色棱状晶体，易溶于水，难溶于有机溶剂。可以作为植物生长调节剂，因为它可以抑制植物细胞伸长，使植株变矮、茎干变粗、节间缩短、叶色变深、叶片长度缩短、加厚、加宽。所以矮壮素可以用于防止玉米、小麦等农作物倒伏，也可以用于棉花陡长，防止蕾铃脱落等。

5）多巴胺

多巴胺是一种含有酚羟基的芳香伯胺，它在人体内神经信号的传输过程中起着重要的作用，其结构式如下：

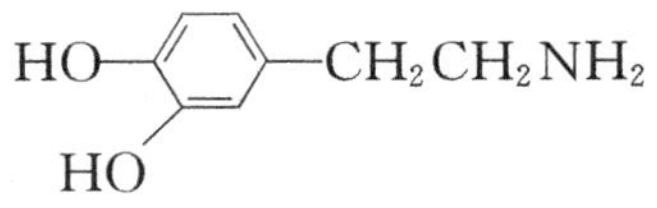

多巴胺

尽管多巴胺是合法的药物，但是常被非法用于提高和刺激兴奋度，所以在体育运动中被视为非法药物。

10.1.3 酰胺

1. 酰胺的分类与命名

酰胺是羧酸的含氮衍生物，分子结构中均含有酰胺键(或称为肽键)：$—\overset{|}{N}—\overset{\overset{O}{\|}}{C}—$ 。根据酰胺中氮原子上氢原子被取代的个数分为伯酰胺、仲酰胺、叔酰胺。

伯酰胺　　　　仲酰胺　　　　叔酰胺

与酯的命名类似，酰胺的命名以酰基和氨基共同命名为"某酰胺"，若氮上有取代基，则应在取代基前加以"*N*"标出。例如

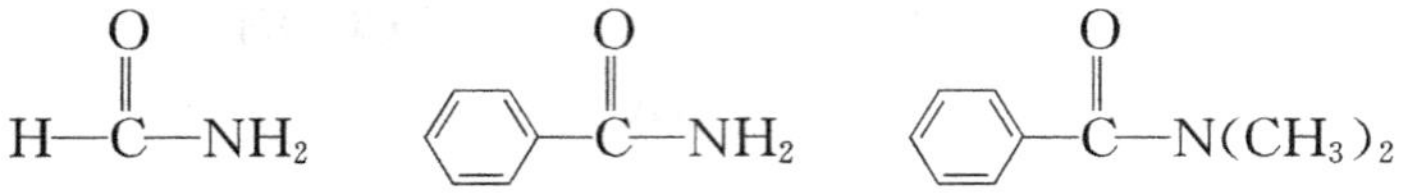

甲酰胺　　　　苯甲酰胺　　　　*N*,*N*-二甲基苯甲酰胺

酰胺中氮原子虽然具有孤对电子，但是它不能接受质子。这是因为氮上的孤对电子与酰基中的 π 电子发生了 p-π 共轭，所以氮原子上的电子云密度大为降低，同时 $\sigma_{C—N}$ 键长变短，$\sigma_{H—N}$ 键长变长易断裂，酰胺不能提供电子对，且酰胺呈中性或微弱的酸性。

2. 酰胺的物理性质

室温下，除甲酰胺为液体外，其他的酰胺随着相对分子质量的增大逐渐变为固体，有较高的熔、沸点，这显然是形成了氢键的缘故。若酰胺氮上的氢原子被烃基取代，沸点就会相应降低。酰胺易溶于水，易溶于有机溶剂。*N*,*N*-二甲基甲酰胺(DMF)、*N*,*N*-二甲基乙酰胺可以与水混溶，还可以溶解许多难溶的有机物和高聚物，是重要的溶剂，也常用作酰化剂，还可以大量用于涂料工业和有机合成中。

3. 酰胺的化学性质

1) 酸碱性

由上述结构分析可知，酰胺是中性或弱酸性的有机物。但是在一定条件下，酰胺可以显示出一定的酸性。例如，邻苯二甲酰亚胺就具有明显的酸性，可以与强碱反应生成盐和水。

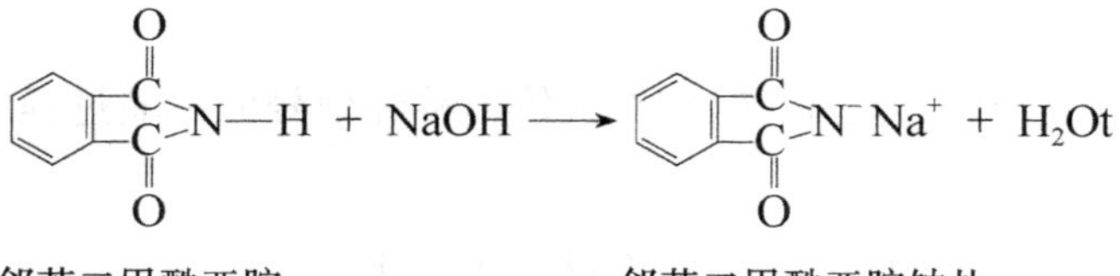

邻苯二甲酰亚胺　　　　邻苯二甲酰亚胺钠盐

两个酰基连在同一个氮原子上的物质称为亚胺。若酰胺键在环内则称为内酰胺或环酰胺，如己内酰胺是内酰胺中一个有重要工业用途的化合物。

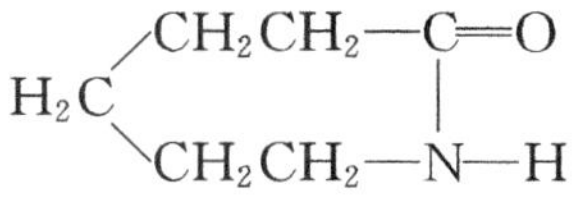

己内酰胺

2）水解

酰胺在酸或碱的作用下，加热水解可以生成酸和胺（或氨），但是反应速率很慢。

$$CH_3CONH_2 + H_2O + HCl \longrightarrow CH_3COOH + NH_4Cl$$

$$CH_3CONH_2 + NaOH \longrightarrow CH_3COONa + NH_3 \uparrow$$

由己内酰胺的水解、聚合可以制备非常有用的聚酰胺。

3）降解

与 NaClO 或 NaBrO 的碱溶液作用时，酰胺脱去羰基生成伯胺，称为胺的霍夫曼降解（Hoffman degradation）反应。该反应在有机合成中用来缩短碳链。例如

$$RCONH_2 + 2NaBrO + 2NaOH \longrightarrow RNH_2 + 2NaBr + Na_2CO_3 + H_2O$$

4）还原

酰胺一般不容易被还原，但是用强还原剂 $LiAlH_4$ 还原时，则可以将羰基还原为亚甲基，即被还原为胺类，可以用来制备某些胺。

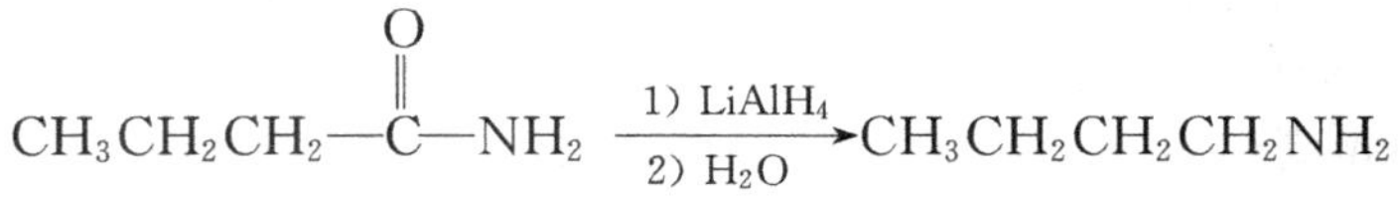

4. 碳酸酰胺

从碳酸的分子结构可以看出，分子中有两个—OH 可以被其他基团取代，形成碳酸衍生物。若取代羟基的是$—NH_2$，则可以生成两种酰胺，即碳酰胺（或称氨基甲酸）和碳酰二胺（俗称尿素）。

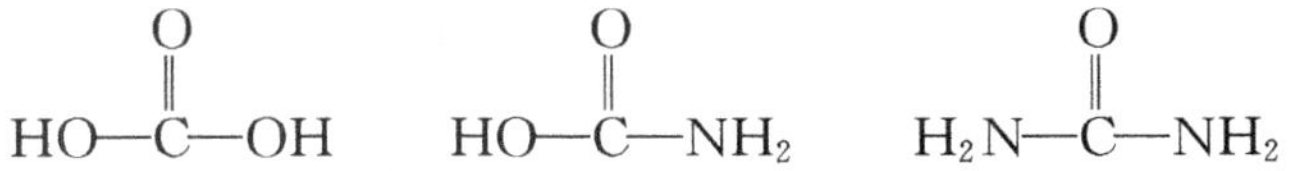

碳酸　　　氨基甲酸　　　尿素

1）氨基甲酸酯

氨基甲酸极不稳定，很容易分解为 NH_3 和 CO_2，但是由氨基甲酸形成的酯（氨基甲酸酯）却非常稳定，如氨基甲酸甲酯（$H_2N—COOCH_3$）为稳定的白色晶体。氨基甲酸酯多用作农业上的除草剂、杀虫剂、杀菌剂，总称为"有机氮农药"。它对人、畜毒性很低，不易在动物体内积蓄，即"高效低毒低残留"，比有机氯农药、有机磷农药更为优越、更为安全。例如

速灭威　　　灭草灵

2）尿素

尿素又称脲(urea)，菱形或针状白色晶体，熔点为132.7℃，易溶于水及有机溶剂。存在于人和许多动物体内蛋白质分解代谢的排泄物中。

脲具有酰胺的一般化学性质。但是由于两个氨基连接在同一个羰基上，因此具有其特有的性质。如脲具有微弱的碱性($pK_b=13.8$)，可以与浓酸反应生成盐。

$$H_2NCONH_2 + HNO_3(\text{浓}) \longrightarrow H_2NCONH_2 \cdot HNO_3 \downarrow$$

脲的硝酸盐是良好的晶体，不溶于水和稀酸。利用此性质可以从尿液中提取尿素。

脲在酸、碱或脲酶的催化下，可以水解生成铵盐，因此尿素在农业上是一种很好的化学肥料。

$$H_2NCONH_2 + H_2O \xrightarrow{\text{脲酶}} (NH_4)_2CO_3$$

$$H_2NCONH_2 + H_2O \xrightarrow[\triangle]{HCl} NH_4Cl + CO_2 \uparrow$$

脲与HNO_2作用生成CO_2和N_2，由于放出的N_2是定量的，所以这个反应常被用于测定尿素的含量和除去某些反应中残留的过量的HNO_2。

将固体脲缓慢加热到190℃左右，两分子脲会脱去一分子NH_3，生成缩二脲。

$$H_2N-\overset{\overset{\displaystyle O}{\|}}{C}-NH_2 + H_2N-\overset{\overset{\displaystyle O}{\|}}{C}-NH_2 \xrightarrow{\triangle} \underset{\text{缩二脲，无色晶体，难溶于水}}{H_2N-\overset{\overset{\displaystyle O}{\|}}{C}-NH-\overset{\overset{\displaystyle O}{\|}}{C}-NH_2} + NH_3 \uparrow$$

缩二脲以及分子中含有两个以上肽键的化合物如多肽、蛋白质等，都能和$CuSO_4$的碱性溶液反应，生成紫红色的配合物。该反应称为缩二脲(biuret)反应，常用于有机分析鉴定。

尿素在工业上是有机合成的重要原料，如和甲醛反应可以合成脲醛树脂；在农业上是重要的有机氮肥，含氮量高达46.7%，可以合成某些药物，如和丙二酸酯反应可以合成丙二酰脲，进而可以合成镇静安眠药物。把适量的尿素补充在饲料中，可以为牲畜体内提供氮素。

3）胍

胍(carbamidine)可以看作脲分子中的氧原子被亚氨基(═NH)取代生成的化合物，它可以由氨基氰与氨气加成制得。

$$\underset{\text{氨基腈}}{H_2N-C\equiv N} + H-NH_2 \longrightarrow \underset{\text{胍}}{H_2N-\overset{\overset{\displaystyle NH}{\|}}{C}-NH_2}$$

胍为无色晶体，熔点为50℃，吸湿性很强，极易溶于水。它是一个有机强碱，能吸收空气中的CO_2和H_2O生成碳酸盐。

$$2H_2N-\overset{\overset{\displaystyle NH}{\|}}{C}-NH_2 + CO_2 + H_2O \longrightarrow \left(H_2N-\overset{\overset{\displaystyle NH}{\|}}{C}-NH_2\right)_2 + H_2CO_3$$

胍的许多衍生物都是重要的药物。

10.1.4　腈

1. 腈的结构和命名

氢氰酸分子(H—C≡N:)中的氢原子被烃基取代后的产物称为腈(nitrile)，通式为R—CN或Ar—CN，官能团为氰基(—C≡N:)。—CN中碳原子和氮原子都是sp杂化的，所以C、N

之间除了 σ_{C-N}外，还有两个由 p 轨道相互平行重叠而形成的 π 键，氮原子上还有一对孤对电子在 sp 杂化轨道上。

腈的命名可以按分子中碳原子的个数称为“某腈”，也可以烷基为母体、氰基作为取代基，称为“氰基某烷”。例如

$CH_3—C≡N$　乙腈（氰基甲烷）

$CH_3(CH_2)_2—C≡N$　丁腈（氰基丙烷）

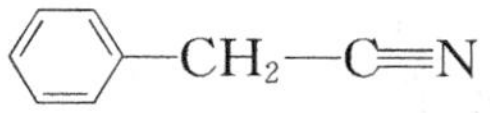

苯基乙腈（苄腈）

2. 腈的物理性质

低级腈都是无色液体，高级腈为固体。低级腈易溶于水，并随着碳链的增长溶解度迅速减小。乙腈不仅可以与水混溶，而且还可以溶解许多无机盐类，也可以溶于一般有机溶剂，如乙醚、氯仿、苯等，所以乙腈也是一种很好的有机溶剂。

3. 腈的化学性质

腈在催化条件下可以发生水解、醇解、氨解等反应。

$$R—CN + H_2O \xrightarrow{H^+/OH^-} R—CONH_2 \xrightarrow{H^+/OH^-} R—COOH$$

$$R—CN + R'—OH \xrightarrow{\text{无水 HCl}} \xrightarrow{H_2O} R—COOR'$$

$$CH_3—C≡N + NH_3 \xrightarrow[150℃，加压]{NH_4Cl} CH_3—\underset{}{\overset{\overset{\large NH}{\|}}{C}}—NH_2$$

α-亚氨基乙胺

腈在适宜的温度和氯代三甲基硅烷存在下与水反应，可以制得酰胺。这是由腈制备酰胺的一种好方法。

$$2R—CN + 3H_2O \xrightarrow[0℃～室温]{ClSi(CH_3)_3} 2R—CONH_2$$

腈催化加氢可以被还原成伯胺，也是制备伯胺的一种好方法。

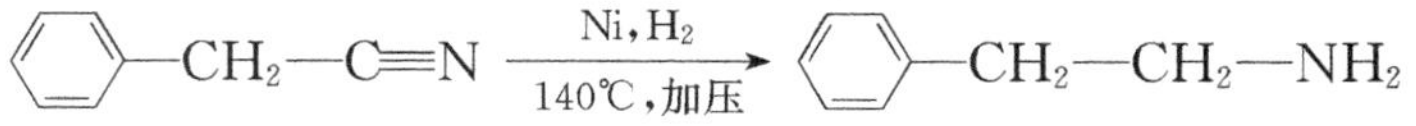

10.1.5　其他含氮化合物

1. 重氮盐和重氮化反应

重氮盐中含有官能团重氮基（$—N_2—$），其一端与碳原子相连，另一端与非碳原子相连。例如

氯化重氮苯　　苯重氮氨基苯

在强酸溶液和低温情况下，芳胺与 HNO_2 作用生成重氮盐的反应称为重氮化反应（diazo reaction）。例如

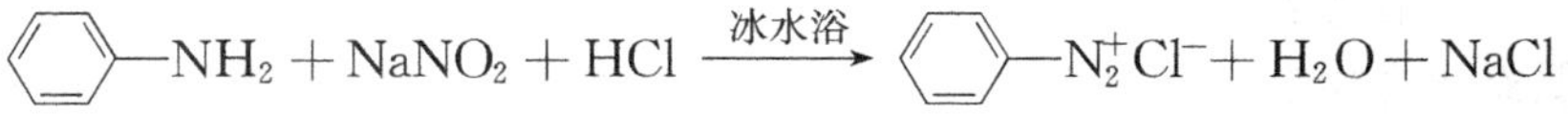

重氮盐和铵盐相似，其结构式可以表示为$[Ar—N^+≡N—]X^-$，或者简写为 $ArN_2^+X^-$。重氮盐在强酸中为透明液体，在中性或碱性介质中极不稳定，高温、见光、受热、振动都会使之爆

炸，在低温时能保存几个小时。因此重氮盐一般都是不加以分离而直接应用于有机合成中。

重氮盐中的—N_2—可以被—OH、—H、—X、—CN 等原子或基团取代，从而将芳环上的氨基转化成许多其他的基团。

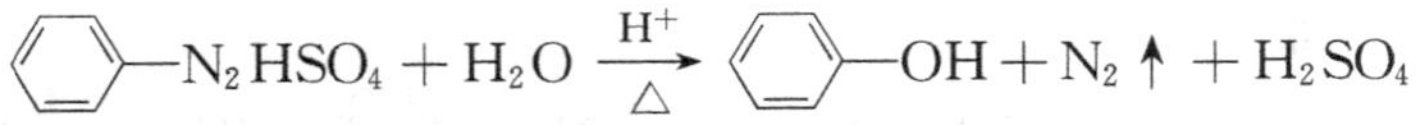

如上述反应，在有机合成中常通过生成重氮盐的途径，再使重氮基转变为—OH 的方法来制备一些不能由芳磺酸盐制得的酚类。

重氮盐与 H_3PO_2、NaOH-HCHO 溶液或乙醇作用，重氮基可以被氢原子取代，从而脱去芳环上的—NH_2，称为脱氨基反应。

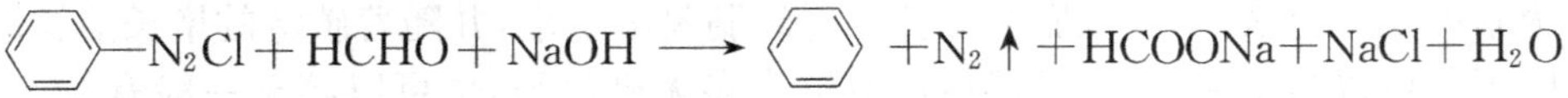

在有机合成中常应用脱氨基反应。例如，先在环上引入一个—NH_2，借助于氨基的定位效应在苯环上相应的位置引入基团，然后再把—NH_2 脱去。

重氮盐的水溶液和 KI 一起加热，重氮基就被 I 取代生成碘化物并放出 N_2，这是将碘原子引入苯环的一个好方法。

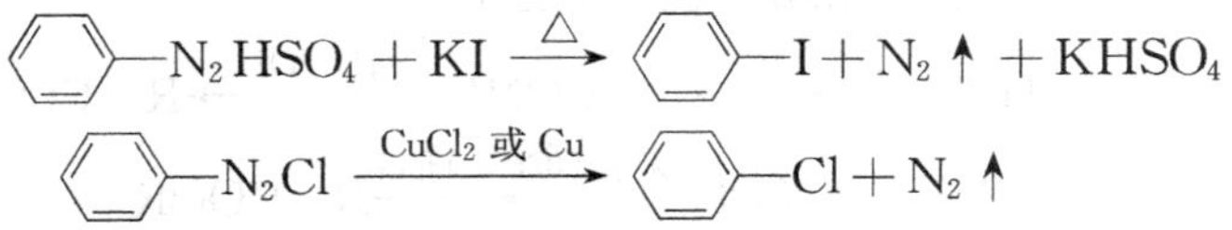

重氮盐与 CuCN 的 KCN 水溶液作用，重氮基可以被—CN 取代，生成芳腈。产物中—CN 可以在酸性水溶液中水解而生成—COOH，所以此法是在芳环上引入—COOH 的好方法。

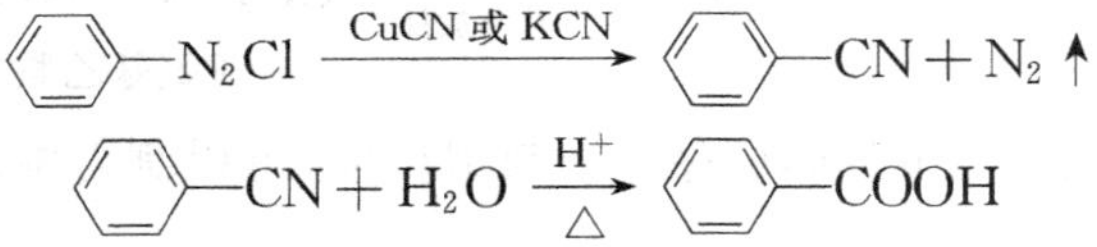

重氮盐还可以被还原。

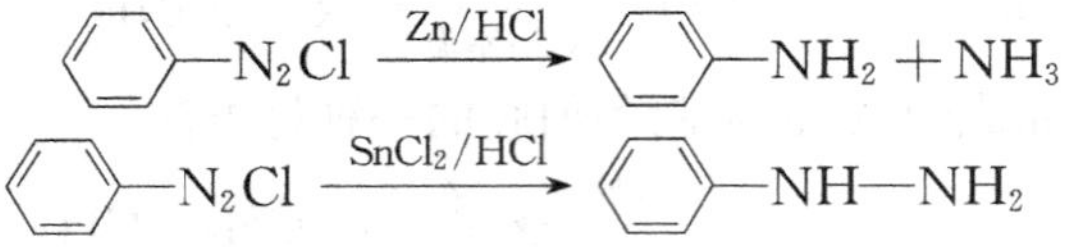

2. 偶氮化合物和偶合反应

偶氮化合物中也含有—N_2—(偶氮基)，但是其两端均和碳原子直接相连。例如

$CH_3—N=N—CH_3$

偶氮甲烷

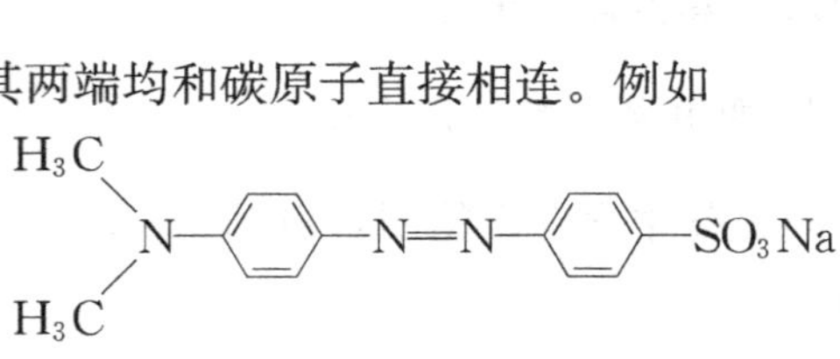

甲基橙(指示剂)

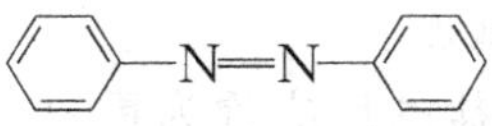

偶氮苯

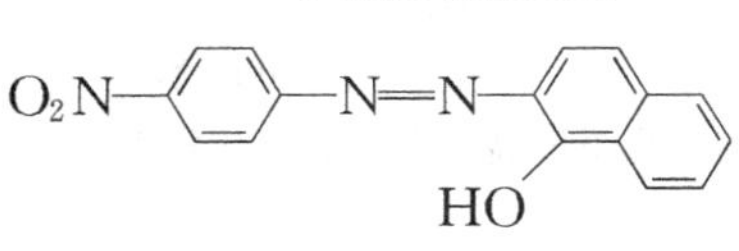

对位红(染料)

芳香族偶氮化合物都具有颜色。其中少数偶氮化合物由于颜色不稳定，如甲基橙、刚果红等可以作为分析化学的指示剂。但是大多数性质稳定，可以广泛用作染料，通常称为偶氮染料。偶氮染料是合成染料中品种最多的一种，约占全部染料的一半，包括酸性、媒染、分散、中

性、阳离子等偶氮染料。其颜色从黄色到黑色各色俱全，而以黄、橙、红、蓝品种最多，色调最为鲜艳，广泛应用于棉、毛、丝、麻织品以及塑料、印刷、食品、皮革、橡胶等产品的染色。

制备偶氮染料的基本反应是偶氮反应。重氮盐与酚或芳胺作用，由偶氮基将两个分子偶联起来，生成有颜色的偶氮化合物的反应称为偶合反应(coupled reaction)。其中重氮盐称为重氮组分，酚或芳胺称为偶合组分(coupling component)。

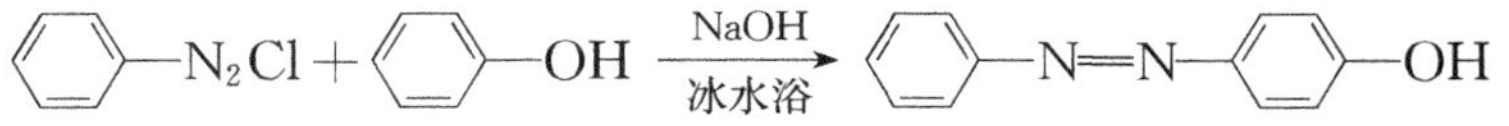

对羟基偶氮苯(橘红色)

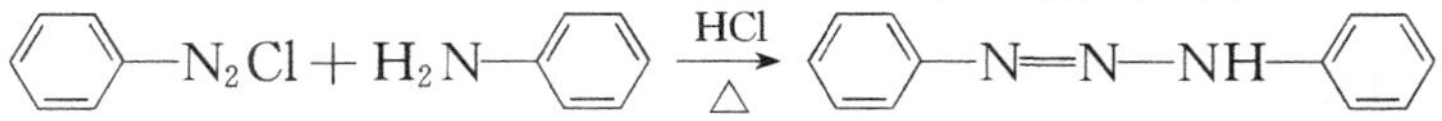

偶合反应是典型的亲电取代反应。重氮盐中重氮根正离子作为弱的亲电试剂(比 SO_3 等的亲电性还要弱)对苯环上进行亲电取代，一般先取代氨基或酚羟基的对位，再上邻位。

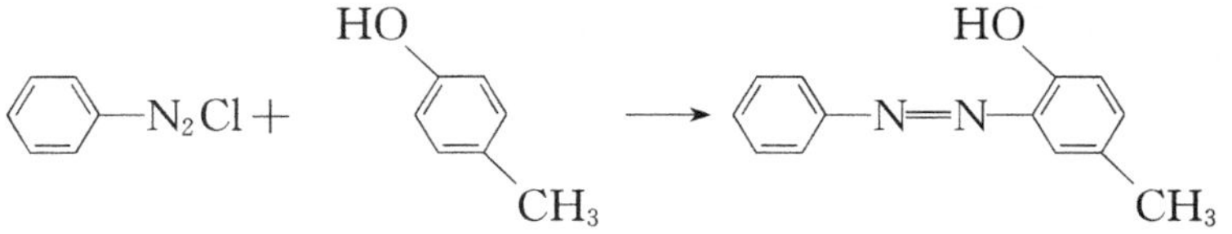

5-甲基-2-羟基偶氮苯

3. 偶氮染料结构与颜色的关系

如前所述，偶氮染料都是有颜色的，这与偶氮染料的分子结构密切相关。偶氮染料的分子中都含有偶氮基，此外还含有—NO、$>C=O$ 、$—NO_2$ 等易和苯环形成大 π 键共轭体系结构的基团，通常将这些基团称为发色团(或生色团)。另外，还有一些具有孤对电子的基团，如—NH_2、—NHR、—NR_2、—OH、—SO_3Na 等，它们本身不是发色团，但是它们能导致颜色加深，所以称为助色团。

发色团发色的原因是它们与苯环或其他共轭体系相结合，形成了大 π 键共轭体系，缩小了由非键轨道或大 π 键轨道跃迁至 π^* 反键轨道，即 $n\rightarrow\pi^*$，$\pi\rightarrow\pi^*$ 的能量，简单地说是使分子的激发能降低，化合物的吸收光波向长波方向(可见光)移动，因此使化合物发色或颜色加深。一般认为，化合物的发色主要是由两个或两个以上发色团的相互影响。助色团的助色主要是形成 n-π 共轭效应，同样降低了分子激发能的原因。

10.2　含磷有机化合物

10.2.1　含磷有机物的分类和命名

含磷有机物广泛存在于动植物体内，有些化合物是核酸、辅酶和磷脂的重要组成成分。它们是维持生命和生物体遗传必不可少的物质。

磷和氮同为ⅤA 族元素，化合价相同，性质相近。因此磷也能形成类似氮化合物的有机物。例如

NH_3	$R—NH_2$	R_2NH	R_3N	$R_4N^+X^-$
氨	伯胺	仲胺	叔胺	季铵盐
PH_3	$R—PH_2$	R_2PH	R_3P	$R_4P^+X^-$
磷化氢	伯膦	仲膦	叔膦	季鏻盐

H_3PO_4 或 H_3PO_3 中的—OH 被烃基取代便可以形成相应的膦酸、烃基亚膦酸，还可以进一步形成膦酸酯。

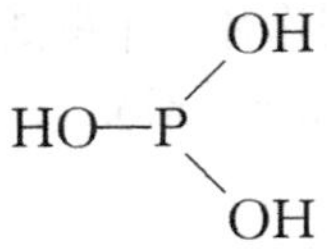
亚磷酸

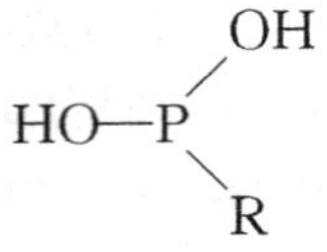
烃基亚膦酸

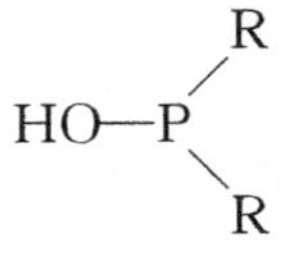
二烃基亚膦酸

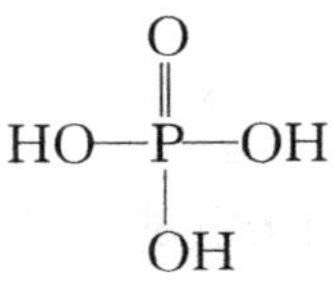
磷酸

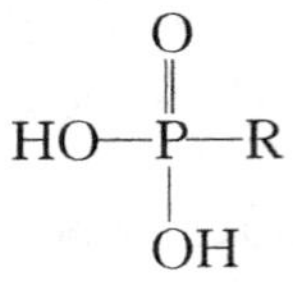
膦酸

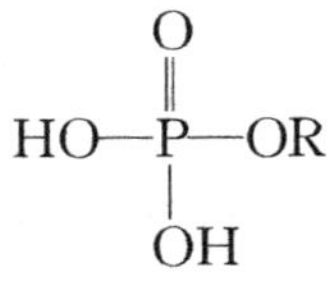
磷酸烃基酯

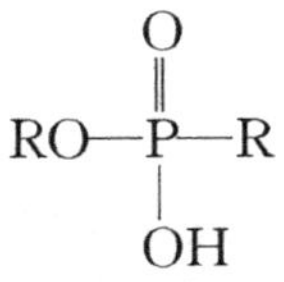
膦酸酯

自然界中存在着以膦酸酯形式的含磷有机化合物，如 ATP 和 ADP 等。

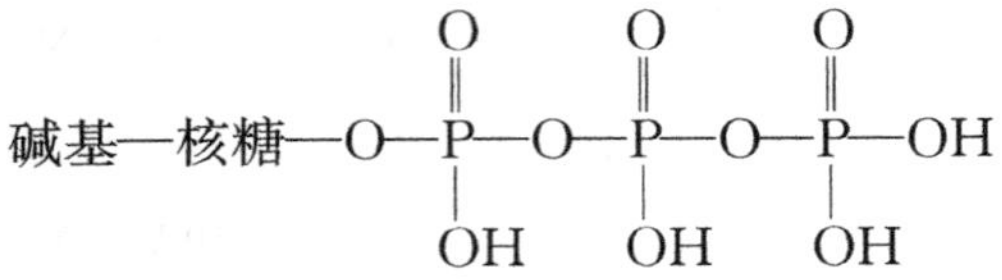
ATP(三磷酸腺苷)

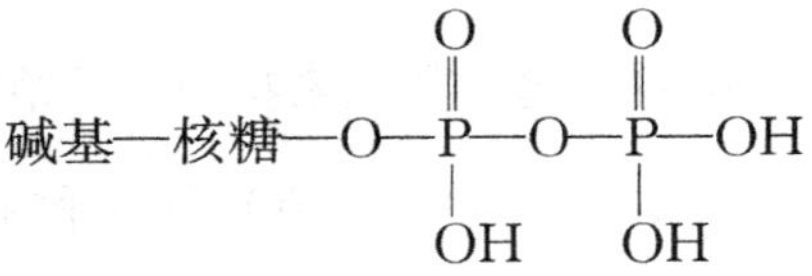
ADP(双磷酸腺苷)

H_3PO_4 与葡萄糖结合而成的葡萄糖磷酸是葡萄糖在细胞内代谢的中间体。甘油也可以与 H_3PO_4、脂肪酸形成膦酸酯，且性质与脂肪相同。H_3PO_4 再和一个胆碱结合则称为卵磷脂，若与 β-氨基乙醇结合则称脑磷脂。它们使细胞成为半渗透膜保护的个体，在脑和神经中成为传递电子信息的主体。卵磷脂和脑磷脂还是细胞膜的主要组成物质。

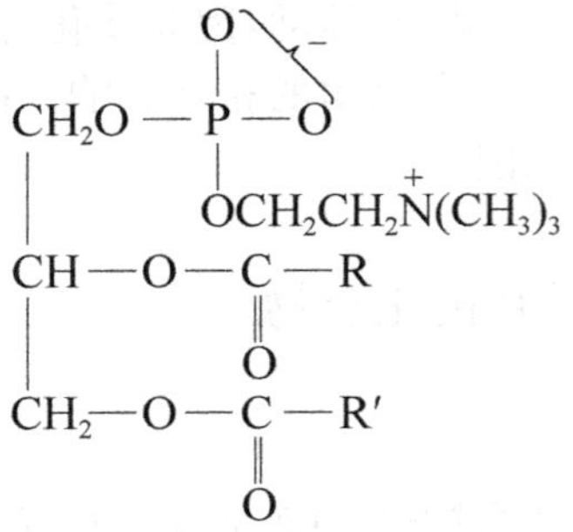
卵磷脂

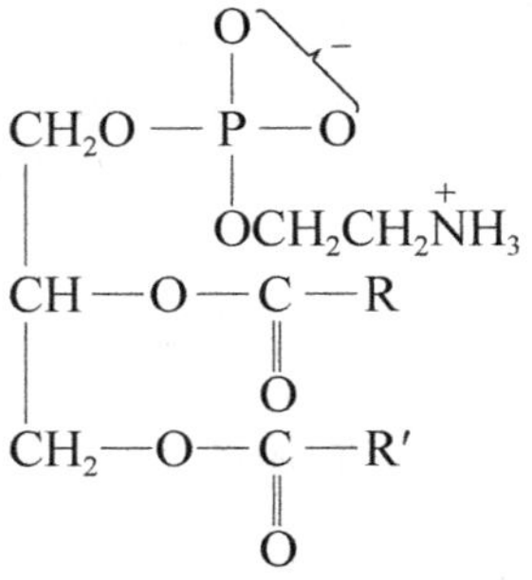
脑磷脂

10.2.2　有机磷农药

有机磷化物在工业上可以用作增塑剂、聚氯乙烯的稳定剂和稀有金属的萃取剂等。在农业上，许多有机磷化物可以用作杀虫剂、杀菌剂和植物生长调节剂等，统称为有机磷农药。

有机磷杀虫剂的特点是杀虫能力强(高效)，残留毒性低(低残留)，容易被生物体代谢为无害成分，并转化为植物生长所必需的磷肥(磷酸盐)。

下面简单介绍几种常见的有机磷农药。

1. 乙烯利

纯净的乙烯利是无色针状晶体，易溶于水和乙醇。商品乙烯利通常是棕色溶液。乙烯利是 20 世纪 70 年代初投入应用的一种合成植物调节剂，它进入植物器官后，会慢慢水解放出乙烯，对果实起催熟作用。其结构式为

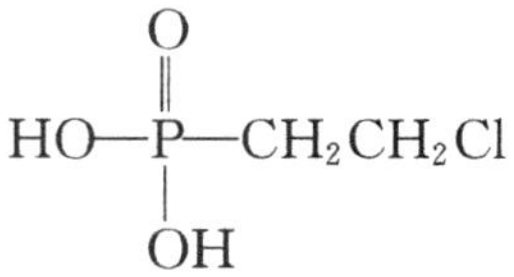

2-氯乙基膦酸（商品名：乙烯利）

2. 敌百虫

敌百虫为无色晶体，可溶于水。它是一种高效低毒有机磷杀虫剂，对昆虫有胃毒和触杀作用，农业上可以用于防治多种害虫。它可以用来杀灭蚊蝇及防治家畜体外和体内的寄生虫，因为它对哺乳动物的毒性很低。其结构式为

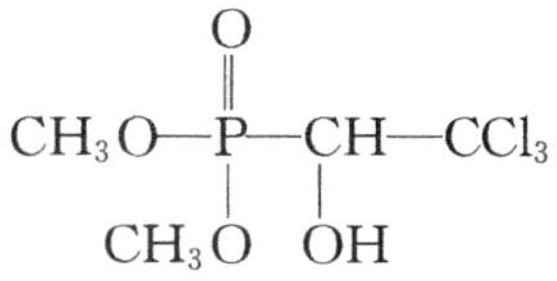

O,*O*-二甲基(1-羟基-2,2,2-三氯乙基)膦酸酯（商品名：敌百虫）

3. 敌敌畏

敌敌畏是无色或浅黄色的液体，易挥发，微溶于水，易水解而失去毒性，在植物体内能迅速水解。它是一种高效高毒低残留杀虫剂，对昆虫也有胃毒和触杀作用。农业上广泛用于防治刺吸口器害虫和潜叶害虫。但是它对人、畜毒性较大，使用时要格外注意安全。其结构式为

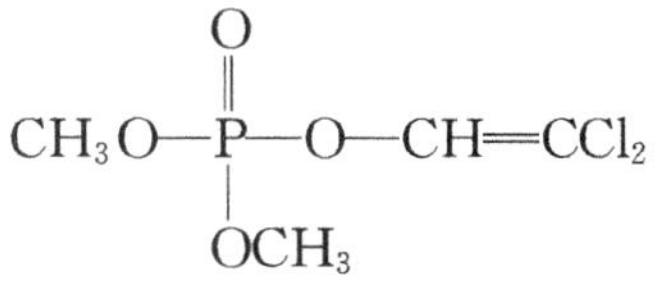

O,*O*-二甲基-*O*-(2,2-二氯乙烯基)膦酸酯（商品名：敌敌畏）

4. 乐果

纯净的乐果为白色结晶，可溶于水和多种有机溶剂。它是一种高效低毒的有机磷杀虫剂，具有内吸性，被植物吸收后能传导到整个植株，昆虫即使是食用非施药部位也能中毒。其结构式为

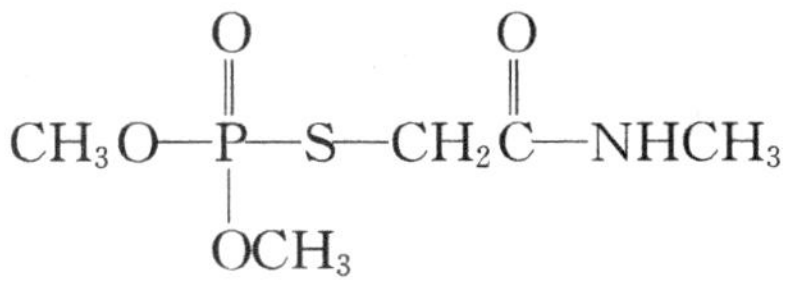

O,*O*-二甲基-*S*-(*N*-甲基氨酰甲基)二硫代膦酸酯（商品名：乐果）

5. 杀螟松

纯净的杀螟松为褐色油状液体，带有蒜香味，也是一种高效低毒低残留的有机磷杀虫剂。具有胃毒和触杀作用，属于广谱性杀虫剂。对水稻螟虫有特效，用于水稻、棉花、林木、果树、蔬菜、茶叶等作物的多种害虫防治。其结构式为

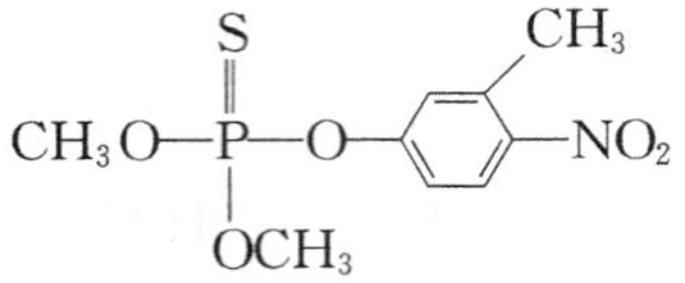

O,*O*-二甲基-*O*-(3-甲基-4-硝基苯基)硫代膦酸酯(商品名：杀螟松)

还有目前使用较少的农药1605(又称对硫磷)、马拉硫磷等不再一一叙述。

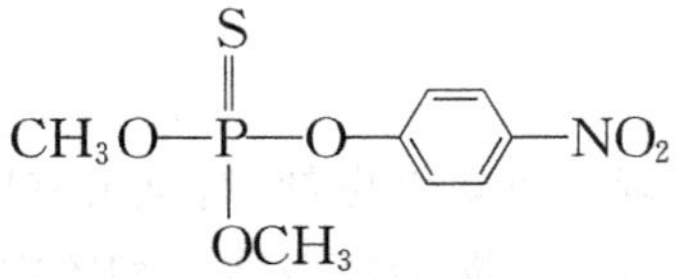

1605

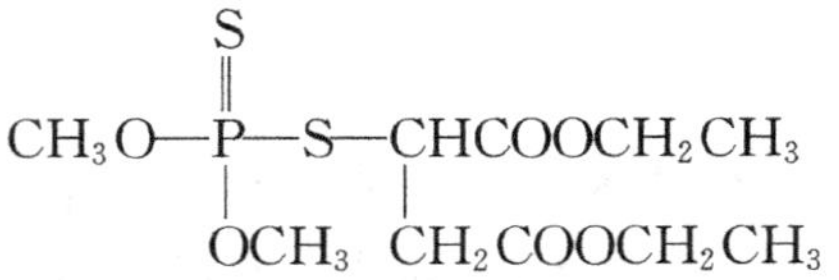

马拉硫磷

上述有机磷杀虫剂遇碱很容易水解而失去毒性，在使用及保存时都应该注意。

阅读材料

科学看待苏丹红

自英国大规模召回被苏丹红色素污染的食品以来，我国各地开展了严查苏丹红的行动，陆续公布了一些含有苏丹红色素的食品，媒体对此进行了大量报道，这使得消费者对红色食品产生了一定疑虑。因此，全面了解苏丹红的性质，科学认识苏丹红的危害，对消费者具有一定的积极意义。

苏丹红是一种人工合成的偶氮类、油溶性的化工染色剂，1896年科学家达迪将其命名为苏丹红并沿用至今。苏丹红被大量地用在工业、化学和医学领域，用于机油、汽车蜡和鞋油等工业产品，以及生化毒理学研究的着色剂等。

目前，苏丹红系列常见4种，其中二号、三号和四号均为一号的衍生物。苏丹红一号为暗红色；二号为红色；三号为有绿色光泽的棕红色；四号为深褐色。

1995年，欧盟和其他一些国家已开始禁止在食品中添加苏丹红一号；我国1996年出台的《食品添加剂使用卫生标准》中不包含苏丹红及其系列色素(标准中没有公布的添加剂不准用于食品中)。2003年6月，欧盟规定所有进口的辣椒及其制品必须检测苏丹红项目，确定未添加后方可进口，并要求成员国对市场上销售的辣椒及其制品进行随机抽样检测。

食用苏丹红色素以后，对人的危害到底有多大？会不会导致癌症呢？国外一权威机构的风险评估报告可以给我们一个明确答案：动物实验表明，少量摄入苏丹红，导致癌症的概率极低。

该机构曾对苏丹红进行了长达数年的动物实验，做出了全面的风险评估报告。报告指出，连续两年用剂量为30mg/kg的苏丹红一号喂养大鼠，大鼠患肝癌的概率增加。苏丹红对人体是否具有致癌性，由于缺乏足够的证据，无法给出确定的结论。但是，该机构根据动物实验的结论，对苏丹红一号对

人体可能致癌的剂量进行了估算，认为根据食品中检出苏丹红的平均含量和人群的一般食用量，人体每天可能摄入苏丹红的量是导致大鼠患癌症剂量的九十万分之一。

在此基础上，该机构给出了以下结论：偶尔食用被苏丹红污染的食品，致癌的概率非常低。即使一个人每天都吃这些食品，连续吃几年，其致癌的风险仍然是很低的。而且从食品安全的角度讲，任何致癌物都是在体内积累到一定的量才会产生危害。

为了降低致癌的风险性，确保消费者的安全，包括我国在内的世界上绝大多数的国家都禁止将苏丹红作为食品添加剂。国际癌症研究机构(IARC)也将其归为三类致癌物，而像黄曲霉毒素、亚硝胺、苯并芘等则是一类致癌物。

目前，我国检出苏丹红的食品以辣椒类制品为主，在膳食结构中所占比例不大，且含量大多低于10mg/kg，参照国外的研究结果，导致食用者致癌的风险很小。因此，消费者应冷静对待，不必过分紧张。

有些消费者对红色的食品都持怀疑态度，有的甚至是“谈红色变”，看到红色的食品就认为可能含有苏丹红，不敢吃，这其实又走入了另一个消费误区。

在我国 1996 年制定的《食品添加剂使用卫生标准》中，允许使用的红色着色剂达 20 余种，这些品种和它们在食品上允许使用的最大限量，都是依照《中华人民共和国食品添加剂卫生管理办法》和《中华人民共和国食品安全性毒理学评价程序》等法规，经过严格的、科学的实验证明，在允许添加的范围内使用，对人体是安全的。

大多数红色色素都是天然色素，主要由植物组织中提取，也包括来自动物和微生物的一些色素，对人体无毒害。例如，腐乳中可以添加红曲红；果汁饮料中可以添加萝卜红等。因此，消费者一定要客观看待苏丹红事件，万不可谈红色变。

习　题

10-1　命名下列化合物或写出结构式。

(1) $HCOOCH_2NO_2$　(2) 　(3) 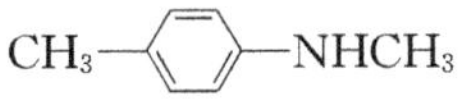

(4) $[(CH_3CH_2)_2\overset{+}{N}HCH_3]Cl^-$　(5) *N*-乙酰苯胺　(6) 苯乙酰胺

(7) 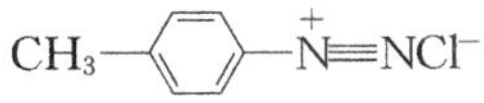　(8) 苄胺　(9) 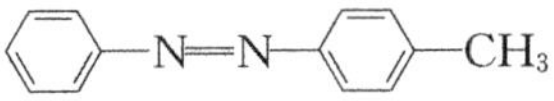

(10) $CH_2=CH-CN$　(11) 己二腈　(12) 甲基膦酸甲酯

10-2　比较下列各组化合物的碱性。

(1) 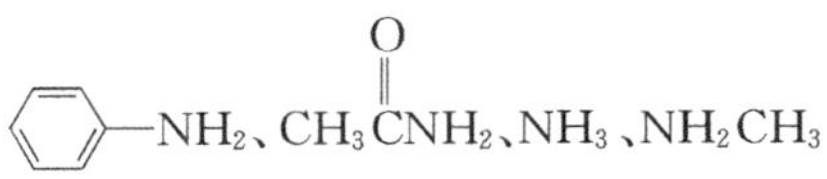

(2) 

(3) 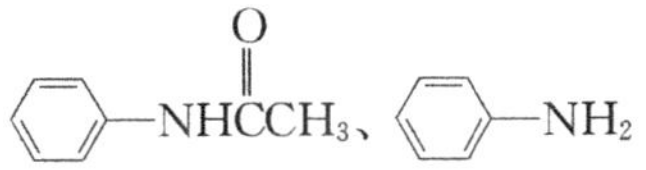

10-3　用简单化学方法鉴别下列各组化合物。

(1) 乙胺、乙酰胺

(2) 苯胺、*N*,*N*-二甲基苯胺

10-4　写出下列反应的主要产物。

(1) 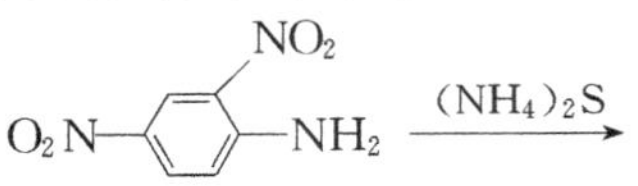

(2) 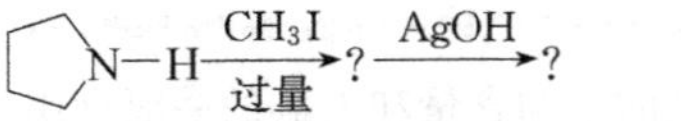

(3) $CH_3CH_2NH_2 \xrightarrow{(CH_3CO)_2O}$

(4) $NH_2CH_2CH_2NH_2 + 4ClCH_2COOH \xrightarrow{\triangle}$

(5) $CH_3CH_2CH_2CONH_2 + Br_2 + NaOH \longrightarrow$

(6) $CH_3CH_2CH_2CN \xrightarrow[H^+]{H_2O} ? \xrightarrow[\triangle]{SOCl_2} ?$

10-5 合成题(无机试剂任选)。

(1) 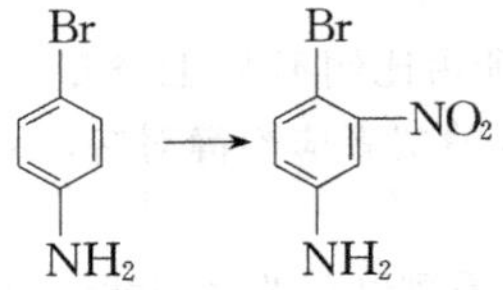

(2) 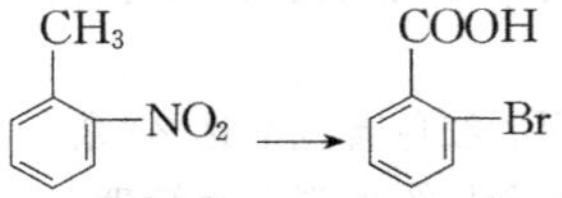

10-6 化合物 A 的分子式为 $C_5H_{13}N$,能溶于稀 HCl,与 $NaNO_2$ 和 HCl 混合物在室温下作用放出 N_2 并得到几种有机化合物,其中一种 B 能发生碘仿反应。B 和浓 H_2SO_4 共热得到 C(C_5H_{10}),C 可以使酸性 $KMnO_4$ 褪色且反应产物为乙酸和丙酮。试推测 A、B、C 的结构式。

第 11 章 杂环化合物与生物碱

有机化合物中，除了开链和碳环化合物外，还有一类含其他原子(非碳原子)的环状化合物，这类化合物统称为杂环化合物(heterocyclic compound)。杂环化合物中的非碳原子称为杂原子(heteroatom)，如 O、S、N 等，其中以 N 居多。杂环化合物广泛存在于自然界中，是许多合成药物和中草药的有效成分，在动植物体内起着重要的生理作用，如核酸、血红素、叶绿素等都是含氮杂环化合物。存在于生物体内的一类碱性含氮有机化合物，常称为生物碱(alkaloid)，它们对人和动物体有强烈的生理效应。

11.1 杂环化合物

11.1.1 杂环化合物的分类和命名

1. 杂环化合物的分类

根据杂环化合物的定义，前面几章涉及的环氧乙烷、四氢呋喃、丁二酸酐等也属于杂环化合物。但是这类物质的性质类似于带有杂原子的脂肪族化合物，因此通常将它们看成脂肪族化合物，而不将其归在杂环化合物范围内。

环氧丙烷

四氢呋喃

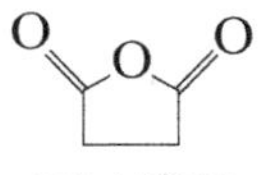
丁二酸酐

本章所述的杂环化合物主要包括具有一定芳香性的环状化合物，如呋喃、吡咯、噻吩等。这类化合物环结构比较稳定，并且 π 电子数符合 $4n+2$ 规则，具有芳香性。

呋喃

噻吩

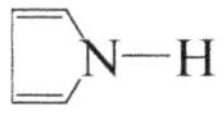
吡咯

杂环化合物可根据杂原子的多少、环的大小和环的形式来分类。根据杂原子的多少可以分为一元、二元和多元杂环。根据环的形式可以分为单杂环和稠杂环。单杂环中最常见的是五元杂环和六元杂环。稠杂环是由苯环和一个或多个单杂环稠合而成的。

2. 杂环化合物的命名

杂环化合物的命名一般有音译法和系统命名法，但是一般多采用音译法，即按英文名称译音，选用同音汉字，并以“口”字旁表示为杂环化合物。

当杂环上有取代基时，编号从杂原子开始依次编号。与杂原子相连的碳原子也可表示为 α、β、γ、…若杂原子不同，则按 O、S、N 顺序编号。例如

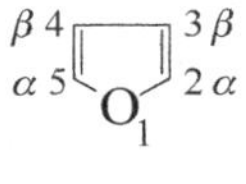
furan
呋喃

thiophene
噻吩

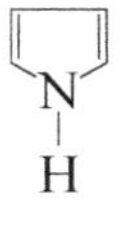
pyrrole
吡咯

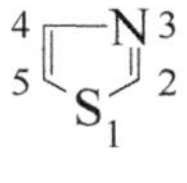
thiazole
噻唑

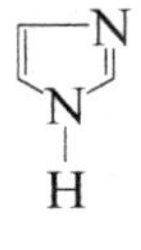
imidazole
咪唑

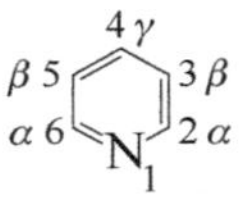

pyridine
吡啶

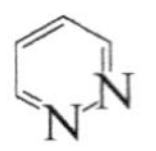

pyridazine
哒嗪

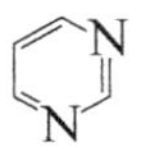

pyrimidine
嘧啶

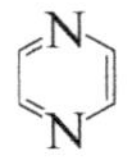

pyrazine
吡嗪

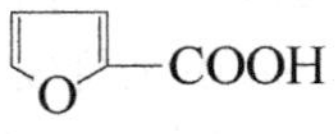

2-呋喃甲酸
α-呋喃甲酸

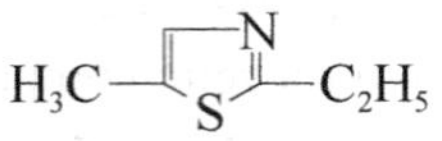

5-甲基-2-乙基噻唑
α′-甲基-α-乙基噻唑

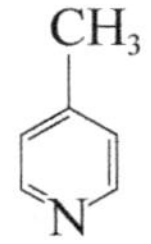

4-甲基吡啶
γ-甲基吡啶

对于一些稠杂环化合物,其编号一般都是相对固定的。例如

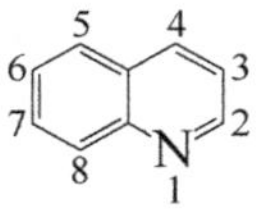

quinoline
喹啉

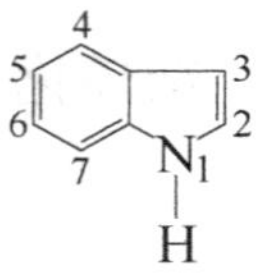

indole
吲哚

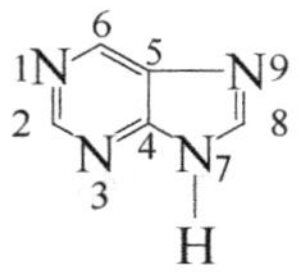

purine
嘌呤

11.1.2 杂环化合物的结构

呋喃、吡咯、噻吩是重要的五元杂环化合物。物理方法证明它们都是平面结构,环上所有原子都是 sp^2 杂化轨道重叠形成 σ 键。每一个碳原子还有一个电子在没有参与杂化的 p 轨道上,杂原子则有两个电子在 p 轨道上,这 5 个 p 轨道垂直于环所在的平面且相互平行重叠,形成一个大的闭合共轭体系 Π_5^6,体系中有 6 个 π 电子,符合休克尔 $4n+2$ 规则,所以这 3 个杂环化合物均具有芳香性。

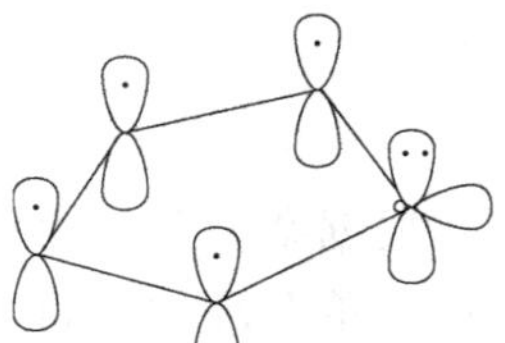

呋喃中的 π 电子

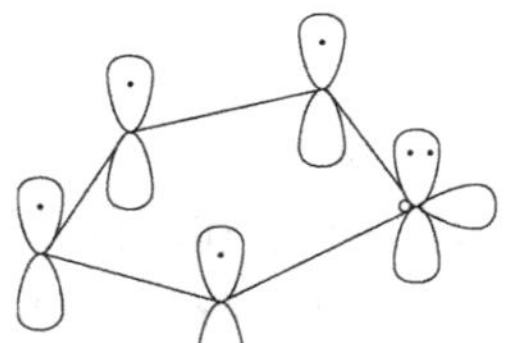

噻吩中的 π 电子

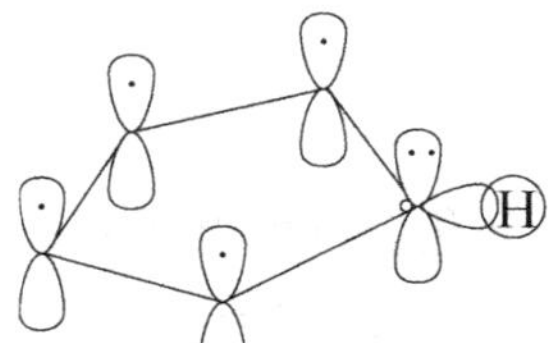

吡咯中的 π 电子

五元杂环分子中杂原子的电负性和原子结构不同于碳原子,使杂环上 π 电子云分布不均匀,即环中的单双键只是部分平均化,环中碳原子上的电子云密度比苯中的大。所以它们的芳香性都比苯小,稳定性都比苯差,故发生芳香性对应的反应——亲电取代就比苯容易。综合各种影响因素可知芳香性强弱顺序为:苯>噻吩>吡咯>呋喃。

吡啶是重要的六元杂环化合物,其结构与苯极为相似,环中各原子都在同一个平面上,原子间以 sp^2 杂化轨道相互重叠形成 6 个 π 键,键角为 120°。并且环中各原子均有一个电子在没有参与杂化的 p 轨道上,6 个 p 轨道均与环平面垂直且相互平行重叠,形成一个大的闭合共轭体系 Π_6^6。体系中 π 电子数为 6 个,也符合 $4n+2$ 规则。同时由于氮元素的电负性较大,导致吡啶环中电子云密度不像苯分子那样分布均匀,环中碳原子的密度有所下降,故吡啶的芳香性比苯的强,发生亲电反应时比苯困难。相对来说吡啶较易在 α 位发生亲核取代反应。

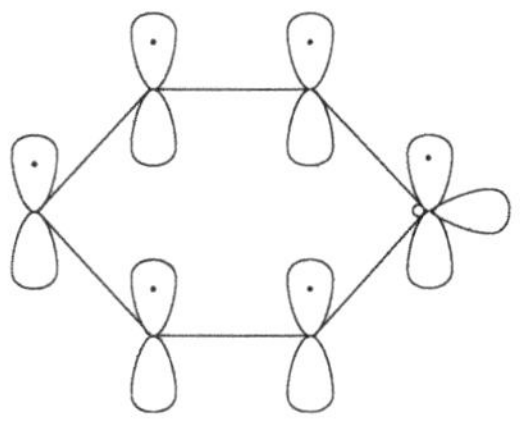

吡啶中的 π 电子

在呋喃、噻吩、吡咯、吡啶的分子结构中，都含有闭合的共轭大 π 键。在一定条件下，可以发生加成反应，生成饱和的杂环化合物。五元杂环还能发生 1,4-加成反应。

吡啶和吡咯的共轭结构可简单表示如下：

吡啶的共轭结构　吡咯的共轭结构

由以上两结构式可以看出：

(1) 吡咯为仲胺，吡啶为叔胺。

(2) 吡咯中氮原子均以 σ 键与其他三个原子相连，故提供两个电子参与大 π 键，而吡啶中氮原子以 σ、π 键与其他两个原子相连，只提供一个电子参与大 π 键。此规律可用来判断氮杂环化合物的芳香性。

(3) 吡咯中氮原子上的孤对电子参与形成大 π 键，大大降低了氮原子上的电子云密度，所以它的碱性比苯胺弱得多，甚至显微弱的酸性，其酸性介于乙醇和苯酚之间，$pK_a=17.5$。而吡啶中的氮原子仍有一对孤对电子，没有参与形成大 π 键，故它能提供电子对，与酸反应生成盐，显微弱碱性($pK_b=8.75$)，且比苯胺的碱性强，即碱性强弱顺序为：吡啶＞苯胺＞吡咯。

另外，吡啶环非常稳定，不易氧化开环。

11.1.3　杂环化合物的化学性质

1. 酸碱性

从上述结构分析可看出，吡咯显弱酸性，可与强碱或金属反应生成盐。吡啶显碱性，可与酸反应生成盐。

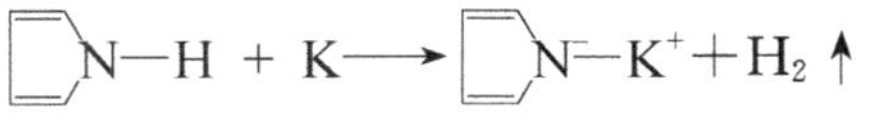

吡咯钾

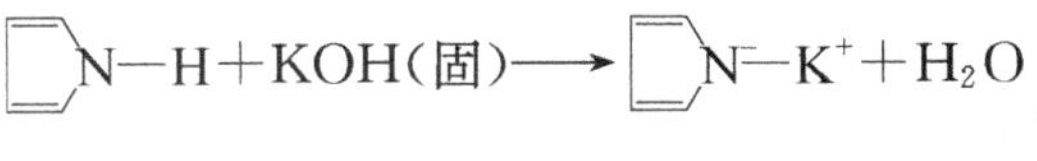

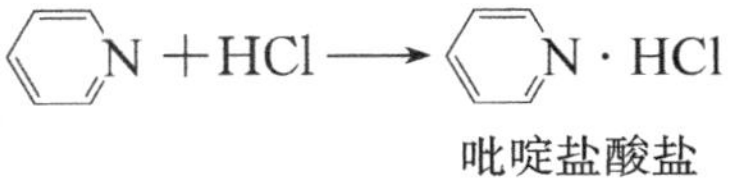

吡啶盐酸盐

2. 亲电取代反应

杂环化合物都有芳香性，所以可以发生类似于苯的亲电取代反应，并且发生亲电取代反应的活性顺序为：呋喃＞吡咯＞噻吩＞苯＞吡啶，其中呋喃、吡咯、噻吩一般发生在 α 位，而吡啶一般发生在 β 位。

1）卤代反应

在不同的条件下，杂环化合物可生成不同的卤代产物。

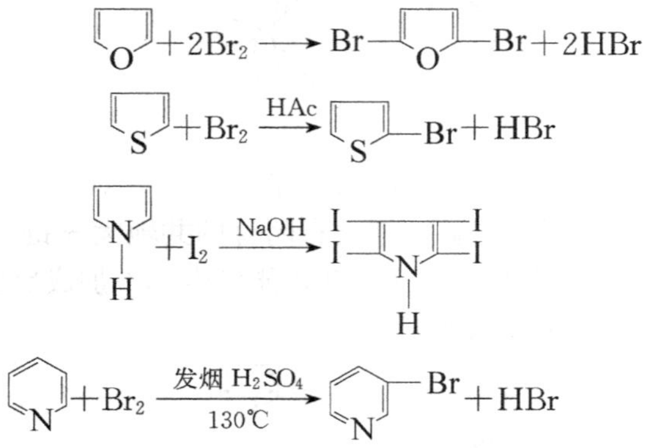

2）硝化

若采用无机酸（如 HNO_3 等）作硝化剂，容易使呋喃、吡咯、噻吩的环结构破裂，故在硝化时必须采用较缓和的硝化剂，如 CH_3COONO_2（乙酰硝酸酯）等。乙酰硝酸酯易吸湿，易爆炸，故在反应中临时制备，直接使用。

$$(CH_3CO)_2O + HONO_2 \xrightarrow{<-5^\circ C} CH_3COONO_2 + CH_3COOH$$

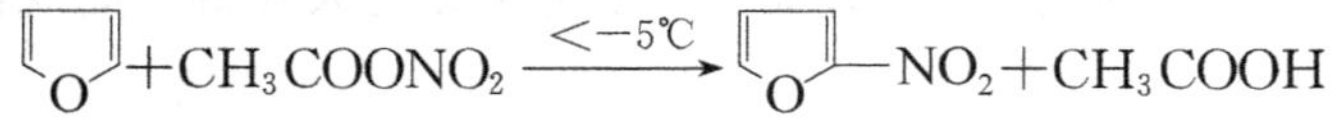

吡啶环比较稳定，在一定条件下，可以直接硝化。

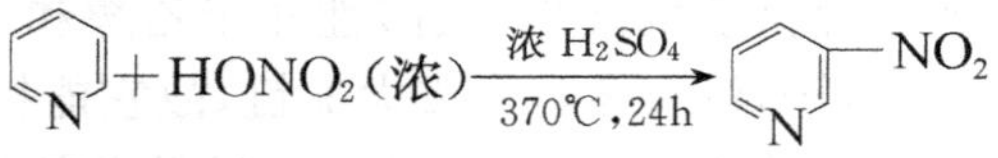

3）磺化

与硝化相似，呋喃、吡咯均要使用特殊的磺化剂，而吡啶则可以直接磺化。

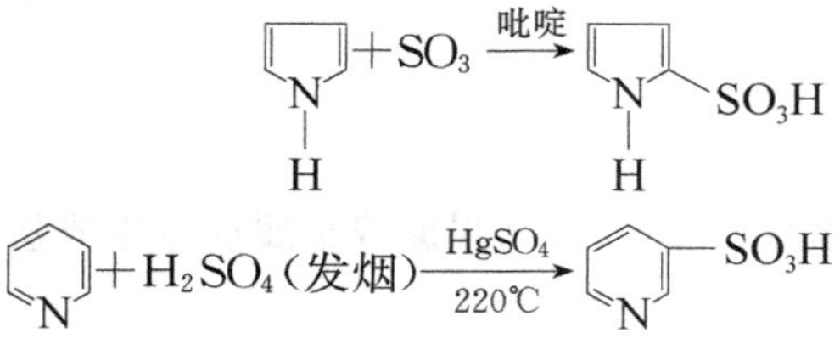

4）傅-克酰基化

呋喃、吡咯、噻吩均可以在比较缓和的催化剂作用下发生傅-克酰基化反应。吡啶与酰基化试剂反应生成盐。

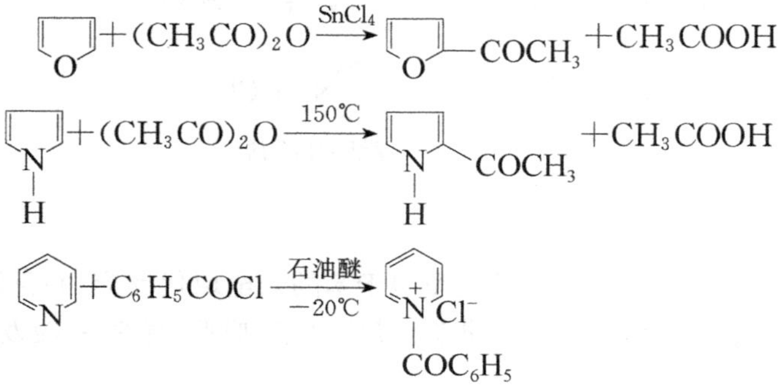

3. 加成反应

杂环化合物中的不饱和键容易被还原，生成相应的多氢杂环化合物。

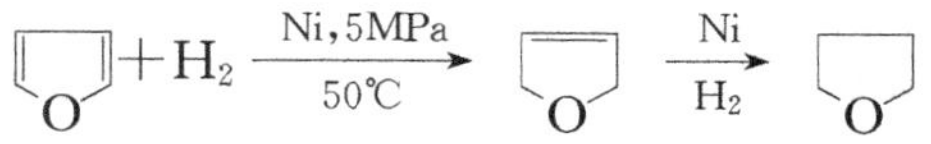

二氢呋喃　　四氢呋喃

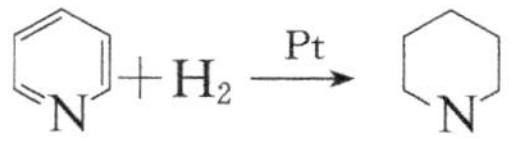

六氢吡啶

六氢吡啶又称哌啶(piperidine)，可用于制造局部麻醉药、止痛药、杀菌剂、润湿剂、橡胶硫化促进剂的原料及环氧树脂固化剂等。

4. 氧化反应

呋喃、吡咯、噻吩易被氧化而开环，而吡啶对氧化剂相当稳定，当吡啶环上有取代基时，氧化剂只氧化取代基。

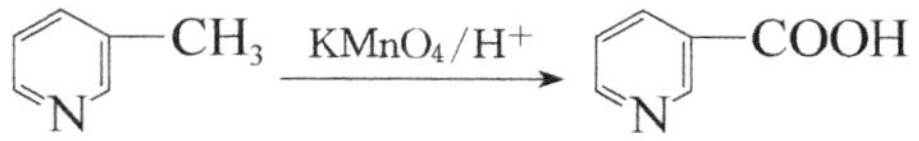

3-吡啶甲酸(烟酸)

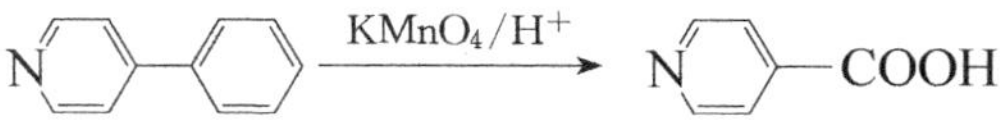

4-吡啶甲酸(异烟酸)

11.1.4　几种重要的杂环及其衍生物

1. 呋喃及其衍生物

呋喃存在于松焦油中，为无色油状液体，具有类似于醚类的香味，沸点为 32℃，相对密度为 0.934。不溶于水而溶于有机溶剂。它的蒸气遇到 HCl 浸湿过的松木片时显绿色，称为呋喃的松木片反应，可以用来鉴定呋喃的存在。

将 α-呋喃甲酸(俗名糠酸)在铜催化下，加热脱羧便可以制得呋喃。

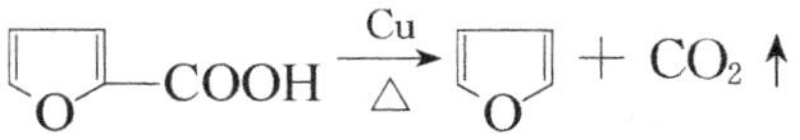

呋喃氢化后得到的四氢呋喃为无色液体，是一种优良的溶剂和重要的合成原料，常用来制取己二酸、己二胺、丁二烯等产品。

呋喃的衍生物在自然界也广泛存在，α-呋喃甲醛是重要的衍生物之一，俗名糠醛，可用稀酸处理米糠、玉米芯等农副产品而得到。

纯糠醛为无色液体，沸点为 162℃，相对密度为 1.160，可溶于水，并能与醇、醚混溶。在空气中易被氧化而使颜色渐变成黑褐色。糠醛在 Ac^- 存在下遇苯胺显红色，可用来检验糠醛的存在。

糠醛是重要的有机原料，和呋喃的其他衍生物一样，可用于制造酚醛树脂、农药、化工产品、医药等，如治疗痢疾的呋喃唑酮、抗菌类药物呋喃坦丁、维生素 B_1 等。

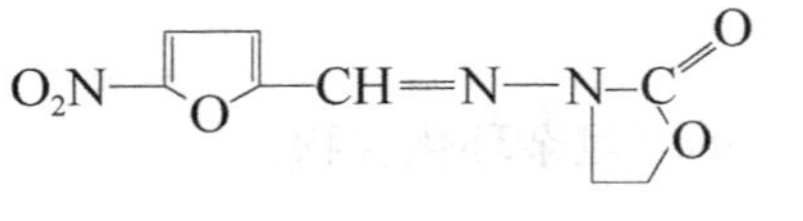

呋喃唑酮(又名痢特灵)

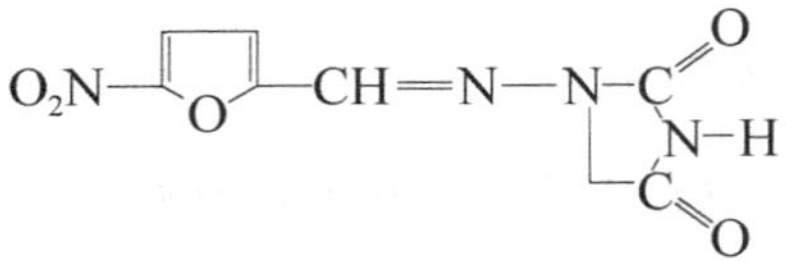

呋喃坦丁

2. 吡咯及其衍生物

吡咯主要存在于骨焦油中,可由吡咯经稀酸处理,再酸化后分馏提纯制得。吡咯为无色液体,有与氯仿相似的气味,沸点为 131℃,在空气中易氧化而迅速变黑。吡咯蒸气遇到盐酸浸湿过的松木片显红色,称为吡咯的松木片反应,可以用来鉴定吡咯及其衍生物的存在。

吡咯的衍生物在自然界中分布很广。植物中的叶绿素、动物体中的血红素等,它们都是吡咯的衍生物。此外,胆红素、维生素 B_{12} 等天然物质的分子中都含有吡咯或四氢吡咯环,这些都统称为卟啉(porphyrin)类化合物。这类化合物共同的结构特点是具有相同的基本骨架——卟吩环,它是由 4 个吡咯环的 α-C 通过 4 个次甲基(—CH═)相连而成的共轭体系,呈平面结构。

卟吩环

卟吩本身在自然界并不存在,但是其取代物广泛存在,一般是某种金属位于环中间的空隙中,以共价键及配位键与氮原子结合。例如,血红素和叶绿素结构式如下:

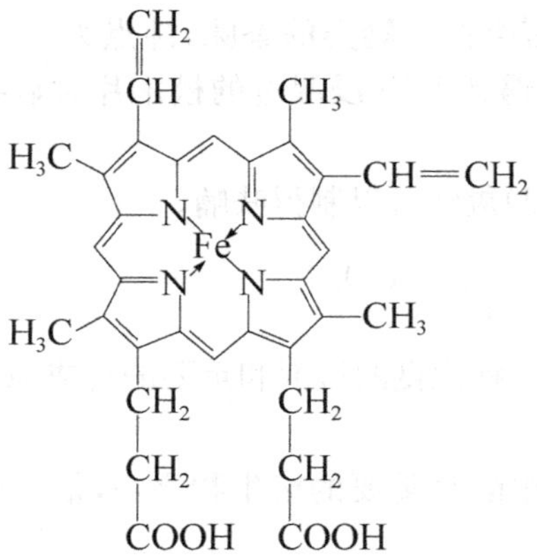

血红素

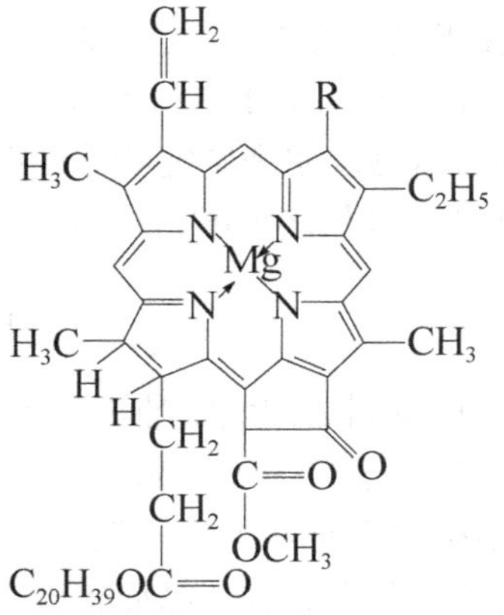

叶绿素

血红素存在于动物的红细胞中,它与蛋白质结合成血红蛋白。血红素中的 Fe 可以与氧配位,在动物体内起着输送氧的作用。CO 使人中毒的原因就是它与血红蛋白的配位能力强于氧,其配位能力是 Fe 的 210 倍,因此当人体中有 10%的血红蛋白与 CO 结合时,或者空气中的 CO 浓度大于 50μg/g 时,人体会因不能得到足以维持生命的氧气而致死。

叶绿素是存在于植物的叶子和茎中的绿色色素,它与蛋白质结合存在于叶绿体中。它利用卟啉环的多共轭体系吸收紫外光,变为激发态,促进光合作用,使光能转化为化学能。叶绿素有 a～e 五种，又以叶绿素 a 和叶绿素 b 为主，两者的区别只在一个地方有微弱的不同。上述结构式中的 R＝—CH_3 时为叶绿素 a，R＝—CHO 则为叶绿素 b。

叶绿素是深绿色粉末，熔点为 120～130℃，无毒，所以还常作食品、染料、药物的着色剂。叶绿素经稀酸处理后，其中的镁可被置换而其他部分不被损坏，这样可得到去镁叶绿素，这些置换是可逆的。去镁叶绿素可以与 $CuSO_4$ 作用，生成一种颜色更鲜艳的铜叶绿素，而且更稳定。在浸制植物标本时，常用这个方法长期保持植物的绿色。

3. 噻吩及其衍生物

噻吩是无色液体，沸点为 84℃，主要存在于煤焦油的粗苯中。将粗苯反复用浓 H_2SO_4 提取，噻吩即被磺化而溶于浓 H_2SO_4，再将其去磺化即得噻吩。在浓 H_2SO_4 存在下，噻吩与靓红一起加热显示蓝色，可用来检验噻吩的存在。

噻吩可经氢化成四氢噻吩，它具有一般醚的性质，还可被氧化为环丁砜。环丁砜是有机化学工业重要的溶剂。

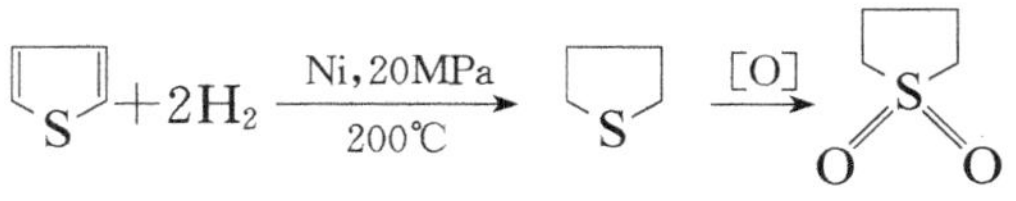

四氢噻吩　环丁砜

噻吩的衍生物中许多是重要的药物，如先锋霉素和维生素 K(又称生物素)等。

先锋霉素　维生素 K

4. 吡啶及其衍生物

吡啶是无色的液体，具有特殊臭味，沸点为 115℃，熔点为－42℃，相对密度为 0.982，可与水、乙醇、乙醚混溶，能溶解许多有机物和大多无机盐。因此，主要用作有机溶剂和反应的介质。吡啶主要存在于煤焦油中。一般是将煤焦油分馏，轻油馏分用酸处理，再用碱中和，游离出的吡啶经蒸馏可得较纯品。

吡啶可以发生 β 位的亲电取代反应。但是在强的亲核试剂存在下，它更容易发生 α 位的亲核取代反应，此反应称为齐齐巴宾(Chichibabin)反应。例如

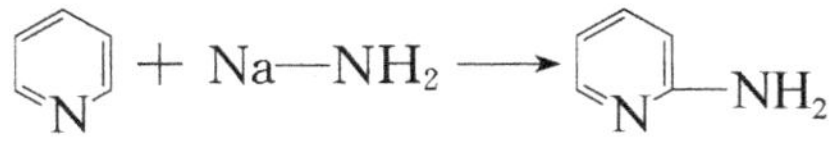

吡啶的衍生物在自然界和药物中分布甚广，如维生素 PP、维生素 B_6、毒芹碱等，维生素 PP 主要成分为 3-吡啶甲酸和 3-吡啶甲酰胺。

3-吡啶甲酸(烟酸)　3-吡啶甲酰胺(烟酰胺)

烟酸和烟酰胺存在于肝、肾、肉类、花生等中，可用于治疗癞皮病、口腔类及血管硬化等症。

另外，异烟酸(4-吡啶甲酸)是制造抗结核病药物异烟肼(又称雷米封)的中间体。

维生素 B_6 是维持蛋白质正常代谢的必需维生素。毒芹碱是剧毒化合物，其与 HCl 形成的盐在小剂量使用时可抗痉挛。

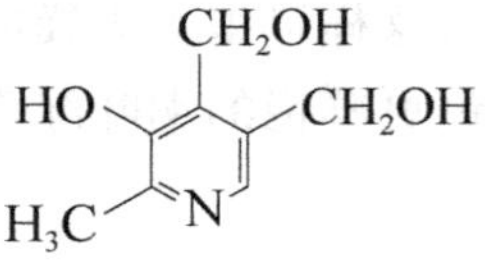

维生素 B_6

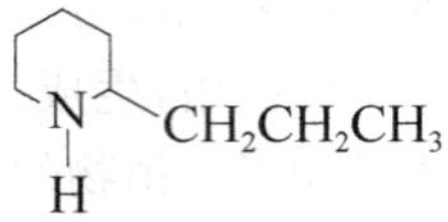

毒芹碱

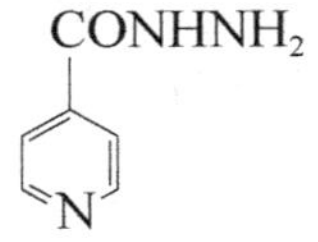

雷米封(又名异烟肼)

5. 嘧啶及其衍生物

嘧啶又称间二嗪，无色晶体，易溶于水，熔点为 22℃，呈弱碱性(比吡啶还弱)。自然界中并无嘧啶存在，但嘧啶的衍生物在自然界中广泛存在。例如，生物体内广泛存在嘧啶的羟基衍生物及其氨基衍生物，它们是核酸的重要组成部分。

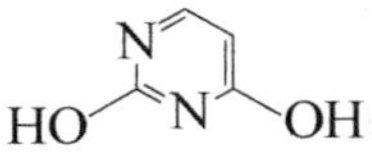

尿嘧啶

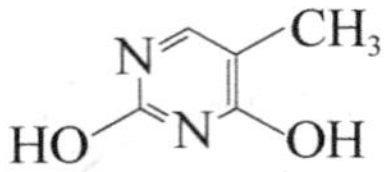

胸腺嘧啶

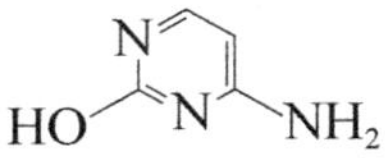

胞嘧啶

维生素 B_1 和磺胺嘧啶中也含有嘧啶环。维生素 B_1 是由噻唑环和嘧啶环通过亚甲基连接而成的化合物，医药上称为硫胺素，存在于谷类、豆类及饲料中。在动物体内参与糖的代谢，维生素 B_1 可以用于治疗多发性神经炎、食欲缺乏以及脚气等疾病。

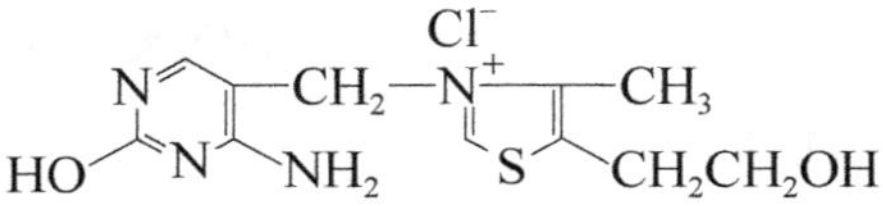

维生素 B_1

6. 吲哚及其衍生物

纯净的吲哚为片状结晶，熔点为 52℃，其稀溶液有香味，可用于制造茉莉型香精。吲哚也能发生松木片反应显红色。吲哚及其衍生物广泛存在于自然界，常存在于动植物中，如素馨花香精及蛋白质的腐败产物中，动物的粪便中也含有吲哚衍生物。

天然植物激素 β-吲哚乙酸，无色结晶，微溶于水，易溶于有机溶剂。广泛存在于植物幼芽中，低浓度时能刺激植物生长，加速插枝作物生根，高浓度则抑制植物的生长，故又称异生长素。

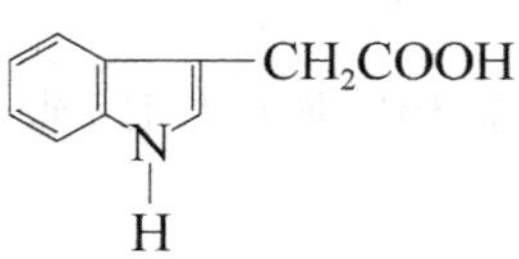

β-吲哚乙酸

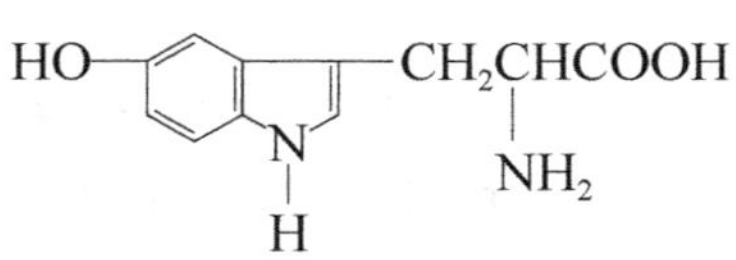

5-羟基色胺酸

还有一些重要的衍生物，如 5-羟基色胺酸、麦角碱在生物体内起着重要的作用。利血平是一种镇静及降血压的药物，也有广泛应用。

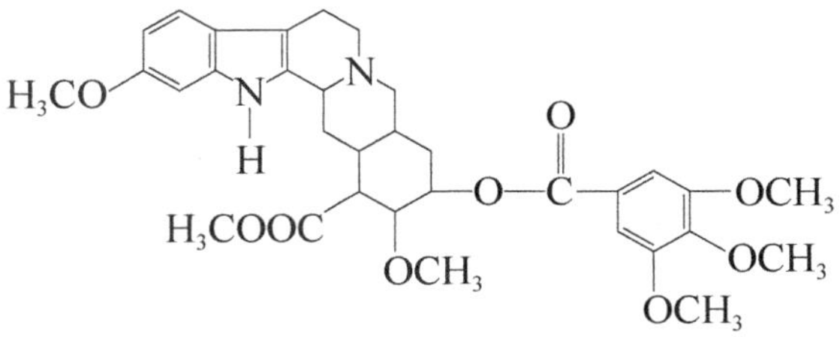

利血平

7. 嘌呤及其衍生物

嘌呤为无色晶体，熔点为 217℃，易溶于水，水溶液呈中性，但却能与酸、碱反应生成盐。嘌呤本身不存在于自然界中，但其衍生物在自然界中分布很广。例如，其氨基和羟基衍生物——腺嘌呤和鸟嘌呤是核酸的重要组成部分。它们和前面提到的尿嘧啶、胞嘧啶、胸腺嘧啶组成了生物遗传物质核酸的碱基。

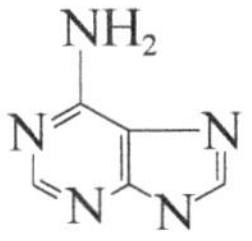

腺嘌呤

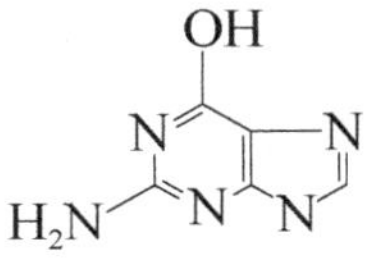

鸟嘌呤

常见含有嘌呤环的还有茶碱、尿酸、咖啡碱等。尿酸是人体和高等动物核酸的代谢产物，存在于尿液中。咖啡碱存在于咖啡和茶叶中，对人体有兴奋、利尿功能，是常用的退热药 APC 的主要成分之一。

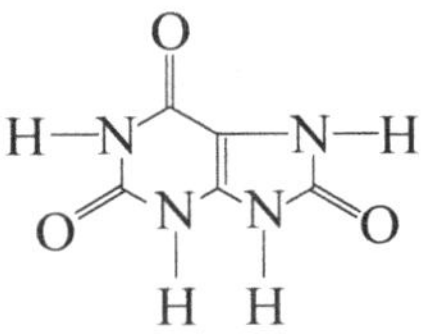

尿酸

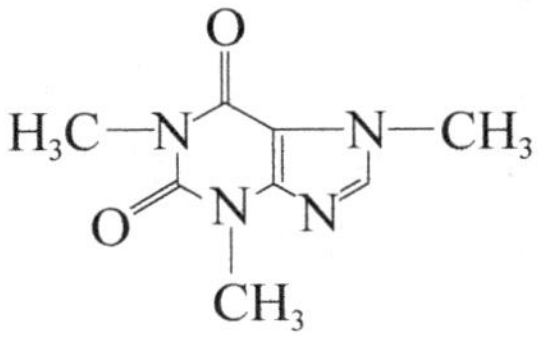

咖啡碱

11.2 生 物 碱

11.2.1 生物碱的存在与命名

生物碱是存在于生物体内，尤其是植物体内的一类碱性含氮有机化合物，它们对人和动物体有强烈的生理效应，又称植物碱。生物碱的种类很多，已知结构的超过了两千种。

大多数的生物碱存在于双子叶植物中。例如，茄科、防已科、夹竹桃科、罂粟科、毛茛科、小檗科等植物中都含有一定量的生物碱。一般来说，一种植物可以含有多种生物碱，同一科的植物所含的生物碱的结构通常是相似的。生物碱在植物体中是由氨基酸转化而来的，所以植物中的生物碱含量一般很低。但也有少数是含量比较高的，如金鸡纳霜树皮中金鸡纳碱(又称奎宁)的含量达 15%，黄连中黄连碱的含量可达 9%。

生物碱一般按它的来源来命名，如从蓖麻中提取的生物碱就称为蓖麻碱。也有少数可用其他英文译音来命名。例如，从烟草中提取的生物碱称为烟碱。

11.2.2 生物碱的一般性质

生物碱多为无色固体，有苦味，难溶于水，易溶于有机溶剂，如乙醇、乙醚、丙酮等。生物碱能与有机酸（如乙二酸、乳酸、苹果酸、柠檬酸等）或无机酸（如 H_2SO_4、H_3PO_4 等）结合生成盐，这种盐一般易溶于水。

大多数生物碱具有旋光性。左旋体和右旋体的生理效应相差较大，而自然界中存在的生物碱多为左旋体。

生物碱在中性或酸性溶液中能与一些试剂发生颜色反应，这些试剂称为生物碱试剂。利用生物碱试剂可以鉴定不同的生物碱。

生物碱试剂可以分为两类：

(1) 显色剂，如 $KMnO_4+H_2SO_4$（浓）、$K_2Cr_2O_7+H_2SO_4$（浓）、$(NH_4)_4V_2O_7+H_2SO_4$（浓）、$HCHO+H_2SO_4$（浓）、HIO_3（浓）、HNO_3（浓）等，多为氧化剂或脱水剂。不同的生物碱与不同的显色剂反应显示不同的颜色。例如，$(NH_4)_4V_2O_7$ 的浓 H_2SO_4 溶液又称曼德林(Mandelin)试剂，可使吗啡显棕色而使奎宁显淡橙色；$K_2Cr_2O_7$ 的浓 H_2SO_4 溶液使吗啡显绿色；浓 H_2SO_4 使秋水仙碱显黄色等。

(2) 沉淀剂，如 KI-I_2、苦味酸、硅钨酸、磷钼酸、碘化汞钾等，多为金属盐或相对分子质量较大的复盐。某些生物碱可与不同的沉淀剂反应生成不同的沉淀，如与 KI-I_2 溶液生成红色沉淀，与磷钼酸反应生成蓝色沉淀，与硅钨酸反应生成白色沉淀。

11.2.3 生物碱的提取方法

许多生物碱对人和动物有很强的生理作用。例如，当归、黄连、贝母、洋金花、地黄等许多中草药的有效成分为生物碱。因此，从植物中提取、分离生物碱，测定其结构和药理性能，并进行人工合成是有机化学和医药学的重要部分。

提取生物碱一般有两种方法。

1. 有机溶剂提取法

首先将含有生物碱的植物洗净，干燥，再切碎或研成细粉。然后与碱液[如稀 $NH_3\cdot H_2O$、Na_2CO_3 或 $Ca(OH)_2$ 溶液]混合，拌匀，研磨，使生物碱游离析出。再选用合适的有机溶剂浸泡，使生物碱溶于有机溶剂，蒸馏回收有机溶剂，冷却结晶即得生物碱固体。

2. 稀酸提取法

首先将含生物碱的植物洗净，干燥，然后切碎并用稀酸浸泡，加热回流，使生物碱生成盐而溶于水。将水溶液经阳离子交换树脂进行交换分离，生物碱阳离子与离子交换树脂阴离子结合而留在交换树脂上，用稀 NaOH 洗脱生物碱，再用有机溶剂提取，即得生物碱结晶。可简单表示如下：

$$\boxed{\text{聚合物}}-SO_3^-H^+ + AH^+HSO_4^- \xrightleftharpoons{\text{阳离子交换}} \boxed{\text{聚合物}}-SO_3^-AH^+ + H_2SO_4$$

$$\boxed{\text{聚合物}}-SO_3^-AH^+ + NaOH \rightleftharpoons A + H_2O + \boxed{\text{聚合物}}-SO_3^-Na^+$$

11.2.4　几种重要的生物碱

1. 烟碱

烟碱又称尼古丁，从烟草提取而得，是烟草中所含 12 种生物碱中最多的一种。天然存在为左旋体，无色液体，沸点为 247℃。

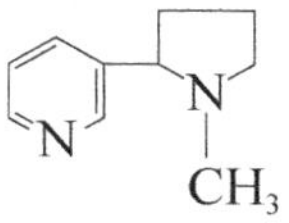

烟碱

烟碱有剧毒，少量吸服有兴奋中枢神经，增高血压作用，大量吸服可抑制中枢神经系统，心脏停搏以致死亡。烟碱也可以作剧毒杀虫剂，如杀蚜虫、蓟马、木虱等。

2. 麻黄碱

麻黄碱又称麻黄素，是从麻黄中提取的一种不含杂环的生物碱，属于仲胺，其结构与肾上腺素相似。麻黄碱为无色结晶，熔点为 38℃，呈左旋性，易溶于水和氯仿、乙醇等有机溶剂，也能够兴奋交感神经，增高血压，扩张气管，常用于治疗支气管哮喘病。

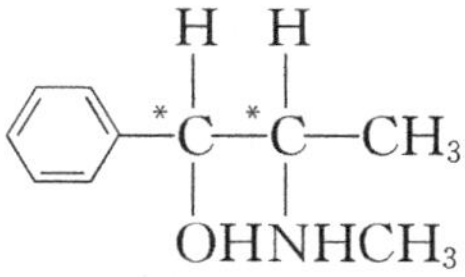

麻黄碱

3. 秋水仙碱

秋水仙碱为暗黄色针状晶体，剧毒，可溶于水，易溶于有机溶剂，其结构式如下：

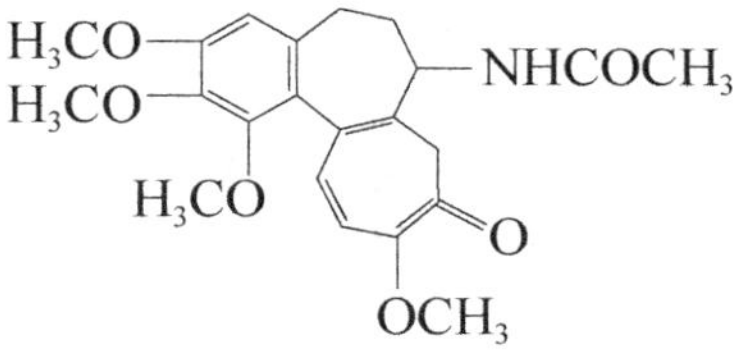

秋水仙碱

秋水仙碱是人工诱发单倍体的有效化学药剂，具有抗癌作用，临床上常用于治疗乳腺癌、皮肤癌等。

4. 黄连素

黄连素又称小檗碱，从黄柏、黄连中提取的一种异喹啉族生物碱。

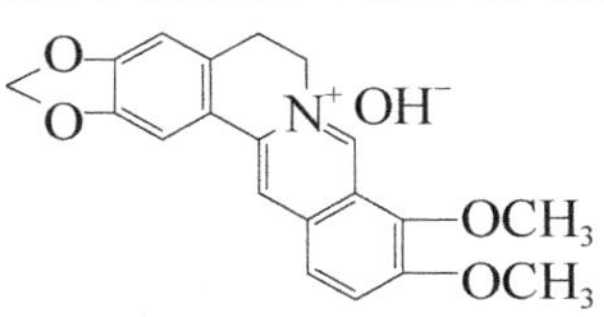

黄连素

黄连素为黄色结晶，有苦味，易溶于水和有机溶剂。医药上用的是黄连素的盐酸盐，能抑制痢疾杆菌、链球菌及葡萄杆菌，多用于治疗肠胃炎及细菌性痢疾等疾病。

5. 颠茄碱

颠茄碱又称阿托平，存在于茄科植物中，如颠茄、莨菪、曼陀罗、天仙子等。

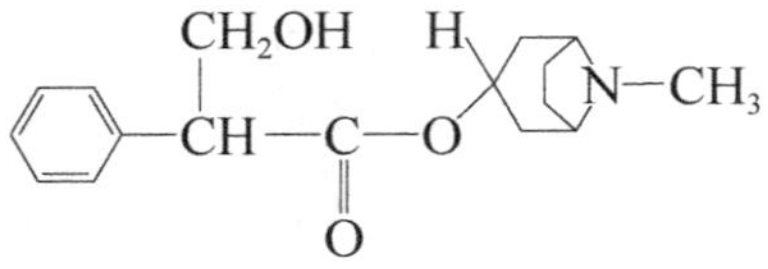

颠茄碱

颠茄碱为白色结晶，熔点为 114～116℃，有苦味，难溶于水，易溶于有机溶剂。医药上用作抗胆碱药，能抑制汗腺、唾液、泪腺、胃液等多种腺体的分泌。还能扩张瞳孔，用于治疗胃痛与肠绞痛，还可用于有机磷中毒的解毒剂。

6. 喜树碱

喜树碱为黄色结晶，有苦味，剧毒，熔点为 265～267℃，存在于我国西南及中南地区的喜树中，属于喹啉族生物碱，呈右旋性。

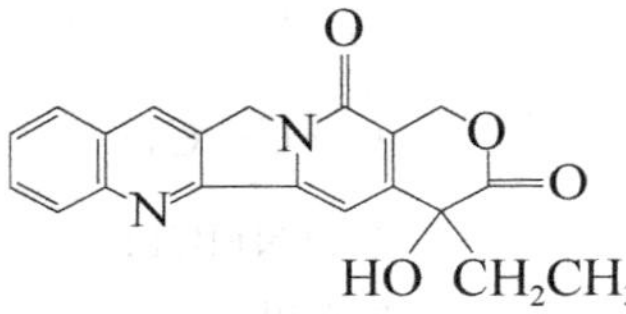

喜树碱

喜树碱在紫外光照射下显蓝色荧光。它具有显著的抗癌活性，是一种抗癌药，可用于治疗肠癌、胃癌、直肠癌、白血病等。

7. 吗啡碱

吗啡碱是罂粟科植物鸦片所含多种生物碱中最多的一种，约为 0.5%，属于异喹啉族生物碱。它是 1903 年被提纯的第一个生物碱，但它的结构直到 1952 年才被确定。

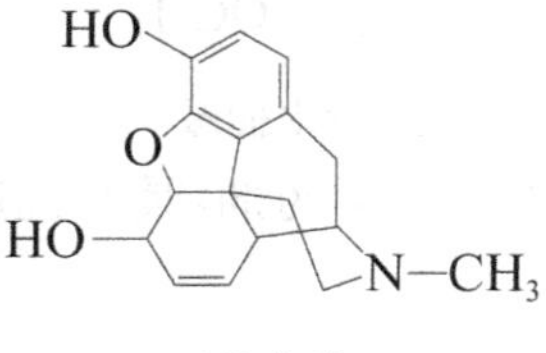

吗啡碱

吗啡碱为白色结晶，微溶于水，有苦味。它对中枢神经有极强的麻痹作用，有较快的镇痛能力，是医药上的局部麻痹剂，也用于癌症患者的晚期止痛。但也是一种成瘾药物，因此其使用范围和使用量都受到了严格控制。

8. 咖啡碱和茶碱

咖啡碱又称咖啡因，白色针状结晶，有苦味。易溶于热水，显弱碱性，存在于咖啡中。它也能兴奋中枢神经系统，能止痛，还可利尿。

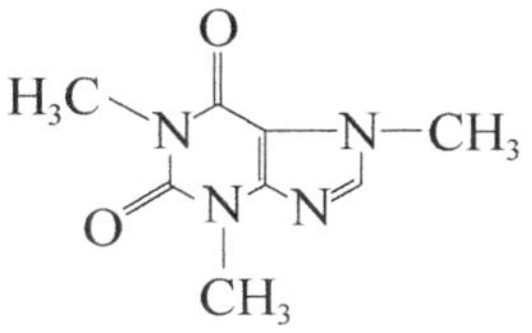

咖啡碱

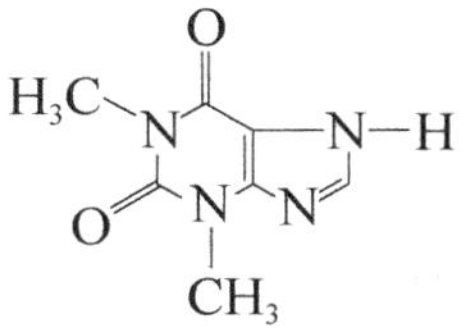

茶碱

茶碱是白色结晶体，易溶于热水，显弱碱性。有较强的利尿作用，还能松弛平滑肌。

阅读材料

人工合成结晶牛胰岛素

结晶牛胰岛素(crystallized bovine insulin)是牛胰岛素的晶状体。牛胰岛素是牛胰脏中胰岛 β-细胞所分泌的一种调节糖代谢的蛋白质激素，其一级结构于 1955 年由英国桑格(Sanger)测定。我国中国科学院生化与细胞研究所、北京大学化学系及中国科学院有机化学研究所通力合作，于 1959 年开始工作，1965 年 9 月 17 日用人工方法合成了有生物活性的结晶牛胰岛素，实现了世界上首次人工合成蛋白质的壮举。

1965 年，我国的科学工作者经过 6 年多坚持不懈的努力，获得了人工合成的牛胰岛素结晶。经鉴定，人工合成的胰岛素，其结构、生物活性、物理化学性质、结晶形状等都和天然的牛胰岛素完全相同，这是世界上第一个人工合成的蛋白质。10 多年来，这项成果经受了长期实践的检验，证明数据完整可靠，可以重复。

胰岛素是一种蛋白质，其相对分子质量接近 6000，具有蛋白质所特有的结构特征，被公认为是典型的蛋白质。胰岛素分子由 A、B 两条链组成，A 链有 21 个氨基酸，两条链通过两个二硫键连在一起。胰岛素分子还具有特定的空间结构，也就是说它的肽链能有规律地在空间折叠起来，具有空间结构的胰岛素分子还可以整齐地排列起来形成肉眼可见的结晶体。

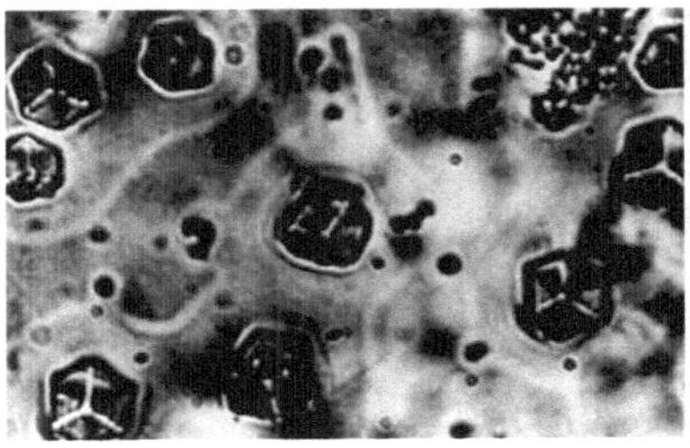

晶体胰岛素

人工合成牛胰岛素结构图

我国首先将天然胰岛素的 A、B 两条链拆开，再重新连接而得到了重合成的天然胰岛素结晶，为下一步的人工合成确定了路线。随后将人工合成的 B 链和 A 链分别与天然的 A 链和 B 链连接而得到了半合成的胰岛素。最后将人工合成的 A 链和 B 链连接而得到了全合成的结晶胰岛素。

蛋白质是生命的重要物质基础。人工合成牛胰岛素的成功，标志着人类在探索生命奥秘的征途中向前跨进了重要的一步，开始了用人工合成方法来研究蛋白质结构与功能的新阶段，还推动了我国胰岛素分子空间结构的研究和胰岛素作用原理的研究，使我国的胰岛素研究形成了具有我国特色的体系，并培养了一批优秀的蛋白质和多肽的研究人才。在这项工作完成以后，我国的科学工作者继续改进合成方法，并合成了许多有实际应用价值的多肽激素，同时进行了更大蛋白质分子的人工合成。胰岛素人工合成的成功，为我国蛋白质的基础研究和实际应用开辟了广阔的前景。

习　题

11-1　命名下列化合物或写出结构式。

(1) 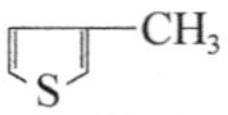

(2) 

(3) 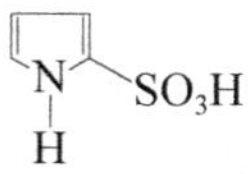

(4) 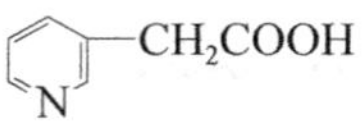

(5) 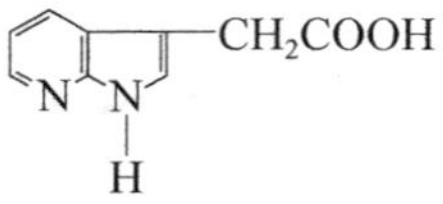

(6) 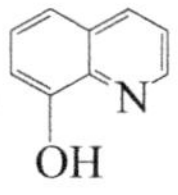

(7) 4-吡啶甲酸　　(8) α-呋喃甲酸　　(9) 2-氯噻吩

(10) 吡啶盐酸盐　　(11) 烟碱　　(12) 嘧啶

11-2　比较下列化合物中各氮原子碱性的强弱。

(1) 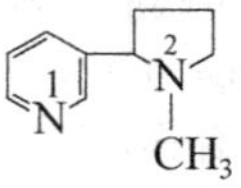

烟碱

(2) 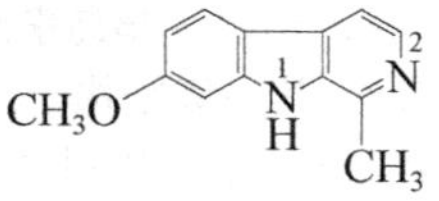

哈尔明碱

(3) 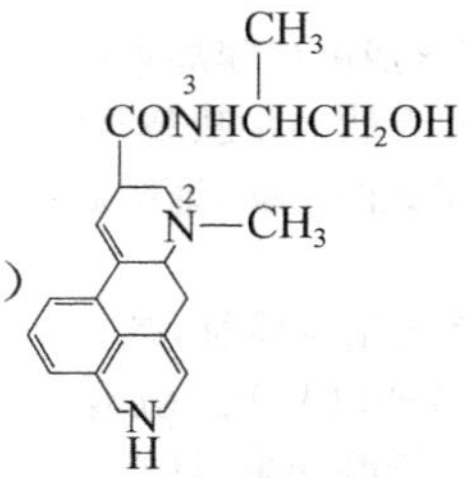

麦角新碱

(4) 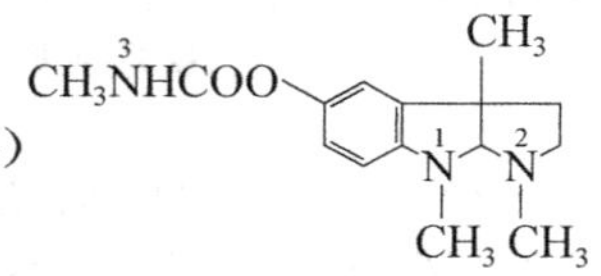

毒扁豆碱

11-3　试用恰当的方法除去下列各组化合物中的少量杂质，括号中的为杂质。

(1) 苯(噻吩)　　(2) 甲苯(吡啶)

11-4　用简单化学方法鉴别下列各组化合物。

(1) 呋喃与噻吩　　(2) 苯甲醛与糠醛

11-5　写出下列反应的主要产物。

(1) 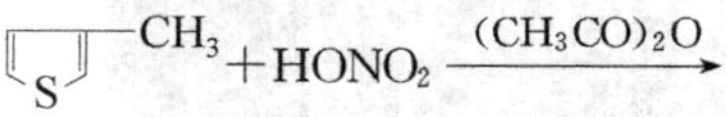

(2) 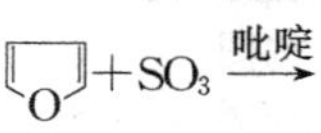

(3) 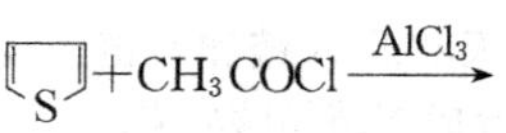

(4) 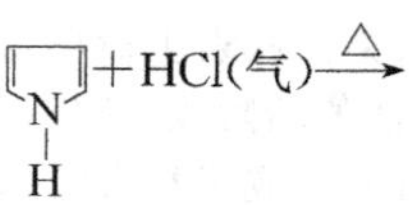

(5) 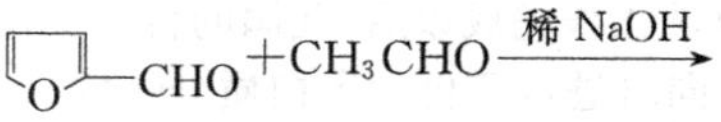

(6) 

11-6　判断下列化合物是否有芳香性。

(1) 　(2) 　(3) 

(4) 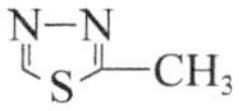　(5) 　(6) 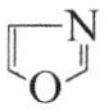

11-7　某杂环化合物 A 的分子式为 $C_5H_4O_2$，可氧化成羟基酸 B($C_5H_4O_3$)，将 B 的钠盐与碱石灰共热可得到 C(C_4H_4O)和 Na_2CO_3。C 不能与钠反应，也不发生银镜反应。试推测 A、B、C 的结构式。

第 12 章　脂　　类

油脂(oil and grease)和类脂化合物(lipid)总称为脂类化合物(lipid compound)。它们作为能量的储存形式及生物膜的主要成分广泛存在于生物体中，是维持生物体生命活动不可缺少的物质。

油脂是油和脂肪的总称。习惯上把常温下呈液态的称为油，如花生油、菜油等；植物体中，油脂主要存在于果实种子内。常温下呈固态的称为脂肪(简称为脂)，如牛脂、羊脂等；动物体内，主要存在于内脏的脂肪组织、皮下组织和骨髓中。

油脂可以提供生命活动需要的能量(1g 油脂氧化放出约 39kJ 的热量，1g 糖、蛋白质氧化则放出约 17kJ 的热量)；提供人体和动植物体所需的不饱和脂肪酸；帮助脂溶性维生素在体内的吸收和运输。动物的皮下脂肪可防止体温散失，保护内脏免受机械损伤。植物种子中的油脂是供种子发芽时需要的养料。

油脂也是重要的化工原料，非食用油大量用于制肥皂、油漆和润滑剂等。

类脂化合物通常是指磷脂、蜡和甾体化合物等。虽然它们在化学组成和结构上与油脂有较大差别，但由于这些物质在物态及物理性质方面与油脂类似，因此把它们称为类脂化合物。

12.1　油　　脂

12.1.1　油脂的组成和结构

从化学结构来看，油脂是酯类化合物，是高级脂肪酸与甘油所形成的高级脂肪酸甘油三酯：

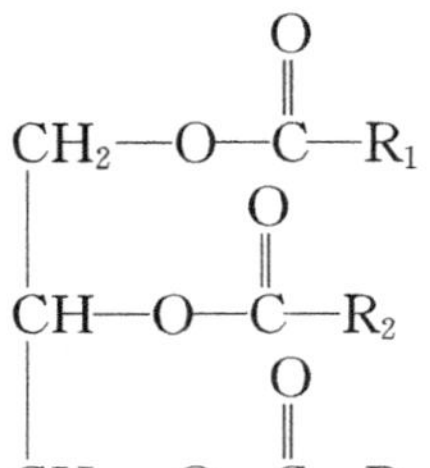

组成油脂的高级脂肪酸的种类很多(自然界有 70 余种不同的脂肪酸)，绝大多数都是含偶数碳原子的直链羧酸。饱和脂肪酸分子中不含双键，多存在于动物脂肪中，如硬脂酸($C_{17}H_{35}COOH$)、软脂酸($C_{15}H_{31}COOH$)等。几乎所有的油脂中都含有软脂酸。

不饱和脂肪酸分子中含一个或多个不饱和键，多存在于植物油中，如油酸(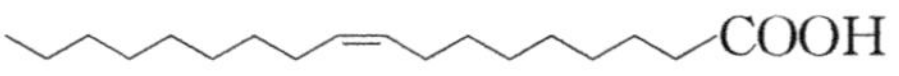)、亚油酸(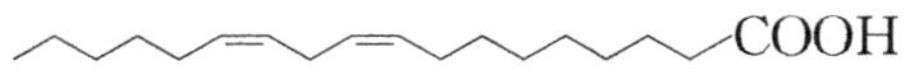)、亚麻酸等。

组成油脂的三个脂肪酸可以是相同的，也可以不同。如果三个脂肪酸是相同的，则称为简单甘油酯，如果三个脂肪酸不完全相同，则称为混合甘油酯。例如

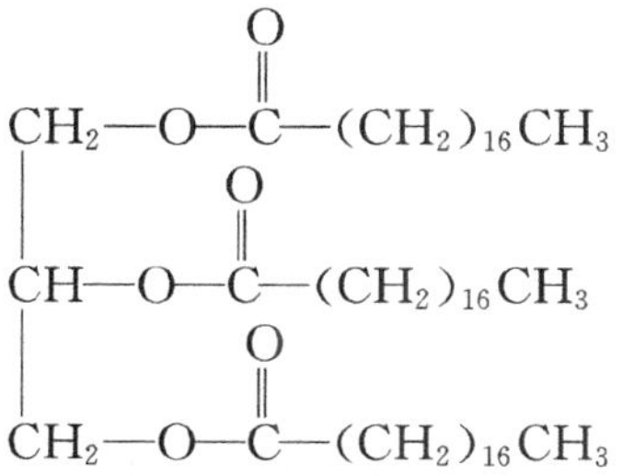

三硬脂酸甘油酯

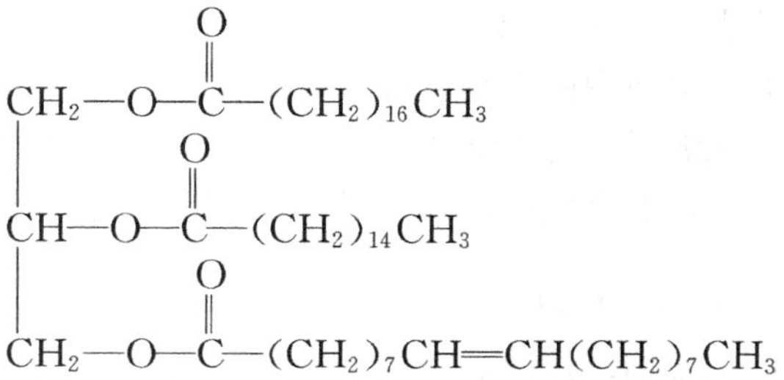

α-硬脂酸-β-软脂酸-α'-油酸甘油酯

我们熟悉的大豆油中，就含有亚油酸、油酸、软脂酸、硬脂酸、亚麻酸等多种高级脂肪酸，其中含量很高的亚油酸(脂肪酸组分含量为50%～60%)是机体重要的必需脂肪酸。

12.1.2　油脂的物理性质

纯净的油脂是无色、无味的物质。天然油脂因含有脂溶性色素和其他杂质而有一定的色泽和气味。由于油脂是混合物，所以没有固定的熔点和沸点，但有一定的凝固温度范围。

显然，植物油的熔点一般较低，这是由于其不饱和脂肪酸含量较高。而含饱和脂肪酸较多的动物油脂在室温下往往呈固态或半固态。此外，各种油脂都有比较固定的折光率，可用来鉴定油脂的纯度。

油脂比水轻。油脂不溶于水，易溶于乙醚、石油醚、氯仿、丙酮、苯和四氯化碳等有机溶剂。利用此特性，选择适当的溶剂就可采用浸出法制取食用植物油。

12.1.3　油脂的化学性质

由于油脂的主要成分是高级脂肪酸甘油三酯，而且具有不同程度的不饱和性，所以油脂可以发生水解、加成、氧化、聚合等反应。

1. 水解

油脂在酸、碱、酶作用下水解成甘油和高级脂肪酸，在酸性条件下的水解反应是可逆的。

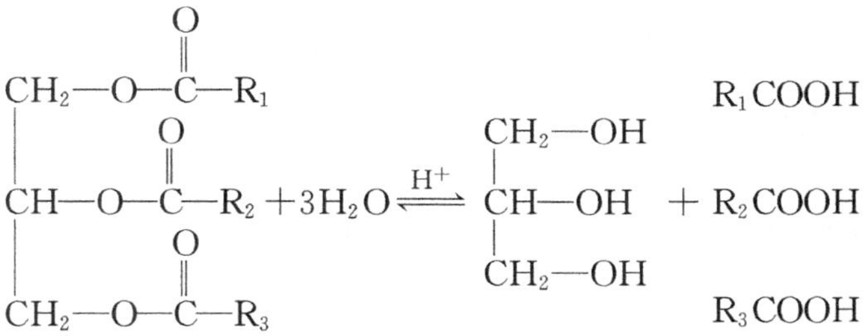

在碱的催化下，能使脂肪酸生成盐，所以油脂的水解能进行彻底，反应是不可逆的。

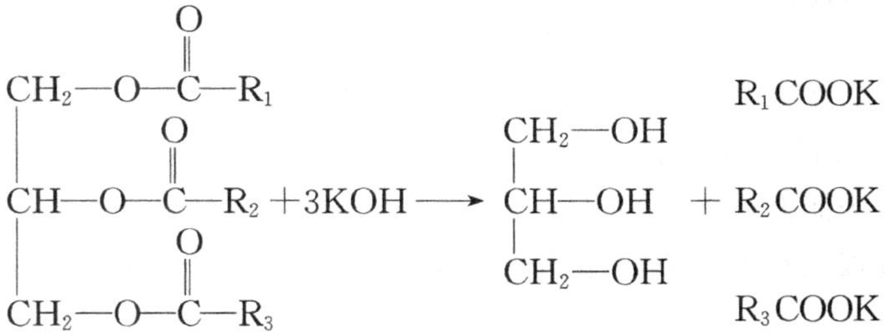

油脂用 NaOH 或 KOH 水解，生成的高级脂肪酸钠盐或钾盐是肥皂的主要成分，因此油脂在碱性溶液中的水解也属于皂化反应。

1g 油脂完全皂化所需 KOH 的质量(毫克数)称为皂化值(saponification value)。各种油脂都有一定的皂化值，由皂化值可以检验油脂的纯度。

2. 氧化与酸败

由于受到空气中的氧气或微生物的作用，油脂在储藏过程中会逐渐产生一种令人不愉快的气味(羧酸、醛和酮)，其酸度也明显增大，这种现象称为油脂的氧化与酸败(rancidity)作用。影响这一过程的因素有温度、光照、水分、金属离子、氧气、微生物的作用等。

油脂的酸败降低了油脂的食用价值。种子中的油脂发生酸败会严重影响种子的发芽率。为了防止油脂的氧化酸败，应将油脂保存在密闭非金属容器中，并置于阴凉、干燥和避光处，防止金属离子、微生物的污染；或者加入少量抗氧化剂，如维生素 E 等；食品工业中所用的抗氧化剂、除氧剂也是为了防止油脂发生这种变化。

3. 加成

一般油脂成分中都含有不同比例的不饱和脂肪酸。由于这些不饱和脂肪酸的存在，一方面降低了油脂的熔点，使其在常温下呈现液态，给运输和储存带来不便；另一方面这些含有不饱和键的脂肪酸，也容易发生氧化酸败。

为了克服这些缺点，我们常对天然油脂进行氢化，实际上就是不饱和键的催化加氢。氢化所用的催化剂为镍粉，把它悬浮在液态的油脂中，然后在搅拌下通入氢气(最好还要加压)。为了保持逐渐氢化的油脂有一定的流动性，在加氢过程中要维持一定的温度。待氢化反应完成，分离催化剂，提纯即得常温下为固体的氢化油脂，俗称硬化油(hardened oil)。

硬化油性质稳定，在工业上有多种用途，用于制皂、食品、化妆品以及脂肪酸工业中，如“人造奶油”等。

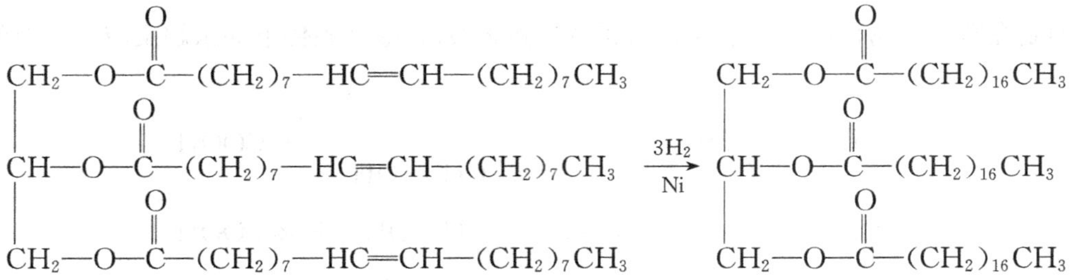

4. 干化

有些含有不饱和脂肪酸的油脂具有特殊的性质——干化(drying)，具有这种性质的油称为干性油(drying oil)。在干性油中加入颜料等物质，就可以制成油漆等涂料。如我国盛产的桐油(占世界产量的 90%)就是一种优良的干性油。桐油中含桐油酸 79%。桐油酸中的 3 个双键形成共轭体系，它的结构式：$CH_3(CH_2)_3CH{=}CH{-}CH{=}CH{-}CH{=}CH(CH_2)_7COOH$。

把桐油刷在一个面上并暴露在空气中时，它就逐渐变成一层干硬而有弹性的膜。干性油形成硬膜的详细过程还不十分清楚，但是与氧化和聚合有很大关系。干性油在油漆工业中得到广泛应用。

12.2 类 脂

12.2.1 磷脂

磷脂(phospholipid)是指含 H_3PO_4 的类脂化合物,广泛存在于植物种子(如大豆),动物的脑、卵、肝和微生物体中。根据磷脂的组成和结构,可将它分为磷酸甘油酯和神经磷脂两类。磷酸甘油酯的种类很多,最重要的有卵磷脂(lecithin)和脑磷脂(cephalin)。

1. 卵磷脂和脑磷脂

卵磷脂是由甘油的两个—OH 与高级脂肪酸结合,另一个—OH 与 H_3PO_4 结合,H_3PO_4 又通过酯键与胆碱结合而成的,因而又称为磷酸胆碱(choline phosphate,PC)。卵磷脂也是大豆磷脂中的主要成分之一。它既是食品加工中的一种乳化剂(制巧克力等可用),也具有较好的医疗保健效果(如降低血胆固醇和防止动脉粥样硬化)。

脑磷脂与卵磷脂的结构相似,H_3PO_4 通过酯键与乙醇胺结合。脑磷脂存在于脑、神经、大豆等中。新鲜的脑磷脂为无色固体,空气中易变为红棕色,有吸湿性;不溶于水和丙酮,微溶于乙醇,溶于氯仿和乙醚;可由家畜屠宰后的新鲜脑或大豆榨油后的副产物中提取而得。

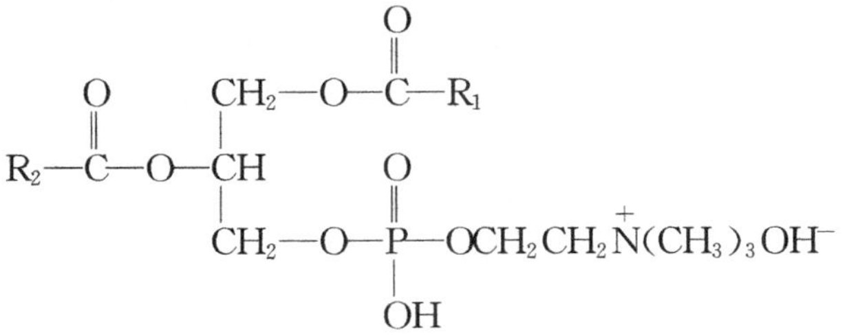

L-α-卵磷脂

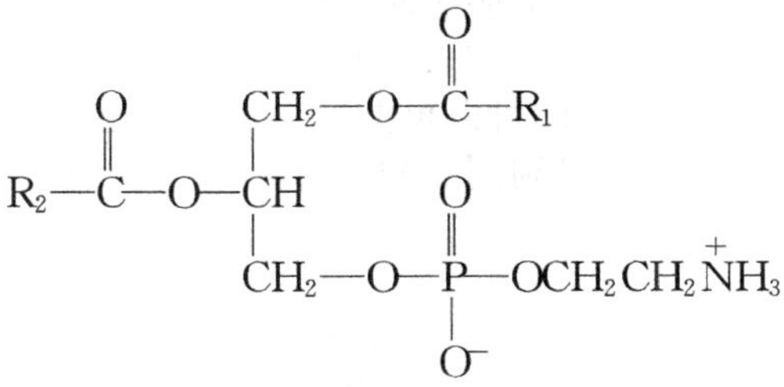

L-α-脑磷脂

2. 神经磷脂

神经磷脂简称鞘磷脂(sphingomyelin),存在于脑、神经组织和红细胞膜中,也存在于植物中。它是由 H_3PO_4、胆碱、脂肪酸和鞘氨醇组成的。

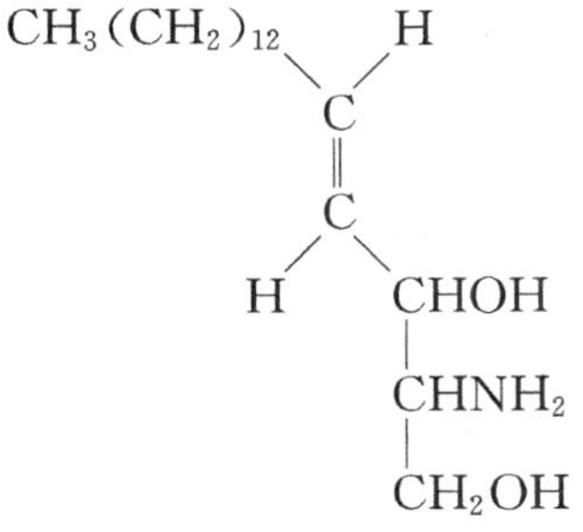

鞘氨醇

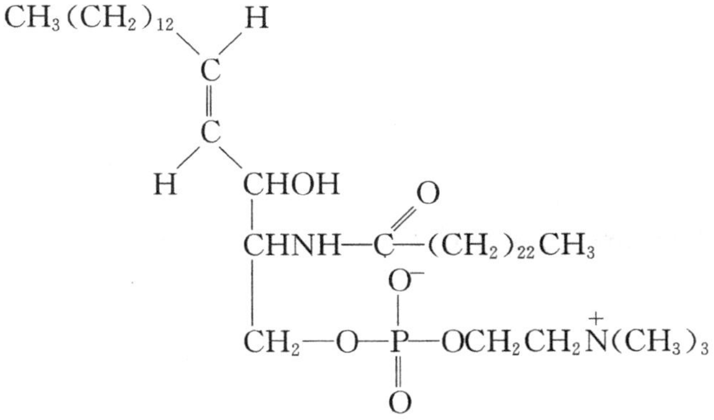

鞘磷脂

12.2.2 甾体化合物

甾体化合物(steroidal compound)又称类固醇(steroid),广泛存在于动植物体内,并在动植物生命活动中起着重要的调节作用,是一类重要的天然类脂化合物。

1. 甾体化合物的结构

从化学结构上看，甾体化合物分子中都含有氢化程度不同的环戊烷并多氢菲结构，该结构是甾体化合物的母核，四个环常用A、B、C、D分别表示，环上的碳原子按如下顺序编号：

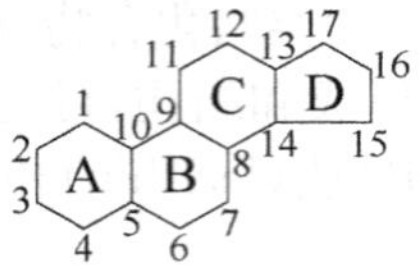

环戊烷并多氢菲（甾环）

甾体化合物除都具有环戊烷并多氢菲母核外，几乎所有此类化合物在C(10)和C(13)处都有一个甲基，称为角甲基，在C(17)上还有一些不同的取代基。

2. 重要的甾体化合物

1）胆甾醇

胆甾醇(cholesteryl)是一种环戊烷多氢菲的衍生物。早在18世纪人们已从胆石中发现了胆固醇，1816年化学家本歇尔(Benchel)将这种具脂类性质的物质命名为胆固醇(cholestenone)。7-脱氢胆固醇也是一种动物固醇，存在于人体皮肤中，经紫外线照射，可转化为维生素D_3。维生素D中有较强生理作用的是D_2、D_3。维生素D可以促进人体对钙、磷的吸收。缺乏时，人体骨骼可能发育不良。适量的日光浴是机体获得维生素D_3最简易的方法。在医药上也可以利用胆固醇合成维生素D_3。

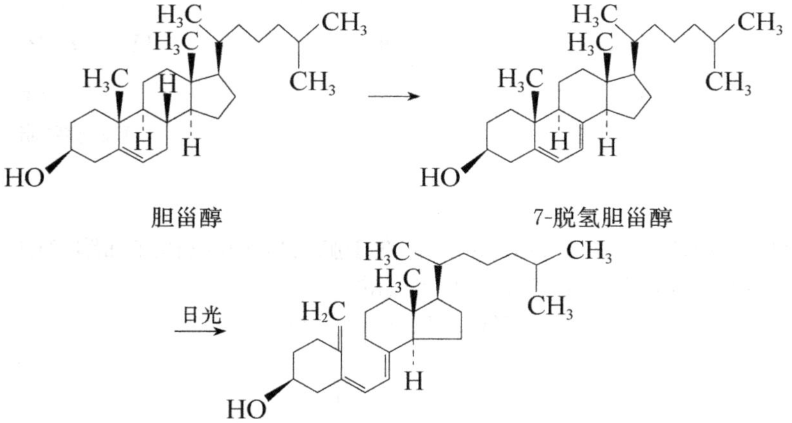

2）麦角甾醇

麦角甾醇含于某些酵母及某些植物中，属于植物固醇；经紫外线照射，可转化为维生素D_2。

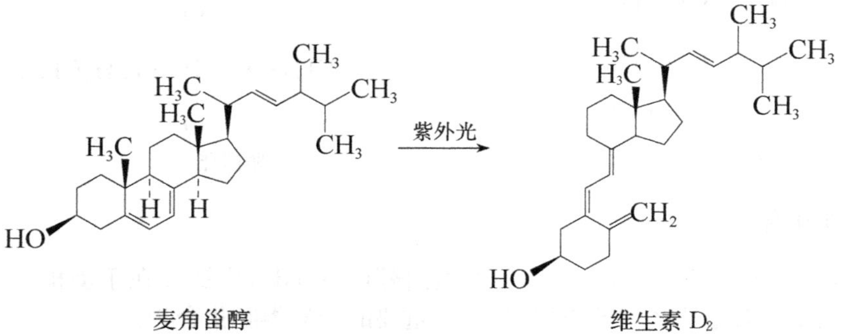

麦角甾醇　　　　维生素D_2

3）甾体激素

甾体激素又称类固醇激素，根据来源分为肾上腺皮质激素和性激素两类。

肾上腺皮质激素是产生于肾上腺皮质部分的一类激素。肾上腺皮质分泌三大类激素：盐皮质激素（主要为醛固酮）、糖皮质激素、少量的性激素（主要为雄激素）。这三类激素均为固醇类衍生物，故统称为类固醇激素。与肾上腺皮质激素有关的药物有乙酸可的松、氢化可的松、强的松龙、地塞米松、氟轻松（肤轻松软膏）等。

性激素又分为雄性激素和雌性激素两类，它们是性腺（睾丸或卵巢）的分泌物，有促进动物发育和维持第二性征（如声音、体形等）的作用。它们的生理作用很强，很少量就能产生极大的影响。如睾酮就是一种雄性激素，孕甾酮（黄体酮）就是一种雌性激素。

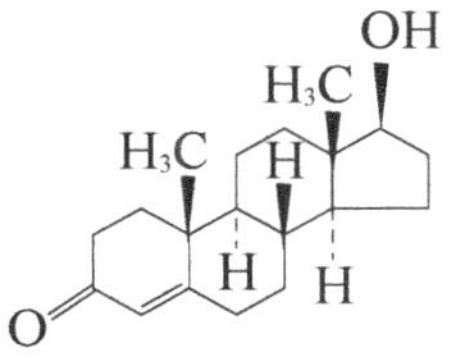

睾酮

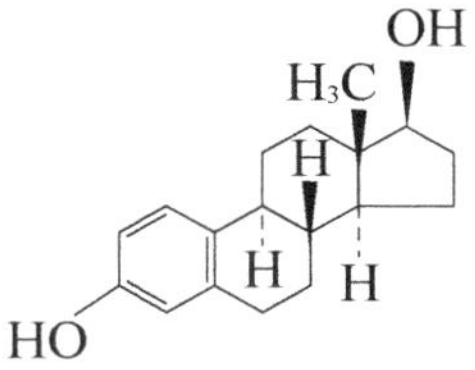

雌二醇

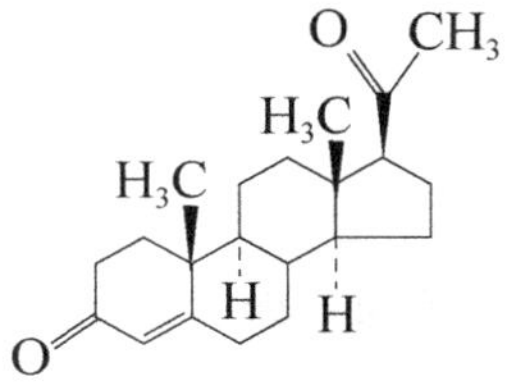

孕甾酮

12.3 肥皂和表面活性剂

12.3.1 肥皂的组成及乳化作用

油脂皂化后得到的高级脂肪酸钠盐是肥皂的主要成分。日常使用的肥皂含有约 70%的高级脂肪酸钠及约 30%的水分，以及为增加泡沫而加入的松香酸钠。高级脂肪酸的钾盐不能凝成硬块，称为软皂。软皂多用作洗发水或医药上的乳化剂，如消毒用的煤酚皂溶液就是约含 50%甲苯酚的软皂溶液。

肥皂之所以能除去油垢，是由高级脂肪酸钠的分子结构决定的。高级脂肪酸钠盐分子中，一部分是羧酸盐离子，具有极性，为亲水基；另一部分是链状烃基，为非极性的亲油基。亲油基易溶于油滴，亲水基不溶于油滴，排列于油滴表面而形成胶束，如图 12-1 所示。胶束表面是亲水基，可溶于水，再通过搓洗、摩擦将油垢分离。

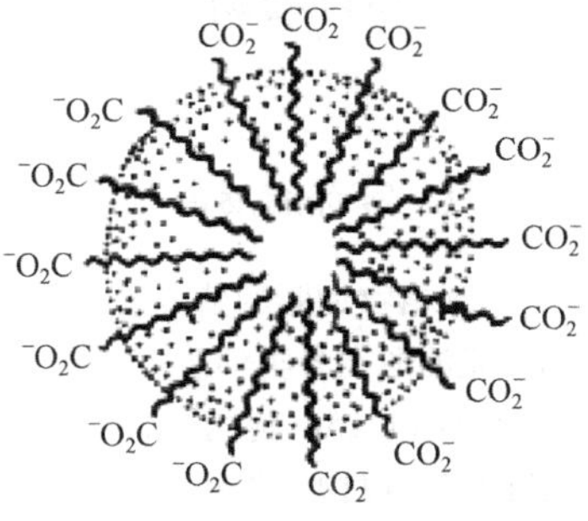

图 12-1 胶束示意图

12.3.2 表面活性剂

洗涤剂的主要成分是表面活性剂（surfactant），表面活性剂是分子结构中含有亲水基和亲油基两部分的有机化合物。一般是根据表面活性剂在水溶液中能否分解为离子，又将其分为离子型表面活性剂（阳离子型、阴离子型、两性离子型）和非离子型表面活性剂两大类。

1. 阳离子型表面活性剂

这一类表面活性剂在水中可以生成带有亲油基的阳离子，常用的主要是季铵盐，也有某些含磷或含硫的化合物。例如，外科手术时用于皮肤及器械消毒的“新洁尔灭”，可预防及治疗口腔炎、咽炎的药物“杜灭芬”。这两种化合物除了具有较强的乳化作用外，还有较强的杀菌力。

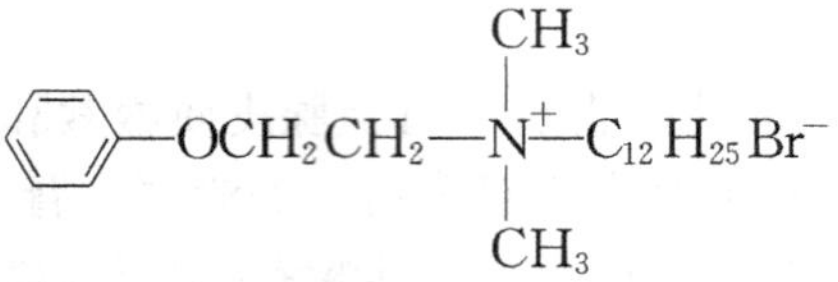

溴化二甲基-苯氧乙基-十二烷基铵(杜灭芬)

2. 阴离子型表面活性剂

阴离子型表面活性剂在水中生成带有亲油基的阴离子,如肥皂及我们日常使用的合成洗涤剂都是这一类型。目前我国生产的洗衣粉主要是以烷基苯磺酸钠为原料,烷基的碳原子数以 12 为宜。

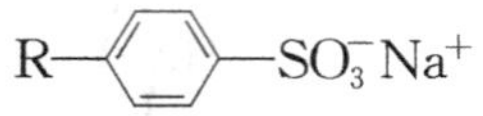

烷基苯磺酸钠

3. 非离子型表面活性剂

它不同于离子型表面活性剂,是一种在水中不解离成离子状态的两亲结构的化合物。非离子型表面活性剂具有高表面活性,其水溶液的表面张力低,临界胶束浓度低,胶束聚集数大,增溶作用强,具有良好的乳化力和去污力,也可以用作发泡剂、稳泡剂、乳化剂、增溶剂和调理剂等。非离子型表面活性剂品种很多,大体可分为 4 类:聚氧乙烯型(最主要的非离子型表面活性剂)、多元醇系、聚醚型、烷醇酰胺系,在功能材料的合成中各有其用。

阅读材料

食用油脂的营养特点

1. 富含脂肪酸

动植物油脂的营养价值差别较大,虽均富含脂肪酸,但不同油脂中必需脂肪酸的含量不一样。例如,亚油酸在各类油脂中的含量分别为:豆油 52.2%、玉米油 47.8%、芝麻油 43.7%、花生油 37.6%、菜籽油 14.2%、猪油 8.3%、牛油 3.9%、羊油 2.0%。可见,植物油是必需脂肪酸的最好来源。动物脂肪的组成以饱和脂肪酸为多,熔点高,不易被人体消化吸收。植物油的组成则以油酸、亚油酸、亚麻酸等不饱和脂肪酸为多,熔点低,在室温呈液态,故其吸收率较动物脂肪要高。

在动物脂肪中含有胆固醇,饱和脂肪酸与胆固醇形成酯,易在动脉内膜沉积,发生动脉粥样硬化;而植物油中的必需脂肪酸可防治高血脂和高胆固醇血症,尤其是米糠油、玉米油中含较多的植物固醇,如所含的谷固醇、豆固醇具有阻止胆固醇在肠道被吸收的功能,从而可预防血管硬化,促进饱和脂肪酸和胆固醇代谢。因此,动物固醇对心血管患者不利,而植物固醇则有益,可见植物油的营养价值比动物脂肪要高。

2. 含有较多的脂溶性维生素

脂溶性维生素都能溶解在油脂中,而且随同油脂一起被消化吸收。饮食中如果缺油,这些维生素的吸收则要受到很大的影响。动物脂肪中以奶油营养价值较高,含有一定量的维生素 A 和维生素 D,

是为其他动植物油脂所欠缺的。而植物油中的维生素 A、维生素 D 以及胡萝卜素能溶于油脂中，容易被人体所吸收。植物油还是维生素 E 的最好来源，由于维生素 E 具有抗氧化的作用，所以植物油较动物脂肪不容易发生氧化酸败。

不过，不论是植物油还是动物脂肪，就像其他营养素一样，过多的摄取会造成营养过剩，这对于健康是有害的。

习　　题

12-1　写出下列化合物的结构式。

(1) 三软脂酸甘油酯　　(2) 油酸　　(3) 亚油酸

12-2　为什么植物油一般室温下呈液态；动物脂肪室温下常为固态或半固态？

12-3　润滑油、石蜡、蜡、凡士林的化学成分和用途各是什么？

12-4　怎样防止油脂的氧化酸败？

12-5　肥皂、洗衣粉、洗发精的主要化学成分是什么？

12-6　区分“酯”和“脂”的概念。

第 13 章　碳水化合物

碳水化合物又称糖类化合物(carbohydrate compound),是自然界中分布极为广泛的一类有机化合物。它是一切生物体维持生命活动所需能量的主要来源,对人类的生命活动有着重要的意义。各种植物种子的淀粉、根、茎、叶中的纤维素,动物的肝脏和肌肉中的糖原以及蜂蜜和水果中的葡萄糖、果糖、蔗糖等都是碳水化合物。

13.1　碳水化合物的定义和分类

从化学结构的特点来说,碳水化合物是多羟基醛或多羟基酮,以及水解后能生成多羟基醛或多羟基酮的一类有机物。由于最初发现的这一类化合物都是由 C、H、O 三种元素组成,而且分子中 H 和 O 的比例为 2∶1,它们都可以用 $C_n(H_2O)_m$ 来表示,所以将这类物质称为碳水化合物。但后来发现有些化合物,如鼠李糖($C_6H_{12}O_5$),根据它的结构和性质应该属于碳水化合物,可组成并不符合上面的通式;而有些化合物,如乙酸($C_2H_4O_2$),虽然分子式符合上述通式,但从结构及性质讲,与碳水化合物完全不同。因此"碳水化合物"这一名词并不十分恰当,但因沿用已久,所以至今仍然使用。

碳水化合物常根据它能否水解和水解后生成的物质分为以下三类。

单糖(simple sugar):不能水解成更小分子的多羟基醛或多羟基酮,如葡萄糖、果糖、核糖、脱氧核糖等。

低聚糖(oligosaccharide):低聚糖也称寡糖,是由 2～10 个分子的单糖脱水缩合成的物质,能水解为 2 分子单糖的称为二糖(或双糖),水解产生 3 个或 4 个单糖的则称为三糖或四糖。在低聚糖中以二糖最重要,如蔗糖、麦芽糖、乳糖等。

多糖(polysaccharide):多糖是由很多个单糖分子脱水缩合而成的高分子化合物。一分子多糖水解后可产生几百个以至数千个单糖,它们相当于由许多单糖形成的高聚物,所以也称为高聚糖,属于天然高分子化合物。

从碳水化合物的分类可见,单糖是组成低聚糖和多糖的基本单位。我们首先讨论单糖的结构和性质,然后讨论二糖和多糖。

13.2　单　　糖

13.2.1　单糖的结构

按照分子中所含官能团的不同,单糖可分为醛糖和酮糖两类;按照分子中碳原子的数目,单糖又可分为丙糖、丁糖、戊糖、己糖和庚糖等。单糖的这两种分类方法常结合使用,按照所含碳原子的数目及羰基结构称为"某醛糖"或"某酮糖"。例如,5 个碳原子的醛糖称为戊醛糖,含 6 个碳原子的酮糖称为己酮糖。自然界中分布较普遍的单糖有葡萄糖、果糖、半乳糖、核糖、脱氧核糖等。单糖的链式结构一般用费歇尔投影式表示,部分单糖的链式结构如下:

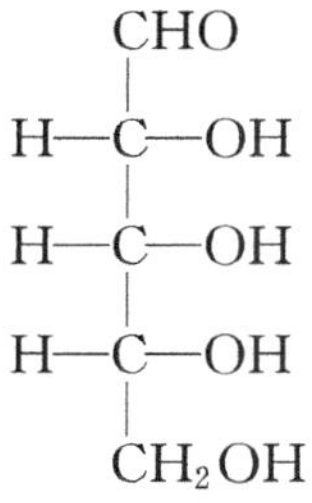

D-核糖(戊醛糖)

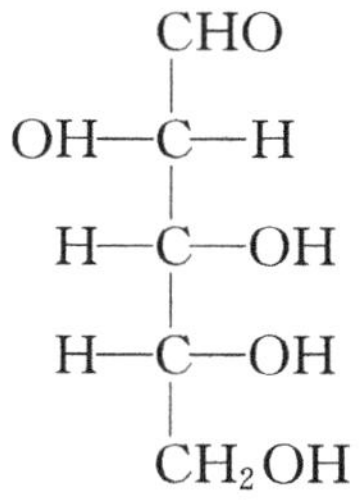

D-阿拉伯糖(戊醛糖)

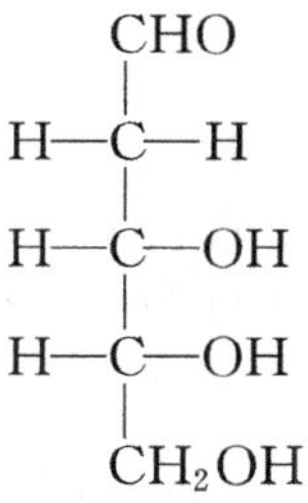

D-2-脱氧核糖(戊醛糖)

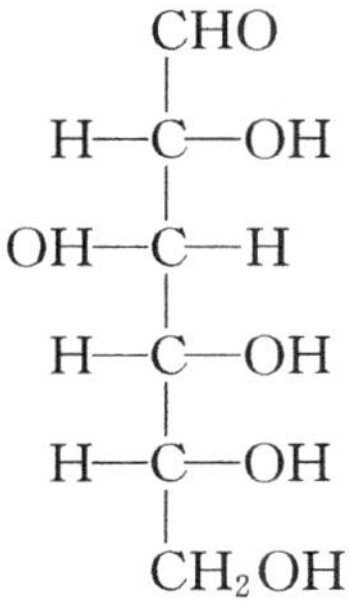

D-葡萄糖(己醛糖)

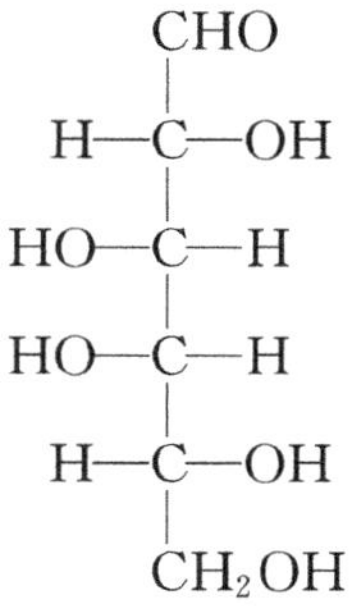

D-半乳糖(己醛糖)

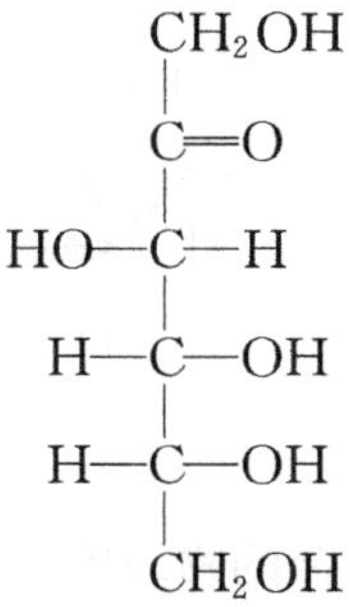

D-果糖(己酮糖)

自然界中的单糖主要是戊糖和己糖。最重要的戊糖是核糖,最重要的己糖是葡萄糖和果糖。碳数相同的醛糖和酮糖是同分异构体。

单糖的链式结构不稳定,在溶液、结晶状态和生物体内主要以环状结构形式存在。我们知道,醛和醇可以加成生成半缩醛,单糖的环状结构是其羰基与羟基发生半缩醛反应而形成的五元和六元含氧碳环,有 α-型和 β-型两种结构,其中形成的半缩醛羟基与决定构型的羟基处于同侧的为 α-型,处于异侧的为 β-型。单糖的 α-型和 β-型环状结构之间可以通过链式结构相互转化。

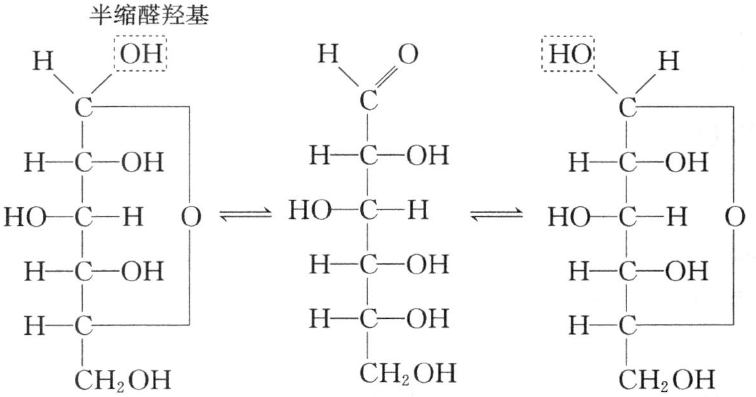

D-α-葡萄糖(平面环状)　　D-β-葡萄糖(平面环状)

环状结构一般用哈沃斯(Haworth)透视式或构象式表示。例如,葡萄糖的环状结构及哈沃斯式为

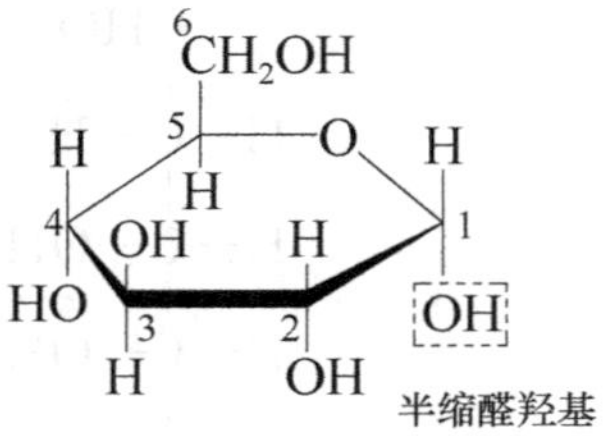

D-α-葡萄糖(透视式)

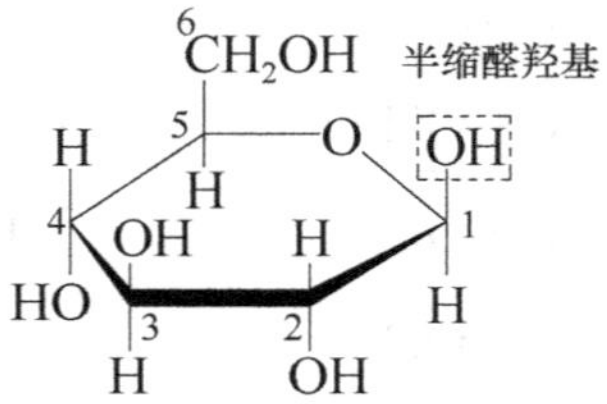

D-β-葡萄糖(透视式)

果糖的哈沃斯式为

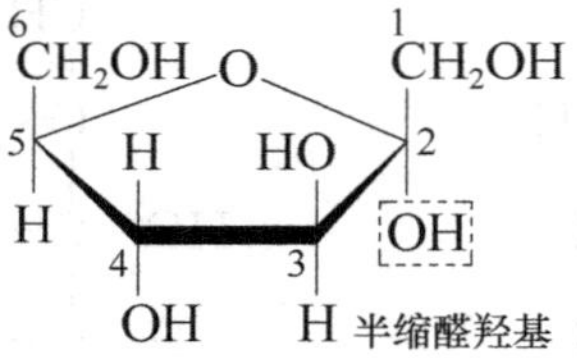

D-α-果糖

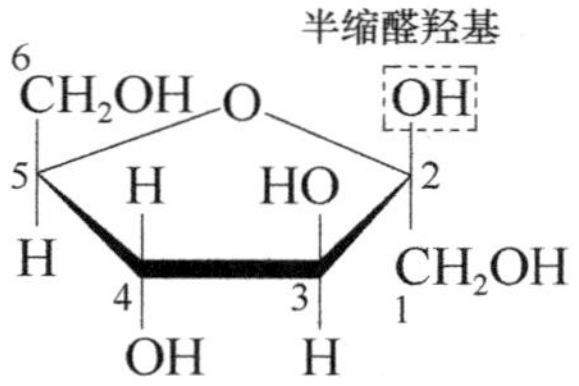

D-β-果糖

13.2.2　单糖的物理性质

单糖都是无色结晶,具有吸湿性,易溶于水,难溶于乙醇、乙醚、丙酮、苯等有机溶剂。单糖和二糖都有甜味,不同的单糖甜度各不相同,甜度最大的是果糖。它们的相对甜度(以蔗糖为100)见表13-1。单糖在水中的溶解度很大,常能形成过饱和溶液——糖浆。由于单糖溶于水即产生环式与链式异构体间的互变,所以新配成的单糖溶液在放置过程中旋光度会逐渐改变,但经过一定时间,几种异构体达成平衡后,旋光度就不再变化了,这种现象称为变旋现象(mutarotation)。除丙酮糖外,所有单糖都具有旋光性。

表13-1　糖的相对甜度

名称	葡萄糖	果糖	半乳糖	木糖	蔗糖	麦芽糖	乳糖	转化糖
甜度	74.3	173.3	32.1	40	100	32.5	16	127.4

13.2.3　单糖的化学性质

1. 氧化

在不同条件下,单糖可被氧化为不同产物。例如,D-葡萄糖用 HNO_3 氧化可得D-葡萄糖二酸,而用溴水则只能氧化醛基而得到葡萄糖酸(glucose acid)。

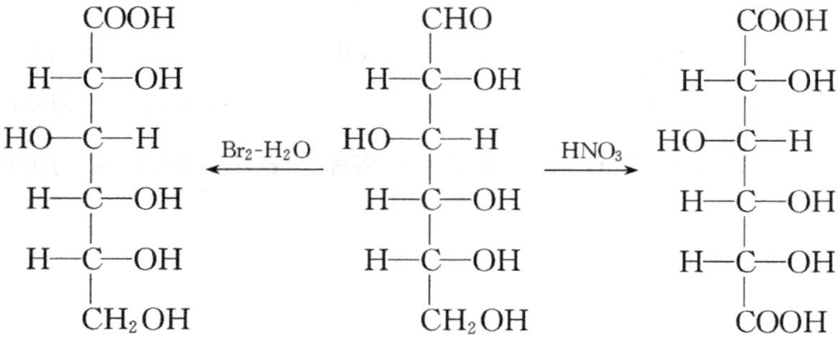

D-葡萄糖酸　　D-葡萄糖　　D-葡萄糖二酸

酮糖不被溴水氧化，所以用溴水可以区别酮糖和醛糖。

醛糖具有醛基(或半缩醛羟基)，很容易被费林试剂和土伦试剂等弱氧化剂氧化，分别生成砖红色的 Cu_2O 沉淀和银镜。酮糖如 D-果糖，尽管只含有酮羰基，但在碱性条件下可以差向异构化(epimerization)转变为醛糖，所以同样可以被氧化。例如，在稀碱溶液中，D-果糖会发生如下转化而生成醛糖：

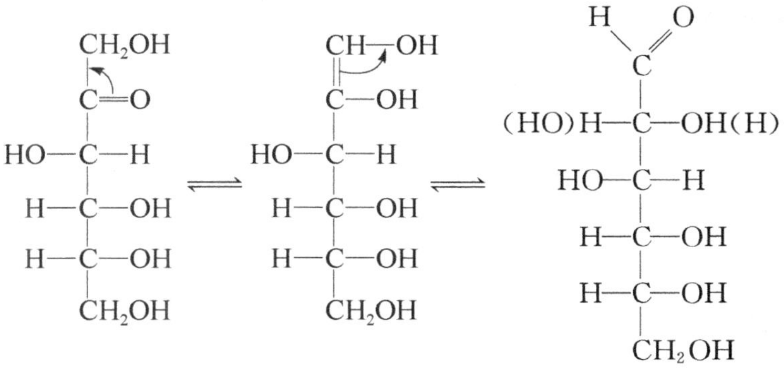

酮式　　　　　　烯醇式　　　　　　醛式

这种能还原碱性弱氧化剂的糖称为还原糖(reducing sugar)，所有的单糖均为还原糖。在生物测定技术中，也常用此性质定量测定葡萄糖等还原糖的含量。

糖醛酸是醛糖中末端的羟甲基(—CH_2OH)被氧化为—COOH 的产物。由糖制备糖醛酸采用化学方法是很困难的，但在特殊酶的作用下糖的某些衍生物可被氧化为糖醛酸。D-葡萄糖醛酸结构式如下：

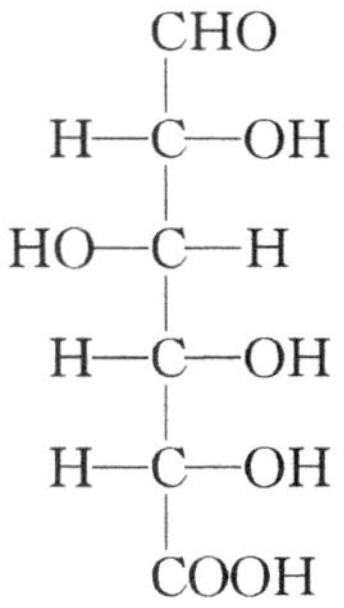

D-葡萄糖醛酸在生物代谢过程中有着很重要的意义，因为生物体中含—OH 的有毒物质是以 D-葡萄糖醛酸苷的形式由尿液中排出体外的。

2. 还原反应

用催化氢化或 $NaBH_4$ 等还原剂，可将单糖中羰基还原成—OH 而得到多元醇，称为糖醇(sugar alcohol)。

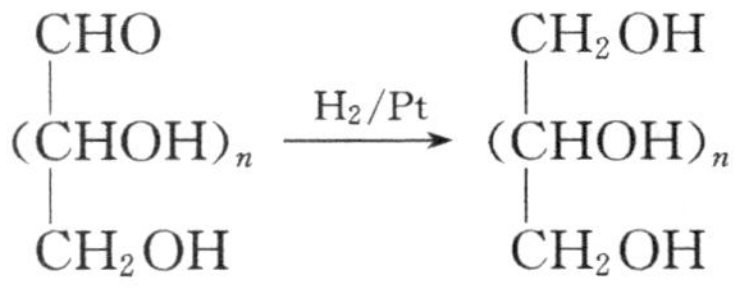

糖醇

葡萄糖还原生成葡萄糖醇(又称山梨醇，glucitol)；甘露糖还原生成甘露醇(mannitol)。果糖还原则生成山梨醇和甘露醇的混合物。山梨醇和甘露醇广泛存在于植物体内，李、桃、苹果、梨、樱桃等果实中含有较多的山梨醇。甘露醇则存在于柿子、胡萝卜、葱等中。山梨醇还常用作细菌的培养基及合成维生素 C 的原料。

3. 成脎反应

单糖与苯肼作用时，首先羰基与苯肼生成苯腙，但在过量苯肼的存在下，α-OH 继续与苯肼反应，生成的黄色结晶产物称为糖脎(sugar osazone)。例如

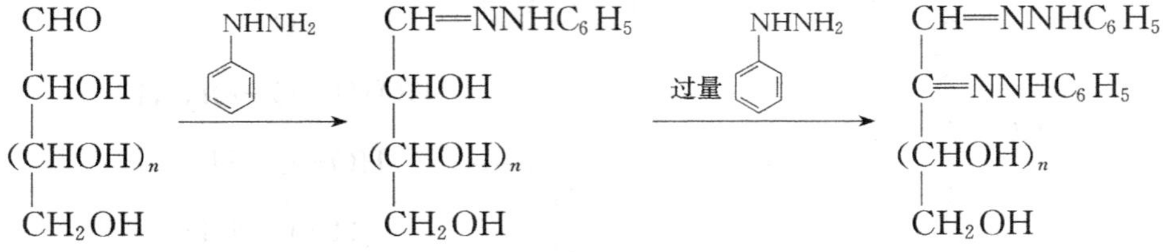

糖脎

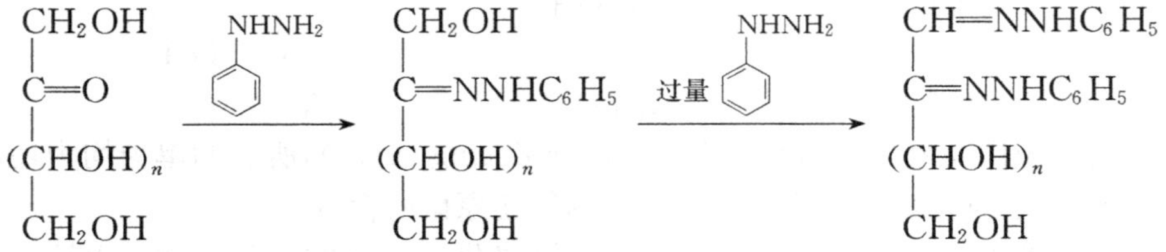

糖脎

糖脎都是黄色结晶，不同的糖脎结晶形状不同，并各有一定的熔点；即使能生成相同的脎，其反应速率和析出糖脎的时间也不相同，因此利用生成脎的反应可以鉴别糖。

4. 成苷反应

单糖分子中半缩醛羟基比其他醇羟基活泼，能与其他—OH 化合物或含—NH_2 的化合物如醇、酚等发生反应。在糖分子中，半缩醛(或半缩酮)羟基上的氢原子被其他基团取代生成缩醛(或缩酮)。在糖化学中把这种缩醛(或缩酮)称为糖苷(glycosidic)。半缩醛羟基也称苷羟基。例如，D-(+)-葡萄糖与甲醇在 HCl 作用下，生成 D-(+)-甲基葡萄糖苷。

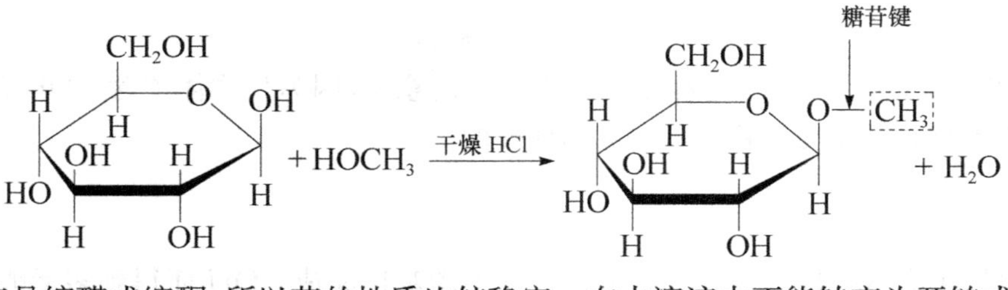

因为苷是缩醛或缩酮，所以苷的性质比较稳定。在水溶液中不能转变为开链式结构，故无变旋现象，也不再具有开链式结构所具有的一些特征反应，如氧化反应、还原反应、成脎反应等。但苷与稀酸共热，能水解生成原来的糖和相应的化合物。

糖苷广泛地存在于自然界中，与人类的生命和生活密切相关。天然染料茜素和靛蓝就是糖苷化合物，如田七、人参等天然药物的有效成分都具有糖苷的结构。

5. 显色反应

单糖能与浓酸(如 HCl、H_2SO_4)作用，脱水生成糠醛或其衍生物。

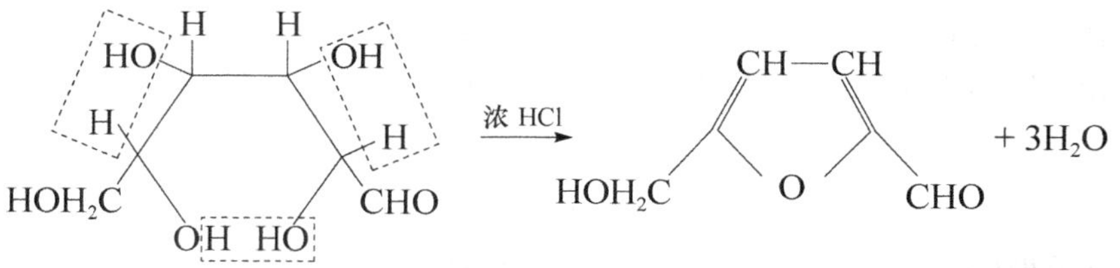

在一定条件下，糠醛及其衍生物能与酚类、蒽酮等缩合生成各种不同的有色物质，虽然这些有色物质的结构和生成过程尚未十分清楚，但由于反应灵敏，显色清晰，故常用来鉴别各种糖。下面是两种主要的鉴别反应。

1）莫利许反应

在糖的水溶液中加入 α-萘酚的乙醇溶液，然后沿试管壁慢慢加入浓 H_2SO_4（不得振摇），密度比较大的浓 H_2SO_4 沉到管底。在浓 H_2SO_4 与溶液的交界面很快出现美丽的紫色环，这个反应称为莫利许(Molisch)反应。所有的糖都能与浓 H_2SO_4 和 α-萘酚反应生成紫色物质，莫利许反应是鉴别糖的最简便的方法。

2）塞利凡诺夫反应

在酮糖（如果糖或蔗糖）的溶液中，加入塞利凡诺夫(Seliwanoff)试剂（间苯二酚的 HCl 溶液），加热后很快出现鲜红色，这就是塞利凡诺夫反应。该反应可用来区别醛糖和酮糖。

13.3　二　　糖

低聚糖中以二糖最为重要，由于它能水解为两分子单糖，因此二糖可以看作由两分子单糖脱去一分子水通过苷键而形成的缩合物。所以，从广义上说，二糖也是糖苷。二糖的物理性质与单糖相似：能结晶，易溶于水，并且有甜味。自然界中存在的二糖可分为还原性二糖和非还原性二糖两类。它们在酸或酶的作用下都能水解生成单糖。

13.3.1　还原性二糖

还原性二糖是由一分子单糖的半缩醛羟基与另一分子单糖的醇羟基脱水而成的。比较重要的还原性二糖有麦芽糖、纤维二糖和乳糖等。其中麦芽糖与纤维二糖互为同分异构体。

1. 麦芽糖

麦芽糖是由一分子 α-葡萄糖 C(1)上的半缩醛羟基与另一分子 α-葡萄糖 C(4)上的—OH 脱水后通过苷键连接而成的二糖。这种糖苷键称为 α-1,4-苷键。其结构式如下：

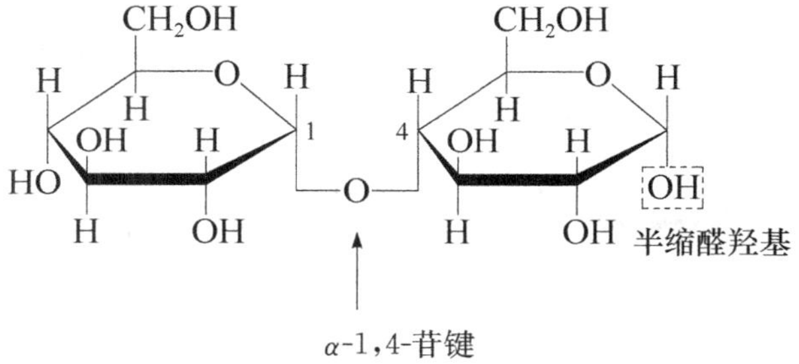

麦芽糖是无色结晶性粉末，熔点为 160～165℃，易溶于水，甜度约为蔗糖的 33%。麦

芽糖大量存在于发芽的种子中，特别是在麦芽中含量最多。淀粉在麦芽酶或唾液酶作用下水解为麦芽糖，所以咀嚼淀粉类食物，会感到有甜味，麦芽糖是生物体内淀粉降解的中间产物。

$$(C_{12}H_{22}O_{11})_n + nH_2O \xrightarrow{\text{麦芽糖酶}} n(C_{12}H_{24}O_{12})$$

麦芽糖是饴糖（麦芽糖和糊精的混合物）的主要成分，常用于制作糖果食品的原料，也可用作营养剂和培养基等。“麦芽浸膏”的重要成分就是麦芽糖和淀粉酶（还含有少量糊精和葡萄糖），成药“麦精鱼肝油”就是含有麦芽浸膏的鱼肝油制剂。

2. 纤维二糖

纤维二糖是由两分子 β-葡萄糖脱去一分子水所形成的二糖，是组成纤维素的基本单位。其结构式如下：

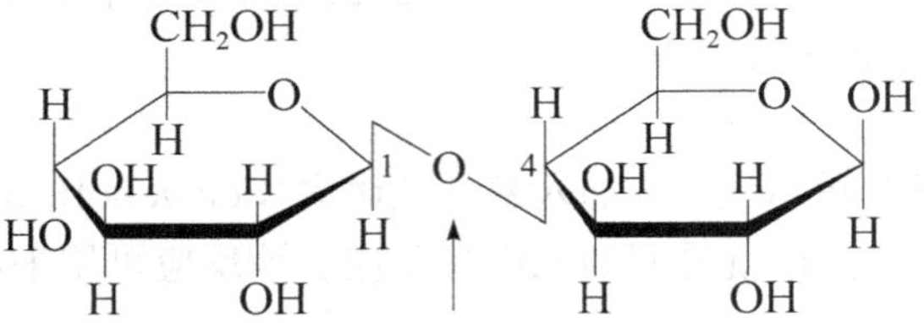

β-1,4-苷键

纤维二糖为无色结晶，熔点为 225℃，可溶于水，具有右旋性，是纤维素水解的中间产物，在酸或酶的作用下，水解后生成两分子的 β-葡萄糖。纤维二糖还能与新制的 $Cu(OH)_2$ 反应生成砖红色 Cu_2O 沉淀。

3. 乳糖

乳糖是一分子 β-D-半乳糖与一分子 D-葡萄糖以 β-1,4-苷键连成的二糖，成苷部分是 β-D-半乳糖。乳糖分子结构中仍有苷羟基，属还原性二糖。它水解生成一分子 D-半乳糖和一分子 D-葡萄糖。α-乳糖的结构式如下：

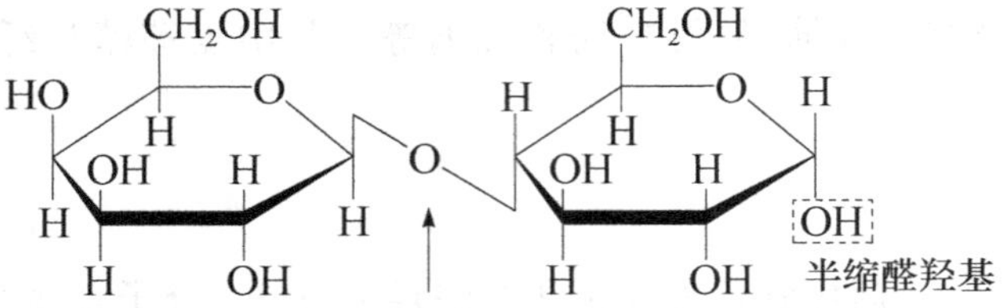

D-β-半乳糖基　β-1,4-苷键　D-葡萄糖基

或

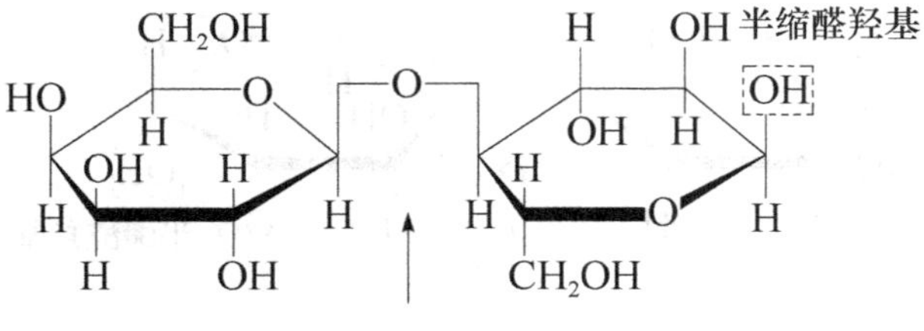

β-1,4-苷键

乳糖为含一分子结晶水的结晶性粉末，溶解于水。在二糖中，乳糖的水溶性较小。乳糖能

成脎，有还原性和变旋现象。乳糖存在于哺乳动物的乳汁中，人乳中含乳糖 5%～8%，牛、羊乳中含乳糖 4%～5%。乳糖被应用于食品及医药工业。

13.3.2　非还原性二糖

非还原性二糖是由两个单糖分子的半缩醛羟基失水而成的。这种二糖分子中没有半缩醛羟基，无变旋现象，不能与苯肼反应成脎，也不能与费林试剂反应，无还原性。比较重要的二糖有蔗糖和海藻糖。

1. *蔗糖*

蔗糖(sugar)是白色晶体，易溶于水，甜味仅次于果糖。蔗糖广泛存在于植物的根、茎、叶、花、种子和果实中，是自然界分布最广而且也是最重要的二糖。我们日常食用的白糖、红糖和冰糖，都是不同形式的蔗糖。

蔗糖分子是由 α-葡萄糖的 C(1)上的半缩醛羟基和 β-果糖的 C(2)上的半缩醛羟基脱去一分子水，通过 α,β-1,2-苷键连接成的二糖。蔗糖的结构式如下：

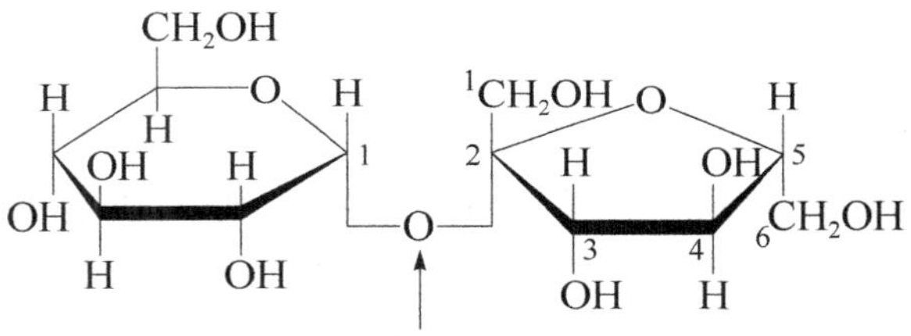

α,β-1,2-苷键

在所有的光合植物中都含有蔗糖，它是植物光合作用的重要产物，是植物体内糖类储藏、积累和运输的主要形式。在甘蔗块茎(约 26%)和甜菜块根(约 20%)中含量最多。蔗糖是右旋糖，其水溶液的比旋光度为＋66.5°，而 D-蔗糖水解后得到等量的葡萄糖和果糖的混合物，由于 D-葡萄糖的比旋光度为＋52.7°，而 D-果糖的比旋光度为－92°，故水解混合物的旋光方向为左旋的，所以常将蔗糖的水解产物称为转化糖(invert sugar)，转化糖中含有果糖，比蔗糖甜。蜂蜜的主要组分就是转化糖。

2. *海藻糖*

海藻糖就其功能及其应用来说，是一种新型的、重要的非还原性二糖，它是由两个 D-葡萄糖以 α-1,1-苷键连成的。其结构式如下：

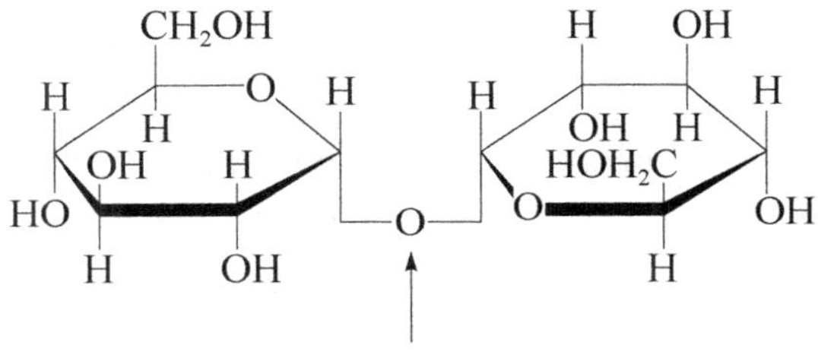

α-1,1-苷键

海藻糖分子中不存在苷羟基，存在于藻类、真菌、酵母、地衣及某些昆虫体内。它不但具有分子结构简单、惰性、无毒、低甜味的特性，而且具有非还原性、保湿性、耐冻性、干燥性等特点。

特别是具有非常奇特的生物功能，即在干态下保护细胞膜、蛋白质等生物活性，使物质免遭破坏。在食品工业中可作为防腐保鲜剂，在医药领域主要作为试剂和诊断药的稳定剂。

13.4　多　糖

多糖是一类天然高分子化合物，是由数百以至数千个相同或不同的单糖分子脱水以苷键相连形成的高聚体。按其水解情况可分为两大类：一类为水解产物是一种单糖的，称为多糖，如淀粉、糖原和纤维素等；另一类为水解产物多于一种单糖的，称为杂多糖，如半纤维素、果胶质和黏多糖等。多糖按其生物功能也大致可分为两类：一类作为储藏物质，如植物体储藏的养分——淀粉，动物体储藏的养分——糖原；另一类构成植物的结构物质，如纤维素、半纤维素和果胶质等。在自然界构成多糖的单糖可以是已糖、戊糖、醛糖和酮糖，也可以是单糖的衍生物，如糖醛酸和氨基酸等。

虽然多糖是由单糖构成的，但多糖的性质和单糖、低聚糖有很大的差别。多糖一般为晶形固体，多数不溶于水，有的能在水中形成胶体溶液。多数没有甜味，无变旋现象，不显示还原性。

13.4.1　淀粉

淀粉是植物储存的营养物质之一，多存在于植物的种子、块茎和块根中，如稻米含淀粉62%～82%；小麦含淀粉 57%～75%。用 β-淀粉酶水解淀粉可以得到麦芽糖，在酸的作用下，能够彻底水解成葡萄糖。所以可以将淀粉看作麦芽糖的高聚体。

1. 淀粉的结构

淀粉一般由两种成分组成：一种是直链淀粉（淀粉颗粒质），另一种是支链淀粉（淀粉皮质）。这两部分在结构与性质上有一定区别，它们在淀粉中占的比例随植物的品种而异。例如，稻米淀粉中，直链淀粉约占 17%，支链淀粉约占 83%；小麦淀粉中，直链淀粉约占24%，支链淀粉约占 76%；糯米淀粉几乎全部都是支链淀粉；而绿豆中的淀粉几乎全部是直链淀粉。

直链淀粉在淀粉中的含量为 10%～30%，相对分子质量比支链淀粉小，是由 200～980 个 α-葡萄糖脱水，以 α-1，4 苷键结合而成的链状化合物，可被 β-淀粉酶水解为麦芽糖。平均相对分子质量为 32 000～160 000，直链淀粉分子结构为

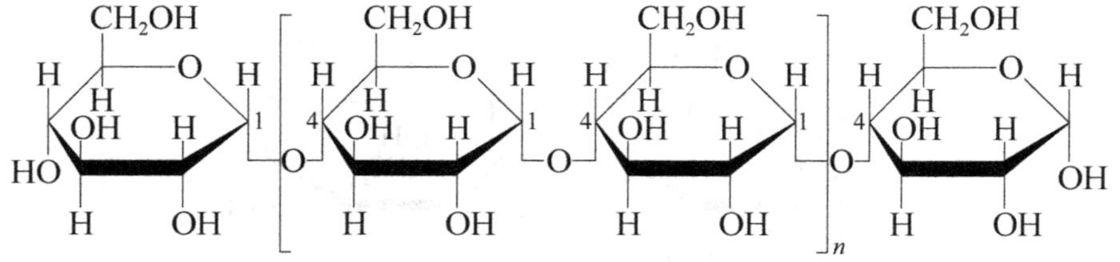

支链淀粉在淀粉中的含量为 70%～90%，相对分子质量为 1.0×10^5～1.0×10^6，是由600～6000 个 α-葡萄糖相互脱水，以苷键连接而成。链上的葡萄糖残基之间，以 α-1，4-苷键相连；在分支点上则以 α-1，6-苷键相连，形成一个像树枝状的大分子。支链淀粉的结构如下：

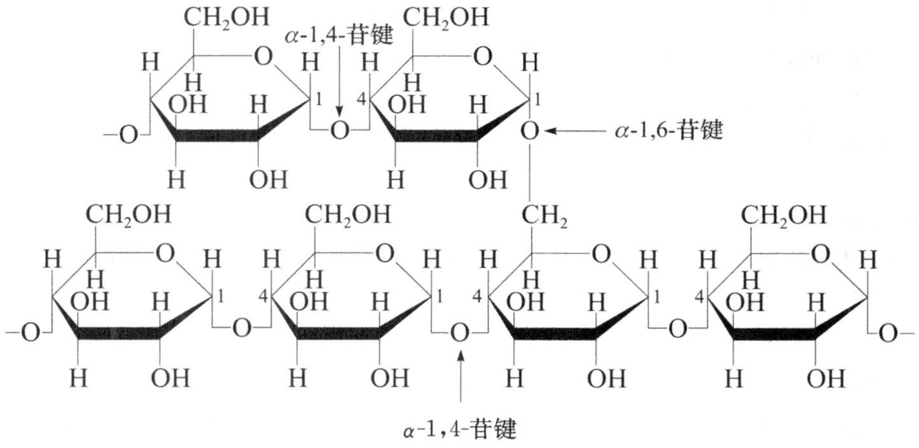

2. 淀粉的性质

淀粉为白色无定形粉末，无甜味，无还原性。不同来源的淀粉其形状和大小均不相同，直链淀粉和支链淀粉的性质也有所差异。直链淀粉不溶于冷水而易溶解在热水中，遇碘显深蓝色。支链淀粉溶于水，在热水中吸水糊化（又称溶胀），生成极黏稠的溶液，遇 I_2 产生紫红色。

淀粉和 I_2 的颜色反应很灵敏，常用于检验淀粉的存在。在分析化学中，可溶性淀粉用作碘量法分析的指示剂。直链淀粉并不是如上的直线形分子，而是呈逐渐弯曲的形式，并借分子内氢键卷曲成螺旋状。I_2 与淀粉之间并不是形成了化学键，而是 I_2 钻入螺旋当中的空隙。I_2 与淀粉之间借助于范德华引力联系在一起，形成一种深蓝色的配位化合物。淀粉和 I_2 产生的蓝色在受热时褪去，冷却后又重新出现蓝色。

淀粉在酸的作用下水解，也可以在生物体内酶的作用下水解。淀粉的水解是大分子逐步裂解为小分子的过程，这个过程的中间产物总称为糊精（dextrin）。在水解过程中，糊精分子逐渐变小，根据它们与 I_2 产生不同颜色分为蓝糊精、红糊精和无色糊精。无色糊精继续水解则生成麦芽糖，最后生成葡萄糖。淀粉在淀粉酶催化下水解生成麦芽糖，麦芽糖在麦芽糖酶的催化下最终水解生成葡萄糖。其水解过程如下：

$$\underbrace{\text{淀粉}\rightarrow\text{蓝糊精}\rightarrow\text{红糊精}\rightarrow\text{无色糊精}}_{\text{淀粉酶催化}}\rightarrow\underbrace{\text{麦芽糖}\rightarrow\text{葡萄糖}}_{\text{麦芽糖酶催化}}$$

工业上常用淀粉制成葡萄糖和乙醇等。淀粉在糖化酶的作用下，转化为葡萄糖，再在酒化酶的作用下转变为乙醇。反应可简略表示如下：

$$\text{淀粉}\xrightarrow{\text{糖化酶}}\text{葡萄糖}\xrightarrow{\text{酒化酶}}\text{乙醇}$$

13.4.2　纤维素

纤维素是构成植物细胞膜的主要成分。它在自然界中分布很广。在植物中，纤维素是和木质素（一种含有—OH、—OCH 以及芳环结构的复杂物质，其结构和组成尚未研究清楚）、半纤维素（多聚戊糖和多聚己糖的混合物，相对分子质量比纤维素小）、油脂、无机盐等同时存在的。木材中约含纤维素 50%，亚麻含纤维素 80%，棉花含 90%以上。定量滤纸可以说是纯粹的纤维素。造纸工业就是以制取纯纤维素为主要任务，通常是在加热的条件下，用碱溶液或

$(NH_4)_2SO_3$ 溶液处理植物体，使其中木质素等杂质溶解，纤维素受碱的破坏作用较小（苷键对碱稳定），从而提取出纯纤维素。

纤维素是白色纤维状固体，它的纯品无色、无味、无臭，不溶于水和有机溶剂，但吸水膨胀。它像直链淀粉一样，是没有分支的链状分子化合物，不溶于水和一般有机溶剂（如乙醇、苯、醚等）。

纤维素的分子式为 $(C_6H_{10}O_5)_n$，此处的 n 与淀粉中的 n 不同。纤维素的相对分子质量比淀粉大得多，其葡萄糖单元为 6000～8000，是葡萄糖通过 β-1，4-苷键连接起来的天然高分子化合物。纤维素的结构如下：

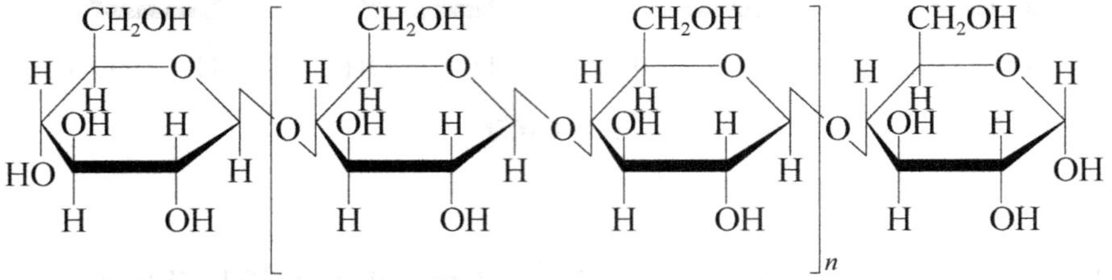

纤维素比淀粉更难水解，一般需要在浓酸中或在稀酸加压下进行。在水解过程中可以得到纤维四糖、纤维三糖和纤维二糖等，但水解的最后产物也是 β-葡萄糖。

13.4.3　糖原

糖原是无色固体，溶于水呈乳色，遇碘呈棕至紫色，无还原性，在稀酸或淀粉酶的催化下，糖原水解生成麦芽糖、异麦芽糖和葡萄糖。

糖原是动物体内糖的一种储存形式，所以又称动物淀粉。和支链淀粉一样，糖原也是由 α-1，4-苷键和 α-1，6-苷键连接而成的多支链结构，但糖原具有较小的相对分子质量和更多的分支，每个分支的平均长度相当于 12～18 个葡萄糖结构单位。糖原在动物组织内分布很广，肝脏、肌肉中储量较大。

阅读材料

海藻糖在生物工程中的应用

脱水保存数十年的花粉、种子、真菌的孢子和许多微生物能在复水化数分钟后就恢复活性，这种奇怪的现象称为“无水生活”。探索其中奥秘，发现它们都能积累大量的海藻糖（trehalose）。海藻糖是一种非还原性二糖，两个葡萄糖通过苷键连接而成，化学性质非常稳定，无毒无害，不会焦糖化。

海藻糖分布十分广泛，在细菌、酵母、真菌、昆虫和哺乳动物等都有发现，在生物体内它既作为储存碳源，又是应激代谢的重要产物。海藻糖能帮助酵母细胞抗御营养缺乏、高温、低温、脱水及高渗透压等逆境。

人们对海藻糖这一天然的生命保护者产生了浓厚的兴趣，除了研究它在生物体内的代谢途径和生理功能外，更重视它的产品开发和应用。

1. 生物反应中激活剂与稳定剂

温度是影响酶反应效率的重点因素之一，高温能提高酶的催化活力，但易使酶失活。耐热酶的发现为分子生物学带来巨大的进步，如 PCR 和连接酶链式反应的产生，目前局限于从一些耐热菌中分离得到耐热酶，而且酶催化反应类型也受到限制。研究发现海藻糖在高温下能保持酶的正常活性，甚至起热激活作用，还能用于提高干燥保存的酶的活性。在反应体系中加入海藻糖，使热敏感的酶在高温下稳定性和活性增加，可当作耐热酶使用，海藻糖的这一作用在生物药学和工业生产领域具有广泛的应用价值。

未加海藻糖的限制性内切酶 *Nocl* 在温度由 45℃升到 50℃时失活，加了海藻糖时酶不但不失活而且活力继续升高，说明海藻糖能抑制高温下酶的失活；37℃时海藻糖能够激活DNasel，加了海藻糖，温度升到 50℃时酶活力仍显著升高；猪的胰脂肪酶在无水海藻糖介质中可以耐受 100℃高温，有水时则会失活。有实验表明海藻糖通过影响蛋白质水合作用来稳定和激活蛋白质，它可以降低溶液中蛋白质的水化作用，干燥时则能取代水或作为玻璃样稳定剂。海藻糖能阻止酶发生不可逆的热凝聚-热变性，与分子伴侣的功能类似，实验中将一些分子伴侣与海藻糖共同使用，能进一步扩大对酶具有热稳定和热激活作用的温度范围。另外海藻糖并不是对检测的所有酶都有热稳定和热激活的作用，说明只有一些蛋白质可能具有海藻糖识别和作用的位点。

2. 生物制剂的保存

温度、干燥和化学变性剂引起酶的失活是生物研究中迫切需要解决的问题之一。为保持液体酶的活力，国外大多采用在浓缩酶液中加入金属离子、多元醇、多糖类化合物等方法。近年来，一种建立在海藻糖基础上的天然保藏剂，为酶的热稳定性保护提供了新的方法。采用海藻糖作为酶的稳定介质，研究它对乙醇脱氢酶和 SOD 的保护作用，发现酶活力保留的高低与加入海藻糖的浓度密切相关。在酶反复冻融时，海藻糖可以起稳定作用。海藻糖能在 37℃或 45℃储存条件下有效地保护酶，实验证明用加入海藻糖保存的干燥的 *Eco*RⅠ酶，37℃能在 27 天内保持活性，45℃能在 12 天内保持活性。

对许多细胞质酶而言，海藻糖也是最有效的保护剂。海藻糖有效地保护酵母细胞质的两种酶——酵母焦磷酸酶和 6-磷酸-葡萄糖脱氢酶，在体外盐酸胍变性实验中，它不仅能维护酶结构的稳定，而且帮助避免盐酸胍引起酶的失活，其他糖类保护剂则只能保护这两种酶结构免受盐酸胍的影响，不能有效保护酶活性。海藻糖还能使嗜热脂肪芽孢杆菌的焦磷酸酶和酵母嵌合在膜上的 H^+-ATPase 免于盐酸胍变性，其保护效率随检测的蛋白质种类不同而变化。

生物样品常采用冷冻干燥保存，但保存过程中样品容易受到损伤，如敏感蛋白失活、脂质体失效等主要是由膜脂质生理状态和敏感蛋白结构改变引起的。为了减少冷冻干燥保存对生物样品的不利影响，可以加入一些保护剂，其中海藻糖的功效最为显著。

3. 医药工业中的应用

海藻糖无毒无害，可以用于许多医药产品的保存如疫苗、抗血清、细胞等，甚至是保存外科手术所需的器官、血液、皮肤等。目前，人类的红细胞主要保存在 4℃柠檬酸-磷酸溶液中，货架寿命(shelf life)只有 21～35 天，通常用甘油作细胞保护剂，甘油能在水形成冰时限制电解质浓度升高，抑制冰晶生成速率，这样红细胞就可保存 10 年以上，但是需要低温，而且输血前必须彻底除去甘油，操作复杂。海藻糖在冷冻与干燥时能保护人工和天然的膜免受破坏，有许多报道提出在储存液中加入海藻糖，就能在 4℃条件下保存哺乳动物细胞。检测在不同冷冻速率条件下海藻糖对鼠细胞和牛精子细胞保存的影响，在最快的冷冻速率下，加入了海藻糖的高渗透压培养基能够显著避免快速冷冻造成的破坏，同时能提高液氮储存细胞的复苏率。

4. 海藻糖基因工程

海藻糖基因工程包括两个方面：一是利用海藻糖基因构建具有抗逆性的转基因植物；二是利用工程微生物和酶工程改进海藻糖生产，提高产量，降低成本。

土壤盐渍化是影响农业生产和生态环境的一个重要因素，全世界的盐土约占陆地面积的 1/3，迫切需要开发利用广阔的盐碱地和干旱地，其中最重要的手段就是开展植物抗渗透胁迫基因工程。海藻糖是微生物渗透胁迫应激反应的重要产物，近年来海藻糖代谢途径的研究已取得了很多成果。在多种微生物中相继克隆了代谢途径上各种酶的基因，如酵母中海藻糖合成酶基因 *tps1*、*tps2* 和 *tsll* 及两种海藻糖酶的基因 *nthl* 和 *athl*；大肠杆菌海藻糖合成酶基因 *otsA*、*otsB* 及海藻糖酶基因 *treB/C* 等，它们都具有一些热激元件、渗透压反应元件，为构建转基因植物提供了有力的工具。已报道将大肠杆菌的 *otsA* 和 *stsB* 转化烟草和马铃薯，期望这些植物能积累海藻糖而获得抗渗透胁迫的特性。

虽然海藻糖的资源广泛，但提取的成本较高，利用基因工程技术生产海藻糖具有很大优势。已从嗜热嗜酸古细菌 *S. acidocaldarius* ATCC 33909 中克隆了耐热酶 MTHase 和 MTSase 的基因，它们在高温下能利用麦芽糖或直链淀粉生产海藻糖。与其他酶系相比，产量和反应效率更高，目前在工业菌中利用这两种酶进行大规模生产已在规划实施之中。

习　题

13-1　名词解释。

(1) 单糖、低聚糖、多糖　　(2) 变旋现象

(3) 还原糖、非还原糖　　(4) 苷、苷键、苷羟基

13-2　单项选择题。

(1) 下列物质属于还原糖的是(　　)。

A. 葡萄糖　　B. 蔗糖　　C. 纤维素　　D. 淀粉

(2) 淀粉彻底水解的产物是(　　)。

A. 葡萄糖　　B. 葡萄糖和果糖　　C. 二氧化碳和水　　D. 麦芽糖和葡萄糖

(3) 下列糖中既能发生银镜反应，又能发生水解反应的是(　　)。

A. 果糖　　B. 麦芽糖　　C. 蔗糖　　D. 葡萄糖

(4) 下列化合物中无变旋现象的是(　　)。

A. 蔗糖　　B. 麦芽糖　　C. 纤维素　　D. 乳糖

(5) 莫利许实验可用来证明(　　)。

A. 阳性确证物质中含有糖　　B. 阴性确证物质中不含有糖

C. 阴性证实是非还原糖　　D. 阳性证实是还原糖

13-3　填空题。

(1) 与费林试剂能反应的是________(填“还原糖”或“非还原糖”)，与碘能显深蓝色的是________(填“直链淀粉”或“支链淀粉”)，能被溴水氧化的是________(填“醛糖”或“酮糖”)。

(2) 淀粉、纤维素都是由很多葡萄糖为结构单位，它们分别通过________和________苷键结合；糖原的支链结构单位是 D-葡萄糖，它们通过________苷键结合，糖原的分支链与分支链之间的连接点是以________苷键结合的。

13-4　分别写出葡萄糖和果糖的链状结构式和环状结构式。

13-5　果糖是酮糖，为什么可像醛糖一样和费林试剂、土伦试剂反应，可是又不和溴水反应？

13-6　用化学方法区别下列各组化合物。

(1) 葡萄糖和蔗糖

(2) 麦芽糖和蔗糖

(3) 蔗糖和淀粉

(4) 淀粉和纤维素

13-7　葡萄糖和下列试剂反应得到什么产物？

(1) $NaBH_4$　(2) NH_2OH　(3) Br_2/H_2O　(4) HNO_3　(5) 土伦试剂

13-8　写出下列反应的主要产物。

(1) 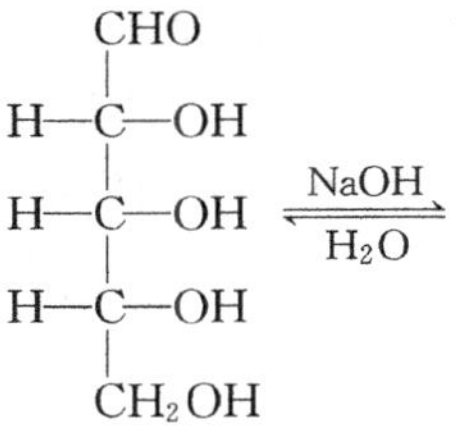

(2) 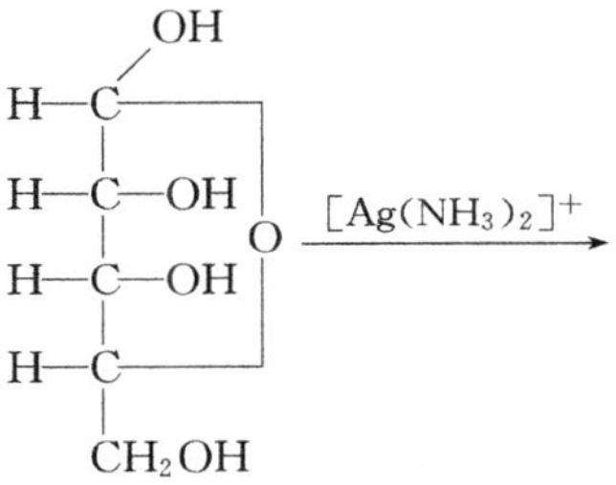

第 14 章　氨基酸、蛋白质和核酸

分子中含有—NH_2 的羧酸称为氨基酸(amino acid)。多个氨基酸缩水聚合而成的链状高分子化合物称为蛋白质(protein)。氨基酸和蛋白质是生物体的重要组成部分,它们在生物体的生命活动中起着关键性的作用,生物的生长、发育、繁殖、遗传变异等生命基本现象都与蛋白质和氨基酸之间的相互作用有关。核酸(nucleic acid)是与人类生命活动,尤其是与遗传密切相关的生物大分子。总之,生物的生命现象乃至各种生理活动的进行都和蛋白质的分子组成,特别是它们特定的分子结构密切相关。而一定结构的氨基酸,又决定着生物体内各种特异性蛋白质的合成,从而决定着生物体的种属特性。因此,对氨基酸、蛋白质和核酸的了解,是探索生命科学的基础。

14.1　氨基酸和多肽

14.1.1　氨基酸的分类及命名

氨基酸是一种复合官能团化合物,命名可以根据—NH_2 和—COOH 在分子中的相对位置不同而分为 α、β、γ 等氨基酸,其中以 α-氨基酸最重要。其通式如下:

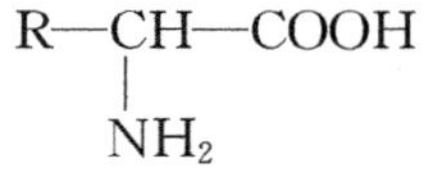

α-氨基酸

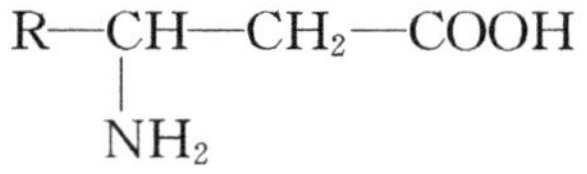

β-氨基酸

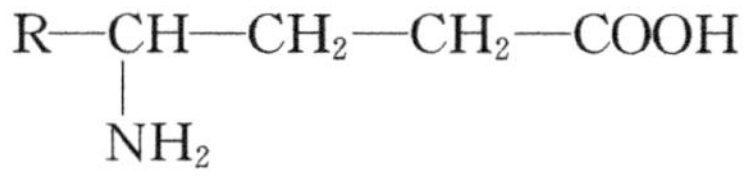

γ-氨基酸

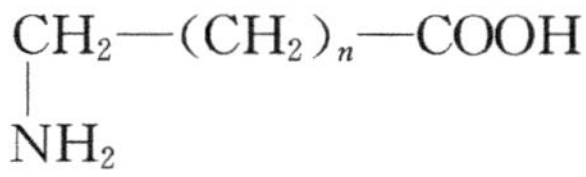

ω-氨基酸

所有的蛋白质在酸、碱或酶的催化下都可部分或全部水解成许多不同的氨基酸。常见的氨基酸有 20 多种,除脯氨酸外都是 α-氨基酸。所以 α-氨基酸是构成蛋白质的基本单位。

α-氨基酸可按烃基不同分为脂肪族、芳香族和杂环族氨基酸,还可根据分子中—NH_2 和—COOH 的数目不同分为中性氨基酸(—NH_2 个数与—COOH 个数相同),酸性氨基酸(—COOH 个数多于—NH_2)和碱性氨基酸(—NH_2 个数多于—COOH)。

常根据氨基酸的来源和性质采用俗名对其命名。例如,2 个碳原子的氨基酸因具有甜味称为甘氨酸。在系统命名法中,则将—NH_2 作为羧酸的取代基来命名。

在实际应用中,为了方便,常用 3 个英文字母表示一种氨基酸,也常用一套单个字母的符号,以便在蛋白质中表示氨基酸的排列顺序。常见氨基酸的分类、命名及结构见表 14-1。

表 14-1　常见的氨基酸及其等电点

分类	俗名	缩写符号	系统命名	结构式	等电点(20℃)
中性氨基酸	甘氨酸	Gly	氨基乙酸	$CH_2(NH_2)COOH$	5.97
	丙氨酸	Ala	2-氨基丙酸	$CH_3CH(NH_2)COOH$	6.02
	丝氨酸	Ser	2-氨基-3-羟基丙酸	$CH_2(OH)CH(NH_2)COOH$	5.68
	半胱氨酸	Cys	2-氨基-3-巯基丙酸	$CH_2(SH)CH(NH_2)COOH$	5.02
	胱氨酸	Cys-Cys	双-3-硫代-2-氨基丙酸	$S—CH_2CH(NH_2)COOH$ | $S—CH_2CH(NH_2)COOH$	4.60(30℃)
	苏氨酸	Thr	2-氨基-3-羟基丁酸	$CH_3CH(OH)CH(NH_2)COOH$	6.53
	缬氨酸	Val	3-甲基-2-氨基丁酸	$(CH_3)_2CHCH(NH_2)COOH$	5.96
	蛋氨酸	Met	2-氨基-4-甲硫基丁酸	$CH_3SCH_2CH_2CH(NH_2)COOH$	5.74
	亮氨酸	Leu	4-甲基-2-氨基戊酸	$(CH_3)_2CHCH_2CH(NH_2)COOH$	5.98
	异亮氨酸	Ile	3-甲基-2-氨基戊酸	$CH_3CH_2CH(CH_3)CH(NH_2)COOH$	6.02
	苯丙氨酸	Phe	3-苯基-2-氨基丙酸		5.48
	酪氨酸	Tyr	2-氨基-3-(对羟苯基)丙酸	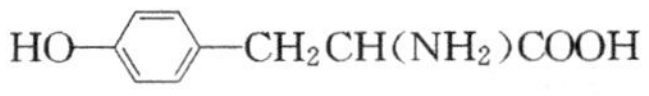	5.66
	脯氨酸	Pro	吡咯烷-2-甲酸	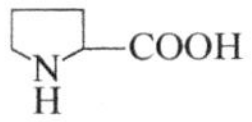	6.30
	羟基脯氨酸	Hyp	4-羟基吡咯烷-2-甲酸	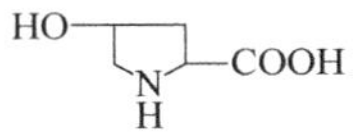	5.83
	色氨酸	Trp	2-氨基-3-(β-吲哚)丙酸	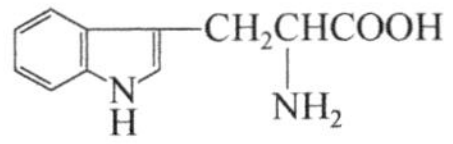	5.89
酸性氨基酸	天门冬氨酸	Asp	2-氨基丁二酸	$HOOCCH_2CH(NH_2)COOH$	2.77
	谷氨酸	Glu	2-氨基戊二酸	$HOOCCH_2CH_2CH(NH_2)COOH$	3.22
碱性氨基酸	精氨酸	Arg	2-氨基-5-胍基戊酸	$H_2N—C(=NH)—NH(CH_2)_3CH(NH_2)COOH$	10.76
	赖氨酸	Lys	2,6-二氨基己酸	$H_2NCH_2CH_2CH_2CH_2CH(NH_2)COOH$	9.74
	组氨酸	His	2-氨基-3-(5-咪唑)丙酸	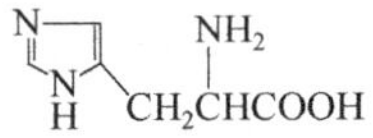	7.59

在哺乳动物体内不能转化而必须从食物中摄取的氨基酸称为必需氨基酸(essential amino acid),如赖氨酸、色氨酸等。必需氨基酸的含量是衡量蛋白质食品营养价值的重要指标。

14.1.2　氨基酸的构型

常见的组成蛋白质的各种氨基酸,除甘氨酸外都含有手性碳原子,它是 α-氨基酸的不对称中心。所以,每种氨基酸都有 D 构型和 L 构型两种立体异构体。

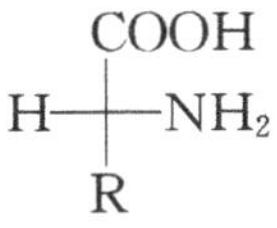

D-氨基酸

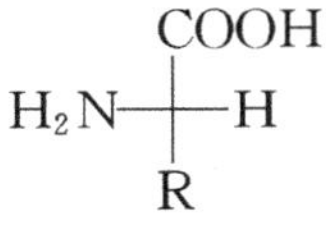

L-氨基酸

式中，R 可以是—CH_3、—CH_2CH_3、—CH_2OH、—CH_2SH 等。

氨基酸的构型是以 α-NH_2 在空间的排布来区分的。在氨基酸的费歇尔投影式中，—NH_2 在右边的称为 D 构型，—NH_2 在左边的称为 L 构型。由蛋白质水解得到的氨基酸均是 L-氨基酸。例如，L-苏氨酸的构型如下：

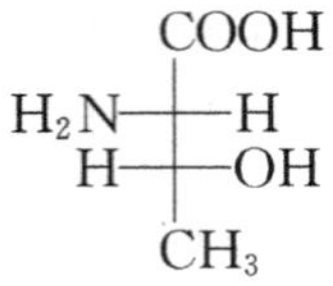

14.1.3　氨基酸的性质

氨基酸是无色结晶，易溶于水而难溶于非极性有机溶剂，加热至熔点（一般在 200℃以上）则分解。这些性质与一般的有机物是有较大区别的。

氨基酸具有—NH_2 和—COOH 的典型反应，如—NH_2 可以烃基化、酰基化，可与 HNO_2 作用；—COOH 可以成酯或酰氯或酰胺等。此外，由于分子中同时具有—NH_2 和—COOH，所以还具有氨基酸所特有的性质。

1. 两性与等电点

氨基酸是两性物质，它与强酸、强碱都能成盐。实际上氨基酸本身就能形成内盐，结构式如下：

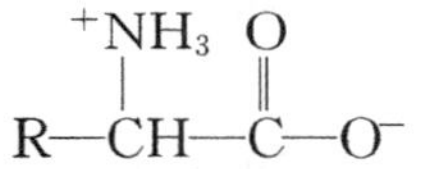

氨基酸内盐（两性离子）

氨基酸的高熔点（实际为分解点）、难溶于非极性有机溶剂等性质说明氨基酸在结晶状态是以两性离子形式存在的。

当氨基酸溶于水时，其—COOH 部分解离出 H^+ 而带负电荷，—NH_2 部分则接受质子而带正电荷。但是—COOH 解离质子的能力与—NH_2 接受质子的能力并不相等。因此，氨基酸的水溶液不一定是中性，当—COOH 的解离能力大于—NH_2 结合 H^+ 的能力时，则溶液偏酸性，氨基酸本身带正电荷；反之，则溶液偏碱性，氨基酸本身带负电荷。所以在水溶液中实际上是—COO^- 作为碱，从 H_2O 中夺取 H^+ 形成正离子，而—NH_3^+ 作为酸给出 H^+ 形成负离子。氨基酸在水溶液中形成如下的平衡体系：

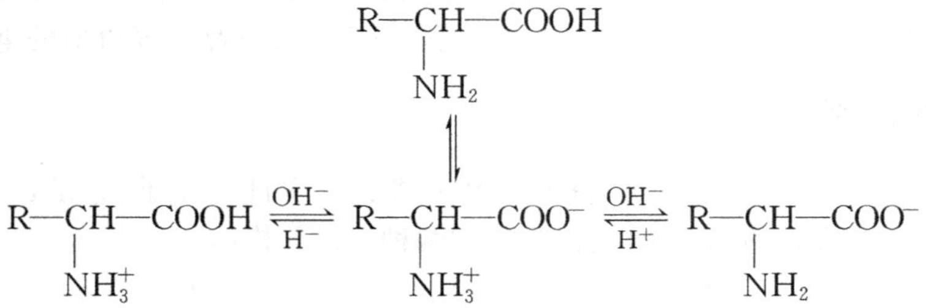

阳离子（Ⅰ）　　两性离子（偶极离子）　　阴离子（Ⅱ）

pH＜pI　　pH＝pI　　pH＞pI

在上述平衡体系中，加碱平衡向右移动，溶液中氨基酸主要以阴离子形式存在，在电场中向阳极迁移；加酸平衡向左移动，溶液中氨基酸主要以阳离子形式存在，在电场中向阴极迁移。调节溶液的 pH 可使体系中的氨基酸以正、负电荷相等的两性离子状态存在，在电场中不向任何电极迁移，此时溶液的 pH 就是该氨基酸的等电点(isoelectric point)，以 pI 表示。在等电点时，氨基酸本身处于电中性状态，此时溶解度最小，容易沉淀析出。

通过调节等电点可以在含有多种氨基酸的混合溶液中逐个分离出各种氨基酸。在调节酸性氨基酸的等电点时，为了抑制羧基解离必须加酸；在调节碱性氨基酸的等电点时，为了抑制氨基的解离必须加碱；对于中性氨基酸，由于羧基的解离度略大于氨基，其水溶液呈弱酸性，所以也必须加适量酸进行调节。一般中性氨基酸的等电点为 5～6.3，酸性氨基酸的等电点为 2.8～3.2，碱性氨基酸的等电点为 7.6～10.8。各种 α-氨基酸的等电点见表 14-1。

2. *与亚硝酸反应*

氨基酸与 HNO_2 作用，生成羧基酸，同时放出 N_2。反应通式如下：

$$R—\underset{\displaystyle NH_2}{\underset{|}{C}H}—COOH + HNO_2 \longrightarrow R—\underset{\displaystyle OH}{\underset{|}{C}H}—COOH + N_2\uparrow + H_2O$$

反应是定量完成的。通过测定放出 N_2 的量，便可计算分子中氨基氮的含量。这个反应称为范斯莱克(van Slyke)氨基测定法。可用于除脯氨酸外所有氨基酸的定量测定。

3. *配位反应*

氨基酸中的羧基可以与金属成盐，同时—NH_2 的氮原子上孤对电子可以与某些金属离子形成配位键，形成稳定的配位化合物。例如，与 Cu^{2+} 形成的配位化合物为蓝色结晶，可用以分离或鉴定氨基酸。

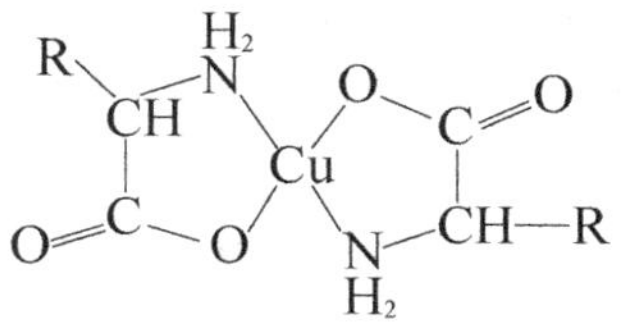

4. *与茚三酮反应*

氨基酸与茚三酮水溶液一起加热，能生成蓝紫色的有色物质。这是鉴别氨基酸常用的方法(脯氨酸、羟脯氨酸呈黄色)。

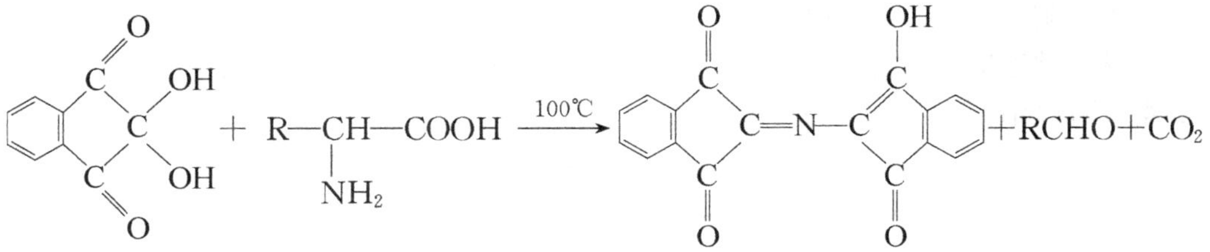

水合茚三酮　　　　　　蓝紫色

5. *脱水反应*

两个或多个 α-氨基酸分子间脱水，生成以酰胺键相连的一类化合物称为肽(peptide)，酰胺键又称肽键(peptide bond)。

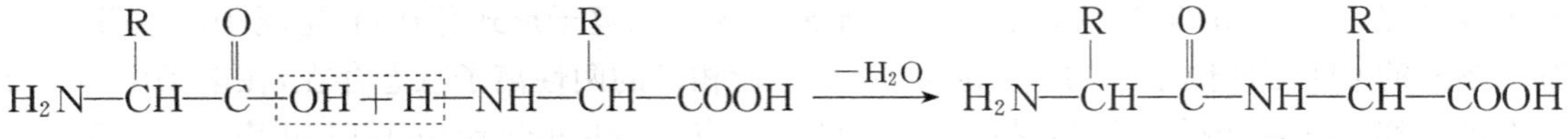

二肽

14.1.4 多肽

由两个氨基酸缩合而成的肽称为二肽(dipeptide),由 3 个氨基酸缩合而成的肽称为三肽(tripeptide),依次类推。多个氨基酸缩合而成的肽称为多肽(polypeptide or peptide)。

氨基酸缩合成肽时,不仅与氨基酸的种类和数目有关,而且与在肽链上各种氨基酸的排列顺序有关,所以肽的同分异构体很多。并且随组成氨基酸数目的增加,其同分异构体迅速增多。

在多肽中,由于氨基酸已经不是完整的氨基酸,故称氨基酸残基(amino-acid residue)。其中一端具有游离氨基称 N-端,另一端有游离羧基称 C-端。书写时,从 N-端开始到 C-端结束,命名时以 C-端氨基酸为母体称为"某氨酸",从 N-端开始,依次把其他氨基酸的酰基名称"某氨酰"写在母体前面,并用短线分开。例如

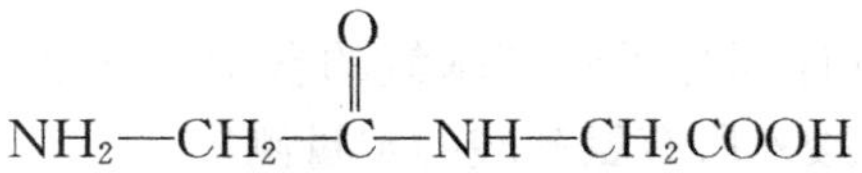

甘氨酰-甘氨酸

(甘 · 甘或 Gly · Gly)

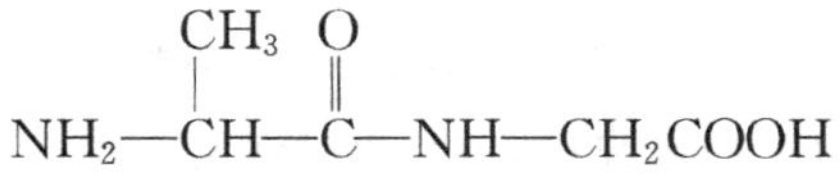

丙氨酰-甘氨酸

(丙 · 甘或 Ala · Gly)

14.2 蛋 白 质

蛋白质是存在于一切细胞中的高分子化合物之一,是生物体内一切组织的基础物质。它们在机体中承担着各种各样的生理作用和机械功能。例如,肌肉、毛发、蚕丝、指甲、角、激素、酶、血清、血红蛋白等都是由不同的蛋白质构成的,它们供给机体营养,执行保护机能,负责机械运动,控制代谢过程,输送氧气,防御病菌侵袭,传递遗传信息等。细胞内除水外,其余 80% 的物质是蛋白质。

14.2.1 蛋白质的组成和分类

蛋白质主要是由 C、H、O、N、S 等元素组成,有些还含有 P、Fe、I 等元素。天然蛋白质在无机酸或碱中水解为 α-氨基酸的混合物。由此可以看出蛋白质是由多个 α-氨基酸分子间失水形成的以酰胺键连接而成的链状高分子化合物。其相对分子质量很大,从 1 万至几百万。蛋白质的组成可以用下面部分结构式来表示:

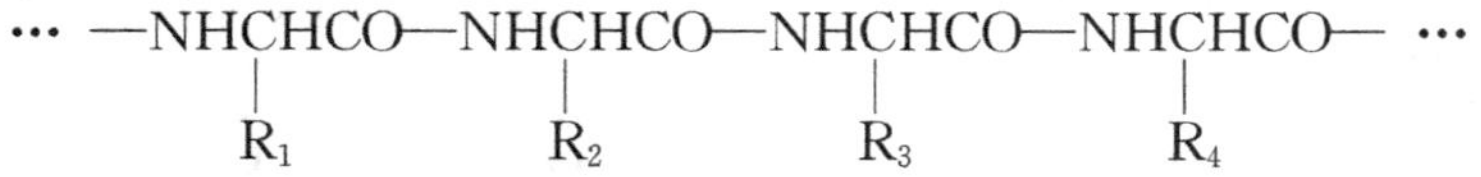

其中,R_1、R_2、R_3、R_4、…可以相同或不相同。

蛋白质可根据不同形状分为纤维蛋白(fibrin)和球蛋白(globin)。丝蛋白、角蛋白等像纤维状的称为纤维蛋白;蛋清蛋白、酪蛋白和各种酶等球状的称为球蛋白。

也可根据蛋白质的化学组成不同分为单纯蛋白质(simple protein)和结合蛋白质(conjugated protein)。单纯蛋白质是由多肽组成,其水解最终产物都是 α-氨基酸。结合蛋白质则是

水解后，除生成 α-氨基酸外，还有非蛋白质（如糖、脂肪、色素、含磷化合物、含铁化合物等）生成，非蛋白质部分称为辅基（prothetic group）。如由蛋白质和脂类结合的称为脂蛋白（lipoprotein），与糖类结合的称为糖蛋白（glycoprotein），辅基含有 H_3PO_4 的称为磷蛋白（phosphoprotein），与血红素结合的称为血红蛋白（hemoglobin）。

还可根据蛋白质的生理作用不同分类，如肌肉、皮肤、毛发等称为结构蛋白（structural protein），起催化作用的称为酶（enzyme），起调节作用的称为激素（hormone），起免疫作用的称为抗体（antibody）等。

14.2.2　蛋白质的结构

蛋白质的结构非常复杂。经过许多科学家长期的努力，到目前为止一般认为蛋白质有四级结构。

1. 一级结构

蛋白质的一级结构又称初级结构，是指各种氨基酸按一定顺序相互结合所形成的多肽链（主链），这是蛋白质最基本、最稳定的结构。例如，胰岛素含有两条多肽链，共有 51 个氨基酸单元。一条肽链由 21 个氨基酸单元组成，称为 A 链。另一条由 30 个氨基酸单元组成，称为 B 链。A 链和 B 链通过两个二硫键互相连接。牛胰岛素的一级结构为

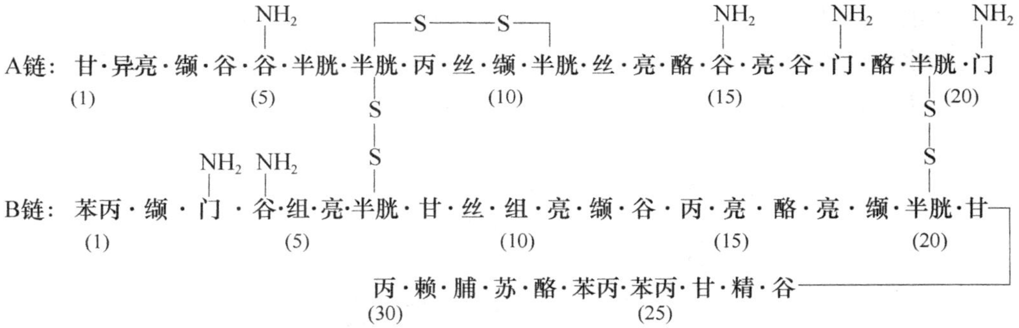

2. 二级结构

多肽链在空间不是任意排布的。某些基团之间的氢键作用使肽链具有一定的构象，这便是蛋白质的二级结构。蛋白质的二级结构主要有以下两种形式。

1）α-螺旋形

α-螺旋形多肽链结构如图 14-1 所示。多肽链中有很多的—NH 和—C═O 基团通过氢键相互连接，以保持肽链形成稳定的 α-螺旋结构。每一圈平均有 3.6 个氨基酸，相邻两圈的间距为 0.540nm。虽然 α-螺旋是蛋白质分子中最普遍存在的一种结构，但是各种蛋白质分子中 α-螺旋所占的比例不同，如在肌红蛋白分子中 α-螺旋占 70%，而在牛奶的乳球蛋白中则没有 α-螺旋结构。

2）β-折叠形

多肽链 β-折叠形结构如图 14-2 所示。肽链伸展在褶纸形的平面上，相邻的肽链又通过氢链相互连接。肽链的排列可以采取平行或反平行的方式。

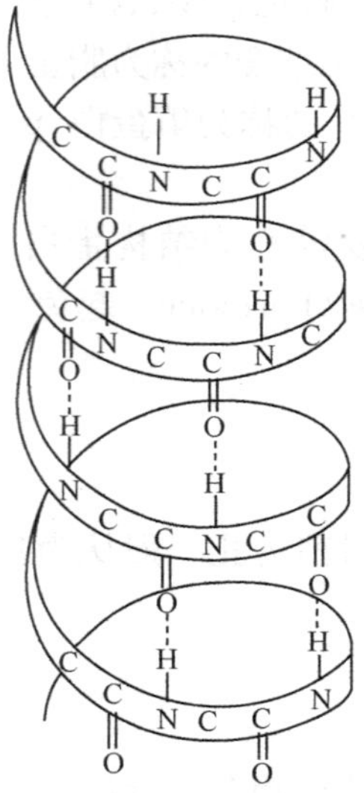

图 14-1 蛋白质的 α-螺旋结构

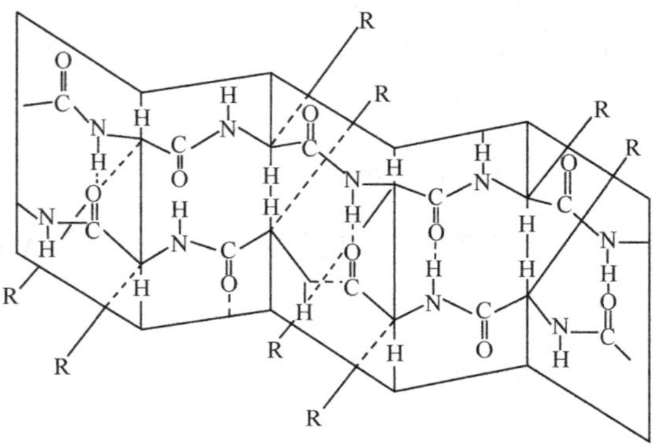

图 14-2 多肽链 β-折叠形结构

3. 三级结构

蛋白质的三级结构是多肽链在二级结构的基础上进一步扭曲和折叠。在扭曲和折叠时，倾向于把亲水的极性基团露于表面，而疏水的非极性基团包在中间。球蛋白往往比纤维蛋白盘卷折叠得更厉害。肌红蛋白的结构如图 14-3 所示。

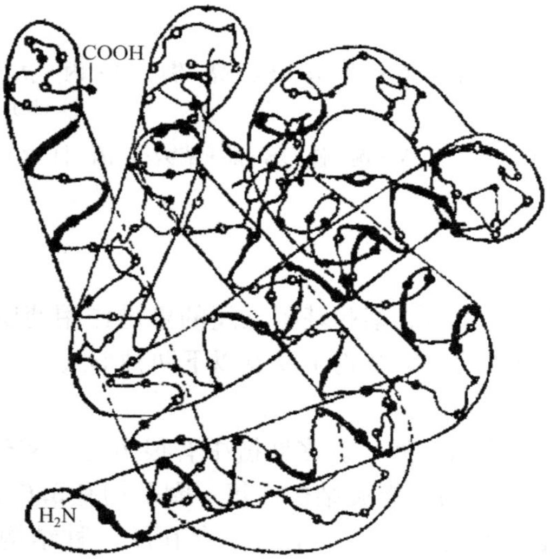

图 14-3 肌红蛋白的结构

蛋白质的三级结构较为稳定，其结构中含有盐键(电性相反的基团之间的离子性相互作用)、氢键、二硫键、疏水基相互作用，偶极与偶极之间的范德华力。

4. 四级结构

两个或两个以上具有三级结构的肽链缔合在一起，就是蛋白质的四级结构。血红蛋白是蛋白质四级结构的典型例子，它是由四条肽链缔合而成。

1965 年，我国科学家首先人工合成了具有生理活性的结晶牛胰岛素。其后，又完成了胰岛素空间结构的研究工作。人工合成胰岛素的成功，标志着人类在认识生命、揭示生命奥秘的历程中迈出了关键性的一步。

14.2.3　蛋白质的性质

蛋白质是高分子化合物。多数蛋白质可溶于水或其他极性溶剂，不溶于有机溶剂。蛋白质的水溶液具有胶体溶液的性质，不能透过半透膜，能够发生电泳（electrophoresis）现象。蛋白质的主要性质如下。

1. 两性与等电点

蛋白质是由许多氨基酸组成的，虽然一条肽链仅有一个游离的羧基端和一个游离的氨基端，然而构成蛋白质的氨基酸尚有许多在侧链上可以解离的基团，情况比较复杂。尽管如此，与氨基酸类似，调节蛋白质溶液的 pH 至一定数值时，蛋白质的净电荷为零，在电场中不移动，此时溶液的 pH 就是该蛋白质的等电点。

蛋白质的两性解离可以用下式表示：

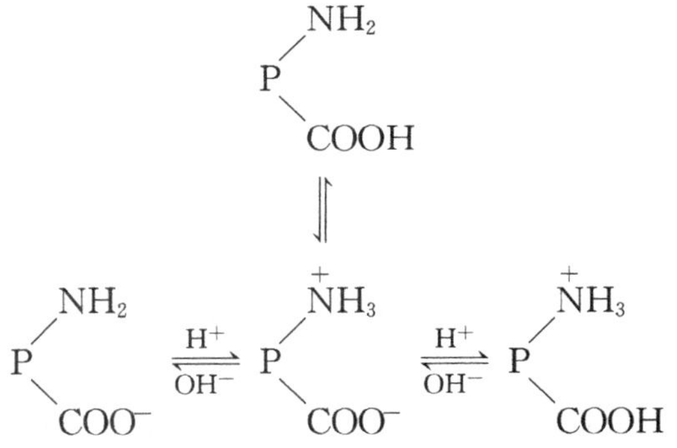

阴离子　　　　　　　　　　阳离子

pH>pI　　　　pH=pI　　　　pH<pI

式中，P 表示蛋白质大分子，pI 是该蛋白质的等电点，在等电点时是极易沉淀析出的，在制备蛋白质时，常用等电点性质使它从溶液中分离出来。

不同的蛋白质有不同的等电点，表 14-2 列出了几种常见蛋白质的等电点。

表 14-2　几种蛋白质的等电点

蛋白质	pI	蛋白质	pI
丝纤维蛋白	2.0～2.4	乳球蛋白	4.5～5.5
酪蛋白	4.6	胰岛素	5.3～5.35
白明胶	4.8～4.85	血清球蛋白	5.4～5.5
血清蛋白	4.88	血红蛋白	6.79～6.83
卵清蛋白	4.84～4.90	鱼精蛋白	12～12.4

蛋白质的两性离子性质使其成为生物体内的重要缓冲剂。人体的正常 pH 主要是靠血液中的蛋白质（如血浆蛋白）来调节的。和氨基酸一样，在等电点时，蛋白质分子的导电性、溶解

度、黏度、渗透压等都最小。

2. 溶解性与盐析

蛋白质分子在水溶液中是非常稳定的，这主要有两方面因素，一是水化层的作用。蛋白质多肽链含有很多极性基团，如—NH_2、—COOH、—OH、—CONH—等。这些极性基团与水分子之间的吸引力使蛋白质分子表面被一层很厚的水分子层所包围，这个水分子层称为水化膜(hydration shell)。水化膜的存在，避免了蛋白质分子之间的接触，从而使其在溶液中稳定存在。二是蛋白质所带的电荷。蛋白质分子结构中某些基团的离子化使其表面带有电荷，这就增加了水化层的厚度，使其在溶液中稳定存在。

除去这两种因素，蛋白质易发生沉淀。在生产上，使蛋白质沉淀最常用的方法是在蛋白质溶液中加入大量溶解度很大的盐类，如$(NH_4)_2SO_4$等。因为$(NH_4)_2SO_4$是强电解质，它强烈的水化作用能剥去蛋白质分子表面的水化层，使蛋白质沉淀下来。这种用电解质盐类使蛋白质沉淀的作用称为盐析(salting out)。盐析是一种蛋白质可逆沉淀的过程，在一定条件下蛋白质可重新溶解，并恢复原来的生理活性，且蛋白质的构象基本不变。淀粉酶等酶制剂的提取常用此法。乙醇及丙酮等有机溶剂能破坏蛋白质的水化膜，所以在等电点时加入这些溶剂可使蛋白质沉淀。例如，乳品厂在检验牛奶是否酸腐时，常用60%～70%的乙醇溶液作为脱水剂。在牛奶中酪蛋白的等电点是4.7，酸度升高即可达到酪蛋白的等电点，此时加入脱水剂去掉水化膜就破坏了蛋白质的两种稳定因素而凝聚沉淀下来，说明牛奶酸腐变质。

3. 蛋白质的变性

经物理或化学方法处理以后，蛋白质肽链间的二硫键和氢键受到破坏，肽链展开，改变了原来的空间立体构型，这种现象称为蛋白质的变性(protein denaturation)。蛋白质的变性导致分子中肽键更易被蛋白质水解酶水解、溶解度降低、酶活性降低或消失、不再结晶、黏度增加、旋光度增加等变化。这些性质是与蛋白质变成非叠形、不对称而暴露更多亲油基有关。如图14-4所示。

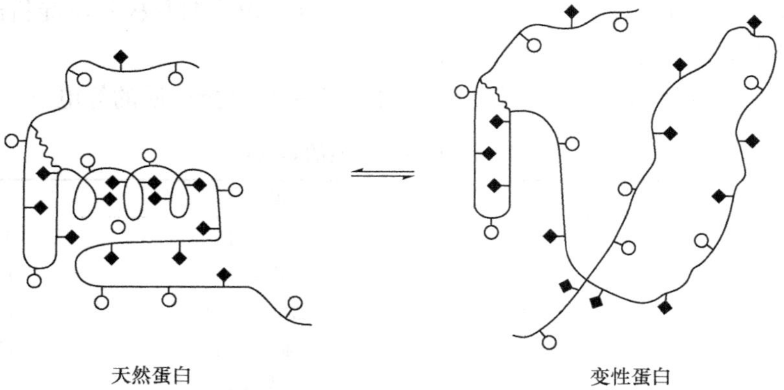

图 14-4 天然蛋白与变性蛋白

—○表示极性及离子性基；—◆表示疏水性基

使蛋白质变性的物理因素很多,加热是最重要的一种。蛋白质的变性速率与温度有很大关系。一般化学反应温度上升 10℃,其反应速率加倍,而变性反应的速率则增加约 600 倍。所以低温下操作可减少和抑制蛋白质的变性。高压、紫外线照射、超声波或 X 光照射等均可使蛋白质变性。使蛋白质变性的化学因素有强酸、强碱、金属盐、乙醇、丙酮等。

蛋白质的变性往往是不可逆的。蛋白质变性后不一定发生沉淀,但多数情况蛋白质发生变性后有沉淀现象。

在蛋白质的加工中常利用蛋白质的变性。例如,制造干酪即用凝乳酶使酪蛋白凝固;豆腐制造也是利用钙离子、镁离子使大豆蛋白凝固下来。

4. *水解反应*

蛋白质在水中受到酸、碱等催化剂的影响,导致一级结构遭到破坏,容易发生水解反应。此时可以产生一系中间产物,直到最终水解产物为 α-氨基酸。

$$\text{蛋白质} \rightarrow \text{多肽} \rightarrow \text{二肽} \rightarrow \alpha\text{-氨基酸}$$

5. *颜色反应*

蛋白质可以和多种试剂发生颜色反应,常利用这些颜色反应来对蛋白质做定性和定量分析。蛋白质遇到 HNO_3,在芳香氨基酸的侧链芳香环上发生硝化反应,产生黄色,这称为蛋白黄反应(yellow reaction)。做实验时皮肤不慎溅上 HNO_3,会留下黄色的痕迹,就是蛋白黄反应的结果。常见蛋白质的颜色见表 14-3。

表 14-3 蛋白质的重要颜色反应

反应名称	试剂	产物颜色	反应基团	有反应的蛋白质
二缩脲反应	稀碱,稀 $Cu(OH)_2$	粉红～蓝紫	两个以上肽键	各种蛋白质
茚三酮反应	水合茚三酮	蓝紫	游离氨基	各种蛋白质
蛋白黄反应	浓 HNO_3、加热、稀 NaOH	黄～橙黄	苯基	含苯基的蛋白质
米伦反应	米伦试剂	白～砖红	酚基	含酚基的蛋白质
乙醛酸反应	乙醛酸试剂、浓 H_2SO_4	紫	吲哚基	含吲哚基的蛋白质

14.3 核 酸

核酸是一种非常重要的生物高分子。1868 年,米谢(Miescher)从细胞核中分离出一种含磷的酸性物质,由于这个物质首先是从细胞核中分离得到的,且有酸性,故称为核酸。在细胞内,大部分核酸是与蛋白质结合以核蛋白的形式存在,也有少量是以游离形式或与氨基酸结合形式存在。核酸起着储存、复制与转录遗传信息和控制蛋白质合成的功能,是与生命密切相关的一类基本物质。

14.3.1 核酸的组成

正如蛋白质是由氨基酸结合而成的一样,核酸是由许多核苷酸(nucleotide)聚合而成的。因此,核酸又称多聚核苷酸(polynucleotide)。但核酸中核苷酸单体的数目远远多于蛋白质中氨基酸单体的数目。

若将核酸逐步水解可得到多种产物。首先得到核苷酸；将核苷酸水解，产物是 H_3PO_4 和核苷；最后水解核苷，得到戊糖[核糖(ribose)或脱氧核糖(deoxyribose)]和一个嘧啶或嘌呤类的有机碱(称为碱基)。即

核酸 —水解→ 核苷酸 —水解→ { 磷酸
　　核苷 —水解→ { 戊糖(核糖或脱氧核糖)
　　　　有机碱(嘧啶或嘌呤类)

根据戊糖的不同，将核酸分为核糖核酸(ribonucleic acid，RNA)和脱氧核糖核酸(deoxyribonucleic acid，DNA)。核酸中的糖苷为核糖则为 RNA，若为脱氧核糖则为 DNA。在其他方面二者也有差别，RNA 含尿嘧啶，而 DNA 含胸腺嘧啶。核糖或脱氧核糖与碱基生成的糖苷分别称为核苷(ribonucleoside)和脱氧核苷(deoxyribonucleoside)，所有碱基均以 β-苷键结合在糖的第一位碳原子上。

核苷的戊糖羟基被 H_3PO_4 酯化就形成核苷酸(ribotide)。因此，核苷酸是核苷的磷酸酯。核苷酸可分为核糖核苷酸和脱氧核糖核苷酸。例如

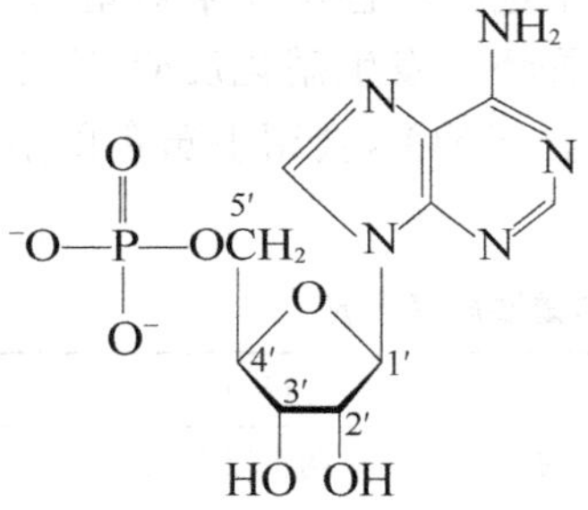

5′-腺嘌呤核苷酸
或腺苷-5′-磷酸

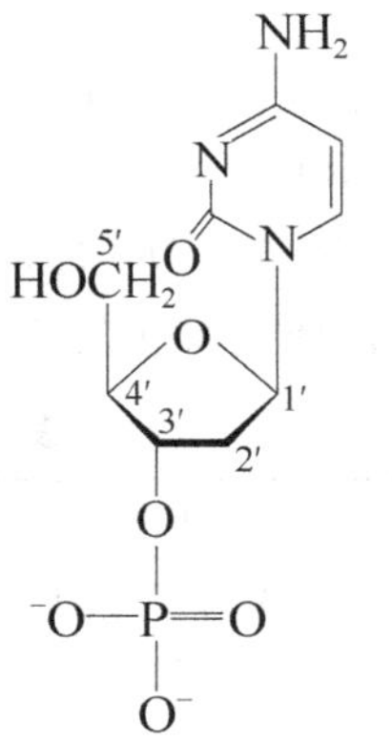

3′-胞嘧啶脱氧核苷酸
或脱氧胞苷-3′-磷酸

核糖核苷的糖环中在 2、3、5 位各有一个—OH，因此可生成三种核糖核苷酸，而脱氧核糖核苷因糖环上只有两个—OH，则只能生成两种脱氧核糖核苷酸。

核苷酸为二元酸，还可以与另一个核苷酸成酯，多个核苷酸彼此借 3′，5′-磷酯键连接起来，生成多聚核苷酸的生物大分子，即核酸。

来自 RNA 和 DNA 的核苷酸单体的名称见表 14-4。

表 14-4　RNA 和 DNA 的核苷酸单体

RNA	DNA
腺嘌呤核苷酸(AMP)	腺嘌呤脱氧核苷酸(d-AMP)
鸟嘌呤核苷酸(GMP)	鸟嘌呤脱氧核苷酸(d-GMP)
胞嘧啶核苷酸(CMP)	胞嘧啶脱氧核苷酸(d-CMP)
尿嘧啶核苷酸(UMP)	胸腺嘧啶脱氧核苷酸(d-TMP)

14.3.2 核酸的结构

核酸也有一级结构、二级结构和三级结构。一级结构是指组成核酸的核苷酸种类及其连接顺序，它决定了核酸的基本性质。

在对各种生物的 DNA 碱基组成进行定量测定后发现，所有 DNA 中腺嘌呤与胸腺嘧啶的物质的量几乎相等，即 A≈T；鸟嘌呤与胞嘧啶的物质的量几乎相等，即 G≈C。因此，嘌呤的总数等于嘧啶的总数，即 A+G=T+C。这表明在 DNA 中 A 与 T，G 与 C 是成对出现的。根据 X 射线衍射分析、分子模型的推论以及各碱基的性质，1953 年，“DNA 双螺旋之父”沃森（Watson）和克里克（Crick）提出了双螺旋结构模型，如图 14-5 所示，即 DNA 的二级结构。该模型中，DNA 是由两条反向平行的脱氧核糖核酸链（即一条是 3′→5′方向，一条是 5′→3′方向）彼此盘绕成右手螺旋。两条链由碱基对之间的氢键连接，A 与 T 相互配对，G 与 C 相互配对，两条链互补。当一条链的碱基顺序已知时，即可推知另一条互补链的碱基顺序。

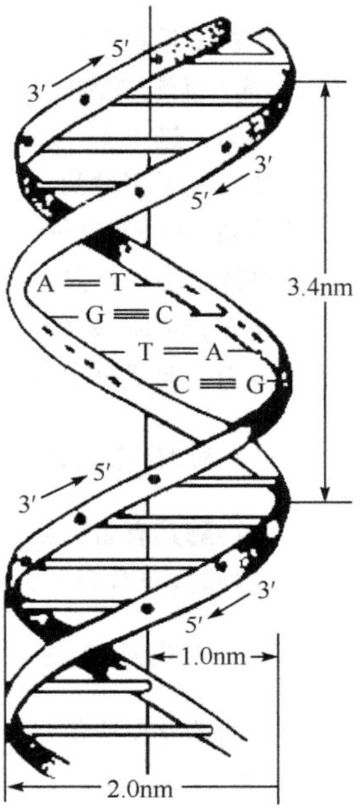

图 14-5 DNA 的双螺旋结构的部分模型图

在双螺旋中，配对的碱基层叠于螺旋内侧，其平面与中心轴垂直，脱氧核糖和 H_3PO_4 在外侧。螺旋的平均直径为 2.0nm，顺轴方向每隔 3.4nm 有一个核苷酸，每 10 个核苷酸组成一圈螺旋，每圈的距离为 0.34nm。

在二级结构的基础上，DNA 还可以形成三级结构：双链环形、开链环形及扭曲麻花等。目前已可以将相对分子质量不太大的 DNA 以天然状态分离出来，如某些病毒 DNA、噬菌体 DNA、细菌质体 DNA 以及叶绿体、线粒体 DNA 等。

14.3.3 核酸的生物学功能

核酸的生物学功能是多种多样的，但最重要的是在生物遗传和蛋白质生物合成中的作用，因而与生命科学有密切的关系。核酸的生物功能主要有两个方面：一是分子的自我复制；二是 DNA 分子通过 RNA 控制生物体内蛋白质的合成。

DNA 是生物遗传的主要物质基础，是生物遗传信息的储存库。每种生物的形态结构和生理特征通过 DNA 传给子代。DNA 分子所储存的遗传信息是根据其分子的四种碱基（代表四种核苷酸的 A、C、G、T）以特定顺序排成“三个一组”的遗传密码为代表的。

DNA 还是合成 mRNA 的模板，把所储存的遗传信息传给 mRNA。当生物体需要合成某一种蛋白质时，DNA 首先把它以密码形式储存的有关这种蛋白质的遗传信息（核苷酸排列顺序遗传密码）转录给 mRNA，随后转移核糖核酸（tRNA）接受 mRNA 传来的信息，并把信息转译成相应的氨基酸带到核糖体上，按照 mRNA 从 DNA 得来的密码顺序将氨基酸连接成多肽，完成蛋白质的合成。在这一过程中，氨基酸是原料，mRNA 是模板，tRNA 是运载工具，核糖体是合成的场所。

阅读材料

生　物　酶

生物酶是具有生物活性的蛋白质，是生物体内许多复杂化学反应的催化剂。人类从发明酿酒、造醋、制酱和面粉发酵时起，就对生物催化作用有了初步的了解，但当时并不知道起催化作用的物质就是生物酶。进入19世纪后期，人们开始对酶有了认识，并了解到酶来自生物细胞。到了20世纪，人们已经发现了多种酶，并对其性质进行了深入的研究。例如，1926年第一次成功地从刀豆中提取了脲酶的结晶，并证明这种结晶具有蛋白质的化学性质，它能催化尿素分解为 NH_3 和 CO_2。此后，又相继分离出许多酶的结晶，如胃蛋白酶、胰蛋白酶等。现在，人们鉴定出的酶已达2000种以上。

经实验证明，酶的成分与蛋白质一样，也是由氨基酸组成的。它们是一类由生物细胞产生的。以蛋白质为主要成分、具有催化活性的生物催化剂。这种生物催化剂具有以下特点。

1. 对环境变化敏感

生物酶具有蛋白质的一般特性，当受到高温、强酸、强碱、重金属离子、配位体或紫外线照射等因素的影响时，非常容易失去催化活性。

2. 催化反应条件温和

酶的催化反应都是在比较温和的条件下进行的。例如，人体中的各种酶促反应，一般都是在体温（约37℃）和血液的pH（约为7.0）条件下进行的。

3. 催化对象具有专一性

酶的催化作用具有高度的专一性。例如，脲酶只能催化尿素水解，而对尿素衍生物和其他物质的水解不具有催化作用，也不能使尿素发生其他反应。而麦芽糖酶只能催化麦芽糖水解成葡萄糖，蔗糖酶只能催化蔗糖水解成葡萄糖和果糖等。

4. 催化效率高

用生物酶催化剂，可降低反应活化能，提高反应效率。根据化学组成不同，生物酶可以分为单纯酶和结合酶。单纯酶的分子组成是蛋白质，如脲酶、蛋白酶、淀粉酶、脂肪酶、核糖核酸酶等都属于单纯酶。结合酶的分子组成除蛋白质外，还含有一些辅助因子，这些辅助因子通常是由金属离子形成的配合物，如含有Mg的叶绿素和含有Fe的血红素等。

人类对于生物酶的研究已经形成了一个独立的科学体系——生物酶工程。它是以酶学和DNA重组技术为主的现代分子生物学技术相结合的产物，主要研究利用DNA重组技术大量地产生酶、对酶基因进行修饰产生遗传修饰酶、设计新的酶基因、合成催化剂效率更高的酶等方面。生物酶的深入研究和发展极大地推进了生命科学的研究进程。

习　　题

14-1　名词解释。

(1) 氨基酸　　　　(2) 肽

(3) 蛋白质的一级结构　　(4) 氨基酸的等电点

14-2　某氨基酸溶于 pH＝7 的纯水中，所得氨基酸的水溶液 pH＝6，则此氨基酸的 pI ____ 6(填＞、＜、＝)。

14-3　试分析氨基酸的 pI 与溶液的 pH 有何异同。

14-4　下面的化合物是二肽、三肽还是四肽？指出其中的肽键、N-端及 C-端氨基酸及其酸碱属性。

14-5　DNA 和 RNA 在结构上有什么主要差别？

14-6　写出下列肽的完整结构。

(1) H — Gly — Phe — Met — OH

(2) 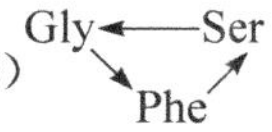

14-7　在 pH 大于或小于 pI 的水溶液中，氨基酸较易溶解，为什么？

14-8　写出甘氨酸与下列试剂反应的主要产物。

(1) KOH 水溶液　　(2) HCl 水溶液

(3) C_2H_5OH＋HCl　　(4) CH_3COCl

(5) C_6H_5COCl＋NaOH　　(6) $NaNO_2$＋HCl(低温)

14-9　用简单化学方法鉴别下列各组化合物。

(1) 丙氨酸、β-氨基丙酸、苯胺

(2) 苏氨酸、丝氨酸

(3) 乳酸、丙氨酸

14-10　某化合物 A 的分子式为 $C_3H_7O_2N$，有旋光性，能分别与 NaOH 或 HCl 成盐，并能与醇成酯，与 HNO_2 作用时放出 N_2，试推测 A 的结构式。

参考文献

拜尔 H,瓦尔特 W. 1989. 有机化学教程. 唐懿慈,译. 北京:高等教育出版社

傅建龙,李红. 2009. 有机化学. 北京:化学工业出版社

傅建熙. 2011. 有机化学——结构和性质相关分析与功能. 3 版. 北京:高等教育出版社

高占先,姜文凤,于丽梅. 2011. 有机化学简明教程. 北京:高等教育出版社

洪筱坤,林辉. 2010. 有机化学. 北京:中国中医药出版社

胡宏纹. 2006. 有机化学. 3 版. 北京:高等教育出版社

吉卯祉. 2011. 有机化学. 北京:科学出版社

李楠,廖蓉苏,李斌. 2010. 有机化学. 北京:中国农业大学出版社

李艳梅,赵圣印,王兰英. 2011. 有机化学. 北京:科学出版社

陆涛. 2011. 有机化学. 7 版. 北京:人民卫生出版社

吕以仙. 2008. 有机化学. 7 版. 北京:人民卫生出版社

倪沛洲. 2007. 有机化学. 6 版. 北京:人民卫生出版社

汪小兰. 2005. 有机化学. 4 版. 北京:高等教育出版社

王积涛. 2009. 有机化学. 3 版. 天津:南开大学出版社

王彦广. 2009. 有机化学. 2 版. 北京:化学工业出版社

邢其毅,裴伟伟,徐瑞秋. 2005. 基础有机化学. 3 版. 北京:高等教育出版社

徐春祥. 2010. 有机化学. 2 版. 北京:高等教育出版社

徐妍,吴国林,吴学民,等. 2009. 梨小食心虫性信息素研究及应用进展. 现代农药,8(8):40-44